Friedrich S. Perls

# Gestalt
# Wachstum · Integration
## Aufsätze, Vorträge, Therapiesitzungen

herausgegeben von
Hilarion Petzold



Junfermann-Verlag · Paderborn
1990

4. Auflage 1990
Lektorat: Christoph Schmidt
Aus dem Amerikanischen übersetzt von Christoph Schmidt
und Thea Brandt.
Einband-Gestaltung: H. Petzold, Christof Gassner

Gesamtherstellung: PDC — Paderborner Druck Centrum

CIP-Kurztitelaufnahme der Deutschen Bibliothek
**Perls, Frederick S.:**
[Sammlung <dt.>]
Gestalt, Wachstum, Integration: Aufsätze, Vorträge, Therapie-
sitzungen / Fritz S. Perls. —
Paderborn: Junfermann, 1980.
(Reihe innovative Psychotherapie und Humanwissenschaften; Bd. 8)
ISBN 3-87387-185-8

ISBN 3-87387-185-8
ISSN 0720-2385

INHALTSVERZEICHNIS

# Einleitung

## Fritz Perls und die Gestalttherapie

Die vorliegende Sammlung von Aufsätzen, Vorträgen und Transkripten von Therapiesitzungen des Berliner Psychiaters und Psychoanalytikers *Friedrich Solomon Perls* (*1899—≚1970) trägt Materialien aus bald dreißig Jahren zusammen, die in Fachzeitschriften verstreut waren oder zum Teil noch nicht veröffentlicht worden sind. *F. S. Perls* hat zusammen mit seiner Frau *Dr. Lore Perls*, Gestaltpsychologin und Psychoanalytikerin, und dem Sozialphilosophen, Alternativpädagogen und Schriftsteller *Paul Goodman* das Verfahren begründet, das heute als „Gestalttherapie" bekannt ist und als die bedeutendste therapeutische Richtung der „Humanistischen Psychologie" betrachtet werden kann.

Nachdem nunmehr alle Bücher von *Perls* in deutscher Übersetzung vorliegen, darunter sein mit *Hefferline* und *Goodman* verfaßtes Hauptwerk „Gestalt Therapy" (1951; dtsch. 1979), sein erstes Werk „Ego, Hunger and Agression" (1942; dtsch. 1978), und sein letztes, posthum veröffentlichtes Manuskript „The Gestalt Approach" (1973; dtsch. 1976), scheint es von Interesse, einen Überblick über die zwischen diesen Schwerpunkten seines Schaffens liegenden Arbeiten zu gewinnen. Ich habe deshalb versucht, alle bibliographisch nachweisbaren Arbeiten von *Perls* aufzufinden, darunter auch verschiedene Interviews, und in diesem Band zu veröffentlichen. Dieses Unterfangen war nicht einfach. Die sich z. T. über Jahre hinziehenden Korrespondenzen führten schließlich zum Erfolg. Lediglich ein Text, der Vortrag über „Orale Widerstände", den *Perls* 1936 auf dem internationalen psychoanalytischen Kongreß in Marienbad gehalten hatte und der wohl teilweise in „Ego, Hunger and Aggression" (Ausgb. 1969, 112—118) verarbeitet ist, ließ sich nicht mehr auffinden. Weder *Lore Perls* noch die Archive der internationalen und der deutschen psychoanalytischen Gesellschaften verfügten über ein Exemplar des im Kongreßprogramm aufgeführten Vortrags. Die Texte 5, 6, 13, 15 liegen hier erstmals in einer Buchveröffentlichung vor.

Wenn man an die vorliegenden Arbeiten herangeht, muß man sich mit dem Menschen „Fritz" *Perls* befassen, seiner Art zu reden, zu schreiben, zu leben. *Perls* war ein Praktiker, ein Mann, der Schreibtischarbeit nicht schätzte. Das Buch, das ihn berühmt gemacht hat, „Gestalt Therapy Verbatim" (1969; dtsch. 1974), bestand aus Nachschriften von freien Vorträgen, Diskussionen und Transkripten von Therapiesitzungen. An der Erarbeitung seines ersten Werkes war *Lore Perls* maßgeblich beteiligt, und die Ausführung des theoretischen Hauptwerkes „Gestalt Therapy" (1951) lag im wesentlichen in den Händen von *Paul Goodman. Perls'* eigenwillige Autobiographie „In and Out the Garbage Pail" (1969; dtsch. 1980) zeigt, daß *seine* Form des Schreibens poetisch, witzig, grob — eigentlich lebendig gesprochene Sprache ist, deren Faszination in der Unmittelbarkeit liegt, in der Art, wie er mit dem Leser in Kontakt tritt, ihn einbezieht. Auch die hier veröffentlichten Texte sind zu einem Teil Vortragsnachschriften oder Sitzungstranskripte. Aber es finden sich auch ausgearbeitete Aufsätze, die seine spezifische Handschrift tragen und sich nicht an akademischem Publikationsusus orientieren. *Perls* war ein Rebell, ein Nonkonformist, ein Exzentriker. Er ging nicht in den Bahnen des universitären, medizinischen oder auch psychoanalytischen Establishments. Ihm war es nicht um die Ausarbeitung eines „geschlossenen Systems" zu tun, sondern um beständiges Offensein für Neues. So sind denn seine theoretischen Ausführungen *Konzepte,* die zum Ziel haben, „den Übergang zu leisten von einem zwanghaften Dogmatismus" zu einer „experimentierenden, ungewissen, aber schöpferischen Einstellung" (S. 50).*

*Perls* verzichtet auf subtile Rhetorik, er simplifiziert zuweilen, besonders in der Polemik gegen die Psychoanalyse und *Freud.* Und doch liegt oft in den Vergröberungen Wahrheit, Kritik, die in gefälligerem Gewande an „Biß" verlieren würde. *Perls* als Verfechter des positiven und konstruktiven Potentials von Aggression zeigt diesen Ansatz auch in der Art, wie er redet, schreibt, wie er Therapie macht: *ad-gredi,* ein unmittelbares auf die Dinge, die Menschen, die Welt Zugehen. Diese Direktheit ist manchmal schroff. Sie ist Ausdruck therapeutischer Konzepte: der „skillful frustration", der gezielten Frustration (S. 171) und der „direkten Kommunikation" (S. 127, 194), und Ausdruck der herausfordernden, ja oftmals barschen Art von *Perls.* In seiner Form der Gestalttherapie, in ihren Konzepten und Strategien kommt auch persönliche Problematik zum Ausdruck. *Perls* verweist verschiedentlich darauf (S. 132, 187), daß *Freud* seine Neurose, seine phobische Haltung direktem Kontakt gegenüber, theoretisch und methodisch kompensierte durch das Prinzip der Abstinenz und durch die Analyse

*) Seitenangaben beziehen sich auf dieses Buch.

auf der Couch. Bei aller Überzeichnung wird damit deutlich gemacht, daß große Therapeuten ihr Verfahren als Bewältigung persönlicher Problematik entwickelt haben, und daß die therapeutischen Methoden in Theorie und Technik Ausdruck der pathologischen, gesunden und kreativen Anteile der Persönlichkeit ihrer Urheber sind. *Moreno*, dessen frühe expressionistische Dichtungen megalomane und paranoide Züge tragen, macht sich zum „Direktor" des großen Welttheaters und begründet die Methode des Psychodramas. *Schultz-Hencke* erarbeitet in seiner zwanghaften Art das detaillierteste Klassifikationssystem der Neurosenlehre. *Jung* integriert seine zerspaltene, chaotische Innenwelt und seine psychoseartigen Episoden durch seinen inneren Guru, durch Konzepte wie Animus und Anima, die Archetypen und Techniken wie die aktive Imagination. *Adler* bearbeitet in der Entwicklung seiner Theorie sein persönliches Thema, das Minderwertigkeitsgefühl und die Zukunftsangst. Die Beispiele ließen sich vermehren und sie treffen nicht nur auf „große" Therapeuten zu. Begriffe wie „Bemächtigungstherapie" (*Derbolowsky*), „Frustrationstechnik" (*Ploeger*) lassen dies erkennen. Die „Urschrei" hat zu tun mit der Not *Janovs*, gehört zu werden, meine Ansätze zu einer „Integrativen Therapie" mit der Notwendigkeit, meine Vielfältigkeit und mein Chaos in den Griff zu bekommen. Ähnliches gilt für das Verfahren, das sich ein Therapeut wählt, sei es die Psychoanalyse, die Verhaltens- oder Gestalttherapie. Es hat mit ihm, seiner Struktur, seiner Geschichte zu tun. Die Genialität der ,,großen" Therapeuten und Begründer therapeutischer Schulen bestand darin, daß ihr persönlicher Versuch der Problemlösung verallgemeinerbar war, daß es ihnen gelang, ihre Erfahrung und Erkenntnis in ein System zu gießen, dessen Prinzipien im Nachvollzug für Menschen mit ähnlichen Problemen Heilungsmöglichkeiten bietet. Die Selbstanalyse *Freuds* kann als das beeindruckendste Beispiel eines solchen Selbstheilungsversuches angesehen werden. Wie stark er — und damit die Konzeptbildung der psychoanalytischen Theorie — von der persönlichen Biographie *Freuds* bestimmt war, konnte unlängst noch *Marianne Krüll* (1979) in ihrem Werk ,,Freud und sein Vater" dokumentieren.

Auch im Perls'schen Oeuvre zeigt sich der Bewältigungsversuch des Urhebers. *Perls*, der sein Leben lang umhergetrieben war, nirgends seßhaft werden konnte, macht die ruhige Gelassenheit im „continuum of awareness" zum Kernprinzip seiner Therapie. Die Zentrierung auf das Hier-und-Jetzt enthebt ihn der Dauer und Verbindlichkeit. Das ,,I and Thou in the Here and Now" betont die Begegnung und vernachlässigt die Beziehung. *Perls*, der sich stets geweigert hat, länger dauernde Verantwortlichkeiten auf sich zu nehmen und zu tragen, macht die *responsibility* zum Angelpunkt seiner Philosophie der Selbstverantwortlichkeit, aber er reduziert sie auf *response-ability* (1974, 60). Seine Abkehr von der Einzelbehandlung — sie wurde von *Lore Perls, Goodman* und anderen Gestalttherapeuten nicht mitvollzogen — und seine Hinwendung zur Workshoptherapie ist sicher nicht nur von methodischen Gründen her motiviert, denn er bleibt bei der „Begegnung des Therapeuten mit einem einzelnen Patienten innerhalb der Gruppe" (S. 175). Es ist die Vermeidung langdauernder Beziehungen, die ihn die fortlaufende Einzel- und Gruppentherapie aufgeben läßt, und doch ist er immer wieder auf Begegnung und Beziehung gerichtet. Ähnlich wie *Rousseau*, der seine Kinder ins Waisenhaus steckte und mit dem „Emile" das bedeutendste pädagogische Kompendium seiner Zeit und darüber hinaus verfaßte, hat *Perls* vieles von dem, was er postulierte, über lange Zeit in seinem Leben nicht verwirklichen können. Aber er blieb auf der Suche, er fand praktikable Zwischenlösungen und einen Weg, immer mehr er selbst zu werden. Die Sehnsucht *anzukommen*, sein Leben zu *gestalten*, auf das Wesentliche zu *zentrieren*, das Bunte und Vielfältige zu *integrieren*, bestimmte die Entwicklung der *Gestalt*therapie. *Perls* nannte seinen Ansatz zunächst „concentration therapy" (1942), dann „Theorie und Technik der Persönlichkeitsintegration" (1948, S. 23ff), und er hält an diesem Ansatz einer integrativen Therapie sein Leben lang fest (vgl. S. 116, 127, 140 usw.). „Der Gestalttherapie geht es darum,... Integration entstehen zu lassen" (S. 150). *Perls* hat den Begriff Gestalttherapie — übrigens gegen den Widerstand von *Lore Perls* und *Paul Goodman* (vgl. S. 17) — schließlich gewählt, weil er seine Vorstellung von der Organismus/Umfeld-Relation, der gegliederten Ganzheit, der homöostatischen Balance noch am besten auszudrücken schien, obgleich sein Bezug auf die klassische Gestaltpsychologie und Gestalttheorie nicht sehr ausgearbeitet ist. Er hat diesen Begriff aber auch gewählt, weil er Geschlossenheit verheißt, das Ziel der „guten Gestalt". Die Ausrichtung auf den „Abschluß unabgeschlossener Situationen" (S. 133, unfinished business), auf die Integration im Sinne einer Beendigung, hat einen anderen, durchaus vorhandenen Aspekt zurücktreten lassen, den der *Kreation* (S. 134), die mehr ist als *„crea tive adjustment"* (*Perls* et al. 1951, 400 ff) sondern die auf „creative change" (*Petzold* 1975) abzielt. *Perls* schließt seine Autobiographie ein halbes Jahr vor seinem Tode mit dem Satz: „There is no end to integration". Jedes Ende eröffnet einen neuen Anfang. Dieses Fazit kann *Perls* in seinem letzten Lebensjahr ziehen, zu einem Zeitpunkt, an dem er wirklich „angekommen" war, nicht in der wohlverdienten Ruhe des Greisenalters, sondern in einem neuen Aufbruch. 1969 hatte er am Lake Cowichan eine Lebensgemeinschaft gegründet, den *Ge-*

*staltkibbuz*, als einen Ort der Begegnung, des natürlichen Lebens, als „leader breader place" (1969 b, c), wo Menschen zu sich selbst kommen können, um dann in ihrem Alltagsleben Umwelt und Mitmenschen zu verändern (*Stevens* 1970). *Perls* überwindet hier die individualistische Selbstbezogenheit, die in der Zeit seiner Tätigkeit am Esalen Institute (1964-1969) kulminierte und die so sehr im Gegensatz zu seiner Wachheit gegenüber gesamtgesellschaftlichen Prozessen in seinem Frühwerk (S. 27) steht. Am Esalen Institute 1966 formulierte er sein berühmtes „Gestalt Prayer":
„Ich mache meine Sache und du machst deine Sache.
Ich bin nicht in dieser Welt, um deine Erwartungen zu erfüllen,
und du bist nicht hier, um dich nach mir zu richten.
Du bist du selbst und ich bin ich.
Sollten wir einander begegnen, so ist das schön —
Wenn nicht, so kann man es nicht ändern."

Dieser Text sagt mit großer Klarheit aus, daß wirkliche Begegnung nur möglich ist, wenn man den anderen als den sieht und gelten läßt, der er ist, und ihn nicht durch Projektionen, Übertragungen, Manipulationen oder Machtspiele objektiviert, aber er hinterläßt Zwiespältigkeit durch das „and if not, it can't be helped". Es ist über diese letzte Zeile viel diskutiert und geschrieben worden. *Ruth Cohn* und andere haben Alternativversionen verfaßt: „The world is our thing, and if we care enough it will be beautiful and if not ...". *Perls* selbst hat im Projekt des Gestaltkibbuz und in seinen Cowichan Lectures seine Position deutlich gemacht. Er erteilt Selbstbezogenheit und Egotrip eine Absage:
„Erst muß ich mich finden, um Dir begegenen zu können.
Ich und Du, das sind die Grundlagen zum Wir,
und nur gemeinsam können wir das Leben in dieser Welt menschlicher machen" (1969 c).

Aber diese seine letzte Entwicklung ist kaum beachtet worden, und Grund dafür ist nicht nur sein plötzlicher Tod im März 1970, der das neue Projekt ohne seinen *spiritus rector* unvollendet ließ. Es scheint vielmehr, daß dieser Ansatz ein weniger breites Publikum fand, weil er unbequemer und fordernder war.

Es ist in diesem Zusammenhang noch eine weitere Perspektive aufzuzeigen. Bei der Auseinandersetzung mit einem psychotherapeutischen Verfahren ist nicht nur die Person und die Lebensgeschichte seines Urhebers in den Blick zu nehmen, sondern es müssen auch die historischen Bedingungen untersucht werden, aus denen sich das Verfahren entwickelte und unter denen es Verbreitung fand. Warum gewann *Freud* mit seinem Werk derartige Wirkung und blieben *Pierre Janets* bedeutende Veröffentlichungen relativ unbekannt? Die Faktoren, die den Erfolg einer Methode oder eines Denkansatzes in der wissenschaftlichen Welt bestimmen, sind vielfältig. Für die Gestalttherapie ist auffällig, daß ihr theoretisches Hauptwerk 1951 vorlag, daß sie aber erst Mitte der sechziger Jahre beginnt, bekannt zu werden, um sich dann mit einer unglaublichen Schnelligkeit und Vehemenz auszubreiten. Die „Botschaft" der Gestalttherapie trifft in ein „kulturelles Vakuum": die Entleertheit der Kommunikation, die Entfremdung vom Leibe und den Emotionen, die Dominanz positivistischer Rationalität, die alleinige Ausrichtung am Profit, der Verlust des Zugangs zur Natur in einer Plastikgesellschaft — all dieses kennzeichnete die Situation in den USA der beginnenden sechziger Jahre und führte in einer Phase der Kulmination zu einem Umschlag, zu Gegenbewegungen. Das „Human Potential Mouvement", die Hare Krischna- und Meditationsbewegungen, das Entstehen von Wohngemeinschaften, Landkommunen und anderen Initiativen der „counter culture" (*Roszak* 1972) waren Antworten auf ein Übermaß an Entfremdung. Die Gestalttherapie mit ihrer Betonung der Leiblichkeit, des direkten emotionalen Ausdrucks, mit ihrer Aufforderung, sich von gesellschaftlichen Zwängen zu befreien, um ganz *zu sich selbst zu kommen,* bot Konzepte und eine elaborierte Praxis, verschüttete Sensibilität wiederzuentdecken, unterdrückte Expressivität zu mobilisieren, tote Klischees und Normen zu erkennen und über Bord zu werfen. Sie gab die „große Erlaubnis", frei zu sein, zu begegnen, zu lieben, falsche Rücksichten fallen zu lassen, und sie eröffnete faszinierende Wege, sich selbst zu entdecken.

Es ist bezeichnend, daß die Gestalttherapie ihren großen Durchbruch nicht im Rahmen des klinischen Establishments vollzog sondern im Milieu der Alternativbewegung, der sie zahlreiche Impulse gegeben hat. *Goodman* und *Perls* waren, jeder auf seine Weise, für diese Szene hervorragende Protagonisten. Daß damit wesentliche Aspekte der klinischen Gestalttherapie im geschlossenen Raum der klinischen Praxis blieben, daß sich Einseitigkeiten ergaben in dem, was am Gestaltansatz betont wurde, liegt auf der Hand.* *Perls* war am Esalen Institute in erster Linie einer der Gurus des Human Potential Mouvements der amerikanischen Westküste und nicht klinischer Therapeut. *Goodman* lebte an der Ostküste — und das ist wohl der Grund, daß er in gestalttherapeutischen Kreisen weniger bekannt wurde, vielleicht auch, weil er einen weniger individuumzentrierten Ansatz hatte. Die Einzelarbeit in der Gruppe wurde in der Westküsten-Gestalttherapie in den Mittelpunkt gestellt, die Gruppe als Ganzes wurde im Unterschied zur Ost-

*) vgl. hierzu den Beitrag von *Lore Perls,* dieses Buch S. 255-61

küsten-Gestalttherapie vernachlässigt. Die Eigenverantwortlichkeit wurde gegenüber der Verantwortung für den Gesamtzusammenhang zurückgestellt. Die intelektuelle Arbeit, die Rationalität wurde zugunsten der Emotionalität und der Körperlichkeit gering gewertet, weil es den Bedürfnissen der Menschen entsprach, die zu *Perls* in die Workshops kamen, um ihre Entfremdung zu überwinden. Die Epigonen von *Perls* haben diese Einseitigkeit verschärft, zumal sie nicht seinen therapeutischen, philosophischen und kulturellen Hintergrund hatten, den eines deutschen Mediziners und Psychoanalytikers, der bei *Goldstein, Horney, Fenichel, Reich* und *Schilder* gearbeitet und sich mit Gestaltpsychologie, Existentialismus und Phänomenologie auseinandergesetzt hatte. Sicherlich, *Perls* hatte diesen Verkürzungen durch die Art seiner Vorträge und Demonstrationen Vorschub geleistet; er nahm die ihm zugeschriebene Rolle an und spielte sie gut, denn sie war ihm in vieler Hinsicht auf den Leib geschrieben, aber er gab seine Konzepte nicht auf. Sie wurden für den oberflächlich Hinschauenden nur schlechter erkennbar.

Es ist deshalb notwendig, *Perls* in seiner Gesamtaussage zu sehen, seine frühen Texte und seine Quellen zur Einordnung seiner späteren Lectures heranzuziehen und seine Entwicklung bis an das Ende mitzuvollziehen, über alle Situationsgebundenheit hinaus. Es ist wichtig, sich zu vergegenwärtigen, daß *Perls* die Verdinglichung des Menschen der Gesellschaft sein Leben lang angegriffen hat (S. 27, 120 vgl. 1969b), daß er die Ganzheit des Menschen betonte — und zu dieser gehört auch die Intellektualität (S. 58 f). Schließlich wird von ihm durch die zentrale Stellung des Figur/Grund-Konzeptes affirmiert, daß der Mensch immer Mensch *mit* seinem Umfeld und seinen Mitmenschen ist. „Der Mensch glüht zur Welt hin" (S. 109), Organismus und Feld sind aufeinander bezogen (S. 62), das Ich erfordert das Du (S. 195) und führt zum Wir (S. 42). Diese an *Merleau-Pontys „être-au-monde"* anklingende Auffassung macht jedes Ausblenden gesellschaftlicher und ökologischer Realität unmöglich und verbietet die Interpretation des „Gestalt Prayers" als Plaidoyer für einen hedonistischen Autismus, in dem sich der einzelne nur um sich selbst und um nichts anderes schert und Verantwortung auf situatives Verantwortlichsein für sich selbst begrenzt wird. *Perls* vertritt, „daß es nicht nur der Organismus ist, sondern der in die Welt eingebettete Organismus, der zählt, daß man das eine nicht ohne das andere betrachten kann" (S. 24). „Wenn man nur mit sich selbst in Kontakt ist, verliert man die Welt. Wenn man nur mit der Welt in Kontakt ist, verliert man sein Selbst, so daß die ‚ökologische Einheit' nicht zustande kommen kann" (S. 169).

Das Modell des Gestaltkibbuz war auf die praktische Umsetzung dieser Konzepte gerichtet, nicht im Sinne eines „Rückzugs ins Grüne", auf eine heile Insel im Meer der Entfremdung, sondern die Gestaltgemeinschaft war eine Insel auf Zeit, „wohin die Leute für drei oder vier Wochen gehen... bis sie einen Reife- und Realitätsgrad erreicht haben, der ihnen helfen wird, ihre alltägliche Umwelt zu ertragen und zu bewältigen, und der ihnen helfen wird anzufangen, die Umwelt an ihren reicheren und volleren Zugang anzupassen" (S. 171). Die Rückwirkung auf die Gesellschaft war demnach deklariertes Ziel.

Es ist wesentlich, auch diese hier kurz aufgezeigte Seite von *Perls* zur Kenntnis zu nehmen, Einzelaussagen nicht aus dem Gesamtkontext seines Denkens herauszunehmen und *pars pro toto* zu stellen. Dies führt gerade bei seiner Tendenz zu Überzeichnungen zu Fehleinschätzungen, die ähnlich schwerwiegend sind, wie die Gleichsetzung des Ansatzes von „Fritz" *Perls* mit der Gestalttherapie insgesamt. Erving und Miriam *Polster, Lore Perls, Goodman, Zinker* u. a. haben wesentliche und eigenständige Beiträge geleistet oder das reiche, aber oft unsystematische Material von *Perls* weiter ausgearbeitet. Die Gestalttherapeuten der zweiten und dritten Generation führen diese Arbeit fort.

Die in diesem Band vorgelegten Texte ermöglichen einen Gesamtüberblick über das Perls'sche Oeuvre. Sie machen insbesondere seinen konzeptuellen Rahmen deutlich. Bei aller Abgrenzung und Polemik gegen gewisse Seiten des Freud'schen Denkens werden die psychoanalytischen Wurzeln seines Ansatzes klar erkennbar und auch die Überschreitung: Die Arbeiten *Goldsteins* und der Gestaltpsychologen, der existentialistisch-phänomenologischen Philosophie (*Husserl, Buber, Marcel*), der Linguistik bzw. Semantik (*Korzybski*) und analytischer Dissidenten wie *Reich* und *Adler* haben ihn beeinflußt und zur Entwicklung einer Praxis geführt, in der tiefenpsychologischer Ansatz, phänomenologisches Vorgehen und strukturalistisches Denken konvergieren. Ohne daß direkte Berührungspunkte nachweisbar sind, findet sich eine erstaunliche Nähe zu Konzepten, wie sie *Maurice Merleau-Ponty* entwickelt hat.

Die Tatsache, daß *Perls* kein ausgearbeitetes Theoriengebäude hinterlassen hat und wohl auch nicht hinterlassen wollte, daß er als Form der Vermittlung für seine Konzepte den freien Vortrag im *Praxiskontext* verwandte, dokumentiert seine Überzeugung, daß es Wirklichkeit *per se* nicht gibt, sondern daß sie aus jedem Kontext durch Wahrnehmen und Handeln beständig neu konstituiert werden muß (S. 33) — und das gilt auch für wissenschaftliche Systeme. Es wird damit weiterhin die „Einheit von Theorie und Praxis" bekräftigt, die für *Perls* so charakteristisch ist und das Wesen gestalttherapeutischer Arbeit kennzeichnet. Die Form des konkreten Handelns und der gesprochenen Rede als Medium der Übermittlung von Wissen und Skills wurde von *Perls* systematisch eingesetzt, insbesondere durch die große Zahl von Filmaufzeichnungen seiner Arbeiten für Lehr- und Ausbildungszwecke. Dieses Material ist bislang noch nicht ausreichend ausgewertet worden. Für die Theorienbildung hat sich indes dieser Ansatz nachteilig ausgewirkt, zumal *Perls* seine Lectures und Demonstrationen häufig nicht vor einem Fachpublikum durchführte. Die mündliche und handlungsbasierte Traditionsbildung hat einer großen Zahl kompetenter Praktiker unter den Gestalttherapeuten geführt, die Arbeit auf der Metaebene aber nicht gefördert. So ist es notwendig, nicht nur die grob skizzierten theoretischen Entwürfe von *Perls* weiter auszuführen, sondern sich mit den Quellen seines Denkens auseinanderzusetzen. Die Texte dieses Bandes stellen hierzu wichtige Materialien bereit. Sie machen deutlich, daß die neueren Entwicklungen in der „europäischen Gestalttherapie", die einerseits stärker auf die gestaltpsychologischen und -theoretischen Ansätze im Denken von *Perls* zurückgreifen (*Walter* 1977) und andererseits die psychoanaytische Basis, die existenzphilosophische, phänomenologische Tradition und die gesellschaftspolitischen Perspektiven stärker in den Vordergrund heben (*Petzold* 1974; *Besems* 1977; *Heinl, Petzold* 1980), um den von *Perls* inaugurierten integrativen Ansatz zu fundieren, auf gutem Grund und in der Tradition des Perls'schen Denkens stehen.

Die Aufsätze und Vorträge, die Interviews und Transkirpte lassen, obleich sie zeitlich z. T. weit auseinanderliegen, erkennen, daß *Perls* die wesentlichen Denkfiguren konsequent durchhält. Zuweilen tauchen Redunanzen auf, was in der Natur einer derartigen Textsammlung liegt, durch die unterschiedlichen Zusammenhänge und die lebendige Sprache aber nicht störend zum Tragen kommt.

Es sei an dieser Stelle allen gedankt, die zum Zustandekommen dieses Buches beigetragen haben. *Dr. Lore Perls* für ihre Bemühungen um den Beitrag über „Orale Widerstände" und das Zuverfügungstellen des Fotos von *F. Perls. Joel Latner* für das Überlassen einer Nachschrift von Text 6, *Christoph Schmidt* für seine sorgfältigen Übersetzungen und redaktionellen Hilfen, *John O. Stevens* und der Real People Press, *Abraham Levitsky, Herbert Otto,* Science and Behavior Books, Big Sur Recordings und den anderen S. 263 f aufgeführten Verlagen, Zeitschriften und Gesellschaften für Übersetzungs- und Verlagsrechte.

Ich hoffe, daß das vorliegende Buch zum besseren Verständnis der Gestalttherapie und des Menschen „Fritz" Perls beiträgt, und daß es die zentralen Themen, die er seinem Verfahren zugrunde legte, deutlich herausstellt: die Selbstverwirklichung des Menschen in seinem Kontext, seine Gestalt, sein Wachstum und seine Integration.*

Hilarion Petzold
Fritz Perls Institut
Düsseldorf

*) Die im Text verwandte Literatur findet sich im Literaturverzeichnis am Ende des Bandes.

# Ein Interview mit Dr. Friedrich Perls (1966)

*James Simkin*

*P.:* Ich habe große Angst, daß man mich durchschauen wird.

*S.:* Nun, genau das habe ich vor. Hier auf diesem Tonband würde ich gerne ganz persönliche Äußerungen von dir festhalten.

*P.:* Und das erste, was man von mir sieht, ist mein Lampenfieber, und daß ich aufgeregt bin. Man wird erkennen, was für ein Schurke, was für ein Hurensohn ich bin. Und diese Art von Lampenfieber habe ich immer dann, wenn ich verwirrt bin. Ich weiß nicht, was ich tun soll, wie ich mich den Leuten gegenüber verhalten soll, wann ich anfangen muß, zu rechnen oder eine Rolle zu spielen, oder wann ich mich einfach zurückziehen muß und mich damit zufrieden gebe, daß ich schaue und beobachte und unhöflich bin und den Dingen ihren Lauf lasse.

*S.:* Nun, vielleicht können wir damit anfangen: wann wurde der Begriff „Gestalttherapie" zum ersten Mal verwendet?

*P.:* In meinem Manuskript, das ich so um 1949 herum geschrieben habe, wußte ich eigentlich noch keinen Namen und hatte auch noch keine Vorstellungen darüber. Da ich jedoch die Gestaltpsychologie als Fundament nützlich fand, entschied ich mich für den Namen „Gestalttherapie", obwohl meine Frau *Lore* und auch *Paul Goodman* beide gegen diesen etwas aus dem Rahmen fallenden Begriff waren. Ich bin jedoch sehr froh, daß ich dabei geblieben bin, denn je mehr ich das Leben erfahre und wie wir darin funktionieren, desto mehr wird mir klar, daß es ohne das grundlegende Konzept von Figur und Hintergrund, jenem steten Wechsel, unmöglich ist, selbst das geringste Wissen über die Einheit von Mensch und Natur zu erlangen.

*S.:* Du erwähnst in diesem Zusammenhang *Lore* und *Paul Goodman*. Wann trat *Paul Goodman* in dein Leben?

*P.:* Das ist sehr lustig. Ich hörte das erste Mal von Paul Goodman, als ich in Südafrika einen Artikel von ihm las. In diesem Artikel diskutierte er verschiedene Ansätze der Psychotherapie, *Karen Horney* und so weiter, und ich habe ihn sehr beneidet. Und ich dachte, „hier ist jemand, der wirklich eine Perspektive zu haben scheint. Ich würde ihn gerne kennenlernen, um zu sehen, was er von meinen Vorstellungen hält". Und dann, als ich 1946 zum ersten Mal nach New York kam, traf ich zufällig ein Mädchen, das ihn kannte. Und dann trafen wir uns und fanden heraus, daß wir eine Menge Gemeinsamkeiten hatten. Und er arbeitete mit uns, besonders mit Laura. Und als ich mein Manuskript schrieb, habe ich jeden, besonders *Paul Goodman* bewundert, der die Fähigkeit hatte, Dinge zu formulieren und spontan auszudrücken. Nachdem „Ego, Hunger and Aggression" keinen besonderen Erfolg hatte, war ich nun der Meinung, daß Schreiben nicht gerade meine Stärke sei. Ich entschied mich, das Manuskript aufzuteilen, indem ich *Hefferline* die Experimente ausführen ließ, die ich ausgearbeitet hatte. Er führte sie an der Columbia Universität durch und sammelte Ergebnisse und Antworten, und ich machte mit *Paul Goodman* den theoretischen Teil. Und *Paul Goodman* trug einiges zu dem Buch bei. Ich glaube, daß er das, was er hier geleistet hatte, nicht so recht anerkannte. Er erarbeitete viele der grundsätzlichen Themen, Thesen und Antithesen, und er arbeitete die Idee der Polarität aus, und ich meine, daß er in dieser Hinsicht eine hervorragende Arbeit geleistet hat.

*S.:* Du sagtest, daß du 1946 von Südafrika hierher kamst und daß du dort bereits *Paul Goodman* gelesen hattest. War es deine Absicht, aus Südafrika in die Staaten zu kommen?

*P.:* Ja. Meine Beziehung zu den Staaten ist folgende: Ich war schon einmal hier, und zwar 1923. In Deutschland hatten wir die Inflation, und ein entfernter Verwandter kam vorbei, und er machte den Vorschlag, daß ich in die Staaten kommen sollte. Ich fühlte mich hier aber nicht wohl. Ich hatte die Absicht, das Examen in Medizin noch einmal zu machen. Ich begann, mich darauf vorzubereiten. Ich weiß nicht mehr, ob es die Schwierigkeiten mit der Sprache waren, oder, um ehrlich zu sein, ich fand die Amerikaner so infantil und primitiv und naiv, daß ich mich hier einfach nicht zu Hause fühlen konnte. Und dann gab es noch einige Probleme mit meiner Schwester in Deutschland, so daß ich die Gelegenheit gerne wahrnahm, mich aus den Staaten zurückzuziehen und nach Deutschland zurückzukehren.

*S.:* Du sagtest „Schwester". Hast du noch andere Geschwister? Oder hattest du noch andere Geschwister?

*P.:* Ich hatte noch eine ältere Schwester, die, soviel ich weiß, in einem Konzentrationslager starb. Meine Mutter starb auf dem Weg ins Konzentrationslager. Sie war 84 Jahre alt und hatte Diabetes. Das Schicksal meines Vaters ist nicht ganz bekannt. Ich hörte, daß er eine Lungenentzündung bekam, kurz bevor er abtransportiert werden sollte. Nun, die Schwester, die noch lebt, ist diejenige, die ich mag. Die andere Schwester habe ich überhaupt nicht gemocht, ich bin einfach nicht mit ihr ausgekommen. Würde ich behaupten, ich würde ihren

Tod betrauern, wäre das eine Heuchelei. Und ich gebe lieber zu, gefühllos, als ein Heuchler zu sein.

*S.:* Du sagtest, daß du 1923 noch einmal das medizinische Examen machen wolltest. Das heißt also, daß du schon ein medizinisches Examen abgelegt hattest?

*P.:* Ja. Ich machte das Examen in Deutschland. Die Hauptprüfung legte ich 1920 ab, und ich promovierte, ich glaube, 1921.

*S.:* Dann hattest du das Medizinstudium gleich nach dem Ersten Weltkrieg begonnen.

*P.:* Ich begann mein Medizinstudium schon vor dem Ersten Weltkrieg. Wir hatten einige Kurzsemester, und ich ging an die Front. Ich wurde zurückgeschickt, um das „Physikum" abzulegen, so nannte man die Zwischenprüfung in Medizin. Dann mußte ich wieder hinaus, und nach einem Jahr (zu der Zeit war ich nur Sanitäter mit einem Feldwebelgrad), und dann, nach einiger Zeit, wurde ich Leutnant, bis ich es schließlich zum Oberleutnant brachte. Und dann, nachdem ich zurückgekehrt war, hatten wir gekürzte Lehrpläne, so daß wir in einem Jahr vier Semester machen konnten. So konnte ich dann noch etwas aufholen.

*S.:* Soweit ich mich entsinne, hast du Lore nach dem Examen kennengelernt.

*P.:* Ja. Ich lernte Lore 1926 in Frankfurt-am-Main kennen. Ich war damals Assistent an Kurt Goldsteins Institut für Soldaten mit Gehirnverletzungen.

*S.:* Dort bist du dann wohl auch das erste Mal mit der Gestaltpsychologie in Berührung gekommen?

*P.:* Ja. Das war eine aufregende Szene, damals in Frankfurt. Das war es wirklich. Die Existentialisten und die Gestalt-Leute! Damals hatte ich jedoch nicht viel Kontakt mit den Existentialisten wie *Buber, Tillich* und, hm, wer war da sonst noch? *Scheler,* der Philosoph. Ich hörte seine Vorlesungen. Was mich jedoch faszinierte, war der Gestalt-Ansatz. Zum ersten Mal kam man ab von dieser Zergliederung und bekam eine Perspektive. Und *Kurt Goldstein* war der erste, der die Neurologie revolutionierte, und zwar von der Gestaltpsychologie her.

*S.:* Die Zeit von 1926 bis zur Machtübernahme Hitlers und deine Auswanderung nach England ist mir noch ein unbeschriebenes Blatt.

*P.:* Nun, das war so. Etwa 1925 fing ich an, mit den Psychoanalytikern zu arbeiten. Ich begann meine Analyse bei *Karen Horney.* Dann ging ich nach Frankfurt und arbeitete mit *Clara Harpel,* bis sie behauptete, daß ich fertig sei, und so ging ich 1927 nach Wien, um unter Supervision zu arbeiten. Wir arbeiten mit *Helena Deutsch, Hitschmann.*

*S.:* Alles Frauen?

*P.:* Nein, nein. *Hitschmann* ist ein Mann.

*S.:* Oh, aber bis auf *Hitschmann* waren es nur Frauen?

*P.:* Von dort aus ging ich dann, so glaube ich, zurück nach Deutschland und nahm eine Stelle in einer Nervenklinik an. Ich hatte jedoch das Gefühl, daß ich mit meiner eigenen Arbeit noch nicht so recht fertig war. Das war eine Zeit, ja, diese Zeit ist mir heute auch noch nicht so recht klar - das, was ich damals tat. Ich weiß nur, es war zwischen meinem Aufenthalt in Wien und der Hochzeit mit Lore. Ich orientierte mich immer noch stark zur Psychoanalyse hin. Zuerst arbeitete ich mit *Harnick,* ja, ich habe anderthalb Jahre mit ihm gearbeitet und kam dabei nicht so recht voran. Er redete nie, oder ich hatte das Gefühl, daß das, was er sagte, furchtbar steril war. So suchte ich *Karen Horney* auf und redete mit ihr darüber. Sie sagte, der einzige, der ihrer Meinung nach hierbei für mich in Frage käme, sei *Wilhelm Reich.* So begab ich mich bei *Wilhelm Reich* in Therapie, ungefähr neun Monate vor der Machtübernahme Hitlers. Bei *Wilhelm Reich* hatte ich endlich das Gefühl, daß es mir etwas brachte. Ich besuchte seine Seminare und hatte die ersten eigenen Patienten. Auch erinnere ich mich daran, daß *Karen Horney* in einem Seminar sehr zufrieden und erfreut war über die Art und Weise, wie ich den Fall von der charakterologischen Seite und von der Persönlichkeit her anging, statt vom Komplex und von der Erinnerung her.

*S.:* Ich erinnere mich an deine Aussage, daß du 1933, als Hitler an die Macht kam, ziemlich sicher warst, daß du Deutschland verlassen wolltest und daß...

*P.:* Oh, ich sah das tatsächlich kommen. Wir hatten schon früher ein wenig darüber gesprochen, Deutschland zu verlassen, nach Spanien oder in irgendeine andere Gegend zu ziehen, die uns mehr Raum zum Atmen zu bieten schien. Die Schwierigkeit bestand nur darin, daß wir gerade 1932 anfingen, uns etwas fester einzurichten. Wir heirateten, hatten ein Zuhause, und Lore hatte die wertvollsten Möbel, aus aller Art wunderbarem Holz, afrikanischen Hölzern usw. Weißt du, ihre Familie betrachtete mich als ihr schwarzes Schaf. Sie hatten einen mittelständigen, wohl recht wohlhabenden deutschen Hintergrund. Und sie waren sehr darauf bedacht, mir als Mitgift kein Geld zu geben. Ich glaube, sie befürchteten, daß ich es ausgeben würde, zumindest jedoch nicht sparen oder so. Das einzige, was wir von ihrer Familie erhielten und wo ich Spaß daran hatte, war ein kleines Auto. Es war mein erstes Auto; davor besaß ich nur Motorräder oder Fahrräder. Ja, und dort in Berlin genoß ich noch die interessante Atmosphäre, die wir dort seit dem Ersten Weltkrieg hatten. Es war eine wunderbare Atmosphäre. Auch wir glaubten wirklich daran, daß wir die Welt erneuern könnten. Nicht wahr, das Bauhaus, der „Blaue Reiter", die „Brücke" und der Dadaismus. Alles hatte dort seinen Ursprung, und ich verkehrte in diesen Kreisen. Darüber hinaus war ich politisch etwas engagiert bei dem Versuch, einen Zusammenschluß von Sozialdemokraten und Kommunisten zustande zu bringen. Wir hätten dazu beitragen können, Hitler aufzuhalten, wenn sie damals nicht so neidisch aufeinander gewesen wären: sie brachten sich lieber gegenseitig um, statt die Bedrohung durch Hitler zu beseitigen. Und bald darauf brannte der Reichstag.

*S.:* Jemand steckte den...

*P.:* Reichstag an. Ich entschloß mich fortzugehen. Mir wurde klar, daß sie wieder marschieren würden, daß sie einen neuen Weltkrieg anfangen würden, und ich sagte mir damals: „Du kannst nicht weit genug von dieser Sache wegkommen." Und dann, als *Jones* gebeten wurde, einige Lehranalytiker nach Südafrika zu schicken, wollten manche weggehen. Die anderen wollten jedoch Garantien haben, und ich war einfach froh, wegzukommen. Wir hatten eine schlimme Zeit in Holland, obgleich ich meinen Aufenthalt in Holland wiederum für manche Arbeit nutzte. Mit *Landauer* habe ich weitere Kontrollanalysen durchgeführt. *Landauer* war unglücklicherweise von den Nazis geschnappt worden. Er hatte die Genehmigung abzureisen — ich konnte keine bekommen. Ich weiß nicht, wie er sie von *Ophuijsen* erhalten hatte, der später nach Südafrika ging. Als *Jones* mir dann das Angebot machte, dorthin zu ziehen, nahm ich es dankbar an. Zu diesem Zeitpunkt hatte ich aber schon Korrespondenz mit *Brill* aufgenommen, der mir dabei behilflich sein wollte, in die Staaten auszuwandern. Ich hatte jedoch noch von früher her meine Abneigung gegen die Staaten. Darum zog ich Südafrika vor. Auch spielte dabei so eine Art romantische Vorstellung eine Rolle, nach Afrika zu gehen.

*S.:* Was mich noch interessiert: es gab da doch eine Zeit, wenn ich mich recht erinnere, von der du sagtest, daß du im Gespräch mit einer Prinzessin warst, und ich hatte die Vorstellung, daß du zu der Zeit in England warst.

*P.:* Nein, nein. Das war in Südafrika.

*S.:* Ach so.

*P.:* Das ist *Maria Bonaparte.* Sie gehörte damals zu den führenden Analytikern und war eng mit *Freud* befreundet. Willst du Genaueres darüber wissen?

*S.:* Nun, hattest du zuvor schon irgendeinen direkten Kontakt zu *Freud* gehabt?

*P.:* Davor noch nicht. Ich hatte nur Kontakt zum Psychoanalytischen Institut in Wien. Zum ersten Kontakt kam es, als ich 1936 auf dem psychoanalytischen Kongreß in Marienbad einen Vortrag halten wollte. Es war eine sehr interessante Zeit. Ich hatte schon fliegen gelernt und wollte es auch tun. Ich hatte mir auch schon meine eigene Maschine gekauft. So wollte ich als erster Analytiker von Südafrika in die Tschechoslowakei zum Kongreß fliegen. Du weißt, mit viel Wirbel, wie ich es mag. Nun, leider hat es nicht geklappt, und ich kam per Schiff angereist, wo ich dann, ich würde sagen, meine erste tiefe Enttäuschung mit Psychoanalytikern erlebte. Ich hielt einen Vortrag über ,,Orale Widerstände", und einige weniger Leute wußten diesen Vortrag zu schätzen, während die Mehrheit behauptete: ,,Nein, das ist Unsinn! Widerstände sind immer analer Natur, orale Widerstände kann es einfach nicht geben." Und zu dieser Zeit begegnete ich *Freud* - ich besuchte ihn - und ich war etwas verblüfft wegen seiner schroffen Art. Heute sehe ich ein, daß er damals von allen möglichen Leuten umringt war, die etwas von ihm wollten, ihn kennenlernen wollten usw., und daß er deshalb so abwehrend war. Aber auch von anderen Gelegenheiten weiß ich, daß er ein Spiel daraus machte, sehr hart und abweisend zu sein.

*S.:* Hast du darin nicht etwas von dem Meister gelernt?

*P.:* Nun, ich denke schon, da könnte so einiges dran sein. Ich bezweifle jedoch, daß das etwas Neues ist. Schon von Kindheit an war ich manchmal ziemlich widerlich.

*S.:* Dann war deine erste Begegnung mit *Maria Bonaparte* also eigentlich in Südafrika.

*P.:* Ja. Das war, nachdem ich ,,Ego, Hunger and Aggression" geschrieben hatte.

*S.:* Aha.

*P.:* Und ich gab es ihr zu lesen. Und dann sagte sie den folgenden Satz, den ich niemals in meinem Leben vergessen habe: ,,Dr. Perls, wenn Sie nicht mehr an die Libido-Theorie glauben, reichen Sie doch besser Ihre Austrittserklärung ein." Dieses eine Wort ,,glauben" war ein fürchterlicher Schock für mich. Wenn es sich um eine wissenschaftliche Methode handelt, was hat das dann mit ,,glauben" zu tun? Meine Antwort lautete: ,,Ich werde meine Austrittserklärung nicht einreichen. Falls Sie mich rausschmeißen wollen, nun gut."

*S.:* Und das Manuskript zu ,,Ego, Hunger and Aggression" hast du wann geschrieben?

*P.:* Ich glaube, es war 1940.

*S.:* Um 1940. Und in Südafrika wurde es zuerst veröffentlicht?

*P.:* Ja.

*S.:* Und die Neuauflage erschien dann...

*P.:* Bei Allen & Unwin.

*S.:* In London. Das war nach dem Zweiten Weltkrieg?

*P.:* Ja.

*S.:* Und wann wurden deine beiden Kinder geboren?

*P.:* Eines in Berlin, und Steve kam in Südafrika zur Welt.

*S.:* Welche Sprache hast du denn zu Hause mit deinen Kindern und Laura gesprochen, in Südafrika zum Beispiel?

*P.:* Nun, so bald als möglich fingen wir an, Englisch zu reden. Ich besaß ja noch einige Englischkenntnisse von der Schule und von der Hochschule und das bißchen, das ich bei meinem ersten Aufenthalt in den Staaten aufgeschnappt hatte. Ich lernte, wirklich Englisch zu sprechen, und als Analytiker brauchte ich schon recht gute Kenntnisse in der Sprache. Ich las eine Menge spannender Bücher, Krimis, und las und las, ob ich nun alles verstand oder nicht. Ich hab es einfach aus dem Kontext erraten.

*S.:* Dann hast du also schon einigermaßen solide Sprachkenntnisse in Englisch gehabt, als du in Südafrika warst. Und deine Kinder besuchten dann englisch-sprachige Schulen?

*P.:* Ja. Bei René erkennt man immer noch diesen harten, abgehackten englischen Akzent.

*S.:* Aber nicht mehr bei Steve?

*P.:* Nein. Bei Steve nicht mehr. Nun, jedenfalls haben Lore und ich uns sehr früh daran gewöhnt, englisch zu reden. Allerdings einmal hatten wir ein deutsches Kindermädchen aus Deutschland, und da mußten wir wieder eine Weile deutsch reden. Die meiste Zeit blieben wir jedoch beim Englischen.

*S.:* ,,Kindermädchen" ist wohl so etwas wie ein Babysitter, ein ausgebildeter Babysitter. In England sagt man wohl ,,Nanny" dazu.

*P.:* Eigentlich nennen wir es ein ,,Mädchen für alles", ,,servant for everything".

*S.:* Aha.

*P.:* Ja. So ist es. Aber dann hatten wir auch noch eine Haushälterin. Das ist eines der erstaunlichsten Dinge, die man sich vorstellen kann. In Deutschland, nun, dort haben wir einigermaßen komfortabel gelebt. Ich hatte mein Einkommen und Lore bekam etwas Geld von Zuhause. Dann gingen wir nach Holland, wo wir dann in größter Armut lebten. Als ich nach Holland floh, hatte ich eine Summe von umgerechnet 25 Dollar in meinem Feuerzeug versteckt. Und nun durften wir überhaupt kein Geld verdienen. Wir lebten von der Wohlfahrt, im tiefsten Winter, auf einem Dachboden. Und Lore mußte putzen gehen, das hatte sie vorher noch nie gemacht, und kalt war es, wir froren uns halb tot. Und dann kam dieses Angebot für Südafrika. Und dann, in Südafrika, fing ich nach einem Jahr an, in einer pikfeinen Gegend das erste Haus im Bauhaus-Stil zu bauen. Dieser Unterschied im Wohlstand war schon eine erstaunliche Sache.

*S.:* Nun, als du 1946 in die Staaten kamst, warst du damals mit Südafrika unzufrieden, oder...

*P.:* Nun, damals war ich in der britischen Armee, dem südafrikanischen Äquivalent der britischen Armee, von 1942 bis 46 als Armee-Psychiater. Und es kamen viele Dinge zusammen, die zu meinem Entschluß, Afrika zu verlassen, beitrugen. *Smuts* war gestorben. Er war eine wichtige Person in meiner Entwicklung; er war der erste wirkliche Holist und ging sogar weiter als *Goldstein. Goldstein* betrachtete den Organismus als Ganzheit, *Smuts* sah jedoch auch noch den ökologischen Aspekt, daß es nicht nur der Organismus ist, sondern der in die Welt eingebettete Organismus, der zählt, daß man das eine nicht ohne das andere betrachten kann. Nun war er gestorben, und die Apartheit-Bewegung begann. Sie stellte sich auch bald als faschistisch heraus. Also, wo sollte ich hingehen? Zurück nach Deutschland? Nein. Dann sprach mich dieser Artikel von *Paul Goodman* an, und ich hörte auch, daß in Amerika eine Menge Dinge passierten, wobei mich besonders *Karen Horneys* Arbeit beeindruckte. Also schrieb ich ihr, daß ich herüberkommen wollte, und sie versicherte mir dann, sie würde mein, wie nennt man das noch?

*S.:* Bürge.

*P.:* Ja, mein Bürge, daß ich herüberkommen konnte. Ich durfte aber noch nicht einreisen. Der amerikanische Konsul war ziemlich antisemitisch eingestellt. Darum ging ich nach Kanada.

*S.:* Oh.

*P.:* Und in Kanada hatte ich dann keine Schwierigkeiten mit der Einreise mehr, weil in Kanada das Geburtsland zählt, und ich also noch als Deutscher galt. Ich weiß nicht, was geschah, jedenfalls hatte ich keine Schwierigkeiten mehr, in dieses Land einzureisen. Und als ich in den Staaten ankam, ging ich nach New York, und ich konnte New York nicht ausstehen. Am Tag meiner Ankunft herrschte solch eine Hitze, und wieder hatte ich solche Aversionen gegen diesen Mischmasch aus Steinen, Hast und Hitze, diese Schwüle war furchtbar. So reiste ich dann wieder ab und bin in New Haven hängengeblieben. Komischerweise - und das ist wieder so eine verrückte Sache - traf ich einige Straßenbahnschaffner, die mir menschlich zu sein schienen. Ich konnte mit ihnen reden, und die ganze Atmosphäre erschien mir sehr angenehm, und so entschied ich mich, es hier zu versuchen. Ich wurde dann von einigen Psychiatern dort angegriffen. Ich erfuhr also keinerlei Unterstützung, und ich war bereits drauf und dran, nach Südafrika zurückzufahren, als ich *Erich Fromm* kennenlernte. Und *Erich Fromm* hatte mein „Ego, Hunger and Aggression" gelesen, und er riet mir: „Gehen Sie nicht zurück! Kommen Sie nach New York. Ich verspreche Ihnen, daß Sie in kürzester Zeit eine eigene Praxis haben werden." Und so war es dann auch. Er und *Clara Thompson* und die Washingtoner Schule spielten eine Rolle dabei. Und dann war da noch die Tatsache, daß *Zifferstein* nach Los Angeles ging und seine Praxis zurückließ. Diese drei Faktoren gab es, und innerhalb von sechs Wochen war ich dann voll eingespannt, ausgebucht, wie sagt man noch?

*S.:* Vollbeschäftigt.

*P.:* Vollbeschäftigt. Und dann kam ich etwas in Schwierigkeiten mit der Washingtoner Schule. *Clara Thompson* mochte mich sehr gern, und ich sie auch. Sie wollten aber, daß ich in ihrer Gruppe Lehranalytiker würde, und dabei gab es dann zwei Schwierigkeiten: zum einen wollten sie, daß ich hier noch einmal promovierte. Ich hätte die Zeit dazu aufbringen können, um in Massachusetts den M.D. zu machen. Nur hätte ich für ein Jahr dorthin ziehen müssen. Außerdem hatte ich jedoch mit der Schule einige theoretische Meinungsverschiedenheiten. *Clara Thompson* verstand nicht, daß mir ihre Vorstellungen über Anpassung - man muß sich an die Gesellschaft anpassen - nicht eingingen. Trotzdem kam ich mit der Schule recht gut aus. Im Sommer hatten wir eine wunderbare Zeit in Provincetown. Ich ging jedoch noch immer meinen eigenen Weg alleine, blieb noch ein paar Jahre in New York, und ging dann nach Los Angeles.

*S.:* Wann war das ungefähr?

*P.:* 1950. Das war kurz nachdem das Buch „Gestalt Therapy" veröffentlicht wurde. Von da an fing ich so langsam an, hier und dort Workshops zu veranstalten. Es war niemals schwierig für mich, so etwas wie eine feste eigene Praxis aufzumachen, wo immer ich hinging. Aber ich war immer noch so ruhelos. Von dort ging ich dann nach Miami, von Miami nach Columbus, dann wieder zurück nach Miami und dann wieder nach New York. Nun, darüber weißt du ja Bescheid.

*S.:* Ja. Das ist eher gegenwärtige Geschichte. - An dieser Stelle hast du dich dann so weit niedergelassen, wie es für einen Fritz Perls möglich ist.

*P.:* Ja. Und über die Geschichte, wie ich hier mein Zuhause einrichtete, weißt du ebenso Bescheid wie über meine Weltreise. Den Entschluß dazu habe ich hier gefaßt. Das war vor ungefähr vier Jahren. Ich hatte den ganzen psychiatrischen Betrieb so satt, daß ich wegging. Ich wollte aus allem raus und unternahm eine lange Weltreise - 15 Monate. Und auf dieser Reise fand ich dann zwei Plätze, die mir wirklich sehr gefielen. Der eine war Kyoto in Japan, der andere Elat in Israel. Ich habe dir schon davon erzählt.

*S.:* Ja.

*P.:* Und dann habe ich „Hot Springs" entdeckt und fand dort dann auch Leute wie in Kyoto, die sich umeinander kümmerten, sich gegenseitig respektierten, die miteinander lebten und nicht gegeneinander. Ich fand eine ähnliche Schönheit, wie es sie in Elat gibt, die Schönheit der Landschaft. Und ich fand wunderbare Möglichkeiten zu arbeiten. Nun, soweit es mich betrifft, so glaube ich, daß dies meine letzte Station sein wird, weil ich zum ersten Mal in meinem Leben das Gefühl habe, eine Gemeinschaft gefunden zu haben.

*S.:* Hmm.

*P.:* Ich bin ein Teil dieser Gemeinschaft. Ich bin so sehr Teil davon, daß ich mich mit der ganzen Esalen-Bewegung identifiziere. Und was mich betrifft, so scheint es, als würde dies für eine Weile so bleiben. Und wie du siehst, habe ich das schönste Haus, das man sich vorstellen kann.

*S.:* Ja.

*P.:* Den schönsten Seminar-Raum.

*S.:* Ja. Und genau an diesem Ort zeichnen wir dieses Interview auf, mit einem Ausblick auf den Pazifischen Ozean und in einer einmalig schönen Landschaft.

*P.:* Nun, ja. Ich engagiere mich immer noch für viele Dinge, doch wie du weißt, ist mein Hauptziel, das, was ich tue, auf Video zu bringen. Ich glaube nicht, daß Tonbandaufzeichnungen unserer Arbeit gerecht werden. Man kann damit einfach nicht alles übermitteln.

*S.:* Ja. Nun genug?

*P.:* Ja.

*S.:* Danke dir vielmals!

# Die Integration der Persönlichkeit
# Theoretische Erwägungen und therapeutische Möglichkeiten (1948)

In der Entwicklung des Menschen vom niederen Tier bis zu seinem gegenwärtigen Stadium sind zumindest drei Ereignisse vor allem für den Psychotherapeuten von besonderem Interesse. Das erste war die Entwicklung der Großhirnrinde, die für den *homo sapiens* kennzeichnend ist. Zum ersten Mal erwarb sich ein Tier Fähigkeiten, die sich von den Fähigkeiten anderer Tiere in ihrem Kampf ums Überleben unterscheiden. Das menschliche Gehirn entwickelte die Fähigkeit, Reaktionen zu verzögern und somit ein instinktives Verhalten zu dämpfen, und ermöglichte das Berücksichtigen von früheren Erfahrungen. Dieses führte zu der Enwicklung von Werkzeugen und zu einem überlegten Handeln; mit anderen Worten, in diesem Stadium unterstützte das Überlegen das spontane, instinktive Verhalten bei dem Streben nach Befriedigung der organismischen Bedürfnisse des Menschen und nach Verteidigung.

Das zweite Stadium begann, als es für den Menschen erforderlich wurde, sein besonnenes Überlegen nicht für die Stützung, sondern für die Zügelung des instinktiven Verhaltens zu verwenden. Dies geschah in einer Zeit, als das Überleben der Gesellschaft eine größere Bedeutung gewann als das Überleben des Einzelnen. Allerdings wurden die Instinkte lediglich gezügelt und kanalisiert; es gab keine Tendenz, sie als etwas Böses zu eliminieren. Das dritte Stadium begann mit der griechischen Philosophie, als der Mensch sich seiner selbst als Objekt bewußt wurde und den „Geist" entdeckte. Mit der christlichen Vorstellung von der „Sünde des Denkens" begann der Mensch, seine Willenskraft gegen sich selbst zu richten, wobei er mehr und mehr vergaß, daß die Bedürfnisse des Organismus der eigentliche Boden sind, auf dem er wächst und gedeiht. Ein Ziespalt wurde geboren, und der hat in unserer Zeit ein Stadium erreicht, wo er seinen eigentlichen Zweck verfehlt. Der Einzelne lebt in unserer Zeit nicht mehr zum Wohle der Gesellschaft, von der er ein Teil ist, sondern nur noch zum Nutzen der Produktion von Maschinen und Geld. Persönliche Entwicklung wird, wie auch Initiative und viele andere grundlegende Eigenschaften, vorgeplant. Der Fetisch unserer Zeit ist industrielle Entwicklung, eine Entwicklung, in der von dem Arbeiter mehr und mehr verlangt wird, ein Automat zu werden. Er produziert maschinell gefertigte Teile, die (und das ist von entscheidender Bedeutung) keine Abweichung zeigen dürfen. In diesem Prozeß verlieren Individuum und Gesellschaft rapide ihr Überlebensvermögen.

Der Zwiespalt der menschlichen Persönlichkeit kann in dreifacher Hinsicht angegangen werden: vom Standpunkt der dualistischen Struktur der *Persönlichkeit*, des dualistischen *Verhaltens* und der dualistischen *Sprache*. Die Menschheit könnte ihr Überlebensvermögen wiedergewinnen, wenn diese Dualismen wieder integriert werden könnten, wenn die Menschheit eine in sich einheitliche Sprache (*unitary language*) und eine genügende Anzahl von integrierten Persönlichkeiten (*unitary personalities*) hervorbringen würde. Individuell sind wir bereits fähig, letzteres zu tun, aber wir sind weit davon entfernt, solche Persönlichkeiten „am Fließband" hervorzubringen. Die wichtigste Voraussetzung für eine Reintegration wäre die Schaffung eines angemessenen Rüstzeugs, und dies müßte die in sich einheitliche Sprache sein.

*Leonardo da Vinci, Goethe, Freud* und *Einstein* begannen mit der Struktur von Vorgängen und bewahrten sich den ursprünglichen Kontakt mit der nonverbalen Welt, indem sie nur *a posteriori* verbalisierten, was sie gefunden haben. Wie sehr anders ist das Vorgehen der meisten von uns! Wir *beginnen* mit Wörtern. Wir hören „Komplex", „Verdrängung", „Libido", „Widerstand", „schizoid". Dann versuchen wir, die Bedeutung solcher Wörter zu begreifen, und machen uns daran, dazu die sie bestätigenden Tatsachen zu finden. Wir schreien begeistert: „Freud hat recht! Diese Dinge existieren tatsächlich." Oder wenn es uns nicht gefällt, was wir finden, dann werden wir Para-Freudianer, die hier und da einzelne kleine Elemente aufnehmen und anderes verwerfen. Aber wenn wir uns noch genügend Urteilsvermögen erhalten haben und wenn wir die gesammelten Werke - diese Millionen von Wörtern - nicht einfach verschlingen, dann können wir noch auf einen Fortschritt hoffen. Jedenfalls dürfen wir nicht in dem Sumpf unserer eigenen Theorien stecken bleiben. Wir dürfen uns nicht täuschen lassen von diesen doppelzüngigen, redegewandten Schubladendenkern, die uns im einen Augenblick sagen, daß der Meister seine Vorstellungen selbst nur als Theorien betrachtete, und im nächsten Augenblick mit Empörung reagieren, wenn wir eigene Vorstellungen über die „Libido" und über einige andere gehegte Ausdrücke aus ihrem Jargon haben.

Wegen der großen Bedeutung des Problems der Sprache ist es wichtig, daß wir es zu verstehen versuchen. Was macht die Sprache so attraktiv und so verdeckend? Können wir ein Mittel ersinnen, mit dem wir den Sprachschleier durchdringen können? Sollen wir zu unserem Glauben an die Magie zurückkehren, oder sollen wir die Wirksamkeit von Sprache gänzlich verurteilen? Schließlich, ist unsere Sprache für die Aufgabe, die wir uns vorgenommen haben, nämlich die Integration, oder vielmehr die Reintegration der Menschen, angemessen?

Unsere gegenwärtige Sprache scheint ein total unangemessenes Instrument für unser Vorhaben zu sein. Wenn das wirklich so ist, wie behindert sind wir dann! Schließlich ist die Sprache unser berufliches Werkzeug, und jeder Handwerker wird gewiß mit schlechtem Werkzeug erheblich behindert. Während der Chirurg seine Methoden verbessert, der Physiker bessere Zyklotrone baut, der praktische Arzt wirksamere Arznei verwendet und der Bauer seine Maschinen modernisiert, versuchen wir immer noch, das Unmögliche zu tun, nämlich Persönlichkeiten zu integrieren mit Hilfe einer nicht-integrativen Sprache. Eine integrative Sprache, die integrierte Persönlichkeiten hervorbringen oder die von diesen geschaffen würde, ist eine Bedingung *sine qua non* für eine integrierte Personal- bzw. Sozialstruktur; aber heute steckt die Entwicklung zu einer solchen Sprache in den Kinderschuhen. (Neben anderen haben *Korzybski* und L.L. *Withe* sich mit der Schaffung einer integrativen Sprache beschäftigt.)

Gegenwärtig sind wir gespaltene, dualistische Persönlichkeiten mit einer dualistischen Sprache, einer dualistischen Mentalität, einer dualistischen Existenz. Die tiefe Spaltung in unserer Persönlichkeit, der Widerstreit zwischen überlegtem und spontanem Verhalten, ist das hervorstechende Merkmal unserer Zeit. Unsere Zivilisation ist gekennzeichnet durch technische Integration und durch Persönlichkeitsverfall. Die Statistiken von industrieller Produktion und von Persönlichkeitsstörungen zeigen ein paralleles Anwachsen. Wenn die Annahme stimmt, daß die Persönlichkeitsspaltung ein normales, vielleicht sogar unvermeidliches Produkt unserer Zeit ist, dann entstehen Zweifel, ob eine Integration überhaupt möglich ist, oder wenn ja, ob sie einen Marktwert oder zumindest einen Überlebenswert hat. Wenn eine integrierte Persönlichkeit, oder wie ich gern sage, ein in sich einheitlicher Mensch (*unitary person*) eine integrative Sprache hätte, wie weit könnte dann zwischen ihm und solchen, die die gegenwärtige dualistische Sprache verwenden, ein Verstehen zustande kommen?

Die Beispiele von *Heraklit, Spinoza, Bach* und *Goethe*, die solche integrierte Persönlichkeiten waren, beweisen, daß dieses nicht lediglich ein phantastisches Ziel ist. Demgegenüber war *Freud*, gleichermaßen wie auch *Beethoven*, ein dualistischer Riese. Er produzierte ein scheinbar ausgewogenes wissenschaftliches System von widerstreitenden

Energien, sogar um den Preis, daß er seinen mysteriösen Todestrieb einführen mußte; aber er erreichte nicht diesen Grad von Vereinigung seiner eigenen Persönlichkeit, welche die Dualitäten als verschiedene Aspekte desselben Phänomens und nicht als unversöhnliche Widersprüche hätte sehen können.

Wir wollen noch einige der maßgebenden Dualismen anschauen, zum Beispiel die Vorstellung von ,,Leib und Seele". Philosophen versuchten, diese beiden zusammenzuleimen zu einem psychophysischen Parallelismus. Krankheiten wurden so verstanden, daß sie entweder psychische oder organische Ursachen haben. In einem integrativen Konzept vom Organismus als einer Ganzheit gilt der ,,Leib" als der sichtbare Aspekt der Persönlichkeit, während die ,,Seele" als eine Reihe von Funktionen erscheint, besonders als die Aufmerksamkeit, das heißt, als eine Subjekt/Objekt-Beziehung.

,,Gott und Welt" ist ein weiteres dualistisches Konzept in der Überzeugung der meisten Gläubigen. Die Integration, die *Spinoza* vollbrachte, war verfrüht; sie hatte keine maßgebenden *sozialen* Konsequenzen. Demgegenüber bejaht die heutige Gesellschaft die Integration von Zeit und Raum, von Masse und Geschwindigkeit als einen zur Zeit gültigen Ausdruck unseres quantitativen Jahrhunderts, und *Einsteins* Relativitätstheorie ist - zumindest für unsere Zeit - eine gültige integrative Interpretation.

Vergleichen wir *Freuds* Konzept der ,,Libido" mit dem der ,,Anziehung" (*attraction*): ,,Libido" als entgegengesetzt zu ,,Aggression" ist dualistisch; eine Vereinigung läßt sich nicht durch Integration hervorbringen, sondern allenfalls mit dem Verhalten eines jungen Hundes, der sich selbst in den Schwanz zu beißen versucht. Und so ist es nicht verwunderlich, daß wir in der Freudschen Sprache so monströse Ausdrücke finden wie ,,aggressive Libido" oder ,,latent negative Übertragung".

,,Anziehung" gehört zu einem integrativen Sprachgebrauch. Sie ist nicht unversöhnlich der ,,Trennung" entgegengesetzt; beide Ausdrücke bezeichnen die Bewegung eines Körpers in Relation zu einem Feld. Insofern haben *Karen Horneys* Gedanken über ,,Zuwendungs-" und ,,Abwendungs-" Typen einen integrativen Wert. *Freud* selbst sah die antithetische Bedeutung vieler Stammwörter; z.B. das lateinische ,,altus" übersetzen wir mit ,,hoch" oder mit ,,tief". Er sah die dialektische Beziehung bei einigen Vorgängen wie Sadismus und Masochismus, aber in grundlegenderen Konzepten behielt er seine dualistische Grundeinstellung bei. Nachdem er seinem System eine feste Form gegeben und es dadurch konsolidiert hatte, wurde es nur noch vervollständigt, und so kann man von dorther keine weitere Entwicklung erwarten. *Alfred Adler* war der erste, der über Freuds System hinauswuchs. Er sah, wie einseitig Freud auf die Vergangenheit und die Ursachen ausgerichtet war; aber er war selbst gleicherweise voreingenommen und hat die Zukunft und Zielgerichtetheit überbetont. *Wilhelm Reich* lehnte es ab, Freuds vage Vorstellungen zu übernehmen, wie Verdrängung stattfinde. Er fand die Antwort in den Muskelverspannungen, die mit jeder Neurose gleichzeitig bestehen, und er nannte die Gesamtheit dieser Verkrampfungen den „motorischen Panzer" (*motor armor*).

Jedenfalls scheint der allgemeine Trend sich von den bilogischen Grundlagen unserer Existenz zu entfernen und stattdessen den charakterologischen Aspekt und unsere Situation in der Gesellschaft zu betonen (als ob ein Charakter aufgesetzt wäre wie die Maske in der griechischen Tragödie, und als ob wir nicht selbst Gesellschaft wären). Sicherheit und Anpassung scheinen wichtiger zu sein als die Entwicklung der Persönlichkeit.

Das Problem, das wir ins Auge fassen müssen, kann jetzt folgendermaßen formuliert werden: Wie können wir den Übergang von einer gespaltenen zu einer integrierten Persönlichkeit zustandebringen, von einer dualistischen zu einer integrativen Sprache, von einer antithetischen zu einer wirklich umfassenden Philosophie?

Wir sollten weder die Wichtigkeit noch die Schwierigkeit dieser Aufgabe unterschätzen. Ein fortschreitender Zwiespalt bedroht das Überleben der Menschheit. Ob die Menschheit Selbstmord begehen oder sich auf eine adäquatere Existenzform vorbereiten wird, kann gegenwärtig niemand sagen. Diese müßte eine wieder integrierte Existenz sein, nicht ein künstlich zusammengeleimtes Gebäude von inkohärenten Ansätzen. Das erfordert die Anerkennung, daß der Organismus eine Ganzheit ist, und zwar mit der Aufrichtigkeit eines *William Alanson White* oder eines *Kurt Goldstein*, aber nicht mit einem Lippenbekenntnis, das so viele der heutigen Bewegungen dieser Konzeption zollen. Ihre integrative Einstellung wird durch leere Phrasen blockiert. Sie haben ein Stück von dem Kuchen und bilden sich ein, sie hätten das Ganze. Ihre Persönlichkeit ist lahmgelegt, und ihre Ganzheits-Konzeption entspricht dem jeweiligen Aspekt von ihnen selbst, dem sie es gestatten zu existieren.

Die Konzeption von dem Organismus als einer Ganzheit ist das Zentrum des *gestalt*psychologischen Ansatzes, die die mechanistische Assoziationspsychologie ersetzt. New York, wo sich wie sonst nirgends in der Welt so viele verschiedene Bewegungen finden, die die Psychotherapie in Angriff zu nehmen versuchen, hat auch die drei großen Gestaltpsychologen angezogen: *Köhler, Wertheimer* und *Kurt Goldstein*.

*Goldstein* brach mit dem starren Konzept des Reflexbogens. Nach seiner Meinung reichen die beiden Nervenarten, die sensorischen *und* die motorichen Nerven, vom Organismus in die Umwelt. Die Vorstellung, Wahrnehmung sei ein passives, mechanisches Phänomen, muß durch die Einsicht ersetzt werden, daß wir bei unserer Wahrnehmung aktiv und selektiv sind. Ich habe den sensorischen Apparat unser Orientierungsmittel und den motorischen Apparat unser Manipulierungsmittel genannt. Bei dieser sprachlichen Regelung werden die Sinne, die keineswegs lediglich mechanische Mittel sind für den Transport von akustischen und anderen Wellen, wiederum ein Aspekt der Persönlichkeit selbst. Damit öffnet sich der Blick auf eine Auffassung, bei der ein Mensch wieder „zu seinen Sinnen kommen" kann.

Nun befinden wir uns auf vertrautem Boden. Die Sinne sind das Mittel von Bewußtheit, Bewußtsein, Aufmerksamkeit (*awareness, consciousness, attention*). Ein Mangel an Bewußtheit ist für den Neurotiker charakteristisch. *Freud* hat ungenügende Bewußtheit von vergangenen traumatischen Erfahrungen als die Ursache von Neurosen angesehen. Frigidität und Skotom sind zwei weitere Beispiele von verminderter Bewußtheit. Ich habe ausführlich die entsprechenden Phänomene im Verdauungstrakt untersucht.

MeineTheorie ist ganz kurz folgende: Schwierige Situationen schaffen ein Wunsch- und Magiedenken, ein wissenschaftliches Manipulieren, Werbung und die Philosophie des freien Willens; kurz, Überlegungen statt Spontaneität. Soweit menschliches Verhalten einem Menschen oder einer Gruppe unerwünscht ist, muß es verändert werden. Aber ein „scheinheiliges" Verhalten wird die spontane Einstellung nicht ersetzen, sondern nur verdrängen. Instinkte können als die Quelle von unerwünschtem Verhalten nicht eliminiert werden, nur ihre Äußerungen können modifiziert oder aufgehoben werden. Gewöhnlich wird die Äußerung und die Ausführung der organismischen Bedürfnisse, der biologischen, ursprünglichen Persönlichkeit verdunkelt und gelähmt. Demzufolge muß der moderne Mensch wieder sensibilisiert und wieder mobilisiert werden, um eine Integration zuwege zu bringen.

Wenn wir uns mit dem Gedanken auf den Weg machen, das sensorisch-motorische Nervensystem auf Orientierung und Manipulierung zu beziehen, dann gelangen wir zu einer ununterbrochenen Kette von Interdependenzen, die mit der schnellen, automatischen Reaktion, dem sogenannten Reflex, beginnt und zu den verzögerten Antworten mittlerer und höherer Ordnung fortschreitet. Ein geeignetes Beispiel für eine Antwort mittlerer Ordnung ist das Schießen mit dem Gewehr: Um ein sich bewegendes Ziel zu treffen, ist eine perfekte und andauernde Koordination von Orientierung und Manipulierung, ein permanentes Anpassen an die sich ändernde Situation erforderlich. Die Eigenschaft des menschlichen Gehirns, hinauszuzögern, ist in diesem Beispiel schon ausgedrückt. Wenn wir die Leiter der Abstraktionen hinaufklettern, gelangen wir zu den Aktivitäten höherer Ordnung, wie Planen, Entwerfen, Theorien Entwickeln und schließlich Philosophieren. Jede Theorie, jede Philosophie ist eine Landkarte, auf der wir uns für unsere Aktivitäten orientieren. Eine solche Karte ist dann angemessen, wenn sie zu jedem beliebigen einzelnen Zeitpunkt Wirklichkeit so getreu als möglich darstellt. Wenn man jedoch einen Atlas aufschlägt, findet man dort alle möglichen Karten: manche orientieren über die Geographie eines Landes, andere zeigen die politische oder geographische Situation, und zusätzlich kann man Informationen über die Windbewegungen und wirtschaftliche Daten finden oder welche Aspekte der Wirklichkeit einen sonst interessieren mögen.

Mit anderen Worten, Wirklichkeit *per se* gibt es für den Menschen nicht. Sie ist für jedes Individuum, für jede Gruppe, für jede Kultur etwas Verschiedenes. Wirklichkeit wird durch die jeweiligen Interessen und Bedürfnisse des Individuums bestimmt.

Alles fließt; alles ist im Wandel. Erst wenn wir überwältigt sind von der unendlichen Verschiedenheit der Vorgänge, die das Universum konstituieren, können wir die Bedeutung des Organisationsprinzips verstehen, das aus dem Chaos Ordnung schafft, nämlich die Figur-Grund-Formation. Was jeweils das im Vordergrund stehende Bedürfnis des Organismus ist, läßt die Wirklichkeit so erscheinen, wie sie erscheint. Es läßt solche Gegenstände als Figuren hervortreten, die den jeweiligen Bedürfnissen entsprechen. Es erregt unser Interesse, unsere Aufmerksamkeit, unsere *Kathexis*, oder wie man es sonst nennen will.

Man bringe einer großen Familie die Sonntagsausgabe von Herald Tribune und beobachte die unterschiedlichen Interessen: Der Vater sucht seine Orientierung im Wirtschaftsteil, während die Mutter die Anzeigenseite mit Räumungskäufen überfliegt. Alex sucht Beispiele von Notlagen in unterdrückten Klassen, und Jack ist begeistert wegen eines Fußballspiels, Tante Jenny befaßt sich mit den Todesanzeigen,und die Zwillinge streiten sich um die Witzseite.

Bei der Figur-Grund-Formation ist der wichtigste Tatbestand, daß die Situation sich ändert, wenn ein Bedürfnis wirklich befriedrigt ist. Die Wirklichkeit wird eine andere, als sie war, solange die Situation unabgeschlossen war. Eine Neurose ist immer durch eine große Anzahl von unabgeschlossenen Situationen gekennzeichnet. Der Patient ist sich ihrer entweder nicht bewußt (*aware*), oder er ist unfähig, mit ihnen umzugehen; das heißt, daß er in seiner Orientierung oder in seiner Manipulierung oder in beidem eingeschränkt ist. Der gesunde Organismus mobilisiert alle seine Potentiale, um die im Vordergrund stehenden Bedürfnisse zu befriedigen. Sobald eine Aufgabe erledigt ist, weicht sie in den Hintergrund zurück und erlaubt dem, was inzwischen das Wichtigste geworden ist, in den Vordergrund zu treten. Das ist das Prinzip der organismischen Selbstregulation. *Wilhelm Reich* hat sich mit diesem Prinzip in Verbindung mit dem Orgasmus befaßt, und er hat es dem Prinzip der moralistischen Regulation gegenübergestellt. Ich würde dieses lieber das Prinzip einer verstandesgesteuerten Regulation nennen.

Die Philosophie eines Psychotherapeuten bestimmt sein spezifisches Vorgehen. Ein Priester wird die Seele reinigen mit Methoden, die die Bewußtheit der Sündhaftigkeit von verbotenen Taten vergrößern; ein Mann der Medizin wird versuchen, Verhalten durch Anwendung von Bromiden zu verändern; ein Medizinmann wird Magie anwenden. Der Freudianer beschäftigt sich mit dem Herausarbeiten von Kindheitstraumata, der Adlerianer damit, seinem arroganten (von Minderwertigkeitsgefühlen bedrückten) Patienten Selbstvertrauen einzuflößen. Wenn eine Schule die Widersprüchlichkeit des Charakters als die Wurzel allen Übels ansieht, wird sie versuchen, diese zu versöhnen. Wenn das Selbstsystem mangelhaft ist, wird seine Stabilisierung Sicherheit in die interpersonalen Beziehungen bringen. Wenn der perfekte sexuelle Orgasmus die perfekte Persönlichkeit hervorbringt, wird die therapeutische Bemühung sich in dieser Richtung konzentrieren. Und wenn eine unvollständige Bewußtheit und Unbeweglichkeit, wie ich es vermute, die Sündenböcke der Persönlichkeitsverwirrung sind, dann wird die in Frage stehende Methode sein, die Bewußtheit von Figur und Hintergrund wieder zu erwecken und alle Potentiale der Persönlichkeit wieder zu mobilisieren. Das schließt mit ein, überlegte und spontane Einstellungen miteinander in Einklang zu bringen.

Das letzte Ziel der Behandlung kann folgendermaßen formuliert werden: Wir müssen den Grad von Integration zustandebringen, der seine eigene Entwicklung fördert. Das entspricht der Tatsache, daß ein gespaltener Mensch in seiner Entwicklung behindert oder sogar degeneriert ist. Um es noch einmal zu wiederholen, das Kriterium einer erfolgreichen Behandlung ist: *the achievement of that amount of integration which facilitates its own development.* Eine kleine Rinne, die in einen Schneehaufen gegraben wird, reicht manchmal aus, das Wasser ablaufen zu lassen; sobald das Ablaufen begonnen hat, verbreitet das Rinnsal sein Bett selbständig: seine eigenständige Entwicklung wird gefördert. Solche Förderung einer eigenständigen Entwicklung sollte in der Kindererziehung einen wichtigen Platz einnehmen. Das Kind braucht erstens die Befriedigung seiner unmittelbaren Bedürfnisse und zweitens eine Förderung seiner Entwicklung.

Aber das Kind erfährt, selbst bei wohlmeinenden Eltern, selten eine Förderung seiner ihm innewohnenden Potentiale. Es muß zu etwas geformt werden, das die Anerkennung der Eltern und der Gesellschaft findet. Das hat zwei verschiedene Prozesse zur Folge: die Lähmung von manchen Einstellungen und eine künstliche Entwicklung von anderen. Die spontane Persönlichkeit wird ersetzt durch eine von Überlegungen geleitete Persönlichkeit. Im Bereich des Verhaltens sehen wir denselben Dualismus am Werke, wie wir ihn vorhin im Hinblick auf die Sprache erörtert haben. Die Spontaneität und das bewußte Überlegen bekämpfen sich gegenseitig und erzeugen damit Konflikte, Widersprüche, Entstellungen, ein Unbehagen in unserer Kultur, während die Integration von Spontaneität und bewußtem Überlegen einen Menschen hervorbringen könnte, der fähig wäre, sich selbst zum Ausdruck zu bringen und sich selbst zu verwirklichen.

Willenskraft, Gewissen, sein Leben den Erwartungen entsprechend zu gestalten, oder wie sonst man diese an Überlegungen ausgerichteten Einstellungen nennen will, bedeutet nicht zwangsläufig eine Widersprüchlichkeit innerhalb der Persönlichkeit oder einen Konflikt mit der Umwelt, sondern es wird dann zu einem Zwiespalt führen, wenn es zum Entstehen und Anhäufen von unabgeschlossenen Situationen in der Persönlichkeit führt. Die unabgeschlossenen Situationen rufen nach Lösungen, aber wenn sie von bewußter Wahrnehmung ausgeschlossen werden, werden neurotische Symptome und die Entstehung eines neurotischen Charakters die Folge sein.

Der Mensch ist ein Teil der Natur, er ist ein biologisches Ereignis; deshalb ist auch die Gesellschaft ein Teil der Natur. Sprechen ist ein raum-zeitliches Ereignis, genauso das Denken. Jeder abstrakte Gedanke ist genauso ein Prozeß wie die Vergegenwärtigung eines Gegenstandes. Überlegtes Handeln, Selbstbeherrschung, Gewissen sind *soziale* und zugleich *biologische* Funktionen. Eine Reintegration kann nur dann erfolgreich sein, wenn alles menschliche Handeln, überlegtes ebenso wie spontanes, Gedanken ebenso wie Instinkte, als biologische Prozesse angesehen und behandelt werden.

Auch auf die Gefahr hin, redundant zu werden, verdient dieses Thema eine weitere Ausführung. Ein Symptom ist wie ein Buch: eine Ansammlung von Prozessen. Die Prozesse des Beobachtens, Verbalisierens, Schreibens, des Verkaufens und der Drucklegung, die Prozesse der Herstellung von Papier, Tinte und der Lettern für den Setzer, die Prozesse der Verteilung und der Werbung und vieles weitere lassen ein Buch entstehen. Sobald es Gestalt angenommen hat, kann es an vielen weiteren Prozessen beteiligt sein: Es kann zu einer Waffe werden, die einem ins Gesicht geworfen wird; oder ein Gegenstand, mit dem um Lebensmittel gehandelt wird; etwas, mit dem einer angeben will, oder etwas, das einer vor seinen Eltern versteckt; etwas, das von den Nazis verbrannt wird; es kann sogar auch gelesen werden. Im letzteren Falle gibt es viele Möglichkeiten der Aufnahme, vom bloßen Anstaunen bis zur Introjektion, ja sogar bis zu einer Verdauung und Assimilation.

Gleicherweise ist ein neurotisches Sympton eine Ansammlung von vielen Prozessen; neurotische Kopfschmerzen zum Beispiel können das Endergebnis davon sein, daß jemand sehr empfindlich ist und weinen möchte, das aber heroisch unterdrückt, dann seine Augenmuskeln presst, bis sie weh tun. Ein solches Symptom kann einem Sympathie, ein Aspirin oder eine gründliche neurologische Untersuchung einbringen. Es kann aber auch analysiert und die dabei beteiligten Prozesse können integriert werden.

Funktionales und die Entwicklung förderndes Experimentieren ist eine weltweite Eigentümlichkeit allen organischen Lebens. Der Säugling experimentiert mit Lauten, das Kätzchen mit der Stärke der Zweige, auf die es klettern will; der Schuljunge experimentiert mit dem Lehrer, wie er ihn überlisten kann oder wie er es erreichen kann, bei ihm gut angeschrieben zu sein. Sobald er Einstellungen entwickelt hat, die ihm angemessen zu funktionieren scheinen, schreitet er zu weiteren Experimenten fort.

Für den Neurotiker sind immer unangemessene Funktionen kennzeichnend, die meistens auf ein nutzloses Handeln hinauslaufen. Das ist bei Leuten mit Zwangsvorstellungen am offensichtlichsten, aber alle neurotischen Charaktereigenschaften sind von einer zwanghaften, starren Art, im Gegensatz zu einer gesunden, experimentierenden, elastischen Einstellung. Die Funktionsstörungen des Neurotikers werden in seiner mangelhaften Fähigkeit, sich selbst genuin zum Ausdruck zu bringen, offenkundig. Er kann sich vor sich selbst nicht zu erkennen geben und noch weniger vor anderen. Seine interpersonalen Beziehungen werden sich ebenso wie seine Entwicklung infolgedessen mehr und mehr verschlechtern.

Welche Verfahrensweise ist zur Zeit verfügbar, um bei unseren Patienten die Integration der Persönlichkeit zu fördern, das heißt, um die organische Balance wieder herzustellen und den Weg zu einer produktiven Selbstverwirklichung zu eröffnen?

*Freuds* Experimente mit der Hysterie ließen ihn schließlich die Hypnosetechnik verwerfen und ein Verfahren entwickeln, welches heute von der klassischen Freudschule stur befolgt wird. Sein Pioniergeist findet sich eher in der unorthodoxen als in der orthodoxen Bewegung.

Die Natur experimentiert in einer verschwenderischen Weise; viele Arten und Individuen, die sie hervorbringt, zeigen kein Überlebensvermögen. Gleicherweise werden viele unserer Versuche, eine Lösung zu finden, mißlingen; aber eine *Bewegung*, die versteinert ist, ist eine Absurdität, ein Widerspruch in sich selbst. Solange sie nicht in der Lage ist, veränderte Situationen zu bewältigen, und sich nicht aneignet, was immer sich an nützlichen Erkenntnissen auch außerhalb ihres eigenen geheiligten Bezirks anbietet, wird sie in der Entwicklung der Menschheit nicht als ein Faktor bestehen bleiben. Ein Psychotherapeut, der die Semantik oder die Gestaltpsychologie, um nur zwei seit Freud entwickelte Hilfsmittel zu nennen, aus seinem Gesichtsfeld ausklammert, wird bald nicht mehr auf der Höhe der Zeit sein.

Gegenwärtig beruht meine Verfahrensweise auf Funktion und Experiment. Was ich im nächsten Jahr tun werde, kann ich nicht sagen. Unser Ziel ist Integration, und das analytische Verfahren ist nur eines von vielen Hilfsmitteln, die auf dieses Ziel hinführen. Ich versuche, durch Beobachtung und Gespräch so viel wie möglich über die gestörte Persönlichkeit des Patienten herauszufinden. Manche Bewußtseinsspaltung oder anderes wird zwangsläufig schon im ersten Interview offenkundig. Manche Angst, manches Durchsprechen des Gegenstandes wird die Gelegenheit bieten, ihm die Existenz von nicht erkannten Konflikten zu zeigen.

Diese Konflikte haben nur ein Muster: Identifikation - Abspaltung. Das heißt: der Patient identifiziert sich mit vielen seiner Vorstellungen, Gefühle und Handlungen, aber er sagt heftig „Nein!" zu anderen. Integration erfordert eine Identifikation mit allen vitalen Funktionen. Jeder Versuch einer Integration bringt zwangsläufig irgendeine Art von Widerstand in den Vordergrund, und hinter diesem bißchen Widerstand bin ich her und nicht hinter dem Inhalt des „Unbewußten". Jedes bißchen *Wider*-stand (*re*-sistance), das sich zu einem *Bei*-stand (*as*-sistance) der Persönlichkeit verwandelt hat, ist ein doppelter Gewinn, da es den Gefängniswärter und den Gefangenen befreit. Ich bin mir dessen voll bewußt, daß der Patient bei den Aufgaben, mit denen ich ihn konfrontiere, nicht unmittelbar erfolgreich sein kann. Wenn er das könnte, bräuchte er meinen Beistand nicht. In diesem Zusammenhang wollen wir einmal das Freudianische Grundexperiment untersuchen: die Aufforderung, der Patient solle sagen, was immer ihm in den „Sinn" komme. Tatsächlich aber ist kein Patient im Ausdruck seiner selbst frei. Bei einem Versuch, die Aufforderung zu befolgen, bekommt er oft das Gefühl, Widerstände seien etwas Schlechtes, etwas, das er nicht haben dürfte. Er entwickelt eine Technik einer scheinbaren Befolgung, aber seine Äußerungen bleiben auf einer toten verbalen

Ebene. Er redet um seine Widerstände *herum*, statt *über* sie zu reden; die Barrieren (Hemmung, Furcht und Abscheu), welche die Spaltung erzeugen, werden nicht erfahren. Die Analyse bleibt häufig auf einer Ebene von Unwirklichkeit, denn alles wird auf die Übertragung bezogen, das heißt auf etwas, auf das es eigentlich nicht ankommt. Der Kontakt mit dem Analytiker ist inhaltslos; damit können keine interpersonalen Beziehungen untersucht und erörtert werden. Freie Assoziationen, ursprünglich dazu bestimmt, die Bedeutung eines Symptoms abzuklären, degenerieren zu einer Gedankenflucht.

Aus diesem Dilemma kann ich keinen anderen Ausweg sehen, als mit dem Offensichtlichen zu beginnen, mit der Situation, in der sich der Patient während des Gesprächs selbst vorfindet. Ich empfehle zum Beispiel folgendes Experiment: ihn jeden Satz beginnen zu lassen mit den Worten ,,hier und jetzt" und zu beobachten, wie er darauf reagiert. Vielleicht wird er mitarbeiten, oder vielleicht ist er so ein raffinierter Bursche: fängt ein paar Sätze mit ,,hier und jetzt" an und rutscht dann bei der ersten passenden Gelegenheit ins Gestern oder Morgen. Oder er ist so ein zwanghafter Typ, der andere Leute zum Narren zu haben versucht. Er könnte das Experiment lächerlich machen, indem er sagt: ,,Hier und jetzt am Freitag habe ich meinen Freund besucht". Ein anderer könnte fragen: ,,Was hat das mit meinen Problemen zu tun?" Aus diesen wenigen Beispielen kann man bereits sehen, daß die Einstellung des Patienten, wie überall sonst, so auch in der Sitzung zum Vorschein kommen wird. Wenn sich somit sein Charakter in seiner Beziehung zum Analytiker wandelt, wird er sich auch in seinen anderen Beziehungen wandeln. Bereits die ersten Reaktionen bieten dem Analytiker und dem Patienten eine Gelegenheit, einige Grundeinstellungen zu besprechen, die Tendenz, von der Gegenwart auszuweichen, das heißt vor dem Kontakt mit Wirklichkeit, oder die Tendenz, sich selbst und andere zum Narren zu halten (das geschieht meistens nicht bewußt), oder den Trick mit plausiblen Rationalisierungen.

Formulierungen wie ,,hier und jetzt" oder ,,jetzt merke ich gerade" werden nicht nur gewählt, um die wichtigste Ebene der Charakterbildung des Patienten sowie einige der primitiven Widerstände ans Licht zu bringen, sondern auch um den Weg zu klären, wie alle seine Funktionen, besonders seine Dysfunktionen, Konflikte, Ausweich-Haltungen erkannt werden können.

Ich habe bereits die Relativität der Wirklichkeit und ihre Bestimmung durch die Figur-Grund-Formation erörtert. Wenn ich Wirklichkeit (*reality*) und Gegenwärtigkeit (*actuality*) als Synonyme verwende, oder wenn ich die Bedeutung des ,,Hier und Jetzt" betone, dann erwar-

te ich die Frage des Freudianers: „Was ist denn mit d
und den Ursachen der Neurosen?" und den Protest
„Was ist mit der Zukunft und den Zielen unserer Exis
ich Folgendes sagen: Integratives Denken (*unitary thi*
ne Vergangenheit, Gegenwart oder Zukunft; es ken
denen wir künstlich einen Beginn zuschreiben können.
len, können wir den Beginn „Ursache" und ein zukünftiges Ereignis „Ziel" nennen. Für ein integratives Denken geht es jedoch um *Aufzeichnungen* von zurückliegenden Funktionen. Als Aspekte der sogenannten Zukunft betrachtet es: Planen, Hoffen, Vorhersagbarkeit und Vektoren, behauptet aber, daß diese Prozesse hier und jetzt stattfinden. Außerdem ist ein einzelner Satz, sogar ein Wort, ein raum-zeitliches Ereignis. Wenn jemand einen komplizierten Satz liest, wird er vielleicht, man könnte sagen, zurückkehren zu der Vergangenheit, um den verlorenen Faden wieder aufzunehmen, oder wie ich es formulieren würde, er wird schnell seine akustischen Aufzeichnungen zu Rate ziehen, um eine sinnvolle Gestalt hervorzubringen.

Existenz ist Gegenwärtigkeit. Sie ist Bewußtheit. Für *Freud* umschließt die Gegenwart etwa die vergangenen 48 Stunden. Für mich umschließt die Gegenwart eine Kindheitserfahrung, wenn sie jetzt deutlich erinnert wird; sie umschließt einen Lärm auf der Straße, ein Jucken auf meiner Backe, die Konzepte von *Freud* und die Gedichte von *Rilke* sowie Millionen weiterer Erfahrungen, wann und in welchem Maße sie auch immer in meine Existenz treten, *meine* Existenz in diesem Moment.

Am Anfang zeigen sich manchmal erhebliche Schwierigkeiten, das Konzept des funktionalen Denkens durchzuführen. Vielleicht kann man verallgemeinernd sagen: Der zäheste Widerstand zeigt sich in dem, was dem Patienten als offensichtlich und selbstverständlich erscheint. Ihm ist offensichtlich, daß man den Analytiker nicht beschimpft. Es ist offensichtlich, daß man Erinnerungen produziert, und wenn möglich, Kindheitserinnerungen. Es ist offensichtlich, daß Widerstände etwas Unerwünschtes sind, daß man keine haben sollte. Es ist offensichtlich, daß Schwierigkeiten Ursachen haben, daß das Reden darüber die Lösung bringen wird; daß der Therapeut entweder ein Gott oder ein Dummkopf ist.

Seltsam genug wurden alle großen Fortschritte erzielt, indem das Offensichtliche überprüft wurde. Nachdem ich von anderen Therapeuten ohne Erfolg behandelte Fälle übernommen hatte, habe ich wiederholt die Entdeckung gemacht, daß das Offensichtliche als erwiesen hingenommen wurde, nicht nur von dem Patienten, sondern ebenso auch von dem Therapeuten.

Dafür ein paar Beispiele:

Ein Mann war sechzehn Monate in der Analyse. Er hatte seinen Analytiker und die Analyse gern, aber er hatte den Eindruck, daß er keinen besonderen Fortschritt gemacht habe. In diesem Falle bestand das Offensichtliche darin, daß die Analyse für ihn hieß, auf der Couch zu liegen und dem Analytiker alle die unangenehmen Erfahrungen der letzten wenigen Tage zu erzählen. Diese offensichtliche Haltung war sein Mittel, den Status quo aufrechtzuerhalten, nämlich alles loszuwerden, was er nicht verdauen konnte. Statt irgendeine seiner unangenehmen Erfahrungen in Angriff zu nehmen und davon zu profitieren, hat er sie nur „verschlungen" und sie in seiner analytischen Sitzung wieder „erbrochen". Er merkte nicht, daß er alle seine physische und geistige Nahrung hinunterwürgte, aber er merkte sehr wohl seinen gestörten Magen. Er war sich nicht dessen bewußt, daß er seine Erfahrungen nicht assimilierte, aber er wußte, daß er Schwierigkeien hatte, die Welt zu verstehen.

Eine Dame, die eine ansehnliche Erfahrung mit Psychotherapeuten hatte, legte sich auf die Couch, lag da starr wie eine Leiche, sprach wie ein Automat und produzierte Assoziationen, die für ihr gegenwärtiges Leben gänzlich irrelevant waren. Sie war entsetzt, als sie feststellte, daß ich für das Material, das sie produzierte, kein Interesse hatte, sondern nur dafür, *wie* sie es tat. Ihr bisheriger Analytiker hatte das Offensichtliche nicht einmal bemerkt, nämlich, daß dieses Leiche-Spielen, diese Unempfindlichkeit und Unbeweglichkeit das Zentrum ihres Panzers, ihres Widerstandes war. Die Persönlichkeit hinter diesem Panzer zeigte einen Grad von Desintegration, die sich der Grenze zu einer Psychose näherte. Ich zögere nicht, die klassische Technik für diesen Stand der Dinge verantwortlich zu machen. Nach sechs Monaten Behandlung zeigte sie eine gute Genesung und eine bemerkenswerte Stufe von Integration.

Das offensichtliche Verhalten eines Mädchens war gekennzeichnet durch ihr ständiges Klagen über diese oder jene Person. Sie war voller Anklagen gegen ihren früheren Analytiker. Als ich sie fragte, was *er* denn zu diesen Anklagen zu sagen gehabt hätte, antwortete sie, daß sie nie darüber gesprochen hätten! Und das geschah bei einem Analytiker, der an den Übertragungsmechanismus glaubt! Nachdem ich ihr gezeigt hatte, daß ihr Klagen über jemanden gegenüber einem anderen - zum Beispiel über mich gegenüber einem Freund - anstatt gegenüber dem Betreffenden selbst ihre Weise sei, einen aggressiven Kontakt zu vermeiden, gingen wir zu dem Experiment über, daß sie mich attackierte. Im Laufe dieser Übung kam ziemlich viel von der bisher nicht realisierten Furcht und Verlegenheit in den Vordergrund.

Ein Bildhauer hat aus der Behandlung durch einen fortschrittlichen Analytiker zufriedenstellenden Nutzen gezogen; schließlich aber wurde entschieden, den Analytiker zu wechseln, weil zwei wichtige Symptome hartnäckig bestehen blieben: seine Unfähigkeit zu arbeiten und sein zwanghafter Gedanke, seine Frau umzubringen. Nach einem der ersten Gespräche schlug ich ihm vor, den Mord an seiner Frau bildnerisch zu gestalten. Am nächsten Tag kam er begeistert zurück und teilte mir mit, daß er das erste Mal seit Jahren drei Stunden lang mit Interesse und Vergnügen gearbeitet hätte. Seine Fähigkeit, sich mit Bleistift und mit Ton, das heißt auf einer nonverbalen Ebene, auszudrücken, war bei seiner weiteren Behandlung eine große Hilfe. Das Offensichtliche, das in seinem Fall übersehen wurde, lag darin, daß Modellieren und nicht die Sprache sein Ausdrucksmittel war.

Im Gegensatz zu diesen Fällen gibt es auch solche, bei denen ich nur eine geringe oder gar keine zufriedenstellende Integration zustandebringen kann. Anscheinend betrachten diese Menschen ihre gewohnheitsmäßige Einstellung so sehr als selbstverständlich, daß ihnen keine andere Orientierung möglich zu sein scheint. In diesen Fällen mangelt mir entweder die Fähigkeit, ihnen überzeugend die Notwendigkeit einer Veränderung und Neuorientierung zu zeigen, oder aber ich bin selbst nicht hinreichend integriert, um den entscheidenden Widerstand zu bemerken.

Eine Psychologin wurde zu mir geschickt, weil sie einige charakterologische Symptome zeigte: darunter war der Wunsch, Psychoanalytiker zu werden. Trotz gelegentlicher emotionaler Ausbrüche war es nicht möglich, den Panzer eines konfusen Wortschwalls zu durchbrechen, einen Zustand, den *Landauer* so schön „faselige Verblödung" (dtsch. im Original) nannte. Sie lehnte es ab, ihr Bedürfnis nach einer personalen Behandlung zu akzeptieren. Wir trennten uns schließlich, nachdem sie zu dem Schluß gekommen war, daß sie sich eine therapeutische Analyse nicht leisten könnte, obwohl sie Geld investieren wolle, um das „leichte und glanzvolle" Leben eines Psychoanalytikers zu erreichen.

Gegenwärtig habe ich mit zwei anderen Fällen zu tun, die sehr zweifelhaft aussehen. Der eine ist ein paranoider Mann, der andere eine nahezu schizoide Frau. Bei dem ersten heißt der Wahlspruch zum Leben: „Lieber bedeutend sein als gesund", bei der anderen: „Lieber klug und verrückt als gesund und dumm". In beiden Fällen war ich nicht in der Lage, eine zufriedenstellende Zusammenarbeit zu erreichen. Welche Übung auch immer ich dem Erstgenannten vorschlage, er beweist mir, daß er es kann, und dabei beläßt er es. Er verhält sich wie ein Soldat, der in den Krieg zieht, seinem Offizier zeigt, daß er das Ziel treffen kann, und dann meint, er könne nach Hause gehen. Für ihn ist der Krieg vorbei. Was beide Fälle mehr als irgendetwas sonst kennzeichnet, ist ihre gelähmte Spontaneität. Pläne schmieden und überlegt handeln, Entwürfe machen und sich auf alle Eventualitäten vorbereiten, kurz, zukunftsorientiert denken, wurde ihre selbstverständliche Lebensweise; damit hat der Kontakt mit der gegenwärtigen Wirklichkeit alle Bedeutung verloren. Beide sind die meiste Zeit *neben* sich selbst und nicht *in* sich selbst. Sie sind nicht „ganz da", im wahren Sinne des Wortes [„*not all there*" - nicht ganz bei Troste, Anm. d. Übers.].

Sobald man den grundlegenden Charakterwiderstand durchgearbeitet hat, ist die Schlacht gewonnen. Nicht, daß der Patient die Bewußtheit schon ganz von sich aus zustandebringen würde, aber von diesem Punkt an wird die wachsende Integration den *circulus vitiosus* der Neurose aufheben. Mehr und mehr wird die Entgegensetzung von „Ich" und „Du" sich zu einem „Wir" verwandeln. Besonders die zweite Phase, das Erkennen der motorischen Verspannungen, *Reichs* muskuläre Panzerung, dürfte das Interesse des Patienten hervorrufen. So mancher Neurotiker ist einem hypochondrischen Verhalten oder anderen Formen der Introspektion verfallen, und diese Phase der Behandlung bietet ihm reichlich Gelegenheit zur Selbstbeobachtung und gibt ihm zugleich eine Technik an die Hand, mit bestimmten schweren Symptomen, wie Kopfschmerzen, Rückenschmerzen oder Angstzuständen, fertig zu werden. Selbst wenn er die grundsätzlich „falsche" Methode, die der Entspannung, anwendet, wird er Erfahrungen machen, die ihm als wunderhafte Erfolge erscheinen.

Eine Dame setzte bei mir die Arbeit fort, nachdem ihr bisheriger Analytiker die Behandlung wegen ihrer negativistischen und aggressiven Einstellung abgebrochen hatte. Sie hatte die Analyse ursprünglich begonnen wegen zu hohem Blutdruck, einem chronischen Pseudoasthma, Frigidität und familiären Schwierigkeiten. Als sie bei mir begann, waren ihre Atemschwierigkeiten so stark, daß sie kaum sprechen konnte. Zunächst entschied ich mich, ihr Asthma in Angriff zu nehmen und die Arbeit mit der tieferen Persönlichkeitsstörung hintanzustellen. Nach wenigen Stunden der Neugestaltung ihres Atmens brach sie in Tränen von tiefster Verzweiflung aus, und dabei erreichte sie ihre erste Erleichterung. Drei Monate später waren ihr Asthma und ihr hoher Blutdruck verschwunden, und jetzt nach sechs Monaten hat sie ihre Frigidität verloren. Gegenwärtig arbeiten wir an ihrem Selbstbewußtsein. Besonders eine Übung brachte ihren Panzermechanismus wieder zum Vorschein. Bei einem Abstand von mir von ungefähr drei Metern fühlte sie sich relativ wohl; wenn sie näher kam, versteifte sie sich mehr und mehr und verlor die Spannung wieder mit zunehmendem Abstand. Diese Reaktion funktionierte gänzlich automatisch. Es war notwendig, sie erkennen zu lassen, daß die *Vorstellung*, jemand würde sich nähern, dieselbe Wirkung hatte, und weiterhin, daß sie nicht nur versteift würde, sondern daß auch sie selbst etwas unterdrücke.

Neben *Reich* gibt es noch einige andere Schulen, die den Organismus vom physiologischen, funktionalen Aspekt her in Angriff nehmen, oder um in der dualistischen Sprache zu reden, die eine Körperanalyse betreiben. Sie sind genau wie die rein psychologisch orientierten Schulen zu der Sisyphusarbeit einer nie endenden unerledigten Situation verdammt. Sie haben es und sie haben es nicht. Ein bestimmter Grad der Integration ist möglich; sie tun ihre Arbeit mit gutem Recht, denn sie ist richtig, aber sie realisieren nicht die Einseitigkeit, die Unvollständigkeit, und darum ist ihre Arbeit nicht integrativ. Natürlich behaupten sie alle, wie auch viele andere, die psychologisch oder semantisch ausgerichtet sind, daß sie den Organismus als eine Ganzheit behandeln. Alle diese Bewegungen, wie die Schulen von *F. M. Alexander, Elsa Gindler* und *Jacobson*, die durch ihr ,,du mußt dich entspannen" bekannt sind, werden jede Art von guter Psychotherapie fördern. Die größte Gefahr ist hier dieselbe wie bei den Schubladendenkern und wie bei jeder nicht umfassenden Methode, nämlich die Vermeidung des entscheidenden Punktes und die Konzentration auf ein Scheinproblem.

Jemand, der einer Lösung seiner sexuellen Schwierigkeiten ausweicht, wird häufig die klassische Schule vermeiden. Ein Analytiker, der unbewußt seinen Machttrieb ausüben will, wird sich hüten, die Lehren von *Adler* oder der Washingtoner Schule zu assimilieren. Und wer seinen inneren Konflikten nicht begegnen möchte, wird von einer der körperanalytischen Schulen angezogen sein. Somit wird nur ein Therapeut mit einer umfassenden Sicht in der Lage sein, die zentralen Schwierigkeiten, die in den Blick zu fassen der Neurotiker vermeidet, herauszufinden und in Angriff zu nehmen.

Typisch für die nicht umfassenden Einstellungen ist der Fetisch der Entspannung. Natürlich kann ein Patient ein gutes Stück vorankommen, wenn er lernt, sich zu entspannen, aber er wird sich in jeder Situation wieder verspannen, wo die Entspannung keine Figur ist, wo er mit einer unerwünschten Empfindung, Handlung oder Emotion konfrontiert ist. Es ist für unsere Patienten nicht leicht zu lernen, daß es für sie nicht erforderlich ist, sich vorsätzlich entspannen zu können, sondern vielmehr, sich ihrer inneren Konflikte bewußt zu werden, von denen die Verspannung nur ein Bestandteil ist.

Das führt uns zu der nächsten Stufe der Integration. (Wie immer, so ist auch diese Unterteilung in Stufen künstlich, und die verschiedenen

Stadien überschneiden sich häufig.) In diesem Stadium sollte der Patient die Struktur seiner inneren und äußeren Konflikte und das Konzept von Annahme und Abweisung gründlich kennen lernen. In dem vorausgehenden Stadium sollte er gelernt haben, daß ein permanentes Strömen von Bewußtsein vor sich geht, außer beim Schlafen oder im Trance. Er hat vielfältige Prozesse in der äußeren und inneren Welt kennengelernt. In dem jetzigen Stadium untersuchen wir diese Prozesse im einzelnen. Welche sind spontan? Welche hat er erfunden, um den Erwartungen des Analytikers oder seinen Vorstellungen von der Behandlung zu entsprechen? Ist seine Aufmerksamkeit sprunghaft und ziellos, oder gibt er den Prozessen eine Chance, sich zu entwickeln und geschlossen zu werden? Wie vermeidet er, Prozessen nachzugehen? Flüchtet er sich in Intellektualisierung, in Scherzhaftigkeit, in die Vergangenheit oder die Zukunft, in das Horchen auf Geräusche von draußen, in Schläfrigkeit, monotones Sprechen und dergleichen? Er ist sich bereits in einem gewissen Maße des Zensierens bewußt und realisiert so primitive Konflikte wie: „das ist peinlich zu sagen", oder „ich sollte so etwas nicht denken", „ich möchte mich entspannen, kann es aber nicht" und dergleichen. Die Hauptschwierigkeit liegt darin, daß er sich zumeist mit dem Zensor identifiziert. Für ihn ist es offensichtlich, daß man seinen Arzt nicht kritisieren darf, daß man eine gute Meinung von ihm haben soll, daß es zwar statthaft ist, sich selbst zu kränken, aber nicht andere. Wenn man jedoch seine Muskelverspannungen durcharbeitet, wird er die Struktur von vielen Konflikten wesentlich bewußter wahrnehmen können, zum Beispiel seine Mühe, Weinen, Wut usw. zu unterdrücken.

Der Patient lernt bald, daß das Zensieren durch ein ganz einfaches Prinzip geschieht, durch Annahme und Abweisung. Durch Übungen lernt er auch seine Triebe und Wünsche stärker anzunehmen. Er realisiert, daß er, wenn er seine Gefühle annimmt und zum Ausdruck bringt, eine kathartische Erleichterung erfahren kann, und schließlich, daß seine Vorstellungen von Annahme und Abweisung weithin seinem Orientierungsmuster entsprechen, nämlich seinem Bedürfnis, von der Welt angenommen, und seiner Furcht, von ihr abgelehnt zu werden. Er ist erstaunt, daß trotz seinem großen Bedürfnis nach Anerkennung weder Lob noch andere Beweise einer Annahme eine nachhaltige Wirkung haben, sondern daß *Zurückweisungen* ihn für lange Zeit beunruhigen und bedrücken können. Dieser scheinbare Widerspruch ergibt sich aus der für Neurotiker charakteristischen Tendenz, viele Situationen unabgeschlossen zu lassen. Wenn er lernt, auf die Sprache des Organismus von Figur und Hintergrund zu horchen und diesem verläßlichen Orientierungsmittel entsprechend zu handeln, das heißt, die unabgeschlossenen Situationen zu vervollständigen, dann wird er in der Lage sein, die Balance seiner Persönlichkeit wieder herzustellen und den Weg zu einer produktiven Entwicklung zu bahnen.

Nehmen wir zwei einfache Beispiele einer unabgeschlossenen Situation: Man hat den Drang zu urinieren, oder man muß einen wichtigen Brief beantworten. Man kann den Drang ziemlich lange unterdrücken, aber der Konflikt zwischen dem Zurückhalten und dem Loslassen wird mehr Energie in Anspruch nehmen, als die Situation abzuschließen, was nicht mehr als ein paar Minuten erfordert. Dasselbe gilt für den Brief. Die Antwort kann einem Tage und Wochen lang auf dem Gewissen liegen, während das tatsächliche Schreiben nicht mehr als eine Stunde in Anspruch nehmen wird. Selten erledigt sich die Situation von selbst, indem nur die Zeit verstreicht, und dann gewöhnlich nicht zu seinem Vorteil.

Schlaflosigkeit ist ein häufiges Symptom von unabgeschlossenen Situationen, ebenso auch Träume. Wahrscheinlich ist der wichtigste Teil eines Traumes sein Ende. Oft läuft er auf die Lösung eines Problems hinaus, aber der Träumer kann sogar während des Schlafens die Bewußtwerdung nicht ertragen und zieht es vor aufzuwachen, anstatt den Traum zu beenden. Deshalb wacht er auf, bevor seine Frau auf dem Pflaster zerschmettert, da sie in dem Traum aus dem Fenster gefallen ist, oder bei einem erotischen Traum, bevor er in die Vagina eindringt.

Die nächste Phase könnte *topologische* Neuorientierung und Neuorganisation der Sprache genannt werden.

Topologische Orientierung beschäftigt sich mit drei Prozessen: Introjektion, Projektion und Retroflektion. In diesem Aufsatz können diese sehr interessanten Begriffe nur flüchtig behandelt werden; jeder würde eigentlich mehrere Kapitel erfordern. Alle drei Phänomene sind Symptome für einen Mangel an Integration. Was die Introjektion anbelangt, stimme ich mit *Freud* nicht überein, der nur in einer totalen Introjektion ein pathologisches Phänomen sah und eine partielle Introjektion als einen gesunden Prozeß betrachtete, der die Bausteine des Ich liefert. Meine eigene Behauptung ist, daß jedes Introjekt, sei es partiell oder total, im Organismus ein Fremdkörper ist. Nur eine vollständige Zerstörung als Vorbereitung für die Assimilation wird zu der Aufrechterhaltung und Entwicklung des Organismus beitragen. Zerstörung heißt nicht Vernichtung, sondern vielmehr das Auflösen der Struktur von physischer oder geistiger Nahrung. *Freud* sagte, es sei nicht genug, das Material ins Bewußtsein zu bringen, sondern es müsse auch durchgearbeitet werden. Entsprechend meiner Analyse der Verdauungsfunktionen formuliere ich diese Einsicht folgendermaßen: Es ist nicht genug, unverdautes Material heraufzuholen, sondern es muß auch von neuem durchgekaut werden, so daß der Verdauungsprozeß abgeschlossen werden kann. Das galt für den oben beschriebenen Patienten, der die Ereignisse, die er nicht verdauen konnte, vernichtete, indem er sie in dem Sprechzimmer von sich gab. In der Heilung ging es darum den toten Gaumen wieder empfindsam zu machen, sich der Barrieren der Abscheu bewußt zu werden, die zusammengepreßten Kiefer wieder zu mobilisieren und seine Aggression in das Beißen und Kauen zu investieren.

Der topologische Aspekt im Hinblick auf die Projektion ist augenfällig, aber er erfordert eine besondere Sorgfalt. Wie kommt es, daß irgendein Teil der Persönlichkeit, der als der personalen Struktur zugehörig erfahren werden sollte, nicht als solcher anerkannt wird und so behandelt wird, als gehöre er zur äußeren Welt?

Das Kind lebt in einer Konfluenz mit seiner Umwelt. Es hat seine Kontaktfunktionen noch nicht entwickelt; das heißt, es kann nicht unterscheiden zwischen Selbstheit und Andersheit (*self-ness, other-ness*), zwischen Subjekt und Objekt, zwischen Projektion und Selbst-Ausdruck.

Konfluenz bedeutet die Nichtexistenz oder Nichtbewußtheit von Grenzen; sie bedeutet, das Einssein als selbstverständlich anzusehen. Beim Erwachsenen ist Konfluenz eine sado-masochistische Fixierung, getarnt als Liebe. Haß ist frustrierte Gier nach Konfluenz; Kontakt ist Anerkennung von Unterschieden. Grenze bedeutet Kontakt *und* Trennung; es bedeutet Individualität.

Wenn sich der Zustand der Konfluenz nicht weiterentwickelt zu der Fähigkeit, Kontakt herzustellen, oder wenn durch eine spätere Desensibilisierung die Grenze zusammengebrochen ist, dann bleibt der infantile Projektionsmechanismus bestehen. Selbstausdruck entwickelt sich nicht, da dieses das Anerkennen *und* das Handhaben der Grenze voraussetzt. Bei diesem Mangel an angemessenem Selbstausdruck kann ein Gefühl nicht zum Ausdruck gebracht und in einer emotionalen Entladung losgelassen werden, sondern das Gefühl wird projiziert und bleibt in einer emotionalen Verbindung mit der Persönlichkeit. Die Persönlichkeit wird leer, und die projizierten Eigenschaften hören auf, beim Verfolgen persönlicher Ziele brauchbare Instrumente zu sein. Der Paranoiker bleibt mit seinem Verfolger durch Haß verbunden, der religiöse Mensch mit seinem Gott durch Gottesfurcht. Ob nun Aggression, Initiative oder Verantwortlichkeit projiziert wird, in jedem Falle wird das Ergebnis eine verkrüppelte Persönlichkeit sein. Viele Neurotiker projizieren ihre Neigungen, etwas anzunehmen oder abzulehnen, und somit können sie diese Funktionen nicht zu einem Unterscheidungsvermögen integrieren. Sie bleiben mit diesen projizierten Neigungen durch Gier und Furcht verbunden.

Der Projektionsmechanismus ist mit dem Problem der Sprache verbunden. Durch die Projektion von Initiative und Verantwortlichkeit erfahren unsere Patienten sich permanent in einer passiven Rolle. Ein Traum wird sich bei ihnen *ereignen;* ein Gedanke wird sie *überfallen.* Spekulationen gehen ihnen durch den Sinn, durch den Kopf, oder welches Vakuum sie sonst für ihr Herumgeistern wählen. Genauer gesagt bezieht sich das auf den Patienten, der nicht bereit ist, sich mit seinen Handlungen zu identifizieren, der über sein Unglück, über das Schicksal redet, der ein Opfer der Umstände ist. Wenn in seinem Sprachgebrauch eine „Es"-Sprache durch eine „Ich"-Sprache ersetzt wird, dann kann schon mit dieser einzelnen Berichtigung eine beträchtliche Integration erreicht werden. Man muß mit dieser sprachlichen Berichtigung während der Arbeit an dem Muskelpanzer beginnen. Erst wenn der Patient voll realisiert, daß in seinem Kreuz nicht Verkrampfungen bestehen, sondern daß *er* sich zusammenzieht, Gefühle unterdrückt mit Hilfe bestimmter Muskelgruppen, kann er seine Ich-Funktionen entwickeln oder wiedergewinnen und mit seiner Muskelaktivität in Kontakt kommen. Nur dann kann er vorsätzlich Verspannungen auflösen, denn eine bewußte Kontrolle ist unentbehrlich, wenn einer ausprobiert, wie viele seiner abgelehnten Gefühle und Empfindungen er ertragen und integrieren kann.

Die Einheit von sprachlicher und struktureller Neuorganisation ist in der Behandlung der Retroflektion gleicherweise wichtig. Retroflektion ist, man könnte sagen, das tägliche Brot des Psychoanalytikers. Es deckt sich annähernd mit dem, was *Freud* „sekundären Narzißmus" nannte. Gegen die Aufnahme dieses Ausdrucks habe ich verschiedene Einwände. Erstens, der sogenannte primäre Narzißmus ist kein pathologischer Zustand. Im Gegenteil, sein Mangel, ein Mangel an Selbst-Bewußtheit, ist für die Persönlichkeit schädlich. Zweitens, Retroflektion bzw. sekundärer Narzißmus hat eine Bedeutung angenommen, die von Eigenliebe weit entfernt ist, während in der Umgangssprache ein Narzißt ein Mensch ist, der in sich selbst verliebt ist. Drittens, ein beschreibender Begriff wie „Retroflektion" ist einem rein symbolischen vorzuziehen.

Retroflektion ist gekennzeichnet durch das Wort „Selbst": Selbstliebe, Selbstkontrolle, Selbstbestrafung, Selbstzerstörung und dergleichen.

In der Retroflektion wird ein Teil der Persönlichkeit vom anderen abgespalten, bleibt aber in einer aktiven Verbindung. Objektbeziehungen werden ersetzt durch eine „Ich- und Selbst-"Beziehung. In einer aktiven Retroflektion wird eine Tendenz, z.B. Liebe, Zerstörung, Kontrolle, Genauigkeit usw. auf die eigene Person gelenkt. Bei passiver Retroflektion demgegenüber ersetzt das „Ich" das fehlende aktive Objekt; ich bedaure mich selbst, weil es sonst niemand tut; ich bestrafe mich selbst in Vorwegnahme irgendeines anderen, der es tun könnte.

Sobald der Patient diesen Mechanismus versteht, ist er auf dem Wege zur Besserung. Anstatt daß die beiden Teile sich verklammern, wenden sie sich der Welt zu; Kontakt und Ausdrucksfähigkeit werden gefördert. Ein *Selbst*vorwurf wird zu Depressionen und zu ohnmächtigen Lösungen führen, während ein *Objekt*-Vorwurf dazu führt, daß man sich dem Objekt annähert (*objekt-reproach, object approach*), daß man eine Sache bereinigt und möglicherweise die Situation eines Vorwurfs beendet.

Beim Projektionsmechanismus ist die Desensibilisierung augenfällig, bei der Retroflektion eher das schlechte Funktionieren des motorischen Systems. Tatsächlich ist die gute Reaktion auf die Behandlung darauf zurückzuführen, daß die Vorgänge der Retroflektion leicht aufgezeigt werden können. Ob der Ursprung der Muskelunterdrückung in der Reinlichkeitserziehung liegt oder, wie es häufiger der Fall ist, im Festsaugen an der Brust, ist unwesentlich. Wichtig ist, daß ein enormer Aufwand an motorischer Energie investiert wird, um eine Katharsis und Initiative zu verhindern. Die schlechte Muskelkoordination schlägt sich in Symptomen nieder, die dann ein manifestes Problem bilden: Schwerfälligkeit, Verstopfung, Asthma, Kopfschmerzen und dergleichen.

Schließlich haben wir noch einen weiteren Bereich von mächtigen Prozessen zu erwähnen: die Gefühle. Während die sichtbaren Manifestationen der Prozesse in dem menschlichen Organismus den Namen „Körper" (*body*) erhielten und die bewußte Wahrnehmung der Funktionen von Orientierung und Manipulierung „Geist" (*mind*) genannt wurde, so wurde die Gesamtheit der Gefühle „Seele" (*soul*) genannt. Dieser Ausdruck hat die Tendenz zu verschwinden, und zwar in Korrelation zu der fortschreitenden Degeneration unseres Kulturkreises im allgemeinen und zu der fortschreitenden emotionalen Entleerung des neurotischen Individuums im besonderen.

Diese Entleerung beläßt das Individuum und die Gesellschaft in einer immer größeren Unsicherheit, in dem Bedürfnis, die biologischen Orientierungsmittel durch intellektuelle Vorstellungen, durch Moralismus und durch Perfektionismus zu ersetzen. Das Lust-Unlust-Prinzip verkörpert den biologischen Kompaß, mit dem der Organismus sich zurechtfindet, fort von einer schmerzlichen und zu einer angenehmen Situation hin. Das ist zugegebenermaßen ein primitiver Kompaß, aber er ist für das Überleben des Einzelnen absolut notwendig. Was für den Einzelnen gut oder schlecht ist, deckt sich immer weniger mit dem, was die Gesellschaft als gut oder schlecht bestimmt, und noch weniger mit den moralischen Vorstellungen des Neurotikers.

Bei genauer Analyse wird eine Integration durch Unempfindlichkeit gegenüber den emotionalen Barrieren verhindert, besonders den Barrieren von Abscheu, Hemmung, Schamgefühl, Angst und Furcht. Indifferenz ist der beste Weg, solche Erfahrungen zu vermeiden. Sobald diese Barrieren auftauchen, wird der Patient weiterhin die vollständige Situation vermeiden, nämlich den Konflikt zwischen der Selbstverwirklichung und den störenden Gefühlen. Die negativen Gefühle sind wirklich wesentlich für den Zwiespalt der Persönlichkeit. Wir haben nicht nur die Aufgabe, sie aufzudecken, sondern wir müssen sie auch in zusammenwirkende Energien umwandeln. Während dieses Prozesses begegnen wir einer Übergangsphase. Abscheu verwandelt sich via Gier in Unterscheidungsvermögen; Angst via Erregung in ein spezifisches Interesse, wie etwa Feindseligkeit, sexuelle Erregung, Begeisterung, Initiative usw.; Furcht via Mißtrauen in ein Experimentieren, das heißt, in eine Erweiterung des eigenen Lebensbereichs; und Hemmung via Exhibitionismus in Selbstausdruck.

Die Behandlung ist beendet, wenn der Patient die grundlegenden Erfordernisse erreicht hat: eine Veränderung seiner Einstellungen, Mittel zu angemessenem Selbstausdruck und Assimilation und die Fähigkeit, seine bewußte Wahrnehmung auch auf den nonverbalen Bereich auszudehnen. Er hat dann die Stufe von Integration erreicht, die ihre eigenständige Entwicklung fördert, und er kann jetzt ohne Bedenken sich selbst überlassen werden.

Die Veränderungen, die er erfährt, können einen Vergleich mit seinem früheren Zusand aushalten, insofern er jetzt *wirklich* wächst, während er früher nur versuchte, seine infantilen Vorstellungen von einem Erwachsenen zu verwirklichen. Statt sich an seinem Verlangen zu orientieren, angenommen zu werden, und an seiner Furcht, abgelehnt zu werden, ist er jetzt selbst derjenige, der annimmt und ablehnt. Statt hin- und herzuschwanken zwischen einer gallertartigen Konfluenz mit und einer vollständigen Isolation von seiner Umwelt, weiß er jetzt, daß „Kontakt" die Anerkennung von Unterschieden bedeutet. Statt sich als Ausgestoßener zu erfahren, erkennt er, daß er eine Zelle im größeren gesellschaftlichen Organismus ist und daß er mit seinen besten Fähigkeiten fungieren muß, um in ihm wirksam zu sein. Seine interpersonalen Beziehungen wird er integrieren, nicht durch eine unterwürfige Anpassung und ein Opfern seiner Selbstverwirklichung, sondern indem er sich Kontakte aussucht, die zu einer reichen, produktiven Existenz beitragen.

Die meisten von uns sind sich darüber im klaren, daß die Persönlichkeitsforschung in den Kinderschuhen steckt und daß hier noch viel Arbeit zu leisten ist. Die Periode der klassischen Analyse nähert sich ihrem Ende. In wenigen Jahrzehnten wird sie lediglich von historischem Interesse sein. Die gegenwärtige Periode, die man die „parafreudianische Zwischenzeit" nennen könnte, begann mit der Abweichung von *Alfred Adler.* Sie war gekennzeichnet durch zahlreiche vielversprechende Neuorientierungen, aber auch durch eine seltsame Unsicherheit, die sich in einer hochgradigen Intoleranz gegenüber Schulen mit einer unterschiedlichen Ausrichtung zeigte. Hier muß es einen Weg geben, um diese sterile Isolierung und gegenseitige Intoleranz zu überwinden. Es gibt ein Band, das uns alle vereinigen kann: das offene Eingeständnis, daß wir nur sehr wenig wissen, daß unsere Orientierung ebenso grob ist wie die Landkarten der Phönizier, daß wir im Vergleich mit anderen Wissensbereichen *Anfänger* sind wie Hippokrates und Paracelsus.

Waren Sie jemals in Verzweiflung, wenn einer Ihrer Patienten sein Vorstellungsvermögen durch seine oder durch Ihre vorgefaßten Meinungen blockierte, und wünschten Sie dann nicht, um *Freud* zu zitieren, daß er mehr wohlwollende Skepsis an den Tag legen würde? Ich wäre wirklich sehr glücklich, wenn mein Aufsatz Sie ermutigt hat, sowohl gegenüber Ihren eigenen als auch gegenüber meinen gegenwärtigen Überzeugungen wohlwollend skeptisch zu sein und den Übergang zu leisten von einem zwanghaften Dogmatismus zu der experimentierenden, ungewissen, aber schöpferischen und neue Wege bahnenden Einstellung, für die ich kein besseres Beispiel finden kann als den Mut von Sigmund Freud.

# Ein neuer Schlüssel zur Psychiatrie (1959-1968)

Schloß und Schlüssel sind wechselseitig voneinander abhängig. Ändert sich das Schloß, müssen wir uns einen neuen Schlüssel beschaffen. Wenn wir mit dem Schlüssel, der uns zur Verfügung steht, die Tür nicht öffnen können, ist es sehr wohl möglich, daß wir den richtigen Schlüssel verloren haben. Wenn wir fortgesetzt versuchen, die Tür mit einem Schlüssel zu öffnen, mit dem sie nicht leicht aufgeht, so verhalten wir uns sicherlich nicht ganz normal. Dagegen wäre es ganz vernünftig, es mit einem neuen Schlüssel zu versuchen. Es ist das Ziel dieses Aufsatzes, diesen neuen Schlüssel zu schmieden, indem wir die Methode der Entlarvung anwenden. Diese Methode besteht darin, eine Frage eher neu zu prüfen, als sie so zu beantworten, wie sie gestellt ist. Wenn die Umformung dazu führt, daß wir die Frage als aufgesetzt demaskieren, so müssen wir das ganze Problem als solches neu formulieren.

Ein Beispiel für eine solche Frage ist das Problem: ,,Was kommt zuerst, das Huhn oder das Ei?" Da die Abfolge Huhn-Ei-Huhn-Ei-Huhn-Ei usw. ein Prozeß ist, der sich über Jahrtausende erstreckt, können wir unsere Frage nur beantworten, indem wir das abstrakte Problem in ein konkretes verwandeln und feststellen, welches Ei welchem Huhn vorausgeht. Vor einigen Jahrhunderten gelang - zumindest einigen - eine ähnliche Unterscheidung zwischen konkret und abstrakt dadurch, daß der Streit darüber, wie viele Engel auf einer Nadelspitze tanzen könnten, ad absurdum geführt wurde.

In der Psychiatrie war der erste große Schritt mit der Entlarvung des Prinzips getan, daß die Seele aus einem anderen Stoff gemacht ist als der Körper und daß sie ihren Wohnsitz verlassen und zu ihm zurückkehren kann. Hier lag in der Tat ein Schlüssel, der viele geheime Türen der Organisation des Menschen öffnen konnte. Unsere Absicht ist, in ähnlicher Weise einen anderen schlecht passenden Schlüssel zu entlarven, unser Konzept nämlich, daß wir einen Geist bzw. eine Psyche ,,haben", und einen Ansatz auszuprobieren, der ohne einen Geist oder eine Psyche auskommt.

Gewiß haben sich viele große Denker damit beschäftigt und sind immer noch dabei, das Geheimnis von Leib und Seele, von Körper und

Geist zu lösen. Viele wichtige Entdeckungen sind gemacht und viele vorzügliche Theorien sind aufgestellt worden, aber wie die Katze, die immer auf ihre Füße fällt, kommen sie immer wieder zu dem Geist zurück, als wäre dieser etwas, das auf irgendeine Weise vom Körper getrennt existieren könnte. Es ist nur zu wahr, daß sie aus rein theoretischen Gründen die These von einer organismischen Einheit oder von einer psychosomatischen Entsprechung aufrechterhalten. Oft fallen sie auf eine andere Spaltung zurück: das Bewußtsein gegenüber dem Unbewußten; oder sie postulieren eine psychologische Ursache für ein somatisches Ereignis (oder umgekehrt). Aber sobald es ans Diskutieren geht, haben sie „Gedanken" in ihrem „Verstand", geht es um ihren „Geist". Wir haben also noch nicht zu einem echten und konsistenten Konzept des Menschen als eines kohärenten Ganzen gefunden, obwohl wir bereits einige gut fundierte Theorien darüber haben. Die Namen von *Whitehead*, *Goldstein*, *Angyal*, *Whyte* und *Korzybski* bestätigen das.

Woran liegt es nun, daß all diese Schlüssel nicht die Tür zu der so sehr notwendigen theoretischen Klarheit öffnen, die allein zu einem vollen Verständnis des menschlichen Verhaltens (und Fehlverhaltens) führen kann?

Nach meiner Auffassung besteht der Fehler darin, daß versäumt wird, das Offensichtliche zu untersuchen. Das Wundern über Ereignisse, die jeder als selbstverständlich hinnimmt, ist immer der Ausgangspunkt für neue Standpunkte, Entdeckungen und Erfindungen. Das Offensichtliche liegt in unserem Fall in unserer Verwendung der Sprache. Wir nehmen es als selbstverständlich hin, daß wir in bestehenden Begriffen denken oder diese benutzen, und sind *a priori* von ihrer Bedeutung überzeugt. Weil wir diese Worte verwenden, sind wir überzeugt, daß wir ein Bewußtsein haben und daß wir einen Geist haben. Ihr Reichtum an Konnotationen hat uns davon abgehalten, ihre Denotation zu untersuchen.

Wir wollen das jetzt tun und feststellen, ob diese Begriffe gute Schlüssel sind oder nicht. Ich glaube, daß sie es nicht sind. Ich glaube, daß sie Zwitter sind - als würden wir uns ein „Pferdemobil" erträumen, das zur gleichen Zeit die Funktionen und Eigenschaften eines lebendigen Tieres und eines mechanischen Fahrzeugs hat.

Es gab Zeiten, in denen die Menschen die Existenz von Geistern als Gegebenheit nahmen, und Kinder tun das immer noch. Stellen wir uns doch einmal vor, daß wir das Pferdemobil als Wirklichkeit nähmen und es mit Heu fütterten, wenn es Benzin brauchte, oder daß wir die Erwartung hätten, daß es 15 Kilometer in der Stunde zurücklegt, und nicht glauben könnten, daß es 115 schafft. Oder wir könnten Argumente dafür anbringen, ob es ein Tier oder eine Maschine ist, oder über seinen Geist und sein Unbewußtes (oder vielleicht hat es so etwas nicht) diskutieren. Wenn wir es betrachten, wird es jedenfalls - sofern wir an seine Existenz glauben - eine Quelle von äußerster Verwirrung für sich selbst, für den Eigentümer und für die Welt darstellen.

Es ist schwer zu glauben, daß ,,Geist" oder ,,Psyche" und ,,Bewußtsein" eben solche Pferdemobile sind. Wir könnten sie Phantaufmerksamkeit und Wollgewahr nennen: Zwitter aus Phantasie und Aufmerksamkeit, die wir jetzt als Geist bezeichnen, und von vorsätzlichem Wollen und Gewahrsein, die jetzt als Bewußtsein angesprochen werden. ,,Jetzt siehst du es, jetzt ist es fort!" Unsere Zwitter können sich unsichtbar machen, zu wirklichen Poltergeistern werden oder sogar zu *dei ex machina*. Als solche nennt man sie das Unbewußte.

Was würde geschehen, wenn wir nicht in diese verbalen Fallen geraten würden? Was würde geschehen, wenn wir diesen Zwittern ihre Macht nehmen würden? Worin besteht ihre Macht? Unter dem Deckmantel, uns dabei zu helfen, uns selbst zu verstehen, bringen sie lediglich weitere Verwirrung, als gäbe es für uns noch nicht genug Bereiche von Verwirrung, mit denen wir umgehen müssen. Wie *Goethe* gesagt hat: ,,Sucht nur die Menschen zu verwirren, sie zu befriedigen ist schwer".

Der Nutzen, der sich aus einer erneuten Untersuchung von ,,Geist" und ,,Bewußtsein" ergibt, besteht darin, daß sie uns aus der Sackgasse herausholt, in der wir uns jetzt befinden. Sie wird, wie ich hoffe zeigen zu können, ein neues Licht auf die Natur des Es werfen und den Weg für eine einheitliche Feldtheorie vorbereiten, die konsistent, kohärent und anwendbar ist.

Wie schon angedeutet wurde, hat ,,Geist" zumindest die beiden Bedeutungen von *Aufmerksamkeit* (,,Ich habe meinen Geist darauf gerichtet") und von *Phantasie* (,,Ich sah es vor meinem geistigen Auge"). Die Verwendung von Geist als eine andere Bezeichnung für Aufmerksamkeit birgt keine Schwierigkeit, aber die Konnotationen von Phantasie bedürfen einer ausführlicheren Erörterung.

Als *Freud* daranging, die seinerzeit gängige Meinung zu entlarven, daß das Bewußtsein oder das Ich (die beiden Begriffe sind für ihn weitgehend synonym) Herr in seinem Haus ist und die treibende Kraft der Persönlichkeit, bezog er sich zweifellos auf die Gleichsetzung von Bewußtsein und Vorsätzlichkeit. Die Willenskraft war die Voraussetzung für die Selbstkontrolle, und der bewußte Geist oder das ,,Ich" war mit der Fähigkeit zur Selbstkontrolle ausgestattet. Wenn wir aber das Gewahrsein, die andere Seite des Bewußtseins, vergrößern (wie er es unternommen hat), verbessern wir unsere Orientierung, aber erhöhen nicht die Willenskraft. Wenn wir die Vorsätzlichkeit verringern, erhöhen wir die Spontaneität und setzen die Selbstkontrolle herab, was sich alles zum Guten auswirkt.

Was wir tun müssen, ist, die verwirrenden Begriffe Geist und Bewußtsein aufgeben und uns mit den saubereren Begriffen Aufmerksamkeit, Phantasie, Gewahrsein und Vorsätzlichkeit zufriedengeben.

Der Psychologe oder Psychiater wird vielleicht den Verlust von zweien der offensichtlich wichtigsten Begriffe in seiner Sprache beklagen, aber es wird ihn noch mehr bekümmern, wenn wir folgerichtig das Unbewußte dem gleichen Schicksal überlassen. Wenn das ein Trost ist, so können wir von dem reden, dessen wir „nicht gewahr" sind, geben diesem aber eine viel weitere Bedeutung, als *Freud* mit dem Unbewußten anzielte. Letzteres ist mit dem Verdrängten identisch, das heißt, mit dem einst bewußten Material. *Freud* vergleicht das Bewußte und das Unbewußte mit einem Eisberg. Wir vergleichen gewahr und nicht gewahr mit der Oberfläche des Globus und sagen, daß das, was wir nicht sehen, nicht notwendigerweise zuvor auf der Oberfläche gewesen sein muß. Mit anderen Worten, wir gehaupten, daß wir uns dessen, dessen wir uns jetzt nicht gewahr sind, vorher gewahr gewesen sein könnten, daß es da aber noch viel mehr gibt, das nie in unser Gewahrsein gelangt ist oder das verschwunden oder assimiliert worden oder in größere Gestalten eingebaut worden ist, so wie viele Fertigkeiten oder Verhaltensmuster. Wir könnten all dies auch als das Unerkannte oder sogar als das Unerkennbare bezeichnen.

Im allgemeinen geht der Trend bei der Sprache von der wörtlichen bis zur immer abstrakteren und symbolischen Bedeutung. Um ein Beispiel zu geben, wenn ich jemanden einen Bastard nenne, will ich damit nicht andeuten, daß er ein illegitimer Nachkomme ist. Ich verwende diese Bezeichnung, um ihn zu verletzen, indem ich ihn als etwas Verächtliches klassifiziere. Nicht so bei den Bastardbegriffen (beachte die Rückkehr zu der ursprünglichen Bedeutung): Bewußtsein und Geist. Anstatt sie als die abstrakten Begriffe zu belassen, die sie sind, sind sie konkretisiert worden; sie haben die Bedeutung realer Objekte angenommen, hauptsächlich von geographischen Orten, an denen bestimmte Ereignisse stattfinden. Dies ist so weit getrieben worden, daß *Freud* ohne Scham von einer topologischen Orientierung spricht, ein Gedanke, der nicht weniger absurd ist als der von Engeln, die auf Nadelspitzen tanzen.

Wir alle haben gelegentlich Erfahrungen gemacht, durch die wir uns höllisch oder himmlisch gefühlt haben. Aber wir tun nicht so, als müßten wir diese Stimmung konkretisieren, und sind sicherlich nicht der Meinung, daß wir uns in solchen Augenblicken an Orten aufhalten, an denen uns wirkliche Teufel quälen und Engel Kantaten singen. Wenn wir das annehmen, dann geben wir entweder zu, daß wir phantasieren, oder wir projizieren diese Vorstellungen in die Zeit nach dem Tode.

„Ich habe eine Idee in meinem Kopf". „Mein Kopf floß über vor lauter Ideen". „Mein Bewußtsein war völlig leer". „Ich habe einen Ödipuskomplex in meinem Unbewußten". - In all diesen Äußerungen haben der Geist und das Unbewußte offensichtlich einen Körper und Substanz, und die Gedanken und Träume tun alle Arten von Dingen in diesem Körper, mit besonderen Verkehrsregelungen zwischen dem Bewußten und dem Unbewußten. Die Körper/Geist-Dichotomie wird nicht dadurch aufgehoben, daß der Geist zu einem Körper gemacht wird, der das „Mentale" erhält; die Verwirrung wird dadurch nur größer. Die Körper/Geist-Dichotomie ist zurückgekehrt, obwohl - das sei zugegeben - in einer sehr veränderten Form.

Wir befassen uns nicht mit müßigen philosophischen Spekulationen, weil diese Phantasievorstellungen (Konzepte genannt) über den konkreten Geist genau der Grund dafür sind, warum *Freud* in seiner Genialität gescheitert ist und warum die Psychoanalyse so oft zum Scheitern verurteilt ist. Solange die Verdrängung als die einzige Art und Weise angesehen wird, auf die wir unser Denken und Fühlen verleugnen, während andere Wege, das Mentale und das Physische zu dissoziieren, beibehalten werden, kann keine wirkliche Integration der Persönlichkeit stattfinden. Die Konzepte Geist und Bewußtsein sind genau die Mittel, durch die die Dissoziation in den meisten Fällen all die fortgesetzten Bemühungen von Psychotherapeuten nahezu aller Richtungen überdauert.

Wieviel bringt es uns, den Geist durch die Phantasie zu ersetzen? Sind wir vielleicht dabei zu generalisieren und eine Art für die Gattung zu nehmen? Ist die Phantasie nicht einer von mehreren Bereichen des Geistes? Liegt sie nicht auf einer Ebene mit dem schlußfolgernden Denken, Erinnern, Träumen und anderen Geistestätigkeiten?

Zugegeben, es gibt hier eine Schwierigkeit. Die Konnotationen von Phantasie gehen in die Richtung, daß etwas nur in der Vorstellung vorhanden ist, unwirklich ist und nicht vergleichbar mit einer getreuen Kopie der wirklichen Welt. Auf der anderen Seite hat die Phantasie auch den Aspekt des Neuartigen, des Einzigartigen, des Schöpferischen. Auch dies ist nicht spezifisch für die Phantasie. Jeder echte Kontakt des Menschen mit der Welt hat den Charakter des Neuartigen, wenn er erlebt wird. Das gilt in solchem Maße, daß wir menschliche Entwicklung als eine fortlaufende Transformation von Neuartigem in Routine beschreiben können.

Die Methode des Definierens und Klassifizierens scheint uns nicht weiterzubringen. Wir wollen deshalb einen Versuch machen und bei einfachen Beobachtungen beginnen. Ich sehe einen Baum. Um das zu tun, brauche ich das Auge und ein registrierendes Gehirn. Ich muß meine Aufmerksamkeit darauf richten oder darauf achtgeben, dann werde ich einer Sache gewahr, die ich erkennen und, wenn ich das möchte, als „Baum" bezeichnen kann. Dann schließe ich die Umwelt aus, schließe meine Augen oder sehe ins Blaue. Ich vergegenwärtige mir einen Baum. Wir könnten einfach sagen, daß ich mir einen Baum vorstelle. Dieser kann, muß aber nicht, die genaue Kopie des vorherigen Baumes sein; in jedem Fall ist es eine wirkliche Gegebenheit, aber keine physische Realität, derer ich gewahr werde. Ich stelle mir vor, daß ich einen Baum „betrachte". Das ist wichtig, weil es nicht der Baum ist, der in diesem Fall relevant ist, sondern die phantasierte Tätigkeit des Betrachtens.

Überdies wird ein geringes Maß an Introspektion genügen, um jemanden davon zu überzeugen, daß das, was man als Denken bezeichnet, zum größten Teil darin besteht, daß wir phantasieren, wie wir „mit einem uns bekannten oder unbekannten Menschen oder mit uns selbst sprechen". Es gibt keine zweite Nase, mit der wir riechen, kein drittes Ohr, mit dem wir hören könnten, wenn wir einmal mit diesen Phantasietätigkeiten befaßt sind.

Der Zweck dieser Phantasietätigkeit ist es, einen Ersatz für die physischen Aktivitäten zu liefern, die sie repräsentieren. *Freud* nannte die Geistestätigkeit Probehandlung, womit er sich als brillanter Beobachter erwies. Die Aufgabe des Phantasierens, insbesondere des rationalen Phantasierens, besteht in der Tat darin, unsere physischen Aktivitäten bis zu dem Punkt einzuschränken, wo sie als homöopathische oder verkleinerte Handlungen erscheinen.

Die Vorteile von solchem „Handeln in Bildern" sind vielfältig. Eine große Menge Zeit und Energie wird eingespart, wie es sich selbst an den groben Beispielen des Planens oder Einkaufens zeigt. Anstatt physisch von Ort zu Ort, von Laden zu Laden zu gehen, stellst du dir das Geschehen und die Inhalte der Läden vor und engst deine Möglichkeiten ein. Angenommen, du zögerst bei der Wahl des richtigen Wortes oder beim Hinschreiben. Du wirst nicht jedesmal zum Wörterbuch oder Lexikon greifen; oft wird es ausreichen, wenn du deine Wortreserven durchgehst, um die richtige Antwort geben zu können. Oder wenn du etwas verlegt hast, ist es oft effizienter, in der Phantasie danach zu suchen, als das motorisch zu tun.

Sieh dir die Ausdrücke an, die wir benutzen, um unser Phantasieleben zu beschreiben: „Wir fassen einen Gedanken"; „wir versuchen, einen Gedanken festzuhalten"; ,,wir suchen nach einer Erinnerung". Wir bewegen unsere Hände nicht, ausgenommen vielleicht zu einer Geste. Diesen Prozeß kennen wir als das Verblassen. Metaphern verlieren ihre ursprüngliche wörtliche Bedeutung und nehmen mehr und mehr symbolische Konnotationen an. Das Reichen der Hand, das einmal eine Zeremonie der Friedlichkeit, des Verzichts auf Aggression war, ist in Europa zu einer trivialen Allerweltsgeste geworden; ebenso der Handkuß, der einst ein Zeichen tiefer Ergebenheit war. ,,Herr" war früher ein Ehrentitel. Heute sagt dir die Aufschrift auf einer Toilettentür, daß du einer bist.

Kinder denken nicht erst und reden dann. Der ganze Prozeß ist sehr kompliziert und schließt vorsprachliches Reden, Formulieren und Verbalisieren ein. Kinder bilden zuerst Laute, spielen mit Lauten und bald mit Worten. Später lernen sie zu flüstern und ihr Sprechen zu verbergen, indem sie ihr Sprechen phantasieren (,,Kinder soll man sehen, aber nicht hören".), indem sie das Sprachliche ,,vor"-sprachlich machen.

Ein ähnlicher Prozeß findet mit einem guten Gedächtnis statt. Wenn wir einmal von dem vagen, oft rein verbalen Erinnern absehen, erkennen wir, daß wir uns bei jedem erlebten Augenblick aus der Vergangenheit tatsächlich an den Ort und in die Zeit des Geschehens versetzen, als stünde uns eine phantastische Raum-Zeit-Maschine zur Verfügung. Beachte jedoch: Wir gehen nicht in der physischen Realität in die Vergangenheit zurück und können dies auch nicht. Der ganze Prozeß findet hier und jetzt statt und nur in der Vorstellung. Das gleiche gilt für unser Zukunftsdenken, sei es Planen oder Tagträumen. Alle Versuche, die Zukunft vorauszusagen und somit aufzuheben, finden hier und jetzt in unserer Phantasie oder in der unseres Kaffeesatzdeuters statt.

Es ist paradox, daß *Freud*, der sich so überwiegend mit der Vergangenheit befaßt hat, den Begriff der Probehandlung geprägt hat, weil der Zweck solchen Probehandelns in der Phantasie genau das ,,Zukunftsdenken" ist, z.B. das Vorbereiten auf den Augenblick, in dem wir uns dem Sprechen oder einer anderen körperlichen Tätigkeit überlassen. Je größer die Angst vor dem Unbekannten in der Zukunft, um so ausgeprägter ist das Absichern und Vorbereiten in der physischen Wirklichkeit wie in unserem Phantasieleben.

An dieser Stelle müssen wir nicht viel über Psychopathologie sagen. Die Diskrepanz zwischen den Vorstellungen des Neurotikers und der physischen Wirklichkeit ist immer als das wesentliche Symptom angesehen worden. So sind zum Beispiel die Gesetze des Landes selten auch nur halb so streng und rachsüchtig wie das Über-Ich einer depressiven oder zwanghaften Persönlichkeit.

Wenn ich zu einem überempfindlichen Menschen sage ,,Marube", wird er mit Neugier reagieren. Wenn ich sage ,,Du Hundesohn", wird er behaupten, daß er sich verletzt fühlt, ohne daß er irgendeine Körperverletzung erhalten hätte.(Aber natürlich ist er feindlich gesinnt; er möchte verletzten; er projiziert zuerst sein Bedürfnis zu verletzen auf mich.) Beweise? Er könnte die Verletzung an keinem Teil seines Körpers lokalisieren, aber er fühlt sich so, ,,als ob" ich ihn geschlagen hätte, das heißt, er imaginiert einen körperlichen Angriff.

Bei einer paranoiden Persönlichkeit sehen wir die Unfähigkeit, zwischen der Beobachtung und der Projektion einer Vorstellung zu unterscheiden. Ein solcher Mensch hat seine eigenen Phantasien von Angreifen, Verletzen und Verfolgen unterdrückt, er hat diese Phantasien externalisiert und sich selbst zu dem Objekt gemacht, das von außen verletzt wird.

Wir wollen nun zu der gesünderen Beschäftigung mit dem rationalen Denken zurückkommen. Ist auch dies ,,nur" ein Produkt unserer Phantasie? Ich glaube, daß dies in einem großen Maße zutrifft. Denken ist im Wesentlichen die Manipulation von Symbolen, seien es Zahlen, Wörter oder andere Symbole. Auch hier läßt sich der Übergang von der physischen Wirklichkeit zum Phantasieren leicht erkennen. So ist es zum Beispiel ein Kennzeichen des Genialen, daß er komplizierte Manipulationen oder Berechnungen in seiner Phantasie vornehmen kann, wo andere die Arbeit mit Papier und Bleistift in der physischen Wirklichkeit machen müssen.

Wir könnten das *ad infinitum* fortsetzen. Wir könnten über das Selbstkonzept reden, das imaginierte Ideal, das man erreichen möchte; wir könnten über jene Phantasien diskutieren, die wir darüber anstellen, wie die Welt ist, Phantasien, die wir Hypothesen oder Theorien nennen und die tatsächlich Miniaturmodelle oder Miniaturkarten sind; wir könnten die Religionen der Eingeborenen und andere Weltanschauungen betrachten, und wir würden feststellen, daß sie alle Phantasien sind, so entworfen, daß sie sich der physischen Realität annähern.

Was haben wir damit bewiesen, und wie kann unser Ansatz zu einem einheitlichen Konzept des Menschen führen? Wir können diesem Konzept näherkommen, indem wir das Gesetz der Dialektik anwenden, wonach Änderungen in der Quantität oder im Ausmaß zu Änderungen in der Qualität führen können. Dies läßt sich auch in bezug auf die Intensität sagen. Eine Änderung der Temperaturhöhe verwandelt die Beschaffenheit von Eis in die von Wasser. Und mit einem veränderten Grad an Intensität verwandelt sich körperliches Verhalten in mentales Verhalten. In Ermangelung einer besseren Bezeichnung, und um mit der gefährlichen Verwendung des Wortes „Geist" aufzuhören, nennen wir dieses mentale Verhalten „Phantasie" - rationale oder irrationale (denn auch körperliches Verhalten kann rational sein oder nicht). Unsere Formulierung ist nun, daß sich der menschliche Organismus in größerer oder geringerer Intensität nach seiner Umwelt richtet und auf sie reagiert. Offenes Verhalten verwandelt sich in latente, private Aktivität.

Die herabgesetzte Intensität ist von außerordentlichem Nutzen für die Entwicklung des Menschen. Die eingesparte Energie, die andernfalls durch „Ausagieren" verbraucht würde, kann jetzt dafür eingesetzt werden, die Wahl- und Entwicklungsmöglichkeiten zu bereichern. Aber die Entwicklung bleibt hier nicht stehen. Die Fähigkeit zu abstrahieren und Abstraktionen zu kombinieren, das Vermögen, Werkzeuge zu erfinden und Symbole auszudenken, die Schöpfungen von Kunst und Wissenschaft zeigen überdies, daß die Fähigkeit zu phantasieren den großen Schritt vom Tier zum Menschen möglich gemacht hat.

Der Ursprung der Phantasie liegt in der Frustration. Wo Befriedigung ist, ist die Gestalt geschlossen und keine Erregung geblieben, um das fragliche Ereignis fortzusetzen. Der Tagtraum und oft auch der Traum, die Ersatzbefriedigungen und Leugnungen der Frustration sind, bestätigen dies. Um das Verhältnis von Phantasie und Frustration verstehen zu können, müssen wir uns dem anderen Inhalt des „Geistes" zuwenden; wir müssen die Natur der „Aufmerksamkeit" untersuchen. Solche Untersuchungen werden etwas anderes bestätigen, nämlich die Erkenntnis, daß wir integrative Konzepte wie das oben dargelegte brauchen.

Jeder lebende Organismus zeigt zwei wichtige Tendenzen: als Art zu überleben und als Individuum zu wachsen.

Wir wollen die Situation einmal übervereinfachen und die Diskussion über das Wachsen zurückstellen. Wir wollen weiter davon ausgehen, daß wir gezeigt haben, daß der Mensch ein Organismus mit vielen Fähigkeiten ist, wie Atmen, Verdauen, Fühlen, Bewegen, mit der Fähigkeit, seine Sinne zu gebrauchen und in sehr kleinen Quantitäten zu handeln, das heißt zu phantasieren usw.. Da er kein mechanischer Gegenstand ist, verbraucht der Organismus viel von seiner Substanz im Lebensprozeß, und diese muß ersetzt werden. Wir sprechen von *Homöostase* als dem Begriff, der das kostbare Gleichgewicht anzeigt, in dem das Optimum an Wohlergehen aufrechterhalten wird.

Ein solches Optimum bedeutet: weder zu viel noch zu wenig. Ein Mangel an Wasser führt zur Dehydration, ein Überschuß zum Ödem, ein Mangel an Schilddrüsenhormonen zu Kretinismus, ein Überschuß zur Basedowschen Erkrankung. Der Organismus ist so „organisiert", daß er danach strebt, bei Mangel zu ergänzen und bei Überfluß abzugeben, um das notwendige Gleichgewicht aufrechtzuerhalten. Wir reden ganz richtig von einer ausgewogenen Ernährung, um den Bedarf an Proteinen, Fetten, Kohlehydraten und Vitaminen aufzuzeigen. Was für die Ernährung gilt, trifft auf jedes Bedürfnis zu. Wir schließen daraus, daß es zu willkürlich ist, die Bedürfnisse des Menschen auf eine Anzahl von Instinkten einzuschränken, seien es der Freudsche Eros und Thanatos oder die vierzehn von *McDougall*. Jede Konstellation, bei der das organismische Gleichgewicht gestört ist, führt zu dem Verlangen, es wiederherzustellen. Wir nehmen daher nicht an, daß ein Instinkt etwas ist, das sich wie eine Drüse irgendwo in dem Organismus befindet. Wenn wir all die Störungen des organismischen Gleichgewichts klassifizieren könnten, würden wir vermutlich viele Tausende von Instinkten finden, und selbst diese unterscheiden sich noch einmal in sich hinsichtlich der Intensität.

Wir wollen dies an einem einfachen organismischen Geschehen illustrieren: dem Verlust von Wasser. Physiologisch nennen wir dies Dehydration, sensorisch Durst mit seinen Symptomen und seiner Unruhe, psychologisch den Wunsch zu trinken, chemisch den Verlust von X Einheiten von $H_2O$.

Nun ist kein Organismus autark. Er befindet sich in einem Umfeld. In der Tat betrachten wir den Zusammenhang des Organismus mit seinem Umfeld als den Kern der Psychologie. Nicht das Studium des Organismus - das ist eine Sache der Anatomie und Physiologie; nicht das Studium der Umwelt - das gehört zu den Naturwissenschaften, der Geographie und den Sozialwissenschaften, sondern den Zusammenhang des Organismus mit seinem Umfeld. *Harry Stuck Sullivan* hat einen großen Teil davon unter der Bezeichnung „interpersonale Relationen" behandelt, und *Freud* hat mit seinem Begriff der *Kathexis* einen großen Beitrag geleistet.

Der Begriff der Kathexis oder Besetzung war ein neues Licht, das viel von dem Zusammenhang der Instinkte des Organismus mit seiner Umwelt aufgehellt hat. Er stellte einen Irrtum richtig, den die Biologie eingeführt hatte: die Theorie des Reflexbogens, ein halbmechanisches Konzept, an dem die Biologie hing und an dem sie immer noch festhält.

Die immer wiederkehrende grundlegende philosophische Frage, ob der Mensch von äußeren oder inneren Kräften gelenkt wird, führt uns noch einmal in die Irre. Wie es so oft der Fall ist, macht der ,,Entweder-oder"-Ansatz, das Bedürfnis nach einem einfachen Kausalzusammenhang, die Vernachlässigung der Anerkennung des gesamten Feldes Probleme aus Situationen und trifft Entscheidungen auf Grund von Situationen, die im wesentlichen unteilbar sind und in denen die Einführung jeder Trennung künstlich ist. Ein solches Beispiel ist weiter oben im Zusammenhang mit der Trennung von Körper und Geist dargelegt worden.

Die Trennung, mit der wir es hier zu tun haben, beruht auf dem Irrtum, daß das Erleben von innen und außen aus zwei Teilen besteht. Es ist völlig richtig, daß ich den Satz ,,Ich sehe einen Baum" auf der verbalen Ebene in den Akt des Sehens und in ein Objekt trennen kann. Tatsächlich kann der Prozeß des Sehens unmöglich ohne etwas existieren, das gesehen wird.

Ebenso ergibt das Hören oder die Tätigkeit eines anderen Sinnesorgans keinen ,,Sinn", wenn es nichts gibt, was empfunden werden kann. Gleichwohl könnte ich, wenn ich einen Baum sehe, ebensogut ausrufen ,,Ein Baum!", damit das Sehen ausklammern und das äußere Objekt, den Baum, akzentuieren. In dem Fall setze ich das Wahrnehmen als selbstverständlich voraus und werde mich nur dann darauf beziehen, wenn sein Fehlen offenkundig wird: ,,Siehst du nicht? Bist du blind?" Ich kann den Akzent auch auf den Prozeß der Sinneswahrnehmung legen, indem ich leicht veränderte Begriffe verwende: ,,Ich sehe auf den Baum oder zu dem Baum hin" oder ,,Ich höre der Flöte zu". Offensichtlich zeigen diese Worte eine größere Beteiligung auf meiner Seite an und setzen nicht als selbstverständlich voraus, daß diese Gegenstände ihre Lichtstrahlen oder Schallwellen automatisch in mein System senden, wie es die Theorie vom Reflexbogen haben möchte.

Wenn eine solche Theorie richtig wäre, wenn die Rezeptoren für alle Strahlen aufnahmebereit wären, die da sind, um sie zu erregen, dann würden wir lediglich das Chaos der Millionen Farben, Formen und so weiter widerspiegeln, die uns simultan gegenüberstehen.

Die Situation ändert sich völlig, wenn wir die etablierte Reihenfolge umkehren, die sich so liest: zuerst der Rezeptor, dann das vermittelnde System, dann der Effektor, in dem man eine zentrale Vermittlungsstelle mit zwei Zweigen sieht, die uns mit der Welt verbinden: den sensorischen und den motorischen Systemen. Als anatomische Begriffe sind diese nichts Neues; wir bezeichnen ihre psychologischen Entsprechungen als Systeme der Orientierung und Manipulation. (Wir verwenden diese Begriffe als Abkürzungen für das Ausführen von Handlungen.

Leider hat Manipulation für viele Menschen einen negativen Beiklang; wir wollen diese Bezeichnung jedoch ohne moralische Bewertung verwenden, wie etwa bei der Manipulation der Tasten eines Klaviers.) Der grundlegende Gedanke, daß der Organismus mit beiden Systemen in die Welt hinausgreift, bedeutet für uns einen weiteren Schritt in Richtung auf das Konzept des ,,Organismus, der es mit der Welt aufnimmt".

Was die experimentellen Belege für diese neue Richtung betrifft, so wird der Leser auf die Arbeiten von *Kurt Goldstein* und anderen modernen Neurologen verwiesen. Praktisch genommen wollen wir jedoch einräumen, daß die untergeordneten Reflexe, wie der Patellarsehnenreflex und der Pupillenreflex, ihren Platz behalten, so wie der Gasofen den seinen behält, ungeachtet der thermodynamischen Theorien in der modernen Physik.

Mit dem neuen Standort wird die Umwelt eher zu einer Funktion des Organismus als ihr Opfer; der Organismus wählt eher aktiv aus, was er braucht, als daß er automatisch auf die Welt reagiert. Objekte der Welt erfahren, wie *Freud* aufgezeigt hat, eine Besetzung. Das bedeutet, daß etwas zwischen dem Organismus und bestimmten Objekten abläuft. Das lateinische Wort dafür ist *interesse;* in der Sprache des Gestaltansatzes ausgedrückt, hebt sich im Vordergrund eine Figur gegen den Hintergrund ab.

Wenn wir es hier mit dem Zusammenhang zwischen dem Organismus und seinem Feld zu tun haben, denken wir bisher an eine Situation ohne Geist (Phantasie). Wir befassen uns noch nicht mit dem aufgeklärten Bewohner der modernen Welt. Wir befassen uns gewissermaßen mit dem Tausendfüßler, bevor er durch die Frage verwirrt wird, welches Bein er beim Laufen zuerst bewegt. Eine solche Frage hat offensichtlich einen störenden Einfluß auf seine Bewegung als eine Einheit in seinem Feld, auf seine Bewegung zum Futter hin, das eine Besetzung erfahren hat, sein Interesse erregt hat, sich gegen den indifferenten Hintergrund des Bodens abgehoben hat.

Der Zusammenhang des Organismus mit seinem Feld ist genau der eines dialektischen Gegensatzes. Um die Homöostase zu erreichen, muß der Organismus die von ihm benötigten Ergänzungen in der Umwelt finden. Das System der Orientierung macht das ausfindig, was wir wollen. Wir spüren den Stoff, der uns Befriedigung bringt; wir suchen direkt nach dem, was wir brauchen (ohne intellektuelle Kenntnisse, ohne uns ein Bild zu machen, ohne es uns vorzustellen). Anstatt uns mit den Millionen Figuren und Formen und Geräuschen zu befassen, bemühen wir uns nur um das, was jeweils zur Figur im Vordergrund geworden ist. Denkt an eine Mutter, die bei den lautesten Straßengeräuschen weiterschläft, aber von einem leisen Wimmern ihres Babies aufwacht.

Wenn die Orientierung erst einmal ihre Arbeit geleistet hat, müssen wir das besetzte Objekt noch auf solche Weise manipulieren, daß wir das organismische Gleichgewicht erreichen können, daß wir die fragliche Gestalt schließen können. Die Mutter wird nicht dadurch befriedigt sein, daß sie nur ihr Baby wimmern hört; sie wird etwas tun, um die Quelle der Störung zu beseitigen. Im besten Fall wird sie das akute Bedürfnis des Babies befriedigen, und wenn es seine Befriedigung erreicht hat, kann auch sie sich wieder dem Schlaf überlassen.

Wir haben zuvor angenommen, daß es Tausende von Instinkten gibt, Tausende von Konstellationen, die den Organismus aus dem Gleichgewicht bringen können. Wenn sie alle simultan eine Besetzung zur Folge hätten, hätten wir es mit einem Durcheinander zu tun, das nicht geringer wäre, als wenn es keine Erleichterung bei der Orientierung gäbe. Wir wären dazu genötigt, zu viele Dinge auf einmal zu tun.

Vielleicht habt ihr euch gefragt, warum die Wissenschaft und wir im allgemeinen so begierig nach vereinenden Konzepten, nach integrativen Ideen sind.

Wenn unsere Aufmerksamkeit nur zwischen *zwei* Gegenständen unseres Interesses geteilt ist, erleben wir schon einen ,,Mangel an Konzentration", eine häufige Klage des Neurotikers.Wenn es mehr sind oder wenn das Objekt des ,,teilnahmsvollen Interesses" unbestimmt ist, spüren wir Verwirrung. Wenn zwei unvereinbare Situationen unsere Aufmerksamkeit erfordern, sprechen wir von einem Konflikt. Wenn diese andauern und offensichtlich unlösbar sind, betrachten wir sie als neurotische Konflikte.

Wir müssen deshalb annehmen, daß in dem Verhältnis zwischen den Instinkten und den Objekten ihrer Befriedigung mehr enthalten ist als die bloße Besetzung. Wir müssen voraussetzen, daß es eine Selbstregelung des Organismus gibt, die darauf hinzielt, das Erscheinen von mehr als einem aufmerksamkeitsfordernden Item zu einem Zeitpunkt zu verhindern. Wir müssen eine solche selektive Operation annehmen, weil wir feststellen, daß sich der Organismus zu einem gegebenen Zeitpunkt nur mit einer Sache effektiv befassen kann, daß wir nur ein Objekt scharf fokussieren können.

Diese Art der Organisation ist in zweierlei Hinsicht von Vorteil für das Überleben: der Organismus kann jederzeit, wenn das erforderlich ist, all seine Kräfte auf den Fokus der Aufmerksamkeit konzentrieren, und er kann sich mit den dringendsten Dingen zuerst befassen.

Der Vorteil, der daraus entsteht, daß wir all unsere Fähigkeiten, die Klarheit der Orientierung, die Freiheit der Wahl, die Mobilisierung unseres Könnens und unserer Kenntnisse auf eine Sache konzentrieren, muß nicht besonders hervorgehoben werden. Gleichwohl sind wir in der Sicherheit unserer Zivilisation so selten mit Notfallsituationen konfrontiert, daß der Überlebenswert dieser Art der Konzentration sehr blaß geworden ist. Menschen, die in voller Sicherheit und zudem vielleicht ohne neurotische Ängste leben, empfinden ihr Leben wahrscheinlich als leer und fade. Einigen gelingt es jedoch, künstliche Stimulation (Glücksspiele, Wettrennen usw.) einzuführen, die ein Bedürfnis nach Konzentration bewirkt.

Größere Schwierigkeiten bereitet uns das andere Problem: die dringendsten Dinge zuerst. Wir können nicht davon ausgehen, daß wir einen Instinkt in uns haben, der vorsätzliche Entscheidungen in bezug auf die Reihenfolge von Handlungen trifft. Diese Fähigkeit, uns selbst nach einem Plan zu organisieren, ist eine sehr späte Errungenschaft. Um überleben zu können, muß der Organismus diese Art der Regelung instinktiv vollziehen.

In Afrika habe ich Gazellen hundert Meter von schlafenden Löwen entfernt grasen sehen. Als jedoch ein Löwe aufwachte und sein Hungergebrüll hören ließ, ergriffen sie eiligst die Flucht. Hier ist ein Modell für alle autonomen Instinktregelungen. Wir haben eine Hierarchie von Instinkten in der Reihenfolge ihres Überlebenswertes. Können wir zu einer Phantasie (Hypothese) darüber finden, wie diese Art der Selektivität stattfinden kann?

Wir könnten uns zum Beispiel in die Lage der Gazelle versetzen. Angenommen, wir laufen um unser Leben. Solche extremen Situationen erzeugen außerordentlich viel Erregung, eine Erregung, die durch den Lauf abgeführt wird. Vielleicht sind wir bald durch das Laufen außer Atem geraten; in dem Fall müssen wir langsamer laufen oder ganz anhalten, bis wir wieder Atem geschöpft haben. Anders gesagt, das Atmen würde zu einer größeren Notlage werden als das Laufen, so wie das Laufen zuvor wichtiger geworden war als das Fressen. Wir müssen nicht anhalten und beschließen, daß wir Atem holen müssen. Der Organismus befaßt sich automatisch mit der dringlichsten lebenserhaltenden Funktion. Um gut laufen zu können, brauchen wir die Hilfe guter Muskeln, Koordination, vermehrte Abgabe von Energie. Das bedeutet einen erhöhten Stoffwechsel, das Verbrennen von Stoffen, das Energie erzeugt. Brennen ist Oxydation. Das Material, das oxydiert (Kohlehydrate usw.), ist in dem Organismus gespeichert, aber der Sauerstoff ist nicht gespeichert; er wird in dem Maße eingeatmet, wie es die Situation erfordert. Aus diesem Grund spielt das Atmen eine so wichtige Rolle in allen Situationen erhöhter Aktivität, insbesondere erhöhter motorischer und emotionaler Aktivität.

Von dem Zusammenhang von Atmung und Angst soll in einem anderen Kontext die Rede sein. Hier möchte ich lediglich auf den Zusammenhang von Atmung und Erregung hinweisen und anzeigen, daß man in einer integrativen Theorie die grundlegende psychologische Energie als „Erregung" bezeichnen könnte, entsprechend dem physiologischen Begriff „Reizung". Ich möchte noch einmal etwas betonen, das ich im Zusammenhang mit „Manipulation" erwähnt habe. Es ist keine Bewertung beabsichtigt. Manche Menschen sehen in der Erregung etwas Wertvolles; andere behalten dies einigen Formen der Erregung vor und schließen andere aus. „Reg dich jetzt nicht auf!" „Oh, es war so aufregend!" Allein diese beiden Wendungen zeigen die Unvereinbarkeit unseres Ansatzes als etwas, das wünschenswert ist oder das Gegenteil davon.

„Erregung" ist ein Begriff von größerer Allgemeinheit als *Freuds* „Libido"; „Erregung" ist überdies konkreter; sie kann spezifisch empfunden werden und läßt offen, welche Art von Erregung erlebt wird, von dem unbestimmten Gefühl von „Nervosität" bis zu der deutlich wahrgenommenen Wut. *Bergsons élan vital* kommt dieser Bedeutung sehr nahe, aber darin liegt, zumindest für mich, immer noch ein Anklang an eine Dichotomie, als ob sich ein Körper von einer Energie abheben würde, als ob auf irgendeine Weise der Körper und der *élan vital* aus zweierlei Arten von „Stoff" wären. Weiterhin können wir, wie wir noch sehen werden, auf der Grundlage der Erregung zu einer konsistenten Theorie der Emotion kommen.

Trotz der brillanten und präzisen Formulierungen *Freuds* finden wir eine Anzahl von Bereichen, in denen Verwirrung besteht. Das gilt für den Zusammenhang von Libido und Emotionen. Auf der einen Seite „ist" - *Freud* zufolge - der Affekt Libido; auf der anderen Seite gilt, daß Leid Libido „freisetzt", um von all den anderen Funktionen, die der Libido zugeschrieben werden, einmal abzusehen. Im besten Fall ist die Libido Teil einer dualistischen Weltanschauung, des Kampfes zwischen Eros und Thanatos.

Wir haben jedoch gesehen, daß sich der Organismus zu einem gegebenen Zeitpunkt nur mit einer Sache befassen kann. Eine integrative Orientierung wird uns somit, solange sie kohärent ist, viel Verwirrung ersparen. Die primitiven polytheistischen Mythen und Religionen scheinen dem zu widersprechen, und nur die Vorstellung der abstrakten unbekannten Größe, des Unaussprechlichen, des nicht Konkreten (ein Beispiel hierfür könnte etwa der Gott Moses' sein) scheint ein solches integratives Konzept zu liefern. Wie jedoch *Cassirer* gezeigt hat, erlebt der Primitive das Leben und sich selbst darin als eine kohärente Einheit. In unserer Zeit haben wir wieder ein solches integratives Konzept, zumindest soweit es das unbelebte Universum betrifft, in *Einsteins* Feldtheorie. Niemand wird leugnen, daß dies die Orientierung innerhalb des Universums und seiner „Energien" erleichtert. Ebenso brauchen wir für die Psychologie des Individuums einen vereinheitlichten Feldansatz, in dem Zeit, Raum, Masse, Energie und Verhalten als bloße Abstraktionen eines zentralen Konzeptes erscheinen: *des in seine Umwelt eingebetteten Organismus*. Unsere Schulrichtung hofft, einen Beitrag zu diesem Ziel hauptsächlich dadurch zu leisten, daß sie Spaltungen ausschaltet wie Psychologie und Psychopathologie und andere Dichotomien, die in früheren Publikationen diskutiert worden sind.

Bis hierher haben wir die Homöostase als ein halbstatisches Konzept behandelt. Wir haben gesehen, daß es bei den Instinkten viele Kreisprozesse gibt, die aus einer Unausgewogenheit der organismischen Substanz herstammen. Der Organismus „braucht" etwas. Der Bedarf wird als Ergänzung in der Umwelt wahrgenommen, und der Organismus stellt sich darauf ein, mit solchem Bedarf fertig zu werden. Wir haben auch gesehen, daß wir entsprechend unserer Organisation am besten eine Situation zu einem gegebenen Zeitpunkt bewältigen können, daß es eine Priorität des für das Aufrechterhalten des Lebens Wichtigeren über das hierfür weniger Wichtige gibt. Das bedeutet, daß die weniger wichtigen Dinge gewissermaßen warten müssen. *Freud* hat dies mit seiner ungeheuren Intuition dunkel erkannt und als eine Projektion diese Tendenz zum Aufschub das Realitätsprinzip genannt.

Um ein Bild davon zeichnen zu können, wie diese Art von Figur/Grund-Prinzip nach unserer Phantasie (Hypothese) arbeitet, müssen wir zuerst einen Schritt in Richtung auf das „Denken in Prozessen" machen. Es ist durchaus angebracht, wie es die Psychoanalyse macht, von Instinkten oder Komplexen als von „Dingen" zu denken, die verdrängt werden oder von einem Ort zu einem anderen transportiert werden können. Tatsächlich aber laufen ständig so viele gröbere und subtilere Prozesse ab, die zusammen eine Atmosphäre oder Stimmung ausmachen, daß wir wieder in äußerste Verwirrung geraten würden, wenn es nicht die Vorzugsbehandlung der wichtigsten Bedürfnisse gäbe. Diese enthalten genug Erregung, um in den Vordergrund zu gelangen, wobei viele unbefriedigte Bedürfnisse - nein, beim Menschen viele „unvollendete Situationen" - darauf warten, daß der Vordergrund leer wird, um ihre Gestalt schließen zu können, das heißt, Befriedigung zu erreichen. Mit der Befriedigung verschwinden somit beide, das Bedürfnis *und* das besetzte Objekt, aus dem Vordergrund. Dies wird auf eine nahezu mathematische Weise an dem Beispiel des Durstes deutlich, wo die Anzahl der Flüssigkeitseinheiten, die der Organismus benötigt, gemessen werden kann. Wird ihm eben diese Menge aus der Umwelt zugeführt, wird sich die Summe auf Null belaufen. Oder wenn sich das Interesse eines Mannes ohne irgendeine tiefere Beteiligung nur auf sexuelle Befriedigung richtet, wird er nach dem Orgasmus auf seine Uhr sehen. Jede Gefühlsregung, die von ihm *post festum* erwartet wird, wird für ihn lästig sein, d.h. eine *negative* Besetzung erhalten; er wird sie fürchten.

Der Mensch schwebt zwischen Ungeduld und Furcht. Jedes Bedürfnis verlangt nach sofortiger Befriedigung ohne eine Wartezeit. Die Ungeduld ist somit bei vorhandener Frustration die emotionale Form, die die Erregung zuerst annimmt. Furcht ist die Grundlage aller negativen Besetzung; sie ist *die* Anti-Überlebenserfahrung schlechthin. Wenn die sofortige Befriedigung nicht erfolgt, wird der Organismus seine Erregung erhöhen, die dann als Ärger (oder Wut) erlebt wird. ,,Du machst mich ungeduldig" zeigt bereits die Tönung, manchmal den deutlichen Charakter von Ärger.

Wenn allen Bedürfnissen diese Ungeduld eigen ist, wie kann der Organismus die Dominanz des drängendsten Bedürfnisses erreichen?

Wenn auf einer Party viel geplaudert wird und der Raum voller Sprachgeräusche ist und ich verstehen möchte, was jemand sagt, der auf der anderen Seite des Raumes ist, weil er durch seine heftigen Gesten mein Interesse auf sich gezogen hat, könnte ich die anderen Redenden zum Schweigen bringen. Wie die Situation ist, heben sich seine Worte nicht gegen die allgemeine Geräuschkulisse ab. Sie können nur durch den Kontrast deutlicher hervortreten. Er muß entweder seine Stimme anheben oder die allgemeine Geräuschkulisse muß gedämpft werden. Wenn ich beim erstenmal keinen Erfolg habe, werde ich meine Energie erhöhen und ungeduldiger oder ärgerlich werden.

Etwas Ähnliches geschieht beim Radiohören. Wenn der gewünschte Sender eingestellt wird, wird das Rauschen des Hintergrundes gedämpft; der Kontrast zwischen der Musik im Vordergrund gegen einen Hintergrund von völliger Stille ist das, was wir haben wollen.

Das Dämpfen des Hintergrundes kann bis zu dem Punkt seiner völligen Aufhebung oder seines völligen Verschwindens gehen. Wenn kein Hintergrund mehr existiert, wird das ,,Objekt" geboren. Wir können uns jetzt mit ,,Dingen" befassen, ohne daß wir den Kontext berücksichtigen, in dem sie erscheinen. Wir können noch einen Schritt weitergehen und die Objekte als Hintergrund verwenden und gemeinsame Merkmale haben, die sich als Vordergrund abheben, und sie isolieren, indem wir den Hintergrund aufheben oder ausklammern. Ein solcher Prozeß wird als Abstrahieren bezeichnet. Objekte und Abstraktionen sind Artefakte, die uns ständig verfügbare Ereignisse liefern, im Gegensatz zu dem mit Risiken verbundenen Auftreten von Figur/Hintergrund-Ereignissen. Diese Artefakte sind zudem durch spezifische Laute (Wörter) fixiert, die dann benutzt werden (als Symbole), um neue Konstellationen (Anekdoten, Geschichten, Gedichte, Dissertationen) zu erschaffen.

In den beiden Prozessen des Essens und Abstrahierens nehmen wir die Welt in Besitz. Beim Essen nehmen wir jedoch etwas aus der Welt heraus, das dann tatsächlich aus dem Feld verschwindet. Beim Abstrahieren oder Objektivieren (beides Phantasietätigkeiten) lassen wir das Feld unversehrt - abstrahieren bedeutet nicht subtrahieren. (Im Verlauf dieser Prozesse erfährt der Hintergrund eine negative, der Vordergrund eine positive Besetzung. Bei diesen Prozessen sagen wir „ja" zum Vordergrund und „nein" zum Hintergrund. Die Kybernetiker haben das ja/nein-Prinzip als die grundlegende selektive Funktion des Organismus anerkannt, und es ist ihnen gelungen, sehr komplizierte und effiziente Maschinen auf diesem Prinzip aufzubauen.)

Und in der Tat (obwohl dies nicht auf den ersten Blick erkennbar ist) haben wir zwei Arten der Besetzung des Feldes: die positive Anziehungskraft der „Ungeduld" und die negative Abstoßung der „Angst". Außerdem haben wir eine große Anzahl von Kombinationen der beiden.

Das Angsterregende wird als unbestimmte, undifferenzierte Bedrohung erlebt. Sobald es ein Objekt gibt, mit dem es jemand aufnehmen muß, verringert sich die Angst zur Furcht. Wenn die positive Besetzung die lebenserhaltenden Ergänzungen anzeigt, so weist die negative Besetzung auf Gefahr, verminderte Unterstützung oder sogar Tod. In jedem Fall liegt die Bedrohung darin, daß unsere Existenz zum Teil oder ganz auf dem Spiel steht, sei es das physische Sein (Krankheit), sexuelle Integrität (Kastration), Selbstkonzept (Demütigung), Weltanschauung (existenzielle Verwirrung), Sicherheit (ökonomische Mangelsituation) und so weiter.

Die positiven Objekte müssen im Hinblick auf Homöostase und Lebenserhalt in Besitz genommen und assimiliert werden. (Hingegen ist die Homöostase selbst natürlich eine höchst wirksame Unterstützung weiterer Entwicklung.) Demgegenüber müssen wir all das unschädlich machen, was eine negative Besetzung für uns hat; wir müssen es aus dem Feld beseitigen. Das gilt für das aktuelle Feld, das in unserer Phantasie enthalten ist. Schlechte Gedanken, unerwünschte Emotionen müssen aus dem gefährdeten Feld entfernt werden, ,,als ob" sie wirkliche Feinde wären.

Der sicherste Weg, mit dem Feind fertig zu werden, besteht darin, ihn zu vernichten oder unschädlich zu machen. Das heißt, die Mittel zu zerstören, die seine Bedrohung für uns aufrechterhalten. Die nächstbeste Sache bei unserer Gegenwehr wäre es, ihn zu erschrecken oder zu bedrohen, ihn aus der Gefahrenzone zu jagen. Das erfordert jedoch ständige Wachsamkeit. Der Fromme ist immer auf der Hut vor dem Teufel.

Um die negativ besetzte Situation zu bewältigen, haben wir neben der Zerstörung die Möglichkeit der magischen Aufhebung oder der Flucht aus dem Gefahrenfeld. Beides sind Wege des *Rückzugs*.

Die magische Aufhebung kommt der sprichwörtlichen Vogel-Strauß-Politik gleich und ist in der Psychoanalyse unter der Bezeichnung *Skotomisation*, der Bildung von ,,blinden Flecken", gut bekannt. Kinder, die den Predigten der Erwachsenen nicht zuhören mögen, decken ihre Ohren gern mit ihren Händen zu; wenn sie das nicht sehen wollen, was sie nicht sehen wollen, kneifen sie ihre Augen zu, und siehe da, die unerfreuliche Sache ist verschwunden. Später lernen sie, ,,ihren Kopf leer zu machen" oder ,,es zu vergessen". Weitet sich eine solche Haltung erst einmal aus und wird sie habituell, werden sie weitgehend desensibilisiert; sie verlieren ihre Sinne, verlieren sie oft dann, wenn sie sie am meisten brauchten, wie beim Erkennen von Gefahr.

Die magische Aufhebung ist ein partieller Rückzug. Sie ist ein Ersatz für wirklichen Rückzug.

Der Rückzug gehört zu den Problemen, die von der modernen Psychiatrie mißverstanden werden. Insofern ähnelt er der Verurteilung der Sexualität zu *Freuds* Zeiten und der Mißbilligung der Aggression in unserer Zeit. Die Neubewertung der Sexualität ist die große Mode. Die Frage der Aggression ist in einer früheren Publikation ausführlich behandelt worden. Eine Neuorientierung in bezug auf das Phänomen des Rückzugs wird bereitwilliger akzeptiert werden.

Den drei Phänomenen ist gemeinsam, daß sie normale, gesunde Vorgänge sind, die jedoch leicht pathologisch verzerrt werden können. Wenn wir somit über einen zurückgezogenen Menschen sprechen, müssen wir uns vor Augen halten, daß Rückzug *per se* noch kein Merkmal einer Neurose oder Psychose ist. Wir müssen fragen, *wovon* zurückgezogen; ständig oder zeitweise zurückgezogen; *wohin* zurückgezogen?

Das gleiche gilt für das Gegenteil von Rückzug, nämlich Kontakt. Wir müssen nachdrücklich betonen, daß nicht *alle* Formen von Kontakt gut sind. Ihr habt sicherlich Erfahrungen mit Menschen gemacht, die ständig in Kontakt mit euch bleiben müssen, mit den Mitläufern. Jeder Psychiater weiß, daß sie ebensoviel Leid machen und haben können wie die stark zurückgezogenen. Wir wissen, daß manche Menschen einfach in Kontakt mit ihren fixen Ideen bleiben *müssen*; sie können nicht loslassen. Hier müssen wir ebenfalls fragen: Kontakt *womit* und *wozu*? Wir haben den Kontakt mit irrelevanter Aktivität als „Attrappenkomplex" bezeichnet.

Nicht jeder Kontakt ist gut und nicht jeder Rückzug schlecht. Hingegen ist es ein wesentliches Merkmal jeder Neurose, daß der Mensch seinen Rückzug nicht organisieren kann. Das beste Beispiel dafür ist vielleicht das Phänomen der Langeweile. Langeweile stellt sich ein, wenn du versuchst, in Kontakt mit einem Gegenstand zu bleiben, der dein Interesse nicht mehr auf sich zieht. Du brauchst rasch alle Erregung auf, die dir verfügbar ist, und wirst müde und lehnst dich zurück; du möchtest dich aus der Situation zurückziehen. Wenn du keinen passenden Vorwand finden kannst, wird der Überkontakt schmerzhaft - du bist zu Tränen oder zu Tode gelangweilt. Wenn du dich der Müdigkeit überläßt, wirst du dich in deine Phantasie zurückziehen, zu einem interessanteren Kontakt. Daß deine Müdigkeit nur die Sache einer sehr vorübergehenden Erschöpfung ist, wird daran deutlich, daß dein Interesse belebt wird, wenn du dich plötzlich einem fesselnderen Redner zuwendest. Du erlebst dich wieder als „ganz da".

Wir können das Zurückziehen nicht ohne den Kontakt betrachten. Wir müssen es als einen Teil des Prozesses von Kontakt und Rückzug sehen. In ähnlicher Weise existiert der Magnetismus nur in einem Kontext von einem Feld mit positiven und negativen Kräften. In der Tat verhalten sich die positive und negative Besetzung in dem Feld Organismus/Umwelt sehr ähnlich wie die anziehenden und abstoßenden Kräfte beim Magnetismus. Es ist eine Tatsache, daß das gesamte Feld eine dialektisch differenzierte Einheit ist. Biologisch ist es in Organismus und Umwelt differenziert, psychologisch in das Selbst und die anderen, moralisch in Egoismus und Altruismus, wissenschaftlich in subjektiv und objektiv.

Es ist dann nicht erstaunlich, daß wir jede Besetzung entweder subjektiv oder objektiv erleben. Entweder wünschen *wir* uns etwas, oder dieses Etwas *hat* eine Anziehung für uns; *wir* sind von etwas angewidert, oder es *ist* abstoßend.

Für diejenigen, die sich für Gestaltpsychologie interessieren, könnten wir hinzufügen, daß die Vorstellung von der Figur, die sich gegen den mehr indifferenten Hintergrund abhebt, von dem gleichen Standpunkt aus weiterer Ausführungen bedarf. Die hervortretende Figur ist bereits ein Ergebnis der Anziehungskraft zwischen Organismus und positiver Besetzung. Bei der negativen Besetzung wird der Hintergrund zum Vordergrund und die Figur zum Hintergrund; sie wird zurückgedrängt; wir wollen das Störende aus der Szene fortschaffen. Wir fühlen uns danach, jemandem ins Gesicht zu schlagen, ihn aus dem Fenster zu werfen; wir wollen, daß er weggeht, zur Hölle zum Beispiel.

Sprachlich wird die positive Besetzung oft durch Ableitungen aus dem lateinischen *ad* angezeigt, z.B. *Ak*zeptieren, *Af*fektion, *Af*finität, *Ap*petit; die negative Besetzung durch *re*, wie in *Re*jektion, *Re*gression, *Re*pulsion. Hiervon sind „Akzeptieren" und „Rejektion" bzw. „Zurückweisung" Bestandteil des psychiatrischen Alltagsjargons geworden. Sie gehören zweifellos in den Bereich der Psychopathologie, wenn sie erst einmal als Projektionen erscheinen - wie das Bedürfnis, akzeptiert zu werden, und die Angst, abgelehnt zu werden. Wir werden sie weiter unten im Zusammenhang mit „externer Unterstützung" behandeln.

Akzeptieren und Zurückweisen sind die dialektischen Bestandteile der Diskrimination und als solche die wichtigsten Funktionen des Selbst, das heißt die wichtigsten Funktionen von Kontakt und Rückzug, die der Rhythmus des Lebens sind. Während des Tages stehen wir in Berührung mit der Welt; des Nachts ziehen wir uns zurück. Im Sommer gehen wir mehr nach draußen als im Winter, wo sich einige Tiere zum Winterschlaf zurückziehen, was einem nahezu vollständigen Rückzug gleichkommt.

Von großer Bedeutung ist die Amplitude des Rhythmus von Kontakt und Rückzug. Wenn der Kontakt übermäßig ausgedehnt wird, zum Beispiel beim Schauen, so wird das Schauen zum Starren und als solches ineffektiv. Man schaut nicht länger an, man schaut hindurch, man zieht sich tatsächlich in einen hypnotischen Trancezustand zurück. Ähnlich beim Kämpfen: nachdem er mit dem Kinn seines Gegners in Berührung gekommen ist, läßt der Boxer seine Faust nicht dort; er zieht sich zum nächsten Schlag zurück, aber er zieht sich nur so weit zurück, bis er außer Reichweite ist. Beim Geschlechtsverkehr schmerzt ein Übermaß an Kontakt; zu viel Rückzug bedeutet eine „Unterbrechung des ablaufenden Prozesses". Je heftiger der Orgasmus, um so größer ist die Amplitude der Stöße des Beckens, mit tiefer Ausatmung und der Erzeugung von Tönen im Wechsel mit Entspannung und tiefer Einatmung.

Ein Reihe von Fragen ist noch offen geblieben. Kontakt womit und wozu? Rückzug wohin? Um diese Fragen beantworten zu können, müssen wir auf die Diskussion der Kreisprozesse bei den Instinkten zurückkommen und den Begriff der Unterstützung aufnehmen. Zuvor jedoch noch ein paar Worte zur Emotion.

So wie wir die Vorstellung vom „Geist“ entlarvt haben, hat es die Wissenschaft mit der Gesamtheit unserer Gefühle gemacht, die als Seele bezeichnet worden waren und den Status der Unsterblichkeit erhalten hatten. Jede Revolution, die wissenschaftliche ist da keine Ausnahme, verhält sich kybernetisch, d.h. sie schlägt zuerst zu weit zum dialektischen Gegenpol aus. Dies geschah zum Beispiel mit Vorstellungen über Sexualität. Wo früher alles neurotische Übel der Sexualität zugeschrieben wurde, wird es heute oft auf die sexuelle *Repression* zurückgeführt. Ebenso ist es mit der Seele. War sie vorher göttlich, so ist sie jetzt eher ein Ärgernis. Eine Mutter, die sich laut um ein verlorenes Kind grämt, „hat einen emotionalen Zusammenbruch“. Heutzutage müssen Emotionen entladen werden, als wären sie ein lästiger Überschuß.

Tatsächlich ist die Natur nicht so verschwenderisch, daß sie Emotionen zu einem solchen Zweck erzeugen würde. Das Ideal könnte sein, aus fühlenden Menschen gut angepaßte Roboter zu machen, und Eltern und Psychiater wünschen sich vielleicht sehnsüchtig, daß man Emotionen durch Entladung loswerden kann. Aber seht das Ergebnis an: leere Persönlichkeiten, die sich selbst und ihre Umwelt langweilen.

Nein, gerade die Emotionen machen unser Leben aus. Viele Theorien sind vorgetragen worden, um Emotionen zu erklären und zu interpretieren. Aber Emotionen müssen nicht erklärt werden, geschweige denn interpretiert. Sie sind die eigentliche Sprache des Organismus; sie modifizieren die grundlegende Erregung entsprechend der Situation, der begegnet werden muß. Wenn man eine Etikettierung für meine Phantasie über den gesamten Prozeß haben will, so könnte man sie als „Transformationstheorie“ bezeichnen. Erregung wird in bestimmte Emotionen transformiert, und Emotionen werden in sensorische und motorische Handlungen transformiert. Die Emotionen liefern die Energie für die Besetzung und mobilisieren die Mittel und Wege, um den Instinktkreisprozeß abzuschließen. Es ist erstaunlich, wie die erlebten Emotionen verschwinden, wenn der Prozeß zum Abschluß gebracht wurde, und wie die *blinden* Emotionen in eine sichere Bewertung der Möglichkeiten des Feldes übergehen.

Im Zusammenhang mit dem Streben des Organismus nach dem besetzten Objekt stoßen wir auf eine andere der sich ständig aufdrängenden philosophischen Fragen, auf eine weitere Entweder/oder-Situation. Leben wir durch den freien Willen oder durch kausale Determination?

*Freuds* Forschungen waren durch seinen Mangel an Willenskraft, durch die Schwachheit und Passivität seines Ichs motiviert*. Und tatsächlich, wenn wir an die Vorsätze denken, mit denen wir das neue Jahr anfangen, oder den Entschluß des Alkoholikers betrachten, mit dem Trinken aufzuhören, erhalten wir ein recht düsteres Bild von der Fähigkeit des Menschen, sich selbst zu kontrollieren.

Auf der anderen Seite verlangt das Gesetz von uns die volle Verantwortung für unsere Handlungen, damit wir nicht für unzurechnungsfähig erklärt werden. Und wir selbst verlangen das von uns. Anderenfalls wären wir nicht so voll von Entschuldigungen und Rationalisierungen, gefangen zwischen Notwendigkeit und Freiheit.

Ich glaube, daß ein Blick auf die Manipulation des Instinktkreisprozesses eine Antwort zu diesem Dilemma liefern wird. Das Ziel ist festgelegt; es repräsentiert die Notwendigkeit. Die Ergänzung, die der Organismus benötigt, um sein Gleichgewicht wiederherzustellen, läßt uns nicht viel Freiheit. Wir haben jedoch einen gewissen Freiraum in den *Mitteln*, dieses Ziel zu erreichen: nicht durch die Willensfreiheit, obwohl es da die vorsätzliche „Unterbrechung des gerade ablaufenden Prozesses" gibt, sondern durch eine Freiheit der Wahl, ein Eröffnen von Möglichkeiten. Anders gesagt, unsere Freiheit rührt nicht von dem Manipulationssystem her, sondern kommt aus einer besseren Orientierung, aus einer Perspektive oder dem Sehen von Möglichkeiten.

Die Notwendigkeit mag darin bestehen, einem Verwandten eine Nachricht zukommen zu lassen. Die Möglichkeiten sind, diese Nachricht telegraphisch, telephonisch oder in einem Brief mittzuteilen oder durch eine andere Person mitteilen zu lassen. Welche Möglichkeit man wählt, hängt von der Entscheidung, der natürlichen Vorliebe oder der Gewohnheit ab.

Gerade jetzt werde ich mir einer solchen Wahl bewußt. Ich merke, daß es mich sehr verlockt, über Entscheidung, Verwirrung und Verzweiflung zu reden, die alle mit einer schlechten Auswahltechnik zu tun haben. Ich spüre auch den Wunsch, über Semantik zu reden und aufzuzeigen, daß Bedeutungen „Mittel" sind und keine Ziele. Will man also die gerade erwähnte Nachricht verständlich machen, muß man die Mittel auswählen, die technischen wie die symbolischen, das heißt, man muß die richtigen Worte wählen.

Wie können wir von den Instinkten reden, die die Wirkung von Notwendigkeiten haben, wenn wir ihrer nicht einmal gewahr sind? Wir haben von der Nutzlosigkeit des Versuchs gesprochen, Instinkte zu

---

* Man denke an seine zerstörerische Nikotinsucht, die er trotz seiner Krebserkrankung nicht zu meistern wußte (d. Übers.).

klassifizieren. Aber ist unsere Annahme einer großen Anzahl von Instinkten nicht einfach eine nur private Phantasie? Woher wissen wir, daß Instinkte überhaupt existieren?

Wir wissen es nicht, aber wir fassen das Streben nach oder weg von dem besetzten Objekt als eine absolute Notwendigkeit auf, und das gleiche machen wir mit den Symptomen, den Zeichen für die angenommenen Instinkte. Wir spüren nicht die Dehydration, aber wir merken, daß wir einen trockenen Mund haben und daß es uns zu etwas Flüssigem hinzieht. Das ist alles, dessen wir gewahr werden. Seltsamerweise haben die Symptome einen negativen Charakter, obwohl die benötigte Ergänzung positiv besetzt ist. Der trockene Mund, oder was auch immer das Bedürfnis anzeigt, wird als schmerzhaft empfunden und muß beseitigt werden, und der Drang ist so groß, daß wir in unseren Bemühungen oft irregehen und uns mit der Beseitigung von Symptomen befassen, ohne das erforderliche Gleichgewicht zu erreichen, ohne die Situation abzuschließen, wie es notwendig wäre. Ein unvollendetes Geschäft, daß zu dem Symptom der Schlaflosigkeit geführt hat, wird nicht durch Einnahme von Schlaftabletten abgeschlossen.

Infolgedessen scheitert die gesamte Theorie *Freuds* über die Verdrängung von Instinkten. Wir können nie, niemals einen Instinkt verdrängen, welcher es auch sei, weil er außerhalb der Reichweite unseres Gewahrseins ist und somit außer der Reichweite jeder vorsätzlichen Handlung. Wir können jedoch, und tun dies sehr oft, in die Zeichen und Symptome eingreifen, in den Vollzug dieser unerwünschten Strebungen. Dies geschieht durch das ,,Unterbrechen des gerade ablaufenden Prozesses". Solche Unterbrechungen können in jedem Stadium der (oft sehr verwickelten) Ausführung des Instinktkreisprozesses vollzogen werden. Wir können die Kontaktbedürfnisse ebenso wie die Bedürfnisse nach Rückzug unterbrechen und tun dies auch. Es ist wichtig zu beachten, daß der Neurotiker nicht nur an inadäquatem Kontakt leidet, sondern ebenfalls an unvollständigem Rückzug; so bleibt er beispielsweise da angespannt, wo er seine Aufmerksamkeit herabsetzen könnte; er leidet an Schlaflosigkeit, wenn er Schlaf braucht.

Selbstunterbrechungen können leicht beobachtet werden. Die ,,Ähs" und ,,Hms" jedes Sprechers, der sich seiner selbst bewußt ist, die unvollständigen Sätze, die Pausen in Sätzen stören dich vielleicht ebensosehr wie eine unterbrochene Geste. Dein Tischnachbar streckt seine Hand nach dem Zucker aus und hält sie mitten in der Luft an, um dich zu fragen, ob *du* Zucker in deinen Kaffee nimmst. Er sieht dich an und unterbricht sofort den visuellen Kontakt, indem er seine Augen zurückzieht, weil er anfängt, sich verlegen zu fühlen. Eine sehr wichtige Unterbrechung ist das Eingreifen in die Transformation der grundlegenden Erregung in spezifische Emotionen. Wieder ist das Eingreifen gegen die bewußten Symptome gerichtet, da all die Predigten, die man sich selber hält („Reg dich jetzt nicht auf!"), nicht im geringsten helfen. Stattdessen hört man auf zu atmen, hält das Zwerchfell fest, wendet seine Aufmerksamkeit ab. Und dann stellt sich eines der fundamentalen neurotischen Symptome ein, die Angst. Angst ist daher nicht verdrängte Libido oder verdrängte Aggression oder verdrängter Todesinstinkt oder verdrängter Exhibitionismus, oder verdrängter Expressionismus; sie ist all dies oder etwas anderes. Sie ist, praktisch ausgedrückt, die Unfähigkeit, den Schritt zu irgendeinem emotionalen Einbezogensein zu vollziehen. Man hat Angst davor, man selbst zu sein, aber scheut sich davor, weil das Selbst das immer fließende, sich ständig ändernde Verbundensein mit und Loslösen von der Welt um uns herum ist. Liebe, Haß und Eintracht; Ungeduld, Angst und Interesse; Verlangen, Frustration und Befriedigung; Erwartung, Enttäuschung und Anerkennung; Schuld, Groll und Dankbarkeit sind einige der Dreiecke unseres Lebens; sie sind die dialektischen Gegensätze und ihre Integration.

*Freuds* Haltung zur Selbstunterbrechung ist von größter Relevanz. Von allen möglichen Unterbrechungen wählte er eine sehr entscheidende aus und nannte sie den Zensor. Er sagte: „Unterbrich nicht den freien Fluß deiner Assoziationen!" Er nahm aber ebenfalls an, daß der Zensor der Diener der Verlegenheit ist, und so sagte *Freud*: „Sei nicht verlegen!" Genau mit diesen beiden Tabus unterbrach er die Erfahrung und Auflösung der Verlegenheit, was eine Desensibilisierung zur Folge hat oder sogar (und dies gilt in noch größerem Maß für die *Reich*schen Patienten) eine überkompensierende Schamlosigkeit oder Unverschämtheit. Was in der Therapie angegangen werden muß, ist nicht das zensierte Material, sondern - in diesem Fall - die spezifische Form der Unterbrechung, nämlich das Zensieren selbst.

Die Selbstunterbrechung ist keine Erfindung des Menschen um der Selbstkontrolle willen. Spezifisch menschlich ist die Retroflektion, wobei das gefürchtete Element gegen einen selbst gerichtet wird. Das Unterbrechen ist somit, neben dem Zerstören und Zurückziehen, ein anderer Weg, mit einer echten oder phantasierten Gefahr fertig zu werden.

Um die volle Bedeutung der Unterbrechung zu erfassen, könnte man das Beispiel der Kriegführung betrachten. Bomber werden ausgeschickt, damit sie den Versorgungsfluß unterbrechen, indem sie Eisenbahnen und Lastwagen zerstören; die Artillerie und die Schützen dienen dazu, den Feind im persönlichen Kontakt (z.B. mit dem Bajonett) abzuwehren. Andererseits wird der Feind nicht nur das gleiche tun; er wird außerdem den Unterbrecher unterbrechen.

Ihr habt Unterbrechungen beim Telephonieren erlebt. Ihr habt erfahren, was für eine Plage Menschen sein können, wenn sie eure Arbeit unterbrechen (aber nur, wenn ihr wirklich daran interessiert seid; anderenfalls ist der Unterbrecher willkommen) oder euer Träumen oder euren Schlaf. Ihr seid dahin gekommen, solche Leute zu fürchten, und seid ungeduldig, sie loszuwerden.

Lassen uns Unterbrechungen immer mit dem Bedürfnis zurück, Situationen abzuschließen? Nach dem Prinzip der Homöostase ja.

Und doch wissen wir, daß in vielen Fällen noch eine andere Möglichkeit offensteht - ein Rückzug aus der unvollendeten Situation, zum Beispiel in der Gestalt der Resignation. Es gibt eine falsche Resignation, ein Sich-geschlagen-geben mit einem Seufzer, aber das ist eine Form der Selbstunterbrechung, wobei die Situation immer noch offengelassen wird, um zu einem späteren Zeitpunkt wiederaufgenommen zu werden.

Echte Resignation kann mit *Pseudo*-Instinkten durch Zurückziehen erreicht werden, und sie kann mit echten Bedürfnissen erreicht werden, mit einem Teil des Selbst, durch echtes Leid, in dem eine vollständige Assimilation erfolgt durch das, was *Freud* Trauerarbeit genannt hat. Leid ist notwendige innere Zerstörung, die Zerstörung eines Teils des Selbst, zum Beispiel des Teils, der in enger Beziehung zu einem verstorbenen Freund stand.

Nehmen wir den Fall eines Mannes, der ein Bein verloren hat und es mit einem Lächeln und einer steifen Oberlippe trägt. Jede Depression oder Traurigkeit, die sich bei ihm zu entwickeln beginnt, wird mit dem grimmigen Entschluß, sich „anzupassen", abrupt beendet. Er betrachtet sich immer noch als einen zweibeinigen Mann mit einem fehlenden Bein und wird sich wieder und wieder in Situationen befinden, in denen er sich seines Verlustes bewußt wird und ihn erträgt. Wenn er jedoch durch die Trauerarbeit geht, wird sein gegenwärtiges Selbst sterben. Es reicht nicht, das Kreuz zu tragen; er muß die Kreuzigung durchführen, um als ein neuer und anderer Organismus wiedergeboren zu werden, als ein einbeiniger Organismus mit einem anderen Gleichgewicht und einem anderen Potential als zuvor. Jetzt sind seine Energien nicht länger in seinem heroischen Kampf gebunden; jetzt ist er frei, wieder zu wachsen und über sein Handikap hinauszukommen; für das neue Selbst ist dies kein größeres Handikap als das, das wir beim Fehlen von sechs Beinen bei der Krake bemerken.

Ein anderer Mann hatte seinen Vater verloren und kaum mehr als eine Träne darüber vergossen. Er sagte, er fühle sich erleichtert darüber, daß der alte Mann, der sein Leben geregelt hatte, tot sei. Aber genau das Gegenteil trifft zu. Indem er nicht trauert, hält er ihn am Leben; er hat den alten Mann ,,introjiziert"; er stellt sich immer noch vor, daß sein Vater um ihn herum ist, daß er ihm immer noch Befehle gibt, und er braucht immer noch seine Hilfe bei Entscheidungen. Er ist nicht mehr frei von ihm als vor seinem Tod. Erst wenn er seinen Verlust durchgearbeitet hat, sein Alleinsein, vielleicht seine Einsamkeit, kann er als das wiedergeboren werden, was er ist, nicht als ein rebellisches Waisenkind, sondern als eine verirrte Seele ohne eigene Überzeugung, als ein erwachsener Mann, aber mit dem Bedürfnis nach ,,externer Unterstützung" durch Gelenktwerden.

Beide Menschen hatten den gerade ablaufenden Prozeß des Selbst chronisch unterbrochen. Beide hatten ihre Entwicklung behindert.

Beachte das *inter* in *inter*ferieren, *inter*venieren und in unterbrechen (*inter*rupt), das anzeigt, daß etwas dazwischengeschoben wird. Es ist nun deutlich, daß das therapeutische Vorgehen (das auf die Reetablierung des Selbst durch das Integrieren der dissoziierten Teile der Persönlichkeit abzielt) darin bestehen muß, das ,,Nicht-unterbrechen" zu lehren. Wie können wir das tun, ohne daß wir den Fehler machen, die Unterbrechung zu unterbrechen? Wir haben weiter oben *Freuds* Anweisung ,,Zensiere nicht!" erwähnt, die selbst ein Zensieren des Zensors ist, ein Unterbrechen des Prozesses der Zensierung.

Bei der Neurose unterbrechen wir (in der psychoanalytischen Sprache: das Ich) unser Selbst (in der üblichen Schreibweise: uns selbst). Den Feind zu unterbrechen ist, wie wir gesehen haben, eine für das Überleben bedeutsame Handlung. Wenn wir uns selbst unterbrechen, erreichen wir dabei vielleicht auch, daß wir unser Selbst zertrennen, auch wenn wir nicht ,,unser eigener ärgster Feind" sind.

Wie bei der Annahme *Freuds*, wonach wir eher uns selbst zensieren als den ,,anderen", ist es auch beim Unterbrechen. Ein Schuljunge hört von seinem Direktor eine Moralpredigt; er möchte ihn unterbrechen. Oder er bekommt Schläge: die würde er noch lieber unterbrechen. Stattdessen unterbricht er in beiden Fällen die Äußerung seines Selbst (und es ist nichts Unbewußtes dabei), die im ersten Fall aus einem Satz bestehen würde wie: ,,Ich nehme es Ihnen übel, daß Sie mich anschnauzen", oder im zweiten Beispiel in dem Wunsch, einen Fußtritt zu geben. Er muß unterbrechen, aber er unterbricht seine eigenen Äußerungen; er ,,kontrolliert sich selbst", weil er den Direktor nicht kontrollieren kann. Er muß seinen Unwillen (Ärger) unterdrücken, weil er sich vor den Folgen der Äußerung seines Selbst fürchtet.

Natürlich unterbrechen wir nicht nur die Tendenzen, ,,gegen etwas vorzugehen", sondern ebenso die Tendenzen ,,auf etwas hin" und

„von etwas fort". Wir unterbrechen nicht nur den Kontakt, sondern ebenso den Rückzug.

So hat dich zum Beispiel dein Gastgeber festgehalten und bestürmt dich mit einer Menge „Warums" und „Doktor-wie-erklären-Sie-sich-das?". Dir ist sehr danach, dich von ihm zurückzuziehen, aber deine Höflichkeit oder, wenn du neurotisch bist, deine Angst, seine Gefühle zu verletzen, kommt dir dazwischen. Wenn dein Rückzug zudem darauf hinzielt, im nächsten Raum einen fesselnderen Kontakt aufzunehmen, wird sich diese Selbstbehinderung in Groll oder Ärger verwandeln. Aber Groll ist, wie später aufgezeigt wird, ein Niemandslandgefühl. So wie die Situation ist, kannst du weder einen Kontakt zu deinem Gastgeber herstellen, was bedeuten würde, daß du den Superklugen spielst, der alle Antworten kennt, noch kannst du dich von ihm zurückziehen, noch kannst du den Kontakt herstellen, der in diesem Augenblick anscheinend für dich Bedeutung hätte. Du sitzt in einem Niemandsland fest; du bist „weder hier noch dort".

Worin liegt der Vorteil, wenn wir, anstatt den Zensor zu betrachten, dazu übergehen, uns mit Unterbrechnungen zu befassen? Zunächst einmal befaßt sich die Psychoanalyse nicht so sehr mit dem Zensor, das heißt, mit dem bewußten Teil des gerade ablaufenden Prozesses, sondern vielmehr mit dem Material, das zensiert wird. Wenn *Freud* auch auf die Bedeutung der Verwirrung hinweist, wird doch wenig über die Phänomenologie, das Erleben und die Behandlung der Verwirrung und vieler anderer Gefühle gesagt, obwohl man hier einige bemerkenswerte Ausnahmen verzeichnen muß, wie Kummer und Zuneigung. Wenn man sich jedoch mit Unterbrechungen befaßt, hat man es direkt mit dem klinischen Bild zu tun. Da ist kein Bedürfnis zu vermuten und zu interpretieren. Wir hören das Unterbrechen eines Satzes; wir bemerken, daß der Patient seinen Atem anhält. Wir sehen, daß er eine Faust macht oder mit seinen Beinen baumelt, „als ob" er den Wunsch hätte zuzustoßen, und würde ihn sich nicht erfüllen; wir beobachten, wie er den Blickkontakt unterbricht und von uns wegschaut. Wenn der Psychoanalytiker das Unbewuße für den Patienten interpretiert, zielt er darauf ab, die Bewußtheit des Patienten zu erhöhen, aber er vermindert das Streben des Patienten und seine Initiative, diese Bewußtheit zu erhöhen. Er macht ihn im Gegenteil dadurch, daß er die Arbeit für ihn tut, abhängiger, und mehr noch, er verleitet ihn oft zu dem Glauben, daß ein intellektuelles Wissen zum Verstehen führt. Dies ist jedoch selten der Fall. Es führt nicht dazu, sich selbst zu erleben, sondern zum „Reden über sich selbst".

Dieses „Reden über sich selbst" oder „Reden über andere", das heißt, Schwätzen über andere oder sich selbst, ist genau die Technik, mit der der Patient den Kontakt und den Ausdruck seiner selbst vermeidet. Solange der Mensch nicht angemessen Kontakt herstellen kann, wird er das Bedürfnis nach Verbündeten und Klagemauern behalten. Er muß sie haben und kann nicht wählen und entscheiden, ob es vorteilhaft ist oder nicht, sich in seinem Umgang mit der Welt Verbündete zu sichern. Ihm bleibt sein Bedürfnis nach zu viel Unterstützung von außen.

Somit sind wir wieder bei unserer Frage nach der Willensfreiheit oder, wie wir sie nennen werden, der Wahlfreiheit angelangt. Eine völlige Wahlfreiheit würde implizieren, daß wir in der Lage sind, unter allen Möglichkeiten zu wählen, das heißt, sie würde Omnipotenz bedeuten; sie hätte zur Folge, daß wir Gott sind.

Ungeduld ist der wesentliche Kern der Omnipotenz; Angst ist der wesentliche Kern der Impotenz. Die Phantasie ist die Zauberkraft, die das beschwört, was wir alles brauchen, und all die Mittel, es zu bekommen, und das, was wir sein wollen. Angst macht alles zunichte und lähmt sowohl unser Handeln wie auch unsere Phantasie. Wenn der Tod oder die Gefahr ihren Schrecken verlieren, sind wir frei zu sterben oder tapfer zu sein.

Normalerweise jedoch zügelt die Angst die Ungeduld und führt zu einem umsichtigen Streben nach dem Ziel, einem Vorwärtsdrängen, einem Inangriffnehmen der Situation, einem Experimentieren mit Möglichkeiten. Wenn Angst und Ungeduld nicht integriert sind, sondern kollidieren, gleichzeitig auftreten, dann kommt es zu Panik. Wenn verschiedene Möglichkeiten als Notwendigkeiten erscheinen, erleben wir Verwirrung. Wenn wir Entscheidungen nicht unter Möglichkeiten, sondern unter Notwendigkeiten treffen, so läuft es auf die uspründliche Bedeutung von „Entscheidung" hinaus, nämlich auf das Ausschalten dessen, was wir nicht gewählt haben, wodurch wir ein für allemal die Möglichkeit ausschließen, auf die zurückgewiesene Möglichkeit zurückzukommen. In solchen Fällen stehen wir der Verzweiflung und Hoffnungslosigkeit gegenüber mit all ihren Folgen von Verbrechen, Selbstmord und Wahnsinn.

Keine Theorie ist gültig, wenn es ein Beispiel gibt, das mit ihr inkonsistent ist. Unsere alltägliche Erfahrung, auf einen Bus oder eine U-Bahn warten zu müssen, scheint unserer Behauptung von der Omnipotenz der Ungeduld zu widersprechen. Ist es nicht so, daß wir gerade dort ein außerordentlich starkes Gefühl von Impotenz haben? Das trifft besonders dann zu, wenn wir Angst haben, zu spät zur Arbeit zu kommen, oder wenn wir irgendwie in Eile sind. Die Tatsachen sind: wir befinden uns in einer Situation *frustrierter* Ungeduld. Unsere Omnipotenzvorstellung ist im Spiel und möchte den Bus oder die U-Bahn heranholen, sie verfluchen, sie sichtbar werden lassen oder welchen Zauber wir auch immer anwenden wollen. Aber die Dynamik unserer Ungeduld ist unterbrochen. Wir sind unruhig; wir wollen auf die Bahn oder den Bus zulaufen, aber wir blockieren diesen Wunsch durch unseren Verstand oder durch die Angst, daß wir den Abschluß dann völlig verfehlen könnten. Gleichzeitig können wir uns von dieser Ungeduld nicht zurückziehen (weil unsere Omnipotenz auf dem Spiel steht), können wir die Tatsache des Wartens nicht im Hintergrund halten und uns in der Zwischenzeit für die Plakate oder ein Buch oder die Menschen interessieren, die dort warten. Natürlich ist es für ein anderes Interesse um so einfacher, den Vordergrund zu besetzen, je geringer die Ungeduld ist. Wir werden unserer Ungeduld gewahr wegen der frustrierenden Situation; wir werden ihrer gewahr, weil die Transformation von Ungeduld in Aktivität unterbrochen ist.

Die Ungeduld über die Bahn zeigt deutlich all die Merkmale von Dominanz über jede andere Aktivität, und wir verhalten uns somit, „als ob" dies in diesem Augenblick der wichtigste Überlebensinstinkt wäre. Dies scheint wiederum mit unserem biologischen Konzept der Homöostase und des Instinktkreisprozesses unvereinbar zu sein. Wenn jedoch der Zug erst einmal eingelaufen ist, wird das Gefühl in Freude und Erleichterung umgewandelt, so wie bei jeder Befriedigung eines Instinkts. Es wäre recht absurd anzunehmen, daß wir mit einem „U-Bahn-Instinkt" auf die Welt gekommen sind. Ebenso wäre es nicht weniger absurd, zum *Freud*schen Symbolismus zurückzukehren und eine libidinöse Erregung anzunehmen, die auf das Erleben des phallischen Zuges hinzielt, der durch die mütterliche Vagina eilt. Viele Analytiker, an die Notwendigkeit ihrer Ausbildung gebunden und in das Prokrustesbett ihrer Theorien gezwängt, haben in opportunistischer Weise einen solchen Standpunkt vertreten.

Wir kennen zumindest zwei Fälle, in denen Objekte eine Besetzung erfahren, die der instinkthaften Besetzung gleichkommt. Beim ersten handelt es sich um Ereignisse, die im Laufe unseres Lebens eine existentielle Bedeutung erlangt haben, Ereignisse, die Imperative erzeugt haben, die den biologischen Instinkten entsprechen. Diese haben ihre Grundlage jedoch nicht in der Physiologie, sondern in der Phantasie; sie sind Gegenstände des Glaubens. Wir könnten sie Pseudoinstinkte nennen, weil sie fungieren, als wären sie Absolutheiten, als wären sie Notwendigkeiten. Dennoch könnten sie sich unter geeigneten Bedingungen in Wahlmöglichkeiten verwandeln. Man könnte entdecken, daß man handeln kann, ohne sie zu befriedigen, und das Dach stürzt dennoch nicht ein.

Das vielleicht beste Beispiel dafür ist das Tabu der Primitiven. Die Unbestimmtheit des Schrecklichen, des Angstauslösenden ist an irgendwelche Möglichkeiten gebunden, und diese sind so zahlreich, wie Stämme vorhanden sind. Wenn jedoch erst einmal eine solche Möglichkeit als der Sitz des Schrecklichen ausgewählt ist, gibt es kaum noch eine Wahl, außer zu gehorchen oder zu sterben. Anders gesagt, das Tabu nimmt die Bedeutung des einzigen Mittels an, eine ,,existentielle Krise" abzuwenden, und erhält damit eine ähnliche Bedeutsamkeit wie jeder der Überlebensinstinkte des lebendigen Organismus.

Rituale, beispielsweise die der zwanghaften Persönlichkeit, haben eine ähnliche, aber etwas abgeschwächte Intensität. Zwangsvorstellungen, sexueller Fetischismus, fixe Ideen, Aberglaube, Selbstkonzepte, moralische Prinzipien und viele andere rigide Verhaltensformen gehören in die gleiche Kategorie der Pseudoinstinkte.

Von besonderer Bedeutung für unsere Zwecke ist die Tatsache, daß jede Neurose - wie das Tabu - ein Kunstgriff ist, der dazu erdacht ist, eine existentielle Krise abzuwenden. Therapie ist die Förderung der Entwicklung des Patienten, der lernen muß, mit den Erfordernissen des Lebens so umzugehen, daß die Vorstellung von der ,,existentiellen Krise" zusammenbricht.

Bevor wir den Begriff der existentiellen Krise erörtern wollen, müssen wir uns dem zweiten Beispiel von Situationen zuwenden, die eine den Instinkten entsprechende Besetzung erfahren. Diese Situationen sind, in der Sprache von *John Dewey* und *F. M. Alexander*, die Mittel (*,,means whereby"*), um das Ziel (*,,end gain"*) zu erreichen; es sind, in unserer Sprache, die Hilfsfunktionen für adäquaten Kontakt und Rückzug.

Vor kurzem sah ich im Kino einen Biber, der sich gegen einen Wolf verteidigte. Der Wolf, der sich vor den äußerst scharfen Zähnen fürchtete, lief in großem Tempo um den kleinen Burschen herum. Die Orientierungsmittel des Bibers waren gut genug; er nahm jede Bewegung des Feindes genau wahr, aber er konnte sich nicht schnell genug umdrehen, um seinen einzigen Schutz, seine Zähne, gebrauchen zu können. Er war zu schwerfällig; seine Koordination war, obwohl im Wasser ausreichend, für diesen Kampf an Land unzulänglich. Die Geschwindigkeit, mit der er sich umdrehte, war keine große Hilfe bei der Verteidigung, so wie zuvor die Schnelligkeit seiner Beine für eine Flucht, für den Rückzug in das Wasser unzureichend gewesen war. Er war dem Wolf nicht gewachsen.

Das Beispiel illustriert sehr gut, daß es nicht nur unbefriedigte Instinkte sind, die zu einer existentiellen Krise mit der möglichen Folge führen, die *Goldstein* als Katastrophenreaktion bezeichnet hat. Wir haben hier den häufigen Fall, in dem die Mittel, um das Ziel zu erreichen, oder die Unterstützung des Instinktkreisprozesses die gleiche Bedeutung wie die Instinkte selbst haben, weil unzureichende Unterstützung eine ebenso große Gefahr für das Leben darstellt wie unbefriedigte Instinkte.

Eine Kette ist so schwach wie ihr schwächstes Glied. Damit wir den Instinktkreisprozeß vollenden können, muß uns jeder Schritt bei der Orientierung sowie bei der Manipulation ohne weiteres zur Verfügung stehen. Um gut leben zu können, braucht es gute Koordination, gute zeitliche Abstimmung, Anmut und Leichtigkeit der Ausführung. Wir müssen gute Wahrnehmungs- und Verhaltensgewohnheiten entwickeln.

Der menschliche Organismus ist ein außerordentlich kompliziertes System. Der Vorteil des Menschen, wenn man ihn mit anderen Tieren vergleicht, liegt darin, daß ihm Werkzeuge und Symbole zur Verfügung stehen. Das hilft ihm sicherlich bei seinem Kampf gegen andere Tiere, und es hilft ihm dabei, Mutter Erde zu plündern. Es beugt vielen existentiellen Krisen vor, indem es ihm Sicherheit gibt, Schutz vor Epidemien usw., und es gibt ihm solche Sicherheiten wie Versicherungspolicen.

Auf der anderen Seite des Hauptbuches müssen wir jedoch zwei Tatsachen verzeichnen: Die individuelle Sicherheit ist um den Preis kollektiver Unsicherheit erkauft, und die individuelle Fähigkeit, mit Notsituationen umgehen zu können, degeneriert schnell, so daß die Menschen immer hilfloser und immer unselbständiger werden. Kurz gesagt, sie werden neurotisch, denn die Neurose ist die Krankheit mangelnder Selbständigkeit.

Wachsen und Entwicklung sind durch mindestens zwei Phänomene gekennzeichnet, durch die Transformation von Neuartigem in Routine, wie bei der Bildung von Gewohnheiten oder dem Erwerb von Fähigkeiten, und dadurch, daß die Unterstützung durch die Umwelt durch Selbständigkeit ersetzt wird. Diese beiden Tendenzen überschneiden sich in einem beträchtlichen Ausmaß, zum Beispiel, wenn wir entdecken, daß wir nach einer gewissen Zeit auf die äußere Unterstützung durch den Lehrer verzichten und unseren eigenen Studienverlauf wählen und finden können.

Für alle Tiere gilt, daß die externe Unterstützung zunehmend wegfällt und durch interne Unterstützung ersetzt wird. Je differenzierter sie sind, um so länger stützen sie sich auf externe, zumeist mütterliche Hilfe. Das schrittweise Ersetzen der externen durch interne Unterstützung ist das Wesen der Reifung, das heißt, der altersgemäßen Entwicklung.

Wir müssen somit noch eine weitere der in der heutigen Psychiatrie geläufigen Dichotomien zurückweisen: die Spaltung in Reife und Infantilismus. Ein siebenjähriges Kind könnte den Wunsch haben, gefüttert und getragen zu werden, wenn es imstande sein sollte, allein zu essen und zu laufen. Aber es verhält sich nicht altersgemäß. Das Konzept der Spaltung in Reife und Infantilismus geht im wesentlichen auf die Freudsche Vorstellung von der infantilen Regression zurück, was in einfacheren Worten den Rückzug zu einem Kindheitszustand bedeutet. *Freud* erkannte auch, daß diese Regression unvollständig war, und er plante dementsprechend seine Behandlung. Er wollte den Punkt in der Entwicklung des Kindes erreichen, an dem die Blockierung aufgetreten war, durch die die Weiterentwicklung zum Stillstand gekommen war.

Unser Bedenken zielt lediglich auf die Verwechslung von Gattung und Art, von ,,einige" und ,,alle". ,,Einige" Neurosen zeigen diesen Rückzug zur Kindheit, aber nicht ,,alle"; auf der anderen Seite ziehen sich ,,alle" Organismen zurück, nicht nur ,,einige" Neurotiker. Wie man leicht feststellen kann, finden einige Rückzüge hinter sehr elaborierter und reifer Abwehr statt. Infantile Regression kann auch ein sehr vorsätzlicher Vorgang sein. Das Baby zu spielen, ist ein Trick, der oft von platinblonden ,,Babies" benutzt wird, um Pelzmäntel von ihrem ,,süßen Väterchen" zu bekommen. Es ist nichts Unbewußtes um das Ausführen einer solchen Handlung.

Das gleiche läßt sich vom Kindheitstrauma sagen. Ein *Trauma* ist eine Wunde, und eine Wunde heilt, wenn es keine andauernde Desorganisation gibt, um sie frisch zu erhalten. ,,Einige" Traumata führen zu einem solchen Zustand, meist über den Weg, Zustände von Verwirrung zu schaffen, aber nicht ,,alle". ,,Einige" ständige Desorganisationen werden nicht durch Traumata erzeugt, sondern beispielsweise durch widersprüchliches Verhalten der Eltern, die Anforderungen stellen, denen das Kind nicht gewachsen ist. Auch dadurch werden wahrscheinlich Bereiche von Verwirrung erzeugt, die bei Neurotikern eine nahezu ebensogroße Rolle spielen wie bei Psychotikern. Sie sind nur besser versteckt. Es ist ein wesentlicher Teil der Psychotherapie, solcher Bereiche von Verwirrung gewahr zu werden und sie aufzulösen.

Bereiche von Verwirrung sind ein schlechter Rückhalt für guten Kontakt. Sie zeigen Symptome wie Bestürzung, Panik und sogar Verzweiflung. Der Patient ist sich solcher Zustände von Verwirrung oft nicht bewußt, aber dem Therapeuten stehen offensichtlich zwei Zeichen zur Verfügung, um an diese Bereiche heranzukommen: das Auslöschen und die psychosomatischen Manifestationen. Wir werden Gelegenheit haben, sie im Zusammenhang mit Therapie ausführlicher zu erörtern.

Wir haben natürlich das Bedürfnis, solche störenden Ereignisse wie Verwirrung einzukapseln. Wie viele andere Ereignisse (hauptsächlich Retroflektionen, Introjektionen und Projektionen) interferieren sie mit gutem Rückhalt. Sie verringern das Potential des Organismus beträchtlich. Wir können von unseren Fähigkeiten nicht den besten Gebrauch machen, noch können wir uns so am Leben erfreuen, wie wir das ohne den neurotischen Ballast könnten. Dieser Ballast ist jedoch nur so lange ein Ärgernis, wie er vom Selbst losgelöst ist. Ist er einmal integriert, trägt er in einem wirklich unglaublichen Ausmaß zur Selbständigkeit bei.

Man stelle sich ein junges Kätzchen vor, das auf einen Baum klettert und seine Freude am Experimentieren mit dem Gleichgewicht und am Ausprobieren hat, aber die Katzenmutter beharrt darauf, daß es sich das Genick brechen wird. Wie sehr würde das seine Freude am Erforschen stören! Aber Katzen sind natürlich nicht so dumm. Sie überlassen die Jagd nach Sicherheit und das Abtöten der Selbsterhaltungstriebe den Menschen.

Hingegen wird die Katze, wie jedes andere Tier und jeder vernünftige Mensch, das Wesentliche am Aufziehen von Kindern darin sehen, die Umwandlung von äußerer in innere Unterstützung zu erleichern. Es ist nicht in erster Linie Liebe, die das Kind braucht. Zu viel Liebe wird das Kind verhätscheln und ersticken, besonders dann, wenn der Elternteil mit zu viel Libido und Besitzansprüchen beladen ist. In dem Fall werden die Eltern, anstatt die Selbständigkeit ihres Kindes zu fördern, es dahingehend konditionieren, sich zu sehr auf ihre Hilfe zu verlassen.

Das neugeborene Kätzchen kann sich von allein weder ernähren noch fortbewegen noch verteidigen. Für all das braucht es seine Mutter. Aber es wird die Mittel entwickeln, diese Dinge selbst zu tun, zum Teil, indem es seine angeborenen Instinkte entwickelt, und zum Teil durch das, was es von seiner Umwelt lernt. Beim Menschen ist der Übergang von der Unterstützung durch die Umwelt zur Selbständigkeit natürlich komplizierter. Man denke nur an das Bedürfnis, Windeln zu wechseln, sich anzuziehen, zu kochen, Geld zu verdienen, einen Beruf zu wählen, Wissen zu erwerben.

Weil wir gezwungen sind, so viel mehr durch Erziehung zu lernen als durch den Gebrauch unserer ererbten Instinkte, fehlt uns viel von dem intuitiven Erkennen des richtigen Vorgehens. Stattdessen wird die „richtige" Handlungsweise durch verschiedene Phantasien festgelegt, die von Generation zu Generation weitergegeben und modifiziert werden. Diese sind meist Hilfsfunktionen für soziale Kontakte, wie Verhaltensformen und -vorschriften (Ethik), Orientierungsmittel (Weltanschauungen), Schönheitsnormen (Ästhetik), soziale Stellung (Beruf). Oft sind sie jedoch nicht biologisch orientiert (sie sind sogar bisweilen antibiologisch), trennen uns damit gerade von den Wurzeln unserer Existenz und führen zu Degeneration und schließlich zu dem Verfall jener Nationen, die die antibiologische Erziehung zu weit treiben. Die verschiedenen Sprachen drücken ihre Einstellungen gegenüber solchen interferierenden Prozessen aus. Im Englischen muß das, was nicht ,,richtig"(*right*) ist, ,,links" liegengelassen (*left*) werden. Das französische Wort *gauche* legt den Akzent auf die mit solcher Reduzierung vebundene Ungeschicklichkeit und schlechte Koordination. Das deutsche Wort *linkisch* hat die gleiche Bedeutung und meint eigentlich zusammenhanglos. Die Römer betonten den Charakter der Trübung und Leugnung und nannten das Linke *sinister*, das Dunkle.

In der Therapie müssen wir die sozialen und biologischen Funktionen wieder integrieren, wenn sie im Widerspruch zueinander stehen. Wir müssen die Beidhändigkeit herstellen, so daß rechts und links einander unterstützen. Gerade bei den Linkshändern kann eine Menge dadurch erreicht werden, daß die Unterbrechungen der Rechten entdeckt und beseitigt werden. Viel häufiger finden wir die Hemmung von Aktivitäten der linken Hand. Laßt die linke Hand sehr viel von dem wissen, was die rechte tut. Es gibt keinen Grund, den Lebenskampf ,,einhändig" zu führen.

Ebenso wie wir die Koordination von rechts und links nötig haben, brauchen wir (vielleicht noch nötiger) die Koordination der oberen und unteren Teile von uns.

Dr. *Lore Perls*, die als Erste die Beziehung von Kontakt zu Halt und Unterstützung untersucht hat, fand einen besonders interessanten Fall in der Körperhaltung des Menschen. Hier existiert etwas, das auf den ersten Blick wie eine andere Dichotomie aussieht, eine scheinbare Trennung von Kontakt (für den oberen) und Halt und Unterstützung (für den unteren Teil). Wir wollen vorläufig dieser Pseudotrennung folgen, aber nachdrücklich betonen, daß es immer eine Entwicklung vom Kontakt zur Unterstützung gibt, daß das ,,Endziel" ein ,,Mittel" zur Erreichung neuer ,,Endziele" wird. Und wir wollen weiterhin festlegen, daß wir uns von jetzt an auf den Rhythmus von Kontakt und Rückzug nur als Kontakt beziehen werden. Rückzug ist die Loslösung vom Kontakt und erfordert als solche gute Unterstützung. Für einen wohlgeordneten Rückzug braucht eine Armee ebensoviel Nahrung, Straßen, Koordination und Moral wie für den Vormarsch. Ohne solche Unterstützung droht der Schrecken einer ,,existentiellen Krise", die Gefahr der Desintegration. Die Armee hört vielleicht auf, eine Armee zu sein, und wird zu einem bloßen Haufen von Soldaten. Das klassische Beispiel ist Napoleons Rückzug aus Moskau, wo die Russen allein dadurch Sieger wurden, daß sie seiner Armee den lebensnotwendigen Bedarf nahmen. Nur solche Soldaten überlebten, die es schafften, sich selbst zu versorgen.

Ich glaube, daß der evolutionäre Sprung des *Homo sapiens* seiner veränderten Körperhaltung zuzuschreiben ist, wenn auch dieser beim Affen eine wichtige Differenzierung der Hände vorausging. Während die meisten Tiere ihre Gliedmaßen zum Gehen und Stehen gebrauchen, kann der Affe auf seinen Hinterbeinen gehen, und er kann mit einem Bein oder mehreren am Baum klettern und sich festhalten. Gleichzeitig differenzieren sich die Hände in eine Unterteilung von vier Fingern und einem Daumen, wodurch die Hände zu sehr nützlichen Werkzeugen werden. Beim Menschen geht die Differenzierung weiter. Die Hände können jetzt viele „Mani"pulationen übernehmen, die zuvor unbeholfen mit dem Mund ausgeführt wurden. Das ist vermutlich einem besseren Gebrauch der Sinne zuzuschreiben, da mit der aufrechten Haltung die Sinne auf eine bessere Fernsicht eingestellt werden. Sie sind freier, von der Nähe des Bodens abgewandt. Weil er seinen Kopf aus der Bodennähe gehoben hat, sieht der Mensch mehr, aber er riecht weniger.

Die aufrechte Haltung des Menschen trägt zu größerer Wachsamkeit und Beweglichkeit bei. Kannst du dir, um die Bedeutung dieser Tatsache richtig einschätzen zu können, vorstellen, daß du einen ganzen Tag lang auf allen Vieren läufst? Wie wenig würden wir mit unseren Händen zustandebringen; und für viele Tätigkeiten müßten wir wieder den Mund gebrauchen. Ein weiteres anregendes Experiment ist, den Daumen für eine Weile nicht zu benutzen; man stellt bald fest, daß er so wichtig ist wie die anderen vier Finger zusammen.

Statt auf die solide Unterstützung durch vier Gliedmaßen verlassen wir uns auf ein gefährdeteres Gleichgewicht. Das Gleichgewicht zu halten, ist jetzt eine sehr subtile Handlung, die ein beträchtliches Maß an guter Koordination verlangt. Jede chronische Verkürzung der Muskeln, wie sie bei dem vorkommt, was *Reich* als den „Muskelpanzer" bezeichnet, gefährdet diese Koordination, was besonders dann gilt, wenn der Schwerpunkt, das Becken, unfrei ist, was in den meisten Fällen eine Folge analer und genitaler Kontraktionen und Desensibilisierungen ist.

Wenn die Leichtigkeit beim Halten des Gleichgewichtes fehlt, wenn der eigene Halt unzureichend ist, suchen wir nach Hilfe von außen. In extremen Fällen brauchen wir Bänder und Krücken; in anderen Fällen verringert ein häufiges Lehnen gegen die Wand oder die Möbel oder ein Hinsetzen die Belastung, die durch die Gewohnheit schlechter Körperhaltungen verursacht wird. Ein gesundes Bemühen geht immer in die Richtung der Selbständigkeit. Das Baby verläßt sich zunächst auf die Hände seiner Mutter oder hält sich am Laufstall fest. Der Mann, der nach einer Beinverletzung eine Krücke braucht, wird sie so bald wie möglich beiseite legen, es sei denn, daß er sie aus neurotischen Gründen braucht (um sich Halt und Unterstützung von außen zu sichern, zum Beispiel Aufmerksamkeit, Mitleid, Dienste oder Zahlungen der Krankenkasse).

Nicht jedes Beispiel für externe Unterstützung ist pathologisch. Ein Mensch mittleren Alters, der eine Brille braucht, weil er zu weitsichtig geworden ist, der wirklich kranke Mensch, der Mensch, der erkennt, daß eine Arbeit nicht ohne Hilfe gemacht werden kann, sie alle sollten nicht etwa versuchen, in dieser Hinsicht selbständig zu sein.

In diesen und anderen Fällen müßten wir ein anderes Wort benutzen: selbstgenügsam. Selbstgenügsamkeit ist jedoch oft eine Sache von Groll und Ärger: „Ich kann das allein machen". Die Masturbation ist beispielsweise eine Demonstration von Selbstgenügsamkeit, aber sie kann auch ein Sympton für mangelnde libidinöse Unterstützung für angemessenen Kontakt sein. Es ist nicht immer leicht zu unterscheiden, ob wir es mit einem Sympton von Selbstgenügsamkeit zu tun haben, das heißt mit Rückzug, oder von Selbständigkeit, das heißt mit Kontakt.

Das wesentliche Merkmal einer guten Beziehung zwischen Kontakt und Unterstützung liegt in der Förderung von Wachsen und Entwicklung. Was heute Kontakt ist, wird über Routine und Gewohnheitsbildung assimiliert und wird als gute Hilfe für den Kontakt von morgen dienen. Dies gilt für alle Aspekte des organischen Lebens, für die physiologischen Funktionen ebenso wie für Emotionen, Intellekt, Können, Gewohnheit usw.. Um einen guten visuellen Kontakt haben zu können, das heißt, um gut sehen zu können, brauchen wir die Unterstützung durch eine gute Struktur und Funktion unseres optischen Systems. Um gute zwischenmenschliche Beziehungen haben zu können, brauchen wir die Unterstützung durch das Interesse an anderen Menschen und durch den Selbstausdruck. Denn wie sollten wir sonst einander erreichen? Der Therapeut, der Klienten als „Fälle" betrachtet, wird nicht erfolgreich sein, weil er nicht in Kontakt mit seinen Patienten steht, sondern nur mit seinem akademischen Talar von Würde und Überlegenheit.

Wenn er oder ein anderer Mensch, der eine Fassade trägt, er selbst sein möchte, muß er oft das, was er gerade tut oder fühlt, unterbrechen. Solche Masken oder Vorspiegelungen laufen sehr oft auf die Bildung eines Antiselbst hinaus, das ebenfalls die ständige Unterstützung des Menschen erfordert. Solche Bildungen eines Antiselbst, zum Beispiel eines Ich-Ideals oder eines Selbstkonzeptes, sind meist Reaktionsbildungen des wahren Selbst; da jedoch ihr Halt nicht aus tiefen, biologischen Ebenen kommt, sind sie gegen das Überleben gerichtet und interferieren mit gutem Kontakt. Man hat sich hinter seine Maske zurückgezogen, und nur die Maske steht in Kontakt mit der Welt.

# Vier Vorträge (1966)[1]

## I

Bei meinen Vorträgen über Gestalttherapie habe ich nur ein Ziel: einen Teil der Bedeutung des Wortes *Jetzt* deutlich zu machen. Für mich existiert nichts außer dem Jetzt. Jetzt = Erleben = Bewußtheit = Wirklichkeit. Das Vergangene ist nicht mehr und die Zukunft ist noch nicht gekommen. Nur das *Jetzt* existiert.

Die Misere unserer heutigen Psychologie liegt darin, daß wir in zwei Klassen gespalten sind: In die Klasse derer, die sich für das Verhalten interessieren, und in die Klasse derer, die sich für die Bewußtheit (*awareness*) oder den Mangel an Bewußtheit interessieren, ob sie nun von Bewußtsein, Erleben oder etwas anderem reden. Dies ist der phänomenologische Ansatz, der den Akzent auf die Botschaften legt, die selbstverständlich sind, existentiell im ursprünglichen Sinn, die wir durch unsere Sinnesorgane aufnehmen. Durch das Sehen, Hören, Fühlen kommen wir zum Wissen; von dort bekommen wir die primären Informationen über uns selbst und unser Verhältnis zum Leben. Der Behaviorist dagegen interessiert sich nicht für das Phänomen der Bewußtheit und den subjektiven Ansatz. Er hat jedoch gegenüber den meisten anderen Methoden den großen Vorteil, daß er im Hier-und-Jetzt arbeitet. Er sieht *dieses* Tier, schaut auf *diesen* Menschen und untersucht, wie sich *dieser* Mensch verhält. Wenn ihr diese beiden zusammenbringt, den phänomenologischen Ansatz, die Bewußtheit von dem, was ist, und den behavioristischen Ansatz mit seiner Betonung des Verhaltens im Jetzt, so habt ihr im Kern das, was wir in der Gestalttherapie zu tun versuchen.

Wenn wir Verhalten betrachten, so sehen wir im wesentlichen zwei Arten: öffentliches Verhalten und privates Verhalten. Öffentliches Verhalten ist offenes, beobachtbares Verhalten, dessen sich Beobachter und dessen wir selbst uns bewußt sein können, und privates Verhalten umfaßt die Dinge, deren wir selbst uns bewußt sein können, ein Beobachter aber nicht. Dieses private Verhalten wird gewöhnlich als

[1]) Die Vorträge und Gespräche wurden auf dem Atlanta Workshop über Gestalttherapie 1966 aufgezeichnet.

Denken bezeichnet oder als Grübeln oder als inneres Probehandeln oder als Computern.

Bevor ich hier fortfahre, möchte ich kurz vier grundlegende philosophische Haltungen darlegen, so wie ich sie sehe. Die erste Haltung ist die *wissenschaftliche* oder, wie ich sie nenne, die „Darüber reden"-Haltung (*aboutism*), die uns *über* Dinge reden läßt, die uns dazu bringt, *über* uns und andere zu schwätzen, uns *über* das zu verbreiten, was in uns abläuft, *über* unsere Fälle zu reden. Das Reden über Dinge oder über uns selbst und andere, als ob wir Dinge wären, läßt keine emotionalen Reaktionen oder anderen Formen eines echten Bezugs zu. In der Therapie findet sich diese Haltung in Rationalisierungen und Intellektualisierungen und in dem „Interpretationsspielchen", bei dem der Therapeut sagt: „Das ist es, worum es bei deinen Schwierigkeiten geht." Grundlegend für diese Haltung ist, daß man sich nicht auf die Dinge einläßt.

Die zweite Philosophie nenne ich die „Du sollst"-Philosophie (*shouldism*). Die Mentalität des „Du sollst" findet sich offen oder verdeckt in jeder Philosophie und absolut in jeder Religion. Selbst der Buddhismus enthält ein „Du sollst", indem er dir sagt, daß du das Nirwana erleben *sollst*, du *sollst* den Zustand der Freiheit vom Leiden erreichen; zumindest wird er als etwas gepriesen, das es wert ist, erreicht zu werden. Religionen sind voll von Tabus, von „Du sollst" und „Du sollst nicht". Ich bin sicher, daß ihr euch alle darüber im Klaren seid, daß ihr, als ihr aufgewachsen seid, völlig umstellt ward von dem, was ihr tun solltet und nicht tun solltet, und daß ihr viel Zeit damit verbracht habt, dieses Spielchen mit euch selbst zu spielen - das Spiel, das ich das „Topdog/Underdog-Spielchen" nenne oder das „Selbstverbesserungsspielchen" oder das „Selbstquälspielchen". Ich bin sicher, daß ihr mit diesem Spiel sehr vertraut seid. Ein Teil von euch redet zu dem anderen Teil und sagt: „Du sollst besser sein, du sollst nicht so sein, du sollst das nicht tun, du sollst nicht das sein, was du bist, du sollst das sein, was du nicht bist." Die „Du sollst"-Philosophie gründet sich auf das Phänomen der Unzufriedenheit.

In jüngerer Zeit ist eine dritte Denkart aufgekommen: das ontologische Denken oder der existentialistische Ansatz oder die „Es ist"-Philosophie (*is-ism*). Danach wird die Welt so betrachtet und wahrgenommen, wie sie *ist*, wie wir sind, und wird das, was wir sein *sollten*, irrelevant und ausgeklammert. Man könnte dies den ewig dauernden Versuch nennen, zur Wahrheit zu gelangen. Aber was ist Wahrheit? Wahrheit ist eines von den Spielchen, die ich die „Anpasse-Spielchen" nenne.

Ich will hier für eine Minute abschweifen und über einige der wichtigen Spielchen reden. Eines der wichtigsten ist das „Überlegenheits-Spielchen": „Ich bin besser als du." - „Ich kann dich übertrumpfen." -„Ich kann dich unterkriegen." Ein anderes wichtiges Spiel ist das „Anpasse-Spielchen": „Ist dieses Konzept der Wirklichkeit angemessen?" -„Ist dies richtig?" - „Wenn ich dies und das sehe, kann ich es so zusammenbringen, daß ich ein umfassendes Bild vor mir habe?" -„Paßt das Verhalten dieses Menschen in mein Konzept davon, wie sich ein Mensch verhalten sollte?" Dies sind einige der Anpasse-Spielchen. Nun ist im Existentialismus das Anpasse-Spielchen Wahrheit. Mit „Wahrheit" meine ich nichts anderes als die Behauptung, daß eine Feststellung, die wir machen, auf die beobachtbare Wirklichkeit paßt. Wenn jemand sagt: „Ich ärgere mich über dich", und er sagt dies in einem sanften, freundlichen Ton, so paßt das nicht zusammen. Sein Tonfall ist unvereinbar mit dem Ärger, den er zu fühlen behauptet. Wenn er sagt: „Hol dich der Teufel! Ich ärgere mich über dich!", so passen Ärger und Stimme zusammen.

Aber keiner der Existentialisten, vielleicht mit der Ausnahme von Heidegger, kann die existentialistische Idee wirklich bis zu ontologischem Verhalten durchhalten - die Idee, daß ein Ding durch seine bloße Existenz erklärt wird. Sie halten daran fest, „Warum?" zu fragen, und müssen daher weiter zurückgreifen, um sich Rückhalt zu holen: *Sartre* beim Kommunismus, *Buber* beim Judentum, *Tillich* beim Protestantismus, *Heidegger* in geringem Maße beim Nationalsozialismus, *Binswanger* bei der Psychoanalyse. Insbesondere *Binswanger* versucht immer, auf das Kausale zurückzugehen - auf diesen semantischen Irrtum -, er versucht, das Ereignis durch das, was ihm vorausgeht, durch seine Geschichte zu erklären, und macht daher den üblichen Fehler, Erinnerungen und Geschichte durcheinanderzubringen.

Schließlich gibt es den Gestaltansatz, der die Existenz jedes Ereignisses durch die Art und Weise zu verstehen sucht, auf die es zustandekommt, der das Werden durch das *Wie* zu verstehen sucht, nicht durch das *Warum;* durch die überall gegenwärtige Gestaltbildung; durch die Spannung der unvollendeten Situation, die der biologische Faktor ist. Anders gesagt, in der Gestalttherapie versuchen wir, mit jedem anderen Ereignis in Einklang zu stehen, insbesondere mit der Natur, weil wir ein Teil der Natur sind. Daß unser Leben mit den Forderungen der Gesellschaft nicht in Einklang steht, liegt nicht daran, daß die Natur im Unrecht ist oder daß wir im Unrecht sind, sondern daran, daß die Gesellschaft einen Prozeß durchlaufen hat, der sie so weit von einem gesunden Funktionieren, einem natürlichen Funktionieren entfernt hat, daß unsere Bedürfnisse und die Bedürfnisse der Gesellschaft und die Bedürfnisse der Natur nicht mehr zusammenpassen. Immer wieder kommen wir in einen solchen Konflikt, bis es schließlich fragwürdig wird, ob es einen gesunden und psychisch völlig heilen, gesunden und aufrechten Menschen in unserer kranken Gesellschaft überhaupt geben kann.

Ich möchte jetzt über das sprechen, was nach meiner Ansicht die beiden wichtigsten Entdeckungen *Freuds* sind. *Freud* hat gesagt (dies ist nicht seine Formulierung, sondern mein Verständnis von dem, was er gemeint hat), daß in einer Neurose ein Teil unserer Persönlichkeit oder unseres Potentials nicht zugänglich ist. Aber er hat dies auf eine merkwürdige Art und Weise gesagt; er sagte, ,,er ist *im* Unbewußten", als ob es ein solches Ding wie *das* Unbewußte gäbe und nicht einfach Verhaltensweisen oder Emotionen, die unbekannt oder nicht zugänglich sind. Auch *Freud* sah die Grundlage für die Gestaltbildung, und zwar in dem, was er das ,,Vorbewußte" nannte. Wir nennen es den ,,Hintergrund", aus dem die Figur hervortritt. Wir können noch weitergehen und die Tatsache aufzeigen, daß nur ein kleiner Teil unseres Potentials - dessen, was wir sein könnten - zugänglich ist.

Die andere wichtige Entdeckung *Freuds*, der er nicht weiter nachgegangen ist und die verlorengegangen zu sein scheint, liegt in seiner Bemerkung: ,,Denken ist Probearbeit" (dtsch. im Original). Ich habe sie für mich umformuliert in: ,,Denken ist Probehandeln". Denken ist ein Probehandeln in der Phantasie für die Rolle, die ihr in der Gesellschaft zu spielen habt. Und wenn es auf den Augenblick der Ausführung zugeht und ihr seid nicht sicher, ob eure Aufführung gut aufgenommen wird, dann bekommt ihr Lampenfieber. Diesem Lampenfieber ist von der Psychiatrie der Name ,,Angst" gegeben worden. ,,Was werde ich in der Prüfung sagen müssen?" - ,,Was werde ich in meinem Vortrag sagen?" Ihr trefft ein Mädchen und denkt: ,,Was muß ich anziehen, um sie zu beeindrucken?" und so weiter. All dies ist Probehandeln für die Rolle, die ihr spielt. Ich glaube, daß *Freuds* Satz ,,Denken ist Probearbeit" eine seiner großen Ideen ist.

Der Grund dafür, daß *Freud* dieser Idee nicht weiter nachgehen konnte, liegt zum Teil darin, daß sich das Probehandeln auf die Zukunft bezieht und *Freud* nur mit der Vergangenheit befaßt war. Dieses Konzept ließ sich also nicht in seine allgemeine Theorie einfügen, und er mußte es fallenlassen. Aber ich möchte, daß ihr einen Augenblick darüber nachdenkt, wieviel Zeit und wieviel von eurem Potential ihr auf das Denken an oder Probehandeln für die Zukunft verwendet im Vergleich mit der Zeit, die ihr für das Denken an die Vergangenheit verwendet.

Ich kann nun wieder auf das *Jetzt* zurückkommen.

*Ich behaupte, daß alle Therapie, die gemacht werden muß, nur im Jetzt gemacht werden kann.* Alles andere ist hinderlich. Und die Technik, die uns das Jetzt verstehen und im Jetzt bleiben läßt, ist das „Bewußtheitskontinuum" (*awareness continuum*), das Entdecken und volle Bewußtwerden jeder aktuellen Erfahrung. Wenn ihr dabei bleiben könnt, werdet ihr bald auf irgendeine Erfahrung stoßen, die unangenehm ist. Vielleicht langweilt ihr euch oder fühlt euch unbehaglich oder habt das Gefühl, weinen zu müssen. In dem Augenblick passiert etwas, das *Freud* nicht deutlich genug gesehen hat; in dem Augenblick werden wir phobisch. *Freud* sah die aktive Blockierung von Erfahrung und nannte sie „Verdrängung". Er sah auch die Entfremdung von unserer Erfahrung und nannte sie „Projektion". Was ich aufzeigen möchte ist, daß der kritische Punkt die häufige Unterbrechung all dessen ist, was wir im Jetzt erleben. Wir unterbrechen auf verschiedene Weise: wir fangen an zu erklären, wir stellen plötzlich fest, daß wir schon zu viel von der Zeit der Gruppe in Anspruch genommen haben, uns fällt ein, daß wir irgend etwas Wichtiges zu tun haben, oder wir geraten in die schizophrene Gedankenflucht, die von der Psychoanalyse „freies Assoziieren" genannt wird (auch wenn es ein zwanghaftes Dis-assoziieren ist). Diese Unterbrechung des Bewußtheitskontinuums verhindert Reifung, hindert die Therapie daran, erfolgreich zu sein, hindert die Ehe daran, reicher und tiefer zu werden, hindert innere Konflikte daran, gelöst zu werden. Der ganze Zweck dieser Vermeidungstendenz ist es, den Status quo aufrechtzuerhalten.

Und was ist der Status quo? Der Status quo ist *das Festhalten an dem Konzept, daß wir Kinder sind.* Dies unterscheidet sich grundlegend von der psychoanalytischen Auffassung. *Freud* nahm an, daß wir auf Grund früherer Traumata infantil geblieben sind, aber das ist nichts anderes als eine nachträgliche Rationalisierung. Wir sind infantil, weil wir Angst davor haben, im Jetzt Verantwortung zu übernehmen. Unseren Platz in der Geschichte einzunehmen, reif zu sein, bedeutet, das Konzept aufzugeben, daß wir Eltern haben, daß wir gehorsam oder trotzig sein müssen, oder die anderen Varianten der Kindrolle, die wir spielen.

Um dies weiter auszuführen, muß ich über das Reifwerden sprechen. Das Reifwerden ist die Entwicklung von der Unterstützung durch die Umwelt zur Unterstützung durch uns selbst (*self-support*). Der Säugling ist von der Unterstützung durch die Umwelt völlig abhängig. Wenn das Kind heranwächst, lernt es mehr und mehr, auf seinen eigenen Füßen zu stehen, seine eigene Welt zu schaffen, sein eigenes Geld zu verdienen, emotional unabhängig zu werden. Im Neurotiker dagegen findet dieser Prozeß nicht adäquat statt. Das Kind - oder der infantile Neurotiker - nutzt sein Potential nicht zur Selbständigkeit, sondern dazu, aufgesetzte Rollen zu spielen. Diese aufgesetzten Rollen zielen darauf ab, die Umwelt zu unserer Unterstützung zu bewegen, anstatt daß wir unsere eigenen Möglichkeiten mobilisieren. Wir manipulieren die Umwelt dadurch, daß wir hilflos sind, daß wir uns dumm stellen, Fragen stellen, schmeicheln und Komplimente machen.

Das Ergebnis ist, daß wir in unserem Leben - und speziell in der Therapie - zu dem ,,toten Punkt" kommen (wie es die russische Psychiatrie bezeichnet), an dem wir steckenbleiben, zu der Blockierung. In die Blockierung geraten wir dann, wenn wir Unterstützung und Rückhalt nicht in uns selbst entwickeln können und keine Unterstützung durch die Umwelt erfolgt. In der Gestalttherapie können wir das immer und immer wieder beobachten. Die Psychoanalyse tendiert unglücklicherweise dahin, Kindlichkeit und Abhängigkeit zu fördern, zum einen durch ihre Vorstellung, daß der Patient ein Kind ist und daß alles in einen Zusammenhang mit einer ,,Vater-Imago" oder einem ,,Kindheitstrauma" oder mit der ,,Übertragung" gebracht werden sollte, und zum anderen dadurch, daß immer wieder Unterstützung von außen gegeben wird in Form intellektueller Interpretationen, die besagen: ,,Ich weiß, daß du dumm und unreif bist. Ich weiß, was du tust. Ich weiß mehr als du. Ich werde alles erklären." Dies hindert den Menschen jedoch daran, sich wirklich selbst zu verstehen.

Aus diesem Grund bin ich absolut dogmatisch in bezug auf die Tatsache, daß nichts existiert außer im Jetzt, und daß ihr euch im Jetzt in einer bestimmten Weise verhaltet, die euch in eurer Entwicklung fördert oder hemmt, im Erreichen einer größeren Fähigkeit, das Leben zu meistern, im Verfügbarhaben dessen, was vorher nicht verfügbar war, so daß ihr anfangen könnt, die Lücken in eurem Leben zu füllen. In gewissem Maß hat jeder diese Lücken, die beim Neurotiker und Schizophrenen so augenfällig sind. Der eine Mensch hat keine Augen, ein anderer keine Ohren, ein dritter keine Beine, auf denen er stehen kann, wieder ein anderer keine Perspektive oder kein Gefühl. Um diese Lücken zu füllen, die gewöhnlich als Lebensüberdruß, Leere und Einsamkeit erlebt werden, müssen wir durch die Blockierung und durch die Frustrationen der Blockierung, die uns normalerweise dazu bringen, die Frustrationen und mit ihnen den gesamten Lernprozeß zu unterbrechen.

Nun gibt es zwei Arten des Lernens. Bei der ersten bekommst du Informationen; du bringst irgend jemanden dazu, dir zu sagen, was deine Träume bedeuten, welche Konzepte zweckmäßig sind und worum es in der Welt geht. Dann fütterst du alles in deinen Computer und spielst das Anpasse-Spielchen. Paßt dieses Konzept in den Rahmen dieser anderen Konzepte? Das Computern von Information ist jedoch nicht die beste Art des Lernens. Lernen ist Entdecken, das Aufdecken dessen, was da ist. Wenn wir entdecken, decken wir unsere eigenen Fähigkeiten, unsere eigenen Augen auf, um unsere Möglichkeiten zu finden, um zu sehen, was abläuft, um zu entdecken, wie wir unser Leben erweitern können, um uns verfügbare Wege zu finden, die uns eine schwierige Situation bewältigen lassen. Und all dies, so behaupte ich, spielt sich im Hier und Jetzt ab. Jedes Grübeln über die Dinge, jeder Versuch, Informationen und Beistand durch Hilfe von außen zu bekommen, wird nicht zur Reife führen. So muß jeder, der mit mir arbeitet, dabei fortlaufend Bezug auf das Jetzt nehmen. ,,Ich erlebe dies; jetzt fühle ich das; jetzt möchte ich nicht mehr weiterarbeiten; jetzt langweile ich mich." Von hier aus können wir dann weiter differenzieren, was von dem Erleben im Jetzt für euch annehmbar ist, wenn ihr weglaufen möchtet, wenn ihr bereit seid, euch selbst zu ertragen, wenn ihr fühlt, daß ihr ertragen werdet, und so weiter. All dies wird in der Wirklichkeit untersucht, hier in unserer Begegnung miteinander.

Anders gesagt, in den meisten Psychotherapien wird versucht, bis zu den tiefsten Tiefen vorzudringen. Wir versuchen, an die äußerste Oberfläche zu kommen. Wenn ein Bedürfnis, eine unvollendete Situation auftaucht, werden wir durch dieses auftauchende Bedürfnis geleitet und müssen mit der Welt in Berührung kommen, um dieses Bedürfnis zu befriedigen. Wir gebrauchen unsere Sinne, um zu beobachten, um zu sehen, was abläuft. Die Welt tut sich uns auf. Diese Fähigkeit des Sehens ist Gesundheit. Demgegenüber kann der Neurotiker als ein Mensch definiert werden, der das Offensichtliche nicht sehen kann, wie in dem Märchen von *Andersen*, in dem nur das Kind auf das Offensichtliche hinweist: - daß der Kaiser nackt ist. Aus diesem Grund spiele ich, wenn ich mit einer Gruppe zu arbeiten anfange, oft den Lehrer und fordere sie auf, das Offensichtliche zu entdecken und zu verbalisieren.

## II

Neben dem Jetzt hat für mich der Prozeß der *Zentrierung* besonderes Gewicht, die Aussöhnung von Gegensätzen, so daß sie nicht länger im sinnlosen Kampf miteinander Energie verbrauchen, sondern sich zu einem produktiven Zusammenspiel verbinden können. Laßt uns als ein Beispiel eines der Hauptprobleme betrachten, das Menschen zu haben glauben - das Problem ihrer eigenen Existenz.

Was ist das Gegenteil von Existenz? Als erste Antwort drängt sich Nichtexistenz auf, aber das ist nicht richtig. Das Gegenteil wäre Antiexistenz, so wie das Gegenteil von Materie Antimaterie ist. Bekanntlich ist es Wissenschaftlern gelungen, Materie aus Energie zu schaffen. Was hat das mit uns in der Psychologie zu tun? In erster Linie, daß wir in der Wissenschaft schließlich zu dem vorsokratischen Philosophen Heraklit zurückgekehrt sind, der gesagt hat, daß alles fließt, daß alles in ständiger Veränderung, im Prozeß begriffen ist. Es gibt keine ,,Dinge". Das *Nichts (nothingness)* ist in den östlichen Sprachen das *Nicht-Ding-Sein (no-thingness)*. Wir im Westen denken uns das Nichts als Lücke, als Leere, als Nichtexistenz. In der östlichen Philosophie und in der modernen Naturwissenschaft ist das Nichts - Nicht-Ding-Sein - eine Art von Prozeß, ist andauernde Bewegung.

In der Wissenschaft versuchen wir, die kleinste Materie zu finden, aber je weiter wir die Materie spalten, um so mehr andere Materie entdecken wir. Wir finden Bewegung, und Bewegung entspricht Energie: Bewegung, Zusammenprall, Energie, aber keine Dinge. Zu den Dingen ist es - mehr oder weniger - durch das Bedürfnis des Menschen nach Sicherheit gekommen. Du kannst ein Ding manipulieren, du kannst Anpasse-Spielchen mit ihm spielen. Diese Konzepte, diese Dinge lassen sich zu etwas anderem zusammenstellen. ,,Etwas" (*something*) ist ein Ding, und so wird selbst ein abstraktes Substantiv zu einem Ding.

Bei der therapeutischen Arbeit stoßen wir immer auf das Nichts, und wir sehen, daß dieses Nicht-Ding-Sein ein sehr lebendiger Prozeß ist. Ich hoffe, daß die Bedeutung des Umgangs mit den Dingen deutlich geworden ist, daß wir nämlich die Dinge, um sie wieder lebendig zu machen, in einen Prozeß rückverwandeln müssen. Die Materialisation, das Schaffen eines Dinges aus einem Prozeß, ist die Funktion dessen, was ich die implosive oder katatone Schicht oder die Schicht des Todes nenne. Wenn du einen Körper *hast*, wenn du eine Seele *hast*, so sind diese *Dinge* anscheinend Objekte, die einer Instanz gehören, die ,,Ich" genannt wird. ,,Ich" bin der stolze Besitzer - oder der geringschätzige Besitzer - einer Seele, eines Körpers, einer Welt. So sage ich in Wirklichkeit ,,Ich *habe* einen Körper" *(some* body), anstatt zu erkennen, daß ich ein Körper (somebody) *bin*.

In der Gestalttherapie achten wir auf die Art und Weise, in der ein Mensch mit seiner Sprache umgeht, und wir stellen fest, daß er mit zunehmender Entfremdung von sich selbst auch zunehmend Substantive anstelle von Verben und insbesondere das Wort *Es* benutzt. *Es* ist ein ,,Ding", das sich gut zu dem Zweck eignet, das Lebendigsein zu vermeiden. Wenn ich lebendig bin, rede ich, äußere ich mich. Wenn ich tot bin, ,,habe" ich eine *Stimme* mit *Worten*, meine *Sprache* hat einen

*Ausdruck* usw.. Ihr seht, daß diese Beschreibung im wesentlichen eine Reihe von Substantiven ist, und daß alles, was an Leben dabei übrigbleibt, darin besteht, sie zusammenzusetzen.

Um euch zu helfen, die Bedeutung der Implosionsphase und ihre Rolle in der Neurose zu verstehen, will ich etwas ausführlicher das beschreiben, was für mich die fünf Schichten der Neurose sind. Die erste Schicht, der wir begegnen, nenne ich die *Eric Berne*-Schicht oder die *Sigmund Freud*-Schicht oder die Schicht aufgesetzten Verhaltens (*phony layer*), in der wir Spielchen spielen und in Rollen schlüpfen. Sie entspricht *Helene Deutschs* Beschreibung der ,,Als ob"-Persönlichkeit. Wir verhalten uns, *als ob* wir tolle Typen wären, *als ob* wir Einfaltspinsel wären, *als ob* wir Minderjährige wären, *als ob* wir Damen wären, *als ob* wir Flittchen wären usw.. Es ist immer die ,,Als ob"-Haltung, die von uns verlangt, daß wir nach einem Konzept leben, nach einer Phantasievorstellung, die wir oder andere geschaffen haben, ob sie sich nun als ein Fluch oder als ein Ideal darstellt. Was andere ein Ideal nennen, nenne ich einen Fluch. Es ist ein Versuch, uns von uns selbst zu entfernen. Die Folge ist, daß es der neurotische Mensch aufgegeben hat, für sein Selbst auf eine Weise zu leben, auf die er sich selbst verwirklichen würde. Stattdessen will er für ein Konzept leben, für die Verwirklichung dieses Konzepts, wie ein Elefant, der lieber ein Rosenstrauch wäre, und ein Rosenstrauch, der versucht, ein Känguruh zu sein. Wir wollen nicht wir selbst sein; wir wollen nicht das sein, was wir sind. Wir wollen etwas anderes sein, und die existenzielle Basis für dieses Etwas-anderes-sein liegt in dem Erleben von Unzufriedenheit. Wir sind unzufrieden mit dem, was wir tun, oder Eltern sind unzufrieden mit dem, was ihr Kind tut. Es sollte anders sein, es soll nicht das sein, was es ist.

Dann kommt die Religion, die Philosophie, die Flöten und Geigen, wir sollten großartig und wunderbar sein, und wenn du ein Christ bist, solltest du körperlos sein. Im Neuen Testament zählt die Natur nicht: nur das Übernatürliche, Wunderbare zählt. Es soll also keine Substanz geben. Und wenn du tot bist, sollst du nicht tot sein. Alles wird so betrachtet, als sollte es nicht so sein, wie es ist. Anders gesagt, die körperliche Beschaffenheit, mit der wir geboren werden, unser Erbe, wird geringgeschätzt. Wir dürfen nicht in uns selbst zu Hause sein, also entfremden wir uns von diesen mißbilligten Eigenschaften und schaffen die Löcher, von denen ich in meinem ersten Vortrag gesprochen habe, die Lücken, das Nichts an solchen Stellen, wo etwas existieren sollte. Und dort, wo etwas fehlt, bauen wir ein aufgesetztes Artefakt auf. Wir verhalten uns, als hätten wir diese Eigenschaft wirklich, die die Gesellschaft von uns fordert und die schließlich von dem verlangt wird, was

*Freud* das Überich, das Gewissen nannte. Wir begegnen ihm als dem Topdog bei den Spielchen, bei denen Underdog, der andere Teil des Selbst, gequält wird, indem das Unmögliche von ihm verlangt wird: „Nun komm schon und lebe nach diesem Ideal!"

Es wäre schön, wenn wir solche wunderbaren Menschen sein könnten, aber *Freud* hat einen wichtigen Punkt außer acht gelassen, den wir noch hinzusetzen müssen. Das Überich steht nicht, wie *Freud* dachte, einem Ich oder einem Es gegenüber oder einer Gruppe von Trieben und Erinnerungen und Kräften. Topdog steht einer anderen Persönlichkeit gegenüber, die ich Underdog nenne. Beide haben ihre Besonderheiten und kämpfen um die Kontrolle. Topdog zeichnet sich in erster Linie durch seine Rechtschaffenheit aus. Ob er nun recht hat oder nicht, er weiß immer, was Underdog tun sollte. Aber Topdog hat nur sehr wenige Möglichkeiten, um seinen Forderungen Nachdruck zu verleihen. Er ist in Wirklichkeit nur ein Tyrann und versucht, seine Ziele durch Drohungen zu erreichen. Wenn du es nicht so machst, wie er es sagt, dann wirst du bestraft oder irgend etwas Furchtbares wird passieren. Underdog, an den diese Anweisungen gehen, ist nicht rechtschaffen; er ist im Gegenteil sehr unsicher. Er wehrt sich nicht etwa oder versucht seinerseits durch tyrannisches und aggressives Verhalten zu kontrollieren. Er kämpft mit anderen Mitteln. „Morgen." — „Ich verspreche es." — „Ja, aber..." — „Ich tue mein Bestes." So führen diese beiden, Topdog und Underdog, ein Leben gegenseitiger Frustration und fortgesetzter Versuche, einander zu kontrollieren.

Dies ist nun das, was ich die erste oder aufgesetzte Schicht nenne, zu der diese Rollen gehören, die Topdog/Underdog-Spielchen, die Kontroll-Spielchen. Wenn wir uns einmal der Aufgesetztheit des Spielchenspielens bewußt werden und versuchen, aufrichtiger oder echter zu werden, so stoßen wir auf Schmerz, Unannehmlichkeiten, Verzweiflung usw.. Besonders ungern erleben wir Grausamkeit. „Wir sollen weder unseren Nächsten noch sonst irgend jemanden verletzen." Wir vergessen völlig, daß es ein grundlegendes Gesetz der Natur ist zu töten, um zu leben. Es gibt kein Lebewesen, keine organische Substanz, die ihr Leben aufrechterhalten könnte, ohne andere Tiere oder Pflanzen zu töten. Von allen Arten weigert sich nur der Mensch, die Notwendigkeit des Tötens anzuerkennen, und wendet das Töten gegen sich selbst: Nur der Mensch tötet aus anderen Gründen als aus Notwendigkeit, nur der Mensch tötet aus Habgier und Machtstreben. Insbesondere heute, wo an die Stelle der Menschen Superorganismen getreten sind, Staaten oder Nationen genannt, ist ihm sein Bedürfnis zu töten genommen, hat er seine Bedürfnisse zu töten an den Staat abgetreten.

Töten und Zerstören vermischen sich miteinander. Tatsächlich können wir nicht einmal einen Apfel essen, ohne die Substanz des Apfels zu zerstören. Wir zerstören den Apfel als eine geschlossene Einheit, teilen ihn mit unseren Schneidezähnen in Stücke, mahlen ihn mit unseren Backenzähnen fein, lösen ihn chemisch auf, bis nichts mehr von dem Apfel übriggeblieben ist außer Substanzen, die wir nicht assimilieren können und somit ausscheiden.

Wenn wir imstande sind, unser Widerstreben, unangenehme Erfahrungen anzunehmen, zu verstehen, können wir zu der nächsten Schicht kommen, der phobischen Schicht, dem Widerstand, der Abneigung dagegen, das zu sein, was wir sind. Hier finden sich all die „Du sollst nicht!", von denen schon die Rede war.

Wenn wir hinter die phobische Schicht, hinter den Widerwillen kommen, so merken wir, daß wir auf die Blockierung (*impasse*) stoßen. Und in der Blockierung haben wir das Gefühl, nicht lebendig zu sein, erstarrt zu sein. Wir fühlen, daß wir Nichts sind, daß wir Dinge sind. In jedem Stückchen Therapie müssen wir durch diese Implosionsphase gelangen, um an das wahre Selbst heranzukommen. Hier weichen die meisten therapeutischen Schulen und Therapien zurück, weil auch sie die Erstarrung fürchten. Natürlich geht es nicht um das Totsein, sondern um die Angst und das Gefühl, erstarrt und tot zu sein, sich aufzulösen. Die Phantasie wird als Wirklichkeit genommen. Sobald wir diese Implosionsphase überwunden haben, geschieht etwas sehr Seltsames. Am dramatischsten zeigt sich das beim Zustand der Katatonie, wenn der Patient, der wie ein Leichnam erschien, vor Leben explodiert. Und genau das passiert, wenn der Zustand der Implosion aufgelöst wird - Explosionen finden statt.

Die Explosion ist die letzte neurotische Schicht, auf die wir stoßen, wenn wir den Zustand der Implosion überwinden. Meiner Meinung nach ist dieser Verlauf notwendig, um authentisch zu werden. Es gibt im wesentlichen vier Arten von Explosionen: die Explosion in Freude, in Trauer, in den Orgasmus, in Wut. Manchmal sind die Explosionen sehr sanft, ihre Stärke hängt ab von der Menge an Energie, die in die Implosionsschicht investiert worden ist.

Vielleicht kann ich deutlicher machen, wo sich der katatone Zustand, der Implosionszustand befindet, wenn ich über die Physiologie rede. Ihr wißt, daß ihr, um einen Muskel zu bewegen, einen elektrischen Stoß in den Muskel schickt, und der Muskel zuckt. Um den Muskel kontrahiert zu halten, müßt ihr den elektrischen Stoß ständig wiederholen. Entsprechend könnt ihr euch vorstellen, wieviel Energie bei einem katatonen Zustand oder immer dann, wenn ihr euch anspannt, darauf verwandt wird, angespannt zu bleiben, starr zu bleiben. Und wenn diese Energie nicht darin investiert wird, euch starr zu halten, wird die Energie für alle Arten von Aktivitäten blockiert - Denken, Herumgehen, Lebendigsein. Wenn die zurückgehaltene Energie plötzlich freigelassen wird, explodiert sie. Die Implosion wird zur Explosion, die Kompression zur Expression, zum „Ausdruck".

Ich denke, daß ich der Gruppe jetzt einige Minuten Zeit für Fragen und Kommentare zu diesem Vortrag gebe.

*Frage:* Du hast gesagt, daß der Durchbruch von der Implosionsschicht zur Explosion sowohl vom Patienten als auch vom Therapeuten als gefährlich wahrgenommen werden kann, und vielleicht ist das der Grund für die Implosionsschicht. Wie können der Therapeut und der Patient das überwinden? Ich habe einen Patienten, der aus einem katatonen Zustand in den Orgasmus explodiert ist, und es sieht so aus, als könnte er in den Implosionszustand oder in die Katatonie zurückfallen, weil er sich nicht auf einen anderen Weg einstellen kann.

*Perls:* Eine Sache, die du im Auge behalten mußt, ist, daß ein Mensch, um richtig zu funktionieren, alle vier Möglichkeiten der Explosion verfügbar haben muß. Der Mensch, der in den Orgasmus, aber nicht in Wut oder Trauer oder Freude explodieren kann, ist unvollständig. Das, wovon du gesprochen hast, ist das, was ich als die phobische Schicht angeführt habe, bei der auf Grund von Katastrophenerwartungen, aus Angst vor dem Risiko das Erleben der Spannung vermieden wird. Wenn so viel Energie zurückgehalten wird, ist so viel Lebensenergie oder *élan vital* aufgestaut, daß der Mensch sie nicht länger zurückhalten kann und die Explosion in einer sehr heftigen Form stattfinden kann.

*Kommentar:* Es erinnert mich an die Explosion bei der Trennung von Atomen - die Kernspaltung.

*Perls:* Fusion oder Spaltung. Es gibt einen Weg, auf dem die Explosion und die Gefahr der Explosion oft abgeschwächt wird. Das ist der Prozeß des Schmelzens. Du wirst oft feststellen, daß du an einem bestimmten Punkt bewegt bist, du bist betroffen, und du fängst an zu schmelzen, du wirst weich oder du fängst an zu weinen. Dies ist einer der Puffer gegen eine gefährliche Explosion. Aber grundsätzlich muß man bereit sein, Risiken einzugehen.

*Frage:* Ist Schmelzen Zärtlichkeit?

*Perls:* Zärtlichkeit ist eine Form des Schmelzens. Du wirst feststellen, daß du dich nach einer guten Explosion zärtlich im Sinne von empfindsam fühlst. Aber wenn du von Zärtlichkeit sprichst, bin ich mißtrauisch. Es klingt wie der Hintergrund von Härte, und den harten Burschen spielen ist ein sehr wichtiger Part im Rollenspiel der amerikanischen Jugend.

*Frage:* Könntest du ein bißchen darüber sagen - über die Jugend, die die Rolle der Härte spielt?

*Perls:* Woher bezieht das amerikanische Kind einen großen Teil seiner Information? Aus Comics. Und was sagen die Comics? Reden sie von einem Mann und einer Frau? Nein. Sie handeln vom Supermann und vom Glamourgirl. Diese Vorstellung von einem Mann ist eher die eines Höhlenbewohners als die eines wirklichen Mannes, und das ist schwer zu definieren, eines Mannes, der nach seinen Überzeugungen lebt. Aber die Botschaft der Comics ist, daß ein Mann ein harter Bursche sein muß, weil er sonst nur ein Schwuler sein kann. Er hat keine andere Wahl, als ein Baseballheld oder ein Homosexueller zu werden. Nur wenn er ein Homosexueller ist, darf er zärtlich, darf er weich sein. Das gleiche gilt für die Frauen. Nach einer groben Schätzung bestehen die Amerikanerinnen aus 90 Prozent Zicken und 10 Prozent Frauen. Frauen müssen Zicken werden, weil sie Reklameschönheiten werden müssen. Als Reklameschönheit müssen sie die meiste Zeit damit verbringen, photogen zu sein und sich anschauen zu lassen, anstatt Augen zu haben, Geschlechtsteile zu haben, Beziehungen zu haben. Dies führt zu einem ständigen Verärgertsein, einer ständigen Feindseligkeit. Der Mann wird als der Gegner gesehen, und die einzige Möglichkeit, den Gegner unter Kontrolle zu bekommen, besteht darin, eine Zicke zu werden. So gehören der Supermann und die Zicke auf der amerikanischen Bühne als die Hauptfiguren zusammen.

*Frage:* Ich habe dich nur vier Schichten der Neurose nennen hören.

*Perls:* Die aufgesetzte Schicht, die phobische, die Blockierung, die implosive, die explosive. Wenn ich in dieser Weise Kategorien bilde und aus einem Prozeß ein Ding mache, sei bitte nachsichtig und sieh, daß dies nur eine Annäherung an den Prozeß ist.

*Frage:* Die aufgesetzte Ebene ist die, auf der die Spielchen ablaufen?

*Perls:* Ja.

*Frage:* Und die implosive Ebene ist die, auf der die Gründe für die Spielchen liegen. Ist das richtig?

*Perls:* Nein. Es gibt keine Gründe für die Spielchen.

*Kommentar:* Dann verstehe ich nicht, welches die implosive Schicht ist.

*Perls:* Die implosive Schicht ist die, auf der die Energien, die zum Leben gebraucht werden, erstarrt sind und ungenutzt investiert werden. Um sie für das Leben freizusetzen, müssen wir den Prozeß des Explodierens durchlaufen. Wenn ich durstig bin, muß ich nicht in den Wald gehen und eine Quelle suchen. Das wäre der biologische, ursprüngliche Weg. In unserer Kultur brauchen wir dazu eine Anzahl von Manipulationen. Auf dieser Konferenz beispielsweise benutze ich eine Klingel und gebe dem Kellner einen Auftrag und durchlaufe alle Arten von Prozessen, damit ich Wasser bekommen kann, um das Defizit in meinem Organismus auszugleichen. In der Kultur, in der wir leben, müssen wir Rollen spielen, um unsere Bedürfnisse zu befriedigen. Nun wäre es denkbar, daß ich auf den Gang hinausgehe und explodiere. ,,Hallo, hallo! Ich möchte etwas zu trinken!" Aber das tue ich nicht, ich spiele die vorgeschriebenen Rollen. Ich bin höflich und rücksichtsvoll.

*Frage:* Könntest du noch etwas über die phobische Ebene sagen?

*Perls:* Die wichtigste phobische Haltung, die mir einfällt, ist das Phobischwerden, wenn wir das Leben entdecken. Um zu vermeiden, daß wir ein Leben führen, in dem wir die Welt und uns selbst entdecken, nehmen wir oft eine Abkürzung dadurch, daß wir uns Informationen verschaffen. Es ist das, was du gerade gemacht hast, du hast mich um Informationen gebeten. Du könntest dich aber auch damit auseinandergesetzt und entdeckt haben, was dich oder was irgend jemand anderen phobisch macht - was du vermeidest oder was die anderen vermeiden. Aber stattdessen bittest du mich, deinen Computer, deinen Denkapparat zu füttern. Die hauptsächliche phobische Haltung ist, Angst davor zu haben, das zu sein, was du bist. Und es wird dich sofort erleichtern, wenn du es wagst zu untersuchen, wer du bist. Du wirst feststellen, daß du sofort auf Katastrophenerwartungen stößt. ,,Wenn ich so bin, wie ich bin, was wird mir passieren? Die Gesellschaft wird mich ausstoßen. Wenn ich meinem Chef sage, daß er zum Teufel gehen soll, verliere ich meinen Job. Wenn ich meiner Frau sage, daß sie eine Hexe ist, schläft sie nicht mit mir." Und so weiter und so weiter. So wirst du phobisch, du fängst an zu manipulieren, Rollen zu spielen. Anstatt zu sagen: ,,Du bist eine Hexe", preßt du die Lippen zusammen und sprichst nicht mit ihr. Aber du beschränkst dich selbst und signalisierst indirekt, daß du nicht damit einverstanden bist, was sie tut oder wie sie ist. Du bringst dich zum *Im*plodieren, weil du Angst hast zu *ex*plodieren.

*Frage:* Wenn man auf der Ebene der Blockierung ist, hat man dann Angst davor, die Welt so zu sehen, wie sie ist?

*Perls:* Nein, es geht da um mehr. Zur Blockierung kommt es immer dann, wenn du nicht bereit oder gewillt bist, deine eigenen Möglichkeiten (einschließlich deiner Augen) zu benutzen, und wenn keine Unterstützung aus der Umwelt kommt. Das extreme Beispiel für die Blockierung ist das blaue Baby. Das blaue Baby kann sich seinen Sauerstoff nicht selbst verschaffen, und die Mutter liefert keinen Sauerstoff mehr. Das blaue Baby ist in seiner Atmung blockiert, und es muß einen Weg finden zu atmen, oder es muß sterben. Ein anderes gutes Beispiel für die Blockierung ist die Durchschnittsehe, in der die Partner nicht ein-

ander lieben, sondern ein Konzept von dem, was der andere sein sollte. Beide haben kaum eine Vorstellung davon, wie der andere eigentlich ist, und sobald das Verhalten des einen nicht mit dem übereinstimmt, was der Partner erwartet, wird dieser unzufrieden und fängt an, das Vorwurfspielchen zu spielen. Er macht ihr Vorwürfe: sie soll sich ändern; er macht sich selbst Vorwürfe: er sollte sich ändern - all dies, statt zu erkennen, daß sie in einer Sackgasse sind, weil sie eine Vorstellung, ein Phantasiebild lieben. Sie stecken fest. Aber sie wissen nicht, *wie* sie feststecken, und das ist die Blockierung. Die Folge der Blockierung ist, daß sie den Status quo beibehalten. Sie möchten die Situation vielleicht ändern, aber sie tun es nicht: sie behalten den Status quo bei, weil sie zuviel Angst davor haben, die Blockierung zu überwinden.
*Frage:* Was durchbricht die Blockierung?
*Perls:* Die Blockierung kann nicht durchbrochen werden.
*Frage:* Sie muß angenommen werden?
*Perls:* Du könntest das so sagen. Die unglaubliche Sache, die so schwer zu begreifen ist, ist die, daß das Erleben, daß die Bewußtheit des Jetzt genügt, um alle Probleme dieser Art zu lösen, das heißt also, neurotische Probleme. Wenn du dir der Blockierung voll bewußt bist, fällt sie in sich zusammen, und du stellst plötzlich fest, daß du sie überwunden hast. Ich weiß, daß dies ziemlich mystisch klingt, deshalb will ich euch ein Beispiel geben. Es gibt zwei Gerichte auf der Speisekarte, und ihr wißt nicht, welches ihr bestellen sollt. Aber die Natur funktioniert nicht mit Entscheidungen, sondern mit Vorlieben. Wenn du eine Speise der anderen vorziehst, hast du die Blockierung überwunden.

## III

Auf drei Themen möchte ich jetzt zu sprechen kommen. Beim ersten geht es um die Beantwortung von Fragen, die vom Patienten gestellt werden. Ihr werdet euch vielleicht darüber gewundert haben, daß ich in der Therapie fast nie auf Fragen antworte. Das Fragezeichen hat einen Haken, den der Patient für viele Zwecke verwenden kann, zum Beispiel dazu, den anderen in Verlegenheit zu bringen, oder, was häufiger vorkommt, um sich selbst davon abzuhalten zu entdecken, was wirklich vorgeht. Dieses Bitten um Unterstützung von außen hält uns im Zustand des Kindes fest. Ihr werdet feststellen, daß nichts eure Intelligenz besser entwickelt, als wenn ihr die Fragen nehmt und sie in eine echte Aussage verwandelt. Plötzlich fängt der Hintergrund an, sich zu zeigen, und der Grund, aus dem die Frage gekommen ist, wird sichtbar.

Ein zweites Thema bezieht sich auf Schuldgefühle. Der psychoanalytischen Theorie zufolge ist der Patient geheilt, wenn er von Angst und Schuld frei ist. Wir haben uns schon mit der Angst als Lampenfieber befaßt. Die Frage der Schuld ist noch einfacher: Schuld ist projizierter Groll. Immer dann, wenn ihr euch schuldig fühlt, werdet ihr auf einen Kern von Groll und Verärgerung und Übelnehmen stoßen. Aber der Groll ist an sich noch ein unvollständiges Gefühl. Der Groll ist ein Versuch, den Status quo aufrechtzuerhalten, ein Festklammern; wenn ihr jemandem grollt, könnt ihr weder loslassen und die Sache erledigt sein lassen, indem ihr sie aufgebt, noch könnt ihr aggressiv und ärgerlich sein und die Situation klären. Der Groll ist das Festbeißen, bei dem wir nicht wieder loslassen können.

Vielleicht ist es für jeden Patienten die schwierigste psychische Leistung, seinen Eltern zu verzeihen. Eltern haben niemals recht. Sie sind entweder zu streng oder zu nachgiebig, zu stark oder zu schwach. Irgend etwas stimmt bei den Eltern immer nicht. Und die Bilanz zwischen Schuldgefühlen (daß er ihnen etwas schuldig ist) und Groll (daß sie ihm etwas schulden) wird durch ein sehr eigentümliches Phänomen erreicht - durch Dankbarkeit. Dankbarkeit führt zum Abschluß. Keine Partei schuldet der anderen etwas.

Mein drittes Thema ist die Bedeutung von Träumen. Der Traum ist eine existenzielle Botschaft. Er ist mehr als eine unvollendete Situation; er ist mehr als ein unerfüllter Wunsch; er ist mehr als eine Prophezeiung. Er ist eine Botschaft von dir an dich, welcher Teil von dir auch immer zuhört. Der Traum ist vielleicht die spontanste Äußerung des Menschen, ein Kunstwerk, das wir aus unserem Leben herausmeißeln. Und jeder Teil, jede Situation im Traum ist von dem Träumer selbst geschaffen. Natürlich kommen einige Teile aus dem Gedächtnis oder aus der Wirklichkeit, aber die wichtige Frage ist, was den Träumer dazu gebracht hat, gerade dieses bestimmte Teil auszuwählen. Keine Wahl im Traum ist zufällig. Wie bei der Paranoia sucht der Mensch, der projiziert, nach einem Haken, an den er seinen Hut hängen kann. Jeder Aspekt ist ein Teil des Träumers, aber ein Teil, der in gewissem Maße abgespalten und auf andere Objekte projiziert wird. Was bedeutet Projektion? Daß wir bestimmte Teile von uns abgespalten, von uns entfremdet und nach außen in die Welt gebracht haben, anstatt sie als unser eigenes Potential verfügbar zu haben. Wir haben einen Teil von uns in die Welt entleert; deshalb bleiben wir mit Löchern, mit Leere zurück. Wenn wir diese Teile von uns wieder besitzen wollen, müssen wir uns bestimmter Techniken bedienen, mit deren Hilfe wir diese Erfahrungen wieder assimilieren können.

Bei der Arbeit mit einem Traum vermeide ich jede Interpretation. Ich überlasse das dem Patienten, weil ich der Meinung bin, daß er mehr über sich selbst weiß, als ich irgend wissen kann. Früher bin ich den ganzen Traum durchgegangen und habe jeden Teil durchgearbeitet; aber viele Patienten haben Schwierigkeiten mit der Reidentifikation, und diese Schwierigkeiten sind völlig identisch mit dem Ausmaß an Selbstentfremdung. In letzter Zeit wende ich häufiger ein Abkürzungsverfahren an. Ich achte hauptsächlich auf die Löcher, die Leere, das Vermeiden.

Die erste Aufgabe ist dann herauszufinden, was der Traum vermeidet. Oft können wir sofort entdecken, was der Patient vermeidet, indem wir feststellen, in welchem Augenblick er den Traum unterbricht und aufwacht, anstatt ihn fortzusetzen. Sehr oft vermeidet der Träumer den Tod, getötet zu werden oder Sex. Ich bin in der Tat der Meinung, daß die ganze Frage des Überlebens, des Tötens und Zerstörens zumindest ebenso wichtig ist wie die Frage der Sexualität.
*Frage:* Du sagst, daß wir, wenn der Traum durch das Aufwachen unterbrochen wird, irgend etwas vermeiden; aber was ist, wenn er nicht durch das Aufwachen unterbrochen wird?
*Perls:* Dann ist es nicht immer so einfach herauszufinden, was vermieden worden ist. Gewöhnlich ist es so, wenn du dir erlaubst weiterzuträumen, daß du nicht versuchst, irgendeinen furchtbaren Schock zu vermeiden, wie bei einem Falltraum, in dem du aufwachen mußt, bevor du zerschmettert wirst. Das Ausweichen ist der übliche Ausgangspunkt der Neurose und beruht auf einem falschen Verständnis von Phantasie und Wirklichkeit. In der Phantasie kann ich tausendmal fallen. Ich kann hundert Menschen in meinen Träumen töten - es ist nur Phantasie, und sie leben noch. Es ist tragisch, daß wir so wenig bereit sind, uns bestimmte Situationen selbst nur vorzustellen, und so bleibt diese Angst vor der Vorstellung, diese Vermengung von Wirklichkeit und Phantasie bestehen. Bei vielen Sachen halten wir uns selbst davon ab, sie zu tun, weil wir uns all das Böse vorstellen, das passieren wird, oder wir sind enttäuscht, weil all die rosaroten Dinge, die wir erwarten und uns wünschen, eben nicht passieren. All jene wunderbaren Sachen - wir gehen mit fünf Dollar nach Las Vegas und kommen mit hunderttausend zurück; oder wir träumen davon, ein wunderbarer, vollkommener Mensch zu sein. Das passiert nicht, also sind wir enttäuscht. Wir halten uns selbst davon ab, das zu gebrauchen, was wir haben, oder das wieder zu assimilieren, was wir abgespalten haben.

Laßt mich ein Beispiel nennen. Eine Frau träumte, sie hätte drei Waisenkinder, und jedes dieser Kinder hätte eine künstliche Hand oder einen künstlichen Arm, alle sehr schön geformt, und sie suchte nach dem besten Chirurgen, der die bestmöglichen Prothesen für die Hände machen könnte. Wo ist hier die Vermeidung, die Leere? Nun, es liegt gewissermaßen auf der Hand. Ich wurde also sehr grausam und brutal und nahm den Kindern die Prothesen weg. Die Kinder blieben ohne Hände. Wo waren die Hände? Offensichtlich in der Person, die die Prothesen machte. Ich erfuhr, daß diese Frau starke künstlerische Neigungen hatte und sich viele Jahre lang mit Bildhauerei befaßt, dieses Talent aber verloren hatte. So traten die Skulpturen, die künstlerischen Fähigkeiten als Projektion in Erscheinung. Das Minus, das Vermeiden der Existenz liegt in diesem Fall in dem Fehlen von organischen Händen. Durch das Durcharbeiten dieses Traumes konnte ich ihr den Gebrauch und die Wertschätzung ihrer Hände zurückgeben.

Ich möchte euch raten, sehr vorsichtig mit Träumen und Träumern umzugehen, in deren Träumen keine Lebewesen vorkommen. Wo es nur Tod oder Wüste oder Gebäude gibt, habt ihr es höchstwahrscheinlich mit einem schweren psychotischen Fall zu tun.

Es ist auch wichtig, die Patienten sowohl die Objekte als auch die Personen im Traum spielen zu lassen. Zwei meiner Lieblingsbeispiele dafür stammen von demselben Mann. In einem Traum geht er aus meinem Behandlungszimmer, geht über die Straße in den Stadtpark und den Reitweg lang. Ich fordere ihn auf, den Reitweg zu spielen, und er antwortet: ,,Was? Und jeder soll auf mir trampeln und auf mich scheißen?" In einem anderen Traum ließ er seine Aktentasche auf der Treppe stehen. Ich forderte ihn auf, die Aktentasche zu sein. Er sagte: ,,Nun, ich habe ein dickes Fell mit einer dicken Haut. Ich habe Geheimnisse und keiner soll an meine Geheimnisse kommen. Bei mir sind sie völlig sicher aufgehoben." Seht ihr, wieviel er uns über sich sagt, indem er die Objekte in seinen Träumen spielt, sich mit ihnen identifiziert? Ebenso erfahrt ihr eine Menge, wenn ihr auf den Ort achtgebt, an dem der Traum inszeniert ist. Wenn ein Mensch träumt, in einem Gerichtssaal zu sein, wißt ihr, daß er sich mit Schuld beschäftigt, damit, angeklagt zu sein, usw.. Wenn der Traum in einem Motel stattfindet, könnt ihr euch denken, was er für ein Leben führt.

Je mehr ihr darauf verzichtet, einzugreifen und dem Patienten zu erzählen, was mit ihm los ist oder was er empfindet, um so mehr Gelegenheit gebt ihr ihm, sich selbst zu entdecken und sich nicht von euren Konzepten und Projektionen irreführen zu lassen. Und glaubt mir, es ist niemals leicht, unterscheiden zu können zwischen dem, was wir projizieren, und dem, was wir sehen und hören. Und vielleicht ist das Gefährlichste, was ein Therapeut tun kann, das Computer-Spielchen zu spielen, und wenn ihr ihre Computer mit Informationen füttert und sie mit Informationen an euren Computer antworten, wird *nie* etwas passieren. Das Computer-Spielchen kann Jahre und Jahre weiterlaufen.

Um es noch einmal zu sagen: Die beiden wichtigsten Worte, die ich euch einprägen möchte, sind *Jetzt* und *Wie*. Die Schwierigkeit liegt darin, daß man immer und immer wieder vom Jetzt weggezogen und in alle Arten von Rationalisierungen hineingezogen wird und Argumente dafür anführt, wer recht und wer unrecht hat. „Ich habe eine bessere Interpretation als du." - „Ich weiß alles über dich." Dann ist da noch die große Gefahr des Freudschen Ansatzes. „Dies geschieht, *weil* es vorher geschehen ist." Als ob sich ein Bahnhof dadurch erklären ließe, daß da vorher ein anderer Bahnhof war. Und ihr müßt euren Patienten sorgsam beibringen, zwischen der Wirklichkeit und ihren Phantasien zu unterscheiden, insbesondere der Übertragungsphantasie, wobei sie euch als Vater oder als irgend jemanden ansehen, der ihnen das Zuckerzeug geben kann. Laßt sie immer wieder hinsehen, damit sie den Unterschied zwischen diesem Vater und euch erkennen, bis sie aufwachen und wieder zur Besinnung kommen.

Auch wenn ihr mit dem *Jetzt* und *Wie* etwas zwanghaft seid, kann das nicht schaden, und der Zwang wird sich in etwas Lebendiges und Bedeutungsvolles auflösen.

Wir wissen nicht, welches der nächste Schritt in der Geschichte sein wird. Wir sind von den Göttern über die Ursachen der Natur zum Prozeß gelangt. Gerade jetzt leben wir im Zeitalter der Prozesse. Ich bin überzeugt, daß wir eines Tages entdecken werden, daß Bewußtheit ein Merkmal des Universums ist - Ausdehnung, Dauer, Bewußtheit. Gerade jetzt werden die ersten Experimente gemacht. Man hat Plattwürmer zerschnitten und an andere Würmer verfüttert, und die Experimente zeigen, daß diese das wissen, was die erste Generation gelernt hat. Vielleicht ist dies ein erster Schritt zu dem Nachweis, daß Bewußtheit ein Merkmal der Materie ist. Aber noch können wir nicht in Begriffen von Billionen und Aberbillionen von Teilen einer Menge denken, um Bewußtheit zu messen, und die Vorstellung, daß es Merkmale geben könnte, die nicht meßbar sind, liegt noch jenseits der Konzepte der heutigen Psychologen.

Die volle Identifikation mit dir selbst kann dann stattfinden, wenn du bereit bist, die volle Verantwortung (*responsibility*) - *Fähigkeit zu antworten (response-ability)* - für dich selbst, für deine Handlungen, Gefühle, Gedanken zu übernehmen, und wenn du aufhörst, Verantwortung mit Verpflichtung zu verwechseln. Dies ist eine andere Bedeutungsverwirrung in der Psychologie. Die meisten Leute glauben, daß Verantwortung bedeutet: „Ich stelle mich selbst unter Zwang." Das ist aber nicht gemeint. Du bist nur für dich verantwortlich. *Ich* bin nur für *mich* verantwortlich. Das sage ich einem Patienten gleich am Anfang. Wenn er sich umbringen möchte, ist das seine Sache. Wenn er verrückt werden will, ist das seine Sache. Jüdische Mammen haben es sehr gut drauf, Menschen zu manipulieren; sie sind Meister darin, uns Schuldgefühle zu machen, an den Schaltern des Gewissens zu drehen. Aber ich bin nicht auf dieser Welt, um nach den Erwartungen anderer zu leben, und ich denke auch nicht, daß die Welt nach meinen Erwartungen leben muß.

*Frage:* Ich habe einiges von dem, was du gesagt hast, in einen Zusammenhang gebracht, und das macht mir einiges Unbehagen. Wenn es ein Naturgesetz ist zu töten, um Leben aufrechtzuerhalten, wie entscheiden wir dann, wann Übertretungen für uns selbst nachteilig sind oder für andere gefährlich oder nicht akzeptabel?

*Perls:* Du möchtest eine Verhaltensvorschrift, zum Beispiel dafür, wie du Entscheidungen treffen sollst. Ich kann und will dir das nicht geben. Jede Entscheidung muß in der Situation getroffen werden, in der ein Ereignis stattfindet. Die Wissenschaft hat erst vor kurzem den Schritt vom Betrachten der Teile zur Anerkennung der ganzheitlichen Betrachtungsweise, des Gestaltansatzes gemacht. Den Studenten ist beigebracht worden, daß der Organismus aus einer Anzahl von Reflexbögen besteht oder daß der Geist der Materie gegenübersteht oder daß wir hier einen Menschen und da die Umwelt haben und nicht, daß hier ein Mensch ist, der einige Gefühle aufgestaut hat, denen Luft gemacht werden muß. Ich glaube, daß die Freudsche „Exkremententheorie" der Emotion, nach der wir eine bestimmte Menge an Aggressionen haben, die entladen werden sollten, besonders gefährlich ist.

Wir sind ein Teil des Universums, nicht von ihm losgelöst. Wir und unsere Umwelt sind eins. Wir können nicht schauen, ohne auf etwas zu schauen. Wir können nicht atmen ohne Luft. Wir können nicht leben, ohne ein Teil der Gesellschaft zu sein. Ebenso können wir unmöglich den Organismus so betrachten, als könnte er isoliert funktionieren. So ist dieser Organismus hier, der den Namen „Fritz Perls" hat, ein lebendiges Ganzes von Prozessen, von Funktionen, und diese Funktionen stehen immer in Beziehung zu etwas in der Welt, die er hat, der Welt, die wir mit dem Wort *Jetzt* zu beschreiben versuchen. Das *Jetzt* ist die Welt, in der wir leben. Und dieser Organismus unterscheidet sich von diesem Ding, das „Stuhl" genannt wird, dadurch, daß er in sich eine Kraft hat, die sich selbst reguliert. Anders als ein Auto, das Gas und Luft aufnehmen muß, um die Energie zu erzeugen, die im Motor explodiert, müssen wir uns aus der Nahrung und der Luft, die wir aufnehmen, unsere eigene Energie verschaffen. Wir haben keinen Namen für die Energie, die wir erzeugen. *Bergson* nannte sie *élan vital*, *Freud* nannte sie *Libido* oder *Todestrieb* (er hatte zwei Energien) und *Reich* nannte sie *Orgon.* Ich nenne sie *Erregung (excitement),* weil das Wort Erregung mit dem physiologischen Aspekt, der *Reizung (excitation),* in Einklang steht.

Erregung wird oft als Rhythmus, Vibrieren, Zittern, Wärme erlebt. Und wieder wird diese Erregung nicht um ihrer selbst willen erzeugt, sondern in bezug auf die Welt. Wir nehmen jemandes Hand und fühlen, die Hand ist warm. Der Mensch glüht zur Welt hin. Hier ist die Hand eines anderen Menschen - er ist kalt. Der frigide Mensch hat immer kalte Hände. Natürlich ist dieser Mensch implosiv; der andere ist explosiv, nach außen gehend. So wird immer irgendwelche Erregung erzeugt. Erregung = Leben = Sein. Nun reicht aber Erregung als solche nicht aus, weil Erregung den Organismus mit Energie erfüllen muß. Ein großer Teil erfüllt das motorische System; einiges aktiviert die Sinne. Dies sind die beiden Systeme, mit denen wir in Verbindung zur Welt stehen: das motorische System, bei dem es um Manipulieren, Handeln und Handhaben geht, und das sensorische System oder Orientierungssystem, mit dem wir sehen und fühlen.

Die Natur ist nicht verschwenderisch; die Natur erzeugt Emotionen nicht nur, damit sie entladen werden, wie die Exkremententheorie es gern hätte. Die Natur erzeugt Emotionen als ein Mittel, um Bezug herzustellen, weil wir gemacht wurden, um mit der Welt in verschiedener Intensität umzugehen. Wenn wir ärgerlich sind, stehen wir in einer anderen Beziehung zur Welt, als wenn wir lieben. Ich glaube, daß es eine Intelligenz oder Weisheit des Organismus gibt, die diese grundlegenden Energien in die verschiedenen Aufgaben und Funktionen differenziert. Gegenwärtig nenne ich das die *hormonelle Differenzierung.* Anscheinend wird die Erregung durch irgendeine andere Substanz gefärbt – durch Adrenalin bei Ärger oder Sexualhormone bei libidinösen Gefühlen. Entsprechend variiert die Erregung mit der Situation. Wenn wir schlafen, brauchen wir wenig Erregung, und unser Stoffwechsel wird langsamer. In Notfallsituationen können wir Spitzenwerte an Erregung produzieren. Ihr wißt, zu welcher Heftigkeit ein Mensch imstande ist, wieviel Energie er produzieren kann, wenn er angegriffen wird. Wir reden von der übermenschlichen Kraft, die ein Mensch haben kann, *wenn* er betroffen ist, *wenn* er seine ganze Persönlichkeit in sein Erleben investiert. Erregung geht dann insbesondere in den motorischen Abfluß, weil die Muskeln uns mit der Umwelt verbinden. Ihr werdet feststellen, daß bei den meisten emotionalen Vorgängen Emotion in Bewegung transformiert wird. Sie können Sex nicht ohne sexuellen Rhythmus und Bewegung machen; wir können nicht voller Kummer sein, ohne daß unser Zwerchfell erschüttert wird und Tränen produziert werden; wir können nicht von Freude erfüllt sein, ohne zu tanzen. Somit wird jede Erregung, die dazu nötig ist, eine Situation zu schaffen und zu bewältigen, vom Organismus bereitgestellt, und überflüssige Erregung gibt es nicht. Wenn du von Handlungen sprichst, die von der Gesellschaft nicht akzeptiert werden könnten, so haben wir die Blockierung. Was wählst du - gegen diese Gesellschaft feindlich zu sein oder ein Teil der Gesellschaft zu sein, dich mit ihr zu identifizieren und dich selbst zu unterdrücken?

*Kommentar:* Das ist mein Dilemma.

*Perls:* Das ist für die meisten von uns das existentielle Problem. Und je kränker die Gesellschaft ist, um so größer ist das Problem. Die amerikanische Gesellschaft entmenschlicht die Leute, macht sie zu lebendigen Leichen ohne Gefühle, und der Mensch ohne Gefühle wird wie eine Maschine. Wir leben nicht für den Menschen. Ich bin sicher, daß mindestens 70 % der amerikanischen Bevölkerung mit der Produktion und Bedienung von Maschinen beschäftigt sind. Wenn du also das Gesetz der Maschinen verletzt, werden die Maschinen durch jene, die in ihrem Dienst stehen, zurückschlagen. Die Blockierung kann nur durch einen Weg überwunden werden, der für dich *und* die Gesellschaft annehmbar ist. So tue ich beispielsweise etwas gegen die Gesellschaft, die ich beschrieben habe. Ich stoße ein trojanisches Pferd - die menschliche Seele - in diese Gesellschaft, aber ich werde dafür bezahlt. Ich tue das nicht, weil ich ein Reformer oder ein Weltverbesserer bin, sondern weil es mir Spaß macht; ich bin lebendig, wenn ich das tue.

Ich hoffe, ihr erwartet nicht von mir, daß ich euch ein Rezept für das Leben gebe. Das einzige, was ich sagen kann, ist, daß der neurotische Lebensweg ein sehr unökonomischer Weg ist. Er ist solch eine Zeitverschwendung, Verschwendung von Energie, Verschwendung eures Lebens.

*Kommentar:* Ich kann meine Handlungen und ihre Folgen für mich akzeptieren, aber ich lebe nicht allein. Mein Leben ist mit anderen verbunden, insbesondere mit meiner Familie. Ich habe kein Recht, die Folgen für sie zu akzeptieren. Nur sie können das tun.

*Perls:* Ich habe etwas gegen diese Redensart ,,kein Recht". Es geht hier nicht um eine Rechtsfrage. ,,Kein Recht", so redet der Topdog. Du siehst, was ich mit der Erregung meine. Die Erregung, die unsere Lebensweise mit sich bringt, hat als solche nichts mit der Gesellschaft an sich zu tun. Es geht darum, wie wir unser Leben einrichten. Wenn du beschließt, daß du die Gesellschaft liebst und dich mit ihr identifizierst, indem du ein gut angepaßter Bürger bist, so ist das deine existentielle Wahl. Wenn du andererseits wählst, außerhalb der Gesellschaft zu stehen, so bist du nicht zwangsläufig destruktiv.

*Kommentar:* Du machst meine Gier deutlich, weil ich beides will.
*Perls:* Also willst du beides. Und du machst mir Vorwürfe, als ob du ein böser Mann wärst, weil du beides willst. So bist du. Essen *und* haben. Jeder spielt die Rolle, die er spielt; jeder ist, was er ist. Niemand kann in einem bestimmten Augenblick etwas anderes sein, als was er *in dem Augenblick* ist. Wenn jemand zu mir kommt und klagt, daß es seine Rolle ist, depressiv zu sein, und daß er sie nicht mag, dann kann ich diesem Menschen zeigen, daß er das Depressions-Spielchen spielt. Er hat eine Wahl: er kann mit einem anderen Menschen Topdog spielen und den anderen deprimieren oder sich selbst. Wenn dies das Spiel ist, das er spielen möchte, gut. Wenn er dieses Spiel andersherum spielen will, indem er boshaft ist und andere depressiv macht, auch gut. Oder er kann bestimmte Leute nicht leiden und geht herum und macht sie depressiv und fühlt sich auf diese Art gut. Anders gesagt, alles, was ich tun kann, ist, Menschen vielleicht dabei zu helfen, sich selbst zu reorganisieren, besser zu funktionieren, das Leben mehr zu genießen, sich - und das ist sehr wichtig - sich echter zu fühlen. Was wollt ihr mehr? Leben heißt nicht, auf Rosen gebettet sein.

## IV

Ich möchte zum Schluß über einige Möglichkeiten sprechen, wie ihr zu eurem eigenen Wachsen beitragen könnt, wie ihr euch selbst zu mehr Bewußtheit (*awareness*) verhelfen könnt. Manchmal ist die Bewußtheit so gering, daß wir in einer Art Trance sind, aber im Grunde nehmen wir immer irgendetwas (*something*) wahr. Selbst wenn die Gegenkräfte der Bewußtheit am Werk sind, wie beim Schlaf oder bei der Ohnmacht, kommt sehr häufig eine Botschaft durch, wie etwa ein Traum. Das, was uns bewußt ist, ist immer die Botschaft der unerledigten Situation. Gewöhnlich ist eine unerledigte Situation sehr drängend, wenn ihr zulaßt, daß die Natur ihren Lauf nimmt. Wenn ihr einen Brief beantworten müßt, dann ist der Brief in eurem Bewußtsein, nicht nur auf eurem Tisch. Die Situation verlangt danach, abgeschlossen zu werden.

Wir können uns dieses Verlangen nach Selbsttherapie in der Form der Meditation zunutzemachen. Es gibt viele Formen der Meditation, und die Leute verstehen nicht, wie sie sich unterscheiden. Viele Menschen denken, daß die Meditation im Bereich der Gedanken und Vorstellungen abläuft. Wenn ich von Meditation spreche, so meine ich nicht diese Art von Spiel. Die Art von Meditation anzuwenden, die ich meine, ist sehr schwer, ihr braucht vielleicht Jahre, bis ihr sie ausführen könnt, vor allem die unter euch, die zu den Rednern gehören. Gewöhnlich sind die Menschen entweder Redner oder Zuhörer; nur sehr wenige sind beides. Menschen sagen oft: ,,Ich habe mir klargemacht..." oder ,,Ich habe mir gesagt...", aber sie sagen selten: ,,Ich habe mir zugehört." Die Art von Meditation, die ich empfehle, besteht darin zu lernen, unserem eigenen Denken zuzuhören. Ihr könnt euch selbst denken hören, und hört hin, bis ihr unterscheiden könnt, ob *ihr* sprecht oder ob *jemand anderes* spricht.

Ihr werdet feststellen, daß es sehr schwer ist, die Grundenergie in eure Ohren zu bringen anstatt in eine Phantasieöffnung. Aber wenn ihr das könnt, werdet ihr ein ganz eigentümliches Phänomen bemerken, daß nämlich, obwohl ihr allein seid, all dies Denken im wesentlichen ein Ersatz für Begegnungen ist. Es ist eine innere Welt oder Bühne, die an die Stelle der äußeren Welt oder Bühne tritt. Aber wenn ihr nicht zuhört, werdet ihr nicht erkennen, daß ihr immer zu irgendjemandem sprecht, auch wenn das so vage ist, wie zur Welt zu reden. Ihr erzählt vielleicht Leuten, was sie tun sollen, oder ihr rechtfertigt euch oder manipuliert jemanden oder versucht, Eindruck zu machen.

Das ist nun nichts besonders Neues, aber es ist dieser Prozeß, durch den wir über die unerfreuliche Erfahrung, die Blockierung, den Status quo hinwegkommen können, die uns daran hindern, Substanz zu bekommen und erwachsen zu werden. Und hier können wir ganz gezielt eine Menge erreichen. Es ist recht seltsam, daß wir nur durch äußerste Disziplin spontan werden können. Es ist völlig paradox. Und völlige Disziplin ist nötig, um an das Gegenmittel gegen unsere phobische Haltung zu kommen. Das Gegenmittel ist, daß ihr euch für eure negativen Gefühle interessiert. Wenn ihr eine Art wissenschaftlicher Objektivität entwickelt oder eine Bereitschaft, euch selbst zu ertragen und euch auf jede unerfreuliche Situation, die entstehen könnte, einzulassen, dann stoßt ihr auf das, was die weitere Entwicklung blockiert. Ich würde sagen, daß eine der wichtigsten Erscheinungsformen des Unerfreulichen die Langeweile ist. Ich halte sie für so wichtig, daß ich glaube, daß eines der Höllentore, die zur Reife führen, zum Satori, der großen Erleuchtung, die Fähigkeit ist, in der Langeweile auszuharren und nicht zu versuchen, aus ihr abzuspringen, irgendetwas Interessantes zu tun oder sie zum Jammern und Klagen zu benutzen.

Aber die Langeweile ist nicht das einzige Unerfreuliche, dem wir begegnen. Da ist auch das Gefühl der Frustration. Die Wahrheit ist, daß wir letztendlich unmöglich frustriert werden können. Entweder unsere Selbstachtung oder der Organismus wird immer einen Ausweg finden. Wenn uns eine Frau abweist, suchen wir nach einer Ersatzbefriedigung, indem wir nachtragend oder verletzend werden. Welcher Frustration wir auch begegnen, es gibt immer einen anderen Versuch, Befriedigung zu finden. Der einzige Haken ist, daß die Tür nicht aufgeht, wenn der Schlüssel nicht in das Schloß paßt, der Ersatz führt nicht zum Abschluß der Situation. Wenn ihr aber bei der Frustration bleibt, bei der Langeweile bleibt, so werden die Selbstregulierungskräfte des Organismus wachgerufen. Es ist wie bei einem Schnitt. *Du* kannst überhaupt nichts tun, um den Schnitt zu heilen. Der Organismus übernimmt das. Du kannst weitere Komplikationen verhindern, indem du den Schnitt sterilisierst, aber wenn du ihn sich selbst überläßt, wird sich die Natur schon darum kümmern. Wenn ihr zu einer besseren Einsicht in die Einfachheit des Lebens und der Umwelt kommen wollt, so empfehle ich euch ein Taschenbuch mit dem Titel *The Top of the World*[2], in dem viel über die Schönheit und den Sinn des Lebens gesagt wird. An einer Stelle sagt ein Eskimo: „Die Weißen sind seltsame Menschen. Sie bringen ihre Gesetze mit, aber lassen ihre Frauen zu Hause."

Wir belasten unser Leben mit vielen Tausenden von überflüssigen unabgeschlossenen Situationen. Wenn du die Rolle einer Dame spielen möchtest, mußt du für diese Rolle ein schönes Kostüm haben. Also gehst du los und kaufst es oder schneidest Stoffteile zurecht und nähst sie so zusammen, wie es Mode ist. Nun wird aber dieses Kostüm nicht rechtzeitig fertig, also wirst du ärgerlich, und so weiter. Und denk an all die anderen Requisiten - alles für eine überflüssige Rolle!

Wenn ihr bei euren Gefühlen von Unerfreulichem ausharren könnt, werdet ihr feststellen, daß Situationen immer häufiger die Tendenz haben, immer schneller abgeschlossen zu werden oder als Ereignisse, die euer Leben nur belasten, aufgegeben zu werden. Therapeuten fällt es schnell auf, wie Menschen ihr Leben behindern, indem sie unerfreuliche Eltern mit sich herumschleppen. Nun sind wir natürlich keine Eskimos; wir packen unsere Eltern nicht auf Schlitten und lassen sie erfrieren. Aber wir können sagen: „Ich bin jetzt groß. Ich brauche euch nicht."

Fangt mit der Meditation an, indem ihr eure Augen schließt und einfach eurem eigenen Denken zuhört, was ihr auch immer gerade zu euch sagt. Wenn ihr dann zuzuhören lernt, ist der nächste Schritt, einen Therapeuten zu schaffen. Wenn jemand mich mag, kann er mich nehmen und Begegnungen mit Fritz haben; nehmt jeden, den ihr wollt, es ist gleich. Wenn ihr euren Therapeuten wählt und ihn auf das, was ihr sagt, antworten laßt, werdet ihr staunen, wieviel ihr wißt, wie sehr ihr euch tatsächlich selbst helfen könnt, wieviel Unterstützung und

---

[2] *Hans Ruesch*, Top of the World. New York: Pocket Books, Inc. No. 50198.

Rückhalt ihr in euch selbst findet. Ihr werdet auch mit Verwunderung bemerken, wie oft ihr dumm, hilflos und klischeehaft gespielt habt, anstatt Hilfe in euch selbst zu finden. Die psychoanalytische Vorstellung von der Übertragung ist, daß die Übertragung die historische Wiederholung dessen ist, was einmal war. Für mich ist sie das Verärgertsein über das, was nicht gewesen ist.

Gewöhnlich erwartet der Patient vom Therapeuten, daß er ihm das gibt, was ihm fehlt, daß er seine Löcher ausfüllt. Indem er seinen eigenen Therapeuten spielt, ist er in der Lage, seine eigenen Löcher auszufüllen. Ich bin sicher, daß ihr den Projektionsmechanismus nur zu gut kennt, was sich Patienten vorstellen und auf euch projizieren. Wenn ihr sie dazu bringt zu spielen, daß sie sich selbst das geben, was sie von euch zu bekommen erwarten, so können sie das wieder in Besitz nehmen, was sie verleugnet haben, zum Beispiel die Macht, die sie an andere abtreten.

Ihr könnt euch selbst viel Mühe und Streß ersparen, indem ihr euch so oft wie möglich in der Therapie zurückzieht. Die meisten Therapeuten denken, daß sie die ganze Zeit über mit dem Patienten in Kontakt bleiben müssen. Aber die beiden Extreme von Kontakt und Rückzug sind beide pathologisch. Wenn ihr euch immer anklammert und nicht loslassen könnt, seid ihr fixiert. Wenn ihr völlig zurückgezogen seid und keine Verbindung mehr habt, so seid ihr isoliert. Ich kann euch ein einfaches Beispiel geben: Eine geballte Faust ist keine Hand. Eine flache Hand mit steif ausgestreckten Fingern ist keine Hand. *Dies* ist eine Hand - sie bewegt sich, verändert sich, macht viele Dinge und variiert ihre Haltung und Bewegung. Ebenso ist das Herz nicht in der Dilatation und nicht in der Kontraktion ein Herz, sondern vielmehr in seinem Rhythmus von Kontraktion und Erschlaffung. Ebenso ist der Kontakt mit der Welt ein Rhythmus. Zuweilen ist der Kontakt Konfluenz, eine Einheit; zu anderer Zeit Isolation. Zum Beispiel wollt ihr manchmal etwas sagen, aber ein Wort fehlt. Ihr zieht euch zu eurem inneren Wörterbuch zurück, findet das richtige Wort und kommt dann zurück. Oder ihr trefft vielleicht jemanden und wißt nicht, was ihr sagen sollt, also zieht ihr euch zurück und probt und kommt dann zu dem Kontakt zurück.

Was die Fixierung anbetrifft, so ist die bewußte Energie, die Aufmerksamkeit genannt wird, sehr kurzlebig. Die Bewußtheit des Organismus ist unerschöpflich, aber er produziert nicht viel bewußte Energie. Wenn ihr beispielsweise versucht, euch auf ein rotes Objekt zu konzentrieren, fangt ihr sofort an, Antibewußtheit in Form einer neutralisierenden Farbe zu produzieren. Wenn ihr wegschaut oder eure Augen schließt, seht ihr Grün statt Rot, was anzeigt, daß ihr euch eher

hättet vom Rot zurückziehen und auf etwas anderes schauen sollen. Wenn ihr euch also genötigt fühlt, all dem Müll zuzuhören, den eure Patienten reden, besonders wenn sie versuchen, euch zu langweilen, zu hypnotisieren, in Schlaf zu versetzen, so werdet ihr am Ende der Sitzung oder des Tages erschöpft sein. Wenn ihr euch aber erlaubt, euch zurückzuziehen, wenn kein Interesse da ist, werdet ihr feststellen, daß ihr sofort wieder beteiligt seid, wenn etwas Interessantes eintritt. Wiederum werdet ihr, wenn ihr auf die Weisheit des Organismus vertraut, erstaunt sein, wie groß eure Arbeitskapazität ist. Wenn eine Gruppe oder ein Einzelner gelangweilt ist oder sich zurückgezogen hat, fordere ich oft jeden auf, sich in seine Phantasie zurückzuziehen.
*Frage:* Kann man einige der Techniken, über die du gesprochen hast, in einer Gruppensituation anwenden?
*Perls:* Natürlich. Tatsächlich glaube ich, daß Einzeltherapie überholt ist, daß sie eher die Ausnahme als die Regel sein sollte. Es gibt bestimmte Situationen, wenn jemand in der Gruppe nicht bereit ist, gegenüber der Gruppe offen zu sein. In dem Fall ist Einzeltherapie indiziert. Workshops sind aber sowohl finanziell wie in bezug auf die persönliche Entwicklung viel besser geeignet. Denkt daran, wieviel ihr in einer Gruppe durch indirekte Teilnahme lernt.
*Frage:* Kannst du irgendwelche Hinweise geben, die einer Gruppe bei ihrer Arbeit hilfreich sein könnten? Kann eine Gruppe ohne einen Leiter funktionieren?
*Perls:* Ich glaube, daß eine Gruppe gut ohne einen Leiter funktionieren kann, wenn sich die Gruppe auf einige Grundregeln einigt und jeder darauf achtet, daß diese Regeln befolgt werden. Hier sind einige Grundregeln: (1) Paßt auf, wann ihr das *Jetzt* verlaßt, und kehrt immer wieder zum *Jetzt* zurück, wobei sowohl das offene Jetzt wie auch das versteckte Jetzt der Phantasie gemeint ist. (2) Verbietet die Verwendung des Wortes *Es.* (3) Ermuntert alle darin, Substantive in Verben zu verwandeln. (4) Klatscht nicht über Personen, die nicht anwesend sind. Bringt den Abwesenden in eine Begegnung, indem ihr den Sprecher beide Rollen spielen laßt. (5) Erzwingt niemals ein Geständnis. Zwingt niemals jemanden dazu oder drängt ihn nicht, etwas zu sagen, was er nicht sagen möchte. Macht nur Einwände und drückt sie aus. (6) Gebt Unterstützung, indem ihr demjenigen helft, Unterstützung in sich selbst zu finden, indem ihr fragt „Wie machst du...?" anstatt zu sagen „Tu dies!". Dies sind einige der Einstellungen, die das Reifwerden fördern.
*Frage:* Kannst du etwas über das Warum sagen?
*Perls:* Das Wort *Warum* ist der Erklärungsversuch des Kindes. *Warum* kann nicht zum Verstehen führen. Mit vielleicht einer Ausnahme -

wenn du *Warum* fragst und damit *Zu welchem Zweck* meinst. Wenn aber das *Warum* auf die Ursache abzielt, so wird damit das Problem durch Computern und Rationalisieren zugedeckt. Erklärungen behindern das Verstehen. Die große Gefahr, auf die ihr als Therapeuten stoßt, liegt darin, daß ihr darin ausgebildet werdet, das Interpretations-Spielchen zu spielen, und hinter diesem Spiel liegt die Annahme, daß ihr etwas über den anderen Menschen wißt und daß es hilfreich für ihn ist, wenn ihr es ihm sagt. Manchmal trifft das zu. Manchmal seht ihr tatsächlich, was abläuft. Dann könnt ihr nichts Schlimmes anrichten, es sei denn, daß ihr ihm etwas, das zu hören er noch nicht bereit ist, zu früh sagt. Aber *alles*, was ihr tun könnt, um dem anderen dabei zu helfen, *sich selbst zu entdecken*, ist immer richtig. Nur das, was wir selbst entdecken, haben wir wirklich gelernt.

*Frage:* Wie kann der Therapeut sich selbst einsetzen, wenn er versucht, dem Patienten dabei zu helfen, mit sich selbst ins reine zu kommen?

*Perls:* Indem er offen und ehrlich ist. Freud war nicht in der Lage, offen zu sein, und sein Problem schlug sich in einer Technik nieder, die zu korrigieren viele Jahre gebraucht hat. Etwas Ähnliches ist einem Freund von mir in Südafrika passiert, der eine sehr zarte Tasse nach Japan geschickt hat, um sich eine Kopie machen zu lassen, weil die Japaner im Herstellen von Kopien sehr geschickt sind. Er bestellte ein paar Dutzend von diesen Tassen. Als sie ankamen, hatten alle Tassen Henkel - und alle Henkel waren nicht mit der Tasse verbunden. Was war passiert? Der Henkel der Originaltasse war auf dem Postweg abgebrochen, und die Japaner kopierten die Tasse genau so, wie sie war, in zwei Teilen. Das ähnelt dem, was in der Psychotherapie passiert. Freud hatte eine starke Phobie. Er konnte es schwer ertragen, anderen in die Augen zu sehen oder angestarrt zu werden, also vermied er die Situation, indem er den Patienten auf eine Couch legte und sich hinter ihn setzte. Dieses Symptom wurde bald zum Standardverfahren, genau wie der abgebrochene Henkel. Zur Zeit müssen wir das Gegenteil tun. Wir müssen viel Wirbel machen, um das Offensichtliche zu entdecken - eine neue Art von Therapie mit dem Namen „Encounter-Therapie". Wir haben uns schließlich darauf besonnen, daß es nur natürlich ist, daß wir Augen haben, um den anderen Menschen zu sehen, daß wir direkt zu ihm sprechen können usw.

Bei einer Begegnung (*encounter*) müssen wir uns der Polaritäten bewußt werden, weil jedes Ding, weil jede Kraft Gegensätze in sich vereint. Wir haben viel Gegensätze: rechts und links, Topdog und Underdog, Sadist und Masochist. Wir versuchen, die gegensätzlichen Ereignisse zu integrieren und zu sehen, wie sie zueinander passen, bis wir die Mitte finden. Wir können nur dann lebendig sein und eine Perspektive haben, wenn wir eine Mitte haben. Wenn wir die Mitte verlieren, sind wir aus dem Gleichgewicht.

*Frage:* Könntest du etwas über rechts und links als Gegensätze sagen?

*Perls:* Die rechte Hand ist gewöhnlich die motorische, männliche, aggressive Seite, die kontrollieren und bestimmen möchte, was ist, und entscheiden, was „richtig" ist. Die linke Seite ist die weibliche Seite; sie ist gewöhnlich nicht so gut koordiniert. In vielen Sprachen hat links die Bedeutung von *linkisch,* so wie *gauche* im Französischen. Wenn es einen Konflikt zwischen dem emotionalen Leben und dem aktiven Leben gibt, so haben wir die Neurose. Wenn die männliche und die weibliche Seite miteinander kämpfen, so werden damit Energien für innere Konflikte und Frustrationen und Spielchen und so weiter verbraucht. Wenn aber beide, Macht und Sensitivität, harmonisch zusammenwirken, so haben wir Genialität. Jedes literarische Genie hat diese weibliche Komponente mit der männlichen integriert, und jedes weibliche Genie hat eine starke männliche Komponente. Im Zen ist eine wichtige Seite der Übungen das Einüben von Wachheit, wozu gehört, daß man wirklich eine Mitte hat, so daß man immer wach sein kann für das, was gerade abläuft. Äußerste Bewußtheit kann es nur da geben, wo der Computer fort ist, wo die Intuition, die Bewußtheit so klar ist, daß man wirklich zu seinen Sinnen kommt. Der leere Geist der östlichen Philosophie ist des höchsten Lobs wert: Laßt das Denken und kommt zu euren Sinnen (*Lose your mind and come to your senses*).

# Gestalttherapie und Kybernetik (1959)*

Die Gestalttherapie existiert erst seit einigen Jahren, und obgleich sie ein relativ neues Verfahren ist, hat sie außerordentliche Verbreitung gefunden. In der Mehrzahl sind von ihr Psychologen angezogen worden, vielleicht aufgrund ihrer Wertschätzung und Kenntnis der Gestaltpsychologie. Unter den Psychiatern allerdings hatte sie über lange Zeit wenig Freunde gefunden, trotz der Tatsache, daß sie - von einigen Aspekten des reichianischen und zahlreichen Konzepten des behavioristischen Ansatzes einmal abgesehen - das Verfahren ist, das der Medizin und der Biologie näher steht als irgendeine andere der gegenwärtigen psycho-therapeutischen Methoden. So wurde z.B. eine zerebrale Lokalisation des Über-Ich niemals versucht. Daß unser Ansatz Substanz hat, erweist sich an der außerordentlich schnellen Verbesserung unserer theoretischen Kenntnisse und durch die Vereinfachung unserer Technik. Hiermit stehen wir in einem glücklichen Gegensatz zu geschlossenen Systemen wie z.B. der Psychoanalyse.

Die ganze Entwicklung begann mit einer Beobachtung, die vom psychologischen Standpunkt aus unbedeutend erschien. Vor beinahe zwanzig Jahren, als ich noch ein orthodoxer Analytiker war, dachte ich einmal darüber nach, daß wir zwei Sorten von Zähnen mit zwei verschiedenen Funktionen haben: die Schneide- und die Mahlzähne. Die Aufgabe der Mahlzähne schien mir darin zu bestehen, Strukturen zu zerstören, die Nahrung zu destrukturieren, um sie für die *Assimilation* vorzubereiten. Dieser Vorgang verwandelte für mich die Bedeutung der Aggression von einem nach außen gewendeten Todestrieb zu einem lebenserhaltenden Prozeß. Weiterhin konnte ich weitreichende Konsequenzen im Hinblick auf *Freuds* grundlegenden Ansatz ziehen: nämlich seine Tendenz, pathologische Phänomene als die Grundlage der Gesundheit anzusehen. Er blieb z.B. beim Konzept der Introjektion stehen, indem er die „Nahrungsbrocken" (Haltungen, Erinnerungen) intakt und unverdaut ließ und dadurch an den wichtigen Aspekten der *Assimilation* und des *Wachstums* vorbeiging. Es ließen sich noch viele Beispiele dafür anführen, daß *Freud* einfach nicht weit genug ging. Er machte weltverändernde Entdeckungen, aber indem er seine Sicht ge-

---

*) Die Anmerkungen befinden sich auf S. 263 f.

genüber den Gesetzen der Integration blockierte - er nahm sie als zu selbstverständlich an -, bürdete er sich selbst und seinen Nachfolgern die Sisyphosarbeit niemals endender Analysen auf.

Unser Konzept der Assimilation führte uns zu der Annahme, daß auf der mentalen Ebene Erinnerungen zu *Gestalten* synthetisiert werden, ganz so als ob es sich um Nährstoffe handele, die von einem gesunden Organismus aufgespalten und wieder zu höheren Molekülen synthetisiert werden. Auf diese Weise verschwinden Erinnerungen, es sei denn, es handele sich um „unerledigte Situationen", unvollständige Gestalten. (Stellen Sie sich einen Kellner vor, der sich an alle Bestellungen erinnern sollte, die er jemals aufgenommen hat! Besteht hier eine Notwendigkeit für Erinnerungen, nachdem der Gast seine Rechnung bezahlt hat?)

Indem ich die *totale* Introjektion von *Freuds* Ideen zurückgewiesen hatte und nur das genommen hatte, was meinem Geschmack entsprach, war ich frei, an anderen Tischen zu dinieren. Ich sammelte alle möglichen Materialien, die versprachen, zum Aufbau einer holistischen Theorie beizutragen, sofern sie *Whiteheads* Forderung nach Kohärenz, Konsistenz und Anwendbarkeit entsprachen. - Nützliches Material wurde von vielen Disziplinen beigesteuert. In diesem Bericht über Fortschritte der Gestalttherapie möchten wir uns u.a. besonders den Impulsen zuwenden, die wir durch die Assimilation der Kybernetik gewinnen konnten. Die Kybernetik zeigt zahlreiche Gemeinsamkeiten im Verhalten organischer und technischer Systeme auf.

Psychologisch haben wir nur wenig von der *Assoziationspsychologie* übernommen. Freie Assoziationen als solche werden als Symptom für Schizophrenie betrachtet, wo sie in angemessener Weise als „Gedankenflucht" bezeichnet werden und darauf hinweisen, daß ein Mangel an Konzentration und eine Unfähigkeit, seine Gedanken zu organisieren, vorliegt. Mehr haben wir schon vom *Behaviorismus* übernommen, und von den zahlreichen wertvollen Beiträgen der *Gestaltpsychologie* haben wir die Konzepte des Feldes, der Figur-Hintergrund-Formation und das Theorem der geschlossenen und nichtgeschlossenen Gestalten aufgegriffen. Auf dieser Grundlage konnten wir Homöostase und Entwicklung zufriedenstellend aus dem Bedürfnis des Organismus erklären, der alle unerledigten Situationen in der Reihenfolge ihrer Lebenswichtigkeit aufgreift und abschließt.

Vom philosophischen Standpunkt aus betrachten wir uns als Existentialisten, wobei wir besonders auf Gedanken von *Buber, Marcel, Friedländer* und auf *Husserls* Phänomenologie zurückgreifen. Wir sind der Auffassung, daß alle metaphysischen und metapsychologischen Spekulationen, die unseren eingeschlossen, lediglich den Bedürfnissen der Individuen entsprechen, die sie erschaffen. Indes, wir sind keine puristischen Phänomenologen, da wir annehmen, daß der Organismus als Ganzes arbeitet, als eine Einheit. Diese Hypothese hat uns dazu geführt, die Leib-Seele-Dichotomie zu lösen und zu einer befriedigenden Theorie der Emotionen zu finden (Transformationstheorie).[1]

Vom Standpunkt der Linguistik her halten wir uns an die gängige Praxis, allem „Offensichtlichen" ausgesprochen skeptisch gegenüber zu stehen. Wir unterwerfen all die Termini, die in der Regel einfach „hingenommen" werden, einer semantischen Analyse. So konnten wir z.B. durch die Untersuchung der Worte „Bewußtsein" (*consciousness*) und „Verstand" (*mind*), die selbst von prominenten Semantikern als Realitäten betrachtet wurden, zu einem wirklich einheitlichen Konzept des Organismus gelangen.[2]

Im Hinblick auf *Techniken* hat uns die Kybernetik mit ihren Konzepten des Feedbacks, der Oszillation und vor allem der Kommunikation dazu verholfen, eine Konsistenz mit modernen Denkansätzen zu erreichen. Kybernetische Modelle tragen ausgesprochen zu unserer Effizienz als Therapeuten bei.

Wir wollen nun von der Ebene hochkondensierter abstrakter Inhalte auf ein mehr an der Praxis orientiertes Niveau kommen: zum Feld, in dem wir leben. Dieses „Feld" gliedert sich in den *Organismus* und die *Umgebung*, in das *„Ich"* und das *„Du"*, in das „Selbst" und den „Anderen" (denn das „Selbst" hat in sich selbst keine Substanz), in das Individuum und die Gesellschaft. In bezug auf dieses „Feld" hat die Psychologie ihre Kompetenz und ihren wohlbestimmten Platz. Sie ist auf die sich ständig verändernden Kontaktgrenzen zwischen dem Individuum und seinem Umfeld gerichtet. An diesem Punkt geschieht Erfahrung. Hier ist Erregung, Kreativität, Kommunikation. Was innerhalb dieser Kontaktgrenze liegt, fällt in den Bereich der Physiologie und Anatomie, und was sich außerhalb dieser Grenzen befindet, hat mit Geographie, Soziologie usw. zu tun.

Bei einer gesunden Person werden die Kontaktgrenzen deutlich erlebt und definiert, das allerdings von jedem Individuum und zu jedem Zeitpunkt in unterschiedlicher Weise. So wie das Gesetz von dir verlangt, zwischen „Mein" und „Dein" zu unterscheiden, so weiß die gesunde Person, was „Ich" und was „Du" ist. Der Neurotiker und noch viel mehr der Psychotiker leben meistens in Illusionen, was diese Grenzen anbetrifft. Ihre Grenzen sind entweder verschwommen und undefiniert oder sie verlaufen mitten durch das Individuum oder die Umgebung hindurch. Manchmal findet sich auch beides. Ein gutes Beispiel bietet das wohlbekannte Phänomen eines strengen Gewissens: wenn es internalisiert wird, verlaufen die Kommunikationen intraorganisch;

wenn es projiziert wird, geht man in Verteidigungsstellung gegen einen nur in der Einbildung existierenden Angreifer, der einen zu diskriminieren sucht, in Wirklichkeit aber völlig indifferent ist. Die Verschwommenheit der Grenzen kann z.B. auch durch das Phänomen der Verlegenheit charakterisiert werden. Verlegenheit macht jeden Kontakt unsicher und Kommunikation unpräzise und ineffektiv.

Wirklicher Kontakt basiert auf der Wertschätzung von Differenzen und Unterschieden, auf der Bereitschaft, ja oder nein zu sagen, auf der Fähigkeit, die Gefühle und Handlungen des anderen zu respektieren. Bei vielen Eltern finden wir gerade das Gegenteil eines solchen Kontaktes in der Beziehung zu ihren Kindern. Sie stehen mit ihnen nicht in Übereinstimmung (*confluence*). Sie akzeptieren nicht die Bedürfnisse des Kindes und seine Individualität, sondern erwarten von ihm, daß es sich ganz ihren eigenen Wünschen anpaßt. Frustrierte Übereinstimmung (*confluence*) verwandelt sich oft genug in Isolation und Feindseligkeit. Diese Isolation darf nicht mit dem Sich-Zurück-Ziehen (*withdrawal*) verwechselt werden, das im Gegensatz zu den gängigen Auffassungen m.E. ein gesundes und notwendiges Phänomen ist, von einigen extremen Fällen einmal abgesehen. Ich werde auf diese Fragestellung im Folgenden noch eingehen, wenn wir den kybernetischen Rhythmus von Kontakt und Rückzug behandeln werden. Isolation richtet sich *gegen* die Umgebung. Sie ist Panzerung, Abwehr, ein Sich-Abschneiden. Zurückziehen ist auf etwas hingerichtet, in der Regel auf eine Position der Selbstunterstützung (*self-support*).

Kontakt kann nicht zustandekommen, wenn er nicht von irgendwoher unterstützt wird. Je besser die Unterstützung ist, desto effektiver ist der Kontakt. Um irgendwo hinzugehen, braucht man die Unterstützung seiner Beine. Von der Motorik her betrachtet, dienen unsere unteren Extremitäten mehr der Unterstützung und die oberen Körperteile, nämlich Hände, Mund, Augen und Ohren, haben mehr die Funktion des Kontaktes. Gute Manieren unterstützen sozialen Kontakt; ein reicher Wortschatz, die Sicherheit in seinem Thema, die Fähigkeit, gut zu formulieren wird den Schriftsteller oder Redner in einen guten Kontakt mit seiner Zuhörerschaft bringen. Das eigentliche Wesen der Neurose beteht in inadäquatem, unrealistischem und ineffektivem Kontakt eines Individuums mit seiner Umwelt, und das läßt sich in jedem Fall auf eine unentwickelte oder unterbrochene Selbstunterstützung zurückführen. Unfähig, mit dem Leben fertigzuwerden, manipuliert der Neurotiker seine Umgebung, damit sie ihm die benötigte Unterstützung gibt, damit sie ihn liebt, ihm Geld und Anweisungen gibt oder Entscheidungen abnimmt. Die Aufgabe der Therapie besteht deshalb darin, den ungeheuren Aufwand an Energie, die der Neurotiker investiert, um seine Umwelt zu manipulieren, umzulenken mit dem Ziel, ihn *selbstunterstützend* zu machen. Selbstunterstützend heißt aber nicht notwendigerweise selbstgenügend; denn das ist oftmals ein Symptom für Kontaktmangel (z.B. bei Masturbation).

Leben vollzieht sich in fortwährender Entwicklung von der Umwelt- zur Selbstunterstützung. Und es ist ein langer Weg von der völligen Hilflosigkeit des Kleinkindes zur finanziellen und emotionalen Selbsterhaltung des Erwachsenen. In lebenswichtigen Situationen, in denen man keine Umweltunterstützung mehr erhält und die Selbstunterstützung noch nicht entwickelt ist, kommt es zu existentiellen Krisen. Wenn ein Individuum eine solche Katastrophe überlebt, wird es dafür sorgen, daß ein solches Dilemma nicht noch einmal eintritt. Ein solches existentielles Trauma wirkt weitaus nachhaltiger als ein Trauma im Bereich der Sexualität oder des Selbstwertgefühls.

Ich möchte an dieser Stelle jedoch nachdrücklich darauf hinweisen, daß keine Neurose jemals durch Aufstöbern irgendwelcher Kindheitstraumen geheilt werden wird. Heilung geschieht im *Hier*-und-*Jetzt* dadurch, daß wir unseren Patienten helfen, ihre Strukturen und Funktionen zu reorganisieren. Dafür ist es erforderlich, daß die neurotische Regression und Manipulation in einen gesunden Rhythmus von Kontakt und Rückzug umgewandelt wird. Rückzug bedeutet in diesem Zusammenhang, zwischen dem Kontakt mit der Umgebung und seinen eigenen Reserven zu alternieren. Z.B. kann es vorkommen, daß mir während einer Unterhaltung ein wichtiges Wort fehlt. Dann ziehe ich meine Aufmerksamkeit für einen Sekundenbruchteil zurück, um in meinem Gedächnis den entsprechenden Ausdruck zu finden (wobei ich in der Zwischenzeit die nach außen in Erscheinung tretende Lücke mit „äh - äh" fülle), um dann mit dem gefundenen Wort die Unterhaltung wieder aufzunehmen.

Das Alternieren und Oszillieren zwischen Kontakt und Rückzug bildet für uns das Modell, von dem her wir den kybernetischen Ansatz in der Psychotherapie in seiner Bedeutung erkennen können. Wir benötigen diesen Ansatz, weil er für unsere Bemühungen, die dissoziierte, neurotische Persönlichkeit zu integrieren, eine Möglichkeit zur Vereinfachung bietet. Aus der Physiologie wissen wir, daß ein Muskel aufgrund des Öffnens oder Schließens (Kontakt und Rückzug) eines Regelkreises mit chemoelektrischem Energiefluß reagiert. Eine verlängerte Kontraktion des Muskels geschieht durch alternierende Stromimpulse, die die benötigte Stimulation gewährleisten. Ähnliche Prozesse können für die Funktion des Gesamtorganismus angenommen werden. Dichotome Elemente werden integriert, indem sie durch angemessene Steuerung ausgeglichen werden. Wenn man Fahrradfahren lernt, wird man anfänglich nach links oder rechts übersteuern, um die Balance zu halten, einen Ausgleich herbeizuführen. Jede überschießende Reaktion muß durch ein negatives „Feedback" korrigiert werden, das uns wiederum zu weit auf die andere Seite bringt. Mit der Zeit gelingt es immer besser, die Übersteuerung zu kontrollieren, bis daß irgendwann der Steuerungsvorgang gar nicht mehr bewußt wahrgenommen wird. Ein Fahrrad jedoch, bei dem der Lenker auf die Mittellinie fixiert ist und das keine Möglichkeit bietet, nach links oder rechts zu steuern, kann nicht gefahren werden, selbst wenn wir Artisten wären. Ein Minimum an Steuerungsmöglichkeiten muß gegeben sein.

Die Wechselbewegung, die *Freud* zwischen einem Traum und seinem Hintergrund durch die Assoziation herstellt oder die sich in *Morenos* psychodramatischen Spielen im Rollentausch zwischen dem Patienten und seinem Antagonisten zeigt, demonstrieren die therapeutische Anwendbarkeit des kybernetischen Ansatzes. Seine Möglichkeiten sind indes noch wesentlich weiter gesteckt: Wir müssen lernen, zwischen vielfachen Ebenen Wechselbeziehungen herzustellen, z.B. zwischen dem Ganzen und den Teilen, der Figur und ihrem Hintergrund, dem Ich und dem Du, der Erinnerung und der Gegenwart, der Gegenwart und der Zukunft, den Wahrnehmungen und den Emotionen, den exterozeptiven Nerven (Medien der Gegenstandswahrnehmung) und den propriozeptiven Nerven (Medium der Selbstwahrnehmung). Wir können in dem begrenzten Rahmen dieser Arbeit die aufgezeigten unterschiedlichen Bereiche nicht *in extenso* diskutieren. Wir können uns auch nicht mit anderen wichtigen kybernetischen Begriffen wie z.B. dem „Alles-oder-Nichts-Prinzip" oder dem *Scanning* (Abtasten und Aussuchen von Informationen) befassen. Wir wollen vielmehr versuchen, die drei schon genannten kybernetischen Prinzipien der Oszillation, des Feedbacks und der Kommunikation an einem Beispiel darzustellen.

Nehmen wir einen Jäger! Er ist an Zufallskommunikationen nicht interessiert*. Er ist nicht daran interessiert, in der Gegend herumzuschießen mit der vagen Hoffnung, seine Beute zu treffen, sondern er ist vielmehr auf eine wirkungsvolle Kommunikation ausgerichtet, daß nämlich sein Geschoß ins Ziel geht. Es besteht deshalb ein beständiger Wechsel zwischen dem Beobachten des Wildes und der Koordination seiner Muskeln. Wenn sich sein Ziel bewegt, so muß der Jäger das wahrgenommene Bild seinem motorischen System übermitteln und sein Anvisieren korrigieren. Bei einem geübten Jäger dauert dieser Vor-

---

* Zufallskommunikationen finden wir in der 3., der sogenannten „Exhibitionistischen Phase" der Therapie.

gang Bruchteile von Sekunden, und die intraneuralen Verschaltungen haben, wie *Nachmanson* gezeigt hat, eine noch weitaus höhere Übermittlungsgeschwindigkeit.

Bei einer Neurose sind derartige kybernetische Prozesse unterbrochen. In dieser Unterbrechung fortlaufender Prozesse ist der Grund zu sehen, warum neurotische Erkrankungen in das Aufgabengebiet der Medizin fallen. Für die Medizin ist jede Unterbrechung lebenswichtiger biologischer Prozesse Krankheit. Neurose ist die Unterbrechung ganzheitlichen Funktionierens z.B. von Verhalten, Kommunikation und Gestaltformation. Der Terminus „Therapie" hat in der Psychiatrie demnach die gleiche Bedeutung wie in der Allgemeinmedizin, nämlich das Beseitigen von unterbrechenden Faktoren oder Funktionen. Auf einem solchen Hintergrund können wir uns eine Therapie vorstellen, die mit der Präzision eines Chirurgen vorgeht. Dieser Vergleich mit einem Chirurgen kann uns helfen, die Erfordernisse einer effektiven Psychotherapie klarzulegen, selbst wenn er nicht in jeder Hinsicht Gültigkeit hat (der Psychotherapeut ist in der Regel bemüht, die Energien, die in Symptome und Widerstand investiert sind, zu erhalten, um sie zu reorganisieren).

Der Chirurg arbeitet im Hier und Jetzt an dem Patienten, der auf seinem Operationstisch liegt. Dabei verwendet er seine eigenen Fähigkeiten (*skills*) unter Berücksichtigung der Situation des Patienten. Der einzige Unterschied zum Jäger besteht darin, daß er an Stelle der einen Operation des Schießens viele hundert kleine Handlungsabläufe durchzuführen hat (Schneiden, Abklemmen, Knoten usw.), wobei jeder einzelne Handlungsablauf kybernetisch auf die gesamte Operation bezogen bzw. mit ihr verbunden ist. Der Chirurg operiert immer an einer Oberfläche. Er muß Schicht um Schicht angehen. Das bedeutet, daß die nächste Schicht immer erst dann an die Oberfläche kommt, wenn eine Schicht behandelt worden ist.

In der Gestalttherapie wird ganz ähnlich vorgegangen. Ihre Einfachheit und gleichzeitige Schwierigkeit liegt darin, daß wir uns nur mit der Gegenwart befassen, mit dem bewußt Wahrgenommenen (*awareness*) und mit der äußersten Oberfläche, die, weil sie allzu offensichtlich erscheint, oftmals zum Nachteil der Behandlung vernachlässigt wird. Eine ideale Therapie, das heißt aber eine Therapie mit einem Maximum an Effizienz bei geringstem Zeitaufwand, sollte einer guten Operation vergleichbar sein. Sie sollte sich auf die *Hier-und-Jetzt-Kommunikation* zwischen Therapeuten und Patienten beschränken. Beschränkung heißt dabei nicht, daß wir irgendetwas ausschließen, was geschieht. Wir sind vielmehr der Auffassung, daß alles auf die Hier-und-Jetzt-

Kommunikation oder auf das Fehlen einer solchen Kommunikation bezogen werden kann und soll. Wenn z.B. ein Patient sich über seine Frau beklagt, so kann man ihn fragen: ,,Warum erzählen Sie *mir* das?" Oder: ,,Was hat das mit *mir* zu tun?" Wenn er dann antwortet: ,,Ich möchte, daß Sie meine Schwierigkeiten ernstnehmen", so hat er direkt das ausgedrückt, was er von mir möchte. Er hat dem Therapeuten dabei noch nicht gesagt, daß das Ernstnehmen der Schwierigkeiten ihm Unterstützung geben wird und auch noch nicht, warum er diese spezifische Art von Unterstützung benötigt; aber er hat einen Schritt in diese Richtung getan.

Grob betrachtet, können wir in der Therapie *vier Phasen* der Kommunikation unterscheiden. Obgleich alle vier Stufen in einer Sitzung vorkommen können, sollte sich in einer guten Therapie eine Entwicklung von der ersten zur vierten Stufe finden.

### *a) Nicht-Kommunikation*

Diese Phase erstreckt sich vom katatonen Zustand bis zu den Wortspielereien, wie man sie z.B. auf Cocktailpartys hört, auf denen jede wirklich ernsthafte Kommunikation praktisch tabu ist. In einer Therapiesitzung kann sich der Patient in einer Trance zurückziehen, er kann mitteilen, daß bei ihm im Moment alles ,,blank" ist oder er kann die Lücke in einem Satz mit ,,äh-äh" füllen. Eine solche Lücke enthält für uns ein Stückchen ,,Nicht-Kommunikation". In der Gestalttherapie betreiben wir eine Art ,,mikroskopischer Psychiatrie". Wir finden die Schlüssel (*cues*) und Ansatzpunkte für die Veränderung unserer Patienten selbst in den kleinsten Details ihres Verhaltens. In dieser ersten Phase sind dem Patienten viele Bereiche von Konfusion oder Angst nicht bewußt. Er mag sein Symptom kennen, aber nicht dessen Kommunikationswert. Er fühlt vielleicht einen Schmerz im Nacken, aber ihm ist nicht bewußt, daß er denkt, der Therapeut ,,sitze ihm schmerzvoll im Nacken".

### *b) Eingeschränkte Kommunikation*

Bei dieser ist sich der Patient durchaus bewußt, daß er Themen oder emotionale Erfahrungen bewertet oder vermeidet. Er drückt indes sein ,,Ich-möchte-nicht" nicht aus. Wir haben hier die Phase, in der Selbstkontrolle, Höflichkeit, Nicht-Verletzen glorifiziert werden. Das Anti-Selbst (Ich-Ideal, Selbstwertgefühl, Überkompensierung) dominiert die Situation. Es laufen sehr viele intraorganismische Kommunikationen ab wie z.B. Denken, innere Konflikte, Unentschiedensein.

*c) Zufallskommunikationen*

In dieser Phase verwandeln sich die Einschränkungen, der Inhibitionismus in Exhibitionismus. Der Patient breitet seine Misere, seine „Sünden", Träume oder was auch immer aus in der Hoffnung, daß der Therapeut das aufgreift, woran er Interesse hat, in der Hoffnung auf Mitleid, Absolution, Interpretation oder auf die Umweltunterstützung, die er gerade braucht.

*d) Effektive Kommunikation*

In dieser drückt der Patient seine Bedürfnisse und Gefühle aus: direkte Kommunikation.

Extreme einer effizienten Einweg-Kommunikation sind Hypnose und militärischer Drill.

Wiederum war es *Freud*, der als erster die Bedeutung der Kommunikation, der Verknüpfung allen vorhandenen Materials, erkannte. Und wiederum - wir haben es schon im Hinblick auf die Assimilation ausgeführt - bricht sein Ansatz vor den ,,Integrativen Funktionen" ab. *Freud* war mit der dritten (exhibitionistischen) Phase, in der der Patient *über* sich selbst oder Dinge spricht, zufrieden. Ja, er wirkte persönlichem Kontakt geradezu entgegen. Guter Kontakt ist jedoch ohne adäquaten Selbstausdruck nicht möglich. Und Selbstausdruck erfordert die volle Unterstützung (*support*) einer ununterbrochenen Transformation von Erregung zu Emotion, zu Handlung.

*Kommunikation ist immer eine Sache mit zwei Enden.* In der Sprache der Technik würde man sagen: das Signal kommt nicht durch, wenn zuviel Hintergrundgeräusche da sind und deshalb die (Klang)figur nicht plastisch werden kann. Unsere Patienten befinden sich in einer ähnlichen Situation. Sie erhalten unsere Botschaften aus einer Vielfalt von Gründen nicht: vielleicht mußten sie eine ,,Ich-höre-schlecht-Haltung" entwickeln, um sich vor dem Nörgeln oder Gelaber irgendwelcher Personen zu schützen. Sie leben deshalb in einem akustischen Elfenbeinturm. Oder sie wurden zu ,,Verdrehern", die alles so verstehen, daß es ihren Zwecken dient. Einen solchen Patienten fragt man z.B. ,,Was fühlst Du?" und er antwortet mit dem, was er gerade *denkt.* Manchmal muß man eine Frage bald ein dutzendmal wiederholen, vielleicht noch verstärkt durch die Frage: ,,Hast Du meine Botschft bekommen?", bis sie endlich verstehen, d.h. aber die Botschaft akzeptieren.

Nichts blockiert Kontakt so sehr, wie unausgesprochene Emotionen. Ein unausgesprochener Groll kann z.B. zu einer ,,frostigen Therapie" führen, die über Wochen dauert. Wenn ich z.B. in einer Gruppentherapie eine zähe und langweilige Atmosphäre vorfinde, so bitte ich jedes

Gruppenmitglied, seine Gefühle über diese Atmosphäre auszusprechen, und ich muß die Gruppe erst noch finden, in der dieses Verfahren nicht dazu führen würde, relevante und lebendige Aktivität zu stimulieren.

Obgleich wir in der Gestalttherapie eine Feedback-Technik verwenden, die auf den ersten Blick der klientenzentrierten Therapie von *Rogers* ähnelt, findet sich doch zu dieser ein fundamentaler Unterschied: wir reformulieren nämlich nicht die Sätze des Patienten, um auf diese Weise die Arbeit der Klärung für ihn zu leisten, sondern wir sind darauf bedacht, sehr sorgfältig nur seine eigenen Worte und Bilder zu verwenden und zwar wortwörtlich, selbst wenn es sich um völlig triviale Äußerungen handelt. Durch Interventionen wie z.B. ,,In welcher Richtung gehen wir weiter?" oder ,,Was geht dir durch den Sinn?"regen wir dazu an, Phantasievorstellungen zu verbalisieren, und fördern (*facilitate*) auf diese Weise die Exploration seines Phantasieverhaltens. Das ist besonders wichtig, da es zu den grundlegenden Störungen des Neurotikers gehört, nicht in der Lage zu sein, seine Phantasie zu einem integralen Bestandteil seines gesamten Lebens, Erlebens und Handelns (*total functioning*) zu machen. Es stellt sich nun die Frage, wie wir die kreative Imagination des Neurotikers öffnen und ihn dennoch in Übereinstimmung mit der Wirklichkeit halten? Die Grammatik einer effektiven Kommunikation ist die Anweisung, der Imperativ, die offen ausgedrückte Forderung. Sie schließt das Fragen ein, das eine Forderung nach Information ist. An erster Stelle müssen Patienten lernen, ihre Wünsche offen und mit allen Gefühlen auszudrücken: ,,Hilf mir!" - „Laß es mich allein tun!" - ,,Gib mir eine Wunderpille!" - ,,Liebe mich!" - ,,Bewundere mich!" - ,,Fall tot um!" - ,,Spring aus dem Fenster!" Obgleich das Äußern solcher Bedürfnisse immer noch eine Manipulation der Umgebung darstellt mit dem Ziel, Unterstützung zu erlangen, wird sie nun in voller Bewußtheit (*awareness*) vollzogen.

Die Schwierigkeit beim Imperativ ist, daß er nur auf das Endglied einer Kette, auf das ,,Ziel" gerichtet ist, und das ist oft unklar. Deshalb mobilisieren wir die kreative Imagination des Klienten durch beständiges Fragen nach dem ,,Wie": ,,Wie soll ich dich bewundern?" - ,,Wie soll ich aus dem Fenster springen?" Durch das Erleben dieser Fragen füllt er die Lücken, überwindet er seine Hilflosigkeit, assimiliert seine Projektionen usw. Mit anderen Worten, er lernt, auf seinen eigenen Füßen zu stehen. Er lernt sein Leben auf einer rationalen Ebene so zu organisieren, daß es für ihn befriedigend ist. Anstatt auf das Leben mit einer rigiden, eingleisigen Haltung zuzugehen, die vielleicht mit Omnipotenz- oder Vollkommenheitsphantasien abwechselt, kann er sich nun den Weg der ,,eigenen Möglichkeiten" öffnen. Und dieser ist, wie *Kierkegaard* sagt, der ,,Weg aus der Hoffnungslosigkeit".

# Selbstfindung durch Gestalttherapie (1957)*

Herr Vorsitzender, meine Damen und Herren! Ich sehe, daß eine ganze Reihe von Leuten immer noch hereinkommen, und das erinnert mich an eine alte psychoanalytische Redewendung: „Wenn Sie zu früh kommen, sind Sie ängstlich; wenn Sie rechtzeitig da sind, dann sind Sie zwanghaft; und wenn Sie zu spät kommen, sind Sie feindselig". Nun, ich höre Sie stöhnen. Gut, man kann auch sagen: „Alles, was man macht, ist falsch". Oder man kann einfach sagen: „Also wollen wir die Leute jeweils in eine von den drei Rubriken einordnen". Jedenfalls hoffe ich, daß die Feindseligkeit der Nachzügler uns nicht zu sehr beinträchtigen wird.

Wissen Sie, meine Freunde sagen zu mir, ich sei sehr schlecht als Vortragender, aber ein sehr guter Lehrer. Und deshalb fühle ich mich im Moment sehr verwirrt. Ich weiß nicht, was ich tun kann, was ich Ihnen erzählen soll, weil ich nicht weiß, was Sie wollen. Ich weiß, was ich will. Ich will Ihnen etwas mitteilen. Aber was wollen Sie? Wissen Sie, das ist im Moment meine wichtigste Frage. Ob ich nun mit einer Gruppe arbeite oder es mit nur einem Patienten zu tun habe: die grundlegende Frage am Anfang ist immer die, herauszufinden, was sie wollen. Nun, was will ein Patient von seinem Therapeuten? Eine Schulter, an der er sich ausweinen kann? Wünscht er sich jemanden, bei dem er beichten kann? Will er ein besseres Gedächtnis? In jedem dieser Fälle will er etwas. Ich wünschte, ich wüßte jetzt, was Sie wollen!

Wissen Sie, ich denke nicht, daß ich Ihnen durch einen Vortrag etwas geben kann. Ich glaube nicht, daß Worte überhaupt irgendetwas übermitteln können, besonders über Gestalttherapie. Vielleicht kennen einige von Ihnen eine eigentümliche Philosophie, den Zen-Buddhismus. Wenn Sie nun etwas über Zen wissen oder sogar etwas über allgemeine Semantik und die Bedeutungen auf der nonverbalen Ebene, dann wird es mir vielleicht möglich sein, Ihnen etwas zu vermitteln.

* Ein Vortrag, gehalten 1957 in New York im Rahmen einer Vortragsreihe des Cooper Union Forum über „das Selbst".

Doch um etwas vermitteln zu können, müssen wir zunächst einmal eine Kommunikation zustande bringen.

Kommunikation geschieht in einem ,,Feld" - wie alles andere auch. Und das Feld ist, wie in der modernen Physik auch, die Grundlage der Gestalttherapie. Wir befinden uns hier in einem Feld. In diesem Feld befinden sich einige Leute, und auch ich bin da. Es gibt eine eigentümliche, sagen wir, ,,Grenze" zwischen mir und Ihnen, oder wie *Buber*, ein berühmter jüdischer Existentialist, sagen würde, ,,zwischen dem 'Ich' und den 'Dus'." ,,Das ist nun das Wesen des 'Selbst'." Das Selbst ist der Teil des Feldes, der der Andersheit entgegengesetzt ist. Wissen Sie, man kann das Selbst suchen; existiert das ,,Selbst"? Existiert das ,,Ich"? Kann man beim Sezieren des Gehirns das ,,Ich", das ,,Über-Ich" oder das ,,Selbst" finden? Sicherlich nicht! Ich denke, das ist offensichtlich. Was ist also dieses ,,Selbst"? Nun, das ,,Selbst" kann nicht anders verstanden werden als durch das Feld, ebenso wie der Tag nicht anders verstanden werden kann als durch den Gegensatz zur Nacht. Wenn ewig Tag, ewig Helligkeit wäre, dann hätte man nicht nur keinen Begriff ,,Tag", man hätte nicht einmal die Wahrnehmung von einem ,,Tag", weil es nichts gäbe, dessen man sich bewußt werden könnte, weil es keine Unterscheidung gäbe. Also, das Selbst kann man nur im Gegensatz zu Andersheit finden. Es gibt eine Grenze zwischen dem Selbst und dem Anderen, und diese Grenze ist das Wichtigste in der Psychologie. Innerhalb dieser Grenze, dieser Kontaktgrenze, wo Sie und ich sich treffen, - innerhalb der Grenze sind andere Disziplinen zuständig: Physiologie, Anatomie und dergleichen. Und außerhalb der Grenze finden wir die Geographie, die Soziologie und dergleichen mehr. Aber die Psychologie ist ausschließlich daran interessiert und hat ihren Platz ausschließlich dort, wo das Selbst und das Andere zusammentreffen; oder wenn man sich außerhalb des Feldes befindet, wo eine Person und die Gesellschaft aufeinanderprallen, wo ein Organismus in sein Umfeld eingebettet ist. Nun ist diese Kontaktgrenze sicherlich nicht starr: sie ist immer und immer in Bewegung. Immer tritt irgendetwas in den Vordergrund oder weicht von dort zurück. Aber wir begegnen uns ständig; ob ich Sie anschaue und meine Augen auf ein ,,Bild" treffen, über das ich nicht hinausschauen kann, ob ich höre, fühle oder berühre, - immer ist dort, wo ich auf das Andere treffe, die Grenze. Dort ist Bewußtheit. Dort ist Erfahrung.

Nun kommen wir zu der Grundlage unseres Ansatzes. Nämlich wir betrachten uns, wie auch ich mich gerade jetzt, als Teil des Feldes. Bin ich mit dem Feld und erfahre mich und meine Reaktionen als Teil des Feldes, dann benutze ich mich als ein Werkzeug der Therapie; ich bin mit *einbezogen*. Ich kann mich von der Feldsituation in ihrer Gesamtheit einbeziehen lassen; das nennen wir ,,Sympathie". Oder ich kann mich heraushalten und den Patienten wie durch ein Mikroskop betrachten; das nennen wir ,,Empathie". Oder ich interessiere mich nicht; dann nennen wir das ,,Apathie". Wer hört zu? Es geschieht nichts.

Nun, was geschieht in diesem Feld? Was ist die Kontaktfunktion von mir und dem Umfeld? In jedem Menschen ist die Vorstellung von Kommunikation angelegt. Was kommunizieren wir jetzt, und was wollen wir kommunizieren? Also, betrachten wir zunächst die verschiedenen Stadien der Kommunikation, wie sie in der Therapie auftreten. Ich würde sagen, das erste Stadium ist Nicht-Kommunikation. Der Patient weiß nicht, was er will; er hat nichts zu kommunizieren. Alles was er will oder braucht, ist verdrängt, wie man im freudianischen Jargon sagt. Nichts ist ihm bewußt. So aber werde ich mir nach einiger Zeit mancher Dinge beim Patienten bewußt. Ich sehe, daß er mit seinen Händen spielt oder mit den Füßen tritt. Mit anderen Worten, ich kann bereits einiges an Kommunikation haben. Besser gesagt: ohne es zu wissen, teilt mir der Patient etwas mit, durch seine Gebärdensprache, was man oft ,,motorische Unruhe" nennt. Diese Unruhe ist die wichtigste Sprache, durch die uns der Patient in diesem nichtkommunikativen Stadium etwas mitteilt. (Es folgen Beispiele von nonverbalen Aufforderungen, die nicht aufgezeichnet sind; d. Übers.)

Von hier aus verwandelt sich das Stadium der Nicht-Kommunikation in das Stadium der gehemmten Kommunikation. Das heißt, der Patient fühlt etwas, er möchte weinen, er hat Geheimnisse, schämt sich jedoch, sie zu erzählen. Das ist das Stadium der Hemmung (*inhibition*); er hält etwas zurück: *inhabile* (lat.: etwas, womit man nicht umgehen kann oder nicht fertig wird). Und hier kann man immer den persönlichen Konflikt erkennen: ein Teil wendet sich gegen den anderen. Wir können dann diesen Konflikt angehen und dem Patienten deutlich machen, daß ein Teil von ihm, den wir zur Zeit das ,,Ich" nennen, sich gegen einen anderen Teil in ihm wendet, den wir das ,,Selbst" nennen können. Er beschimpft sich selbst, er redet mit sich selbst, er bestraft sich selbst. Er macht alle möglichen Dinge mit sich, und dadurch kapselt er sich ein. Statt einer Kontakt-Grenze, die im ersten Stadium vollständig fehlte, haben wir nun eine Mauer. Oder wie *Wilhelm Reich* es zu nennen pflegte, wir haben einen ,,Panzer" zwischen ihm und der Welt. Mit diesem Panzer kann ich in unterschiedlicher Weise umgehen. Darüber möchte ich etwas später sprechen. Lassen Sie mich zunächst diese Entwicklung zu Ende schildern. Wenn nun der Patient nichts mehr zurückhält, erreichen wir das dritte Stadium, das exhibitionistische Stadium bzw. eine wahllose Kommunikation.

Mit diesem Stadium geben sich die Freudianer, bzw. überhaupt die Psychoanalytiker, zufrieden. Hier nun eröffnet (*exhibit*) der Patient seine Träume, sein Elend, seine Sünden. Er redet ,,über" sich. Ich nenne dies wahllose Kommunikation (*random communication*), weil er sozusagen seine Karten auf den Tisch legt und auf jemanden wartet, der sich das herausnimmt, was er gerade will. Das ist aber noch keine wirksame Kommunikation.

Erst das nächste Stadium ist die wirksame Kommunikation, in der man wirklich das zum Ausdruck bringt, was man will, und wo der Patient zum Therapeuten wirklichen Kontakt aufnimmt. Und das steht wiederum im Gegensatz zum psychoanalytischen Verfahren, in dem, wie Sie wissen, viele Methoden sich aus *Freuds* eigenen Schwierigkeiten herleiten. *Freud* war ein Mensch, der enorme Schwierigkeiten hatte, zu jemandem Kontakt aufzunehmen. Er war ein brillanter Schriftsteller, aber er konnte nicht aus sich herausgehen, er konnte niemandem begegnen; er konnte seine Patienten nicht ansehen. Er beklagte sich, sie würden ihn anstarren. Seine ganze Neurose gründete in der Vermeidung dieser Angst, die sich aus einem guten Kontakt ergibt.

Wirkliche Kommunikation ist so wichtig. Wenn Sie sich über ihre Frau ärgern, dies aber nicht voll zum Ausdruck bringen, was geschieht dann? Nun, Sie können es zurückhalten; es kann sogar passieren, daß Sie wochenlang nicht miteinander auskommen oder zumindest Tage. Wenn Sie es jedoch bereinigen, wenn Sie sagen: ,,Himmel nochmal, laß uns das doch mal ins reine bringen", - selbst wenn Sie sich streiten, selbst wenn Sie einen Konflikt haben, der nicht gelöst werden kann, so ist das immer noch besser als das Gefühl: ,,Irgendjemand redet nicht mit mir". Sie alle kennen diese Art von zielloser Kommunikation, der wir uns hinzugeben pflegen.

Jetzt im Moment habe ich nichts zu kommunizieren. (Lange Pause mit gelegentlichem verlegenen Lachen unter den Zuhörern.)

Nun, sehen Sie, das, was ich eben getan habe, war ein typisches kleines Stück Gestaltarbeit. Ich habe gerade das ausgedrückt, was ich fühlte, und durch diese Mitteilung gelang es mir, weiterzumachen. Ich habe den Kontakt wieder hergestellt. Ich fühlte ein warmes Lachen. Ich fühlte, daß Sie in diesem Moment bei mir waren. So war ich in der Lage, diese unangenehme Situation zu beenden, diesen Hauch von Unwohlsein, den ich fühlte und den Sie vielleicht auch gespürt haben, als ich geschwiegen habe.

Gehen wir nun weiter zum nächsten wichtigen Thema der Gestaltpsychologie und Gestalttherapie, nämlich zu der Bedeutung von unerledigten Situationen. Sie mögen an Instinkte glauben. Sie mögen an zwei Instinkte glauben, wie die Freudianer es tun, oder an vierzehn, wie die Behavioristen es wollen; sie können auch an zwei Millionen Instinkte glauben* - oder an unerledigte Situationen, wie ich es gern tue. Ich glaube, daß unser Organismus so kompliziert ist, daß ihm ständig etwas widerfährt, daß er ständig etwas erfährt; wir werden aus dem Gleichgewicht geworfen, und in jedem Moment müssen wir dieses Gleichgewicht neu gewinnen. Die Wissenschaftler nennen diesen Zustand „Homöostase", diesen ewigen Versuch, unser Gleichgewicht wieder zu erlangen.

Wenn nun bei einer solchen Störung des Gleichgewichts sich irgendetwas ereignet, das durch irgendetwas von außerhalb des Selbst entsteht, dann haben wir eine unerledigte Situation. Was bedeutet das? Wir haben einen Antrieb, einen einfachen Antrieb, also zum Beispiel: „ich bin hungrig". Ich esse und dann ist die Situation des Hunger-Habens für den gegenwärtigen Augenblick abgeschlossen. Aber nun nehmen wir einmal an, daß irgendetwas dazwischenkommt. Irgendetwas sagt: „Ah, dieses Essen ist vergiftet". Nehmen wir den einfachen Fall eines Paranoikers, der meint, sein Essen sei vergiftet, weil er jeden anderen vergiften möchte, und so meint er, *sein* Essen sei vergiftet. Das unterbricht sein Bedürfnis nach Nahrung, das unterbricht seine Tätigkeit des Essens. Also hört er damit auf. Sein Hunger bleibt unbefriedigt, und dies ist der einzige Anlaß, wo wir in der Gestalttherapie uns und unsere Patienten auf die Vergangenheit beziehen. Wo immer wir eine unerledigte Situation finden, bedeutet das, daß wir noch einige unerledigte Geschäfte aus der Vergangenheit mit uns herumtragen, die wir abschließen müssen. Und wenn wir das nicht tun, - nun, denken Sie einen Augenblick an das Symptom der Schlaflosigkeit.

Was ist Schlaflosigkeit anderes als der Versuch, unabgeschlossene Situationen abzuschließen? Sagen wir zum Beispiel: Sie wollen sich rächen und haben das noch nicht ausgeführt; Sie wollen noch mit jemandem „abrechnen". Irgendjemand hat Sie in Ihrer Selbstachtung verletzt. So werfen und wälzen Sie sich hin und her, bis Sie schließlich auf die Idee kommen: „Ah, das ist es, was ich ihm gerne antun würde!" Und dann werden Sie wütend, nicht auf den Hund, der draußen bellt, sondern auf denjenigen, auf den Sie wütend sein wollen. Damit können Sie diese Situation entweder in der Realität oder in der Phantasie abschließen. Vielleicht haben Sie eine genügende emotionale Entlastung erlangt, so daß Sie einschlafen, und vielleicht haben Sie dann einen Traum, in dem Sie ihn wirklich fertig machen. Also, das Bedürfnis, unerledigte Situationen zum Abschluß zu bringen, ist ein weiteres wichtiges Thema der Gestalttherapie.

---

* Anspielung auf das System von *Hull* (Anm. d. Übers.)

Der nächste Punkt, den ich behandeln möchte, ist der existentielle Aspekt. Wir sind in der Gestalttherapie Existentialisten, also nicht etwa Moralisten oder Symbolisten. Wenn Sie sich Ihre Beziehungen zu anderen Menschen ansehen oder Ihre Beziehung zu sich selbst (bzw. von Ihrem „Ich" zu Ihrem „Selbst"), so werden Sie feststellen, daß Sie ständig lauter „du solltest" mit sich herumtragen. „Du solltest dies tun", „tu das nicht", „das sollte nicht sein", „das ist nicht fair". Mit anderen Worten, Sie versuchen ständig, die Welt zu verändern, etwas zu tun in dem Glauben, daß gute Absichten nichts als die Worte „du solltest" seien, daß diese Buchstaben „s-o-l-l-e-n" tatsächlich eine Macht hätten, die Wirklichkeit zu verändern.

Demgegenüber versuchen wir zu sehen, was existiert. Und was existiert, sind Kontaktfunktionen, die nach Kreation drängen, nach einem Schaffen (*creation*) von Situationen, in denen man seine eigene Berufung vervollständigen kann, in denen man leben und erfahren kann. Solche Situationen kommen nicht durch ein „sollte" zustande, sondern durch Angst. Und darin, meine ich, liegt vielleicht meine größte Differenz zu den psychoanalytischen Schulen. Für sie sind Angst und Schuld die „Bazillen" der Neurosen, und sie meinen, man müsse es vermeiden, bei den Patienten Angst zu erzeugen.

Und genau darüber müssen wir jetzt sprechen, über die Vermeidung der Angst. Ängstlich zu sein, ist die Voraussetzung dafür, weiter zu gehen, sich zu entfalten, etwas zu tun. Aber was passiert, wenn man zu ängstlich ist, etwas zu tun, und keinen Blick in das Unbekannte zu richten wagt? Man unterdrückt seine Ängstlichkeit und geht aus diesem anfänglichen Zustand von Ängstlichkeit heraus; man ist nicht länger ängstlich, etwas zu tun, sondern man entwickelt stattdessen einen Zustand der Angst, in dem die Möglichkeit der Kreativität liegt. Denken Sie an den Schauspieler und sein Lampenfieber, da können Sie die beiden Möglichkeiten der Angst erkennen. Entweder entwickelt man eine Abwehr, oder man schafft sich weiterführende Erfahrungen. Also, Sie können sich ein Durcheinander, einen Krawall oder ein Kunstwerk schaffen; entscheidend ist, daß Sie etwas Neues schaffen wollen, etwas, das nicht Routine ist. Denn wenn Sie sich in einem Zustand der Routine befinden (was ja bei den meisten oder vielen von uns geschieht), dann wird das Leben Sie anöden; das Leben geht dahin, nichts ist der Mühe wert. Und sobald diese Tendenz zur Routine, zum Leben nach einem sicheren Plan begonnen hat, dann wird unsere Angst in Abwehrmechanismen investiert. Wir sichern uns ab, daß wir morgen genug zu essen haben, daß wir pünktlich zur Arbeit erscheinen; wir sichern uns dieses, wir sichern uns jenes. Je mehr jemand sich aber absichert, desto größer wird auch seine Unsicherheit. Denn man kann sich nicht absichern, weil es die Öffnung zur Welt hin gibt. Der einzige Zustand, in dem man absolut sicher sein kann, ist der Zustand der Katatonie, und dort ist man so gut wie tot.

Nun, diese Angst ist in einer elementaren Energie in uns begründet, in dem grundlegenden Wesen des menschlichen Organismus, nämlich erregt zu werden. Man kann entweder gelangweilt (oder indifferent) oder aber erregt sein. Die Erregung ist nicht immer als solche sichtbar. Sie kann blockiert sein. Fangen wir hier einmal an. Es kann zum Beispiel passieren - wie gerade jetzt bei einigen von Ihnen -, daß man seine Erregung und sein Interesse blockiert und sich langweilt. Gerade eben sah ich einige von Ihnen gähnen. Lassen Sie uns also hier unterbrechen und machen wir ein bißchen Gestalttherapie, Gestaltgruppentherapie, um etwas an dem Interesse zu arbeiten, das in diesem Feld nicht vorhanden ist. Ich möchte Sie also bitten, oder diejenigen, die mitspielen wollen, Ihre Augen zu schließen und sich vorzustellen, daß Sie jetzt diesen Raum verlassen. Gehen Sie, in Ihrer Phantasie, nach draußen; gehen Sie dahin, wo immer Sie hingehen mögen. Ich werde Sie nach einer Minute zurückrufen. (Allgemeines Lachen bei den Zuhörern.)

Schweigen (etwas länger als eine halbe Minute).

Ich sehe zumindest eine Dame, die vorhin stark gelangweilt war und jetzt zufrieden lächelt. Und ich hoffe, daß der eine oder andere in der Zwischenzeit auch das Wesen der unerledigten Situation erfahren hat. Möglicherweise gingen Sie nach Hause oder sonstwo hin und versuchten, eine Situation abzuschließen, die noch unerledigt war und die Sie noch abschließen müssen. Also gut, Sie haben es nur in der Phantasie getan, und wenn ich genug Zeit hätte, könnte ich noch weiter darüber reden. Aber ich hoffe, daß Sie nun etwas stärker angeregt sind, zumindest aber, daß Sie genug Erregung aufbringen können, um mir Aufmerksamkeit zu schenken. Natürlich, wenn ich nichts zu kommunizieren habe, können Sie mir möglicherweise keine Aufmerksamkeit schenken - Sie würden lieber anderswo hingehen. Also, diese Erregung tritt nicht immer als Erregung in Erscheinung; sie verwandelt sich. Meist verwandelt sie sich in Emotionen. Erregung kann sich zum Beispiel zunächst in Ungeduld ausdrücken, dann in Wut oder Zorn. Oder sie erweist sich als sexuelle Erregung und verwandelt sich in Zuneigung und Begeisterung. Oder sie ist eine Erregung als Trauer. Es gibt alle möglichen Formen von Emotionen, in die sich Erregung verwandelt. Wenn nun diese Emotionen von uns für kreative Ziele verwendet werden, dann ist die ganze Katharsis-Theorie Unsinn. Die Natur ist nicht so verschwenderisch, daß sie Emotionen schafft, um sie wegzuwerfen.

Emotionen sind die eigentlichen Werkzeuge unserer Fähigkeit, Kontakt herzustellen. Selbst wenn ich jemand schlage, so ist das wohl kein angenehmer Kontakt, aber es ist zumindest ein Kontakt. Wenn ich mit jemandem rede, so ist das ein Kontakt, oder ein potentieller Kontakt. Aber ein Kontakt läßt sich nur dann herstellen, wenn er die Unterstützung Ihrer Gefühle, Ihrer Überzeugung hat. Ein Wissenschaftler, der zu einem wissenschaftlichen Publikum reden will, braucht die Unterstützung seines Wissens, seines Interesses, um den Zuhörern etwas zu übermitteln. Angst ist Erregung minus Sauerstoff. Sie werden erregt, aber Sie atmen nicht, und weil Sie nicht atmen, schlägt Ihr Herz schneller, um mehr rote Blutkörperchen in die verschiedenen Gewebeteile des Organismus zu bringen. Um mit einem Angstzustand fertigzuwerden, sollten Sie voll atmen; machen Sie, zumindest in der Phantasie, einen Sprung in die Zukunft und wagen Sie, das zu tun, was Sie tun möchten - nicht unbedingt in der Realität; und dann betrachten Sie die Alternative: ,,Wenn ich die Dinge, die ich tun möchte, nicht tue, wenn ich stattdessen Abwehrmechanismen aufbaue, wenn ich mich fürchte, was geschieht dann?"

Da ich meine Gedanken über Angst abschließen möchte, müssen Sie, nebenbei bemerkt, wissen, daß Atmen ausatmen heißt. In unserer Zeit kultiviert man bezüglich des Atmens einen Fetisch: diese aufgeblasene Brust, dieser Männlichkeitsfetisch, in der Meinung, Atmen sei Einatmen. Aber Atmen bedeutet, die schlechte Luft hinauszuwerfen. Sie würden auch nicht zu einem Wasserbecken gehen, das zur Hälfte mit schmutzigem Wasser gefüllt ist, und Ihre Hände darin waschen. Und Sie würden auch kein sauberes Wasser nachschütten. Dasselbse gilt auch für das Atmen. Entledigen Sie sich zuerst der schlechten Luft, des Kohlendioxyds, und holen Sie dann erst frische Luft. Wenn Sie das tun können, verschwindet der akute Zustand der Angst sehr schnell, ja sogar Asthma. Tatsächlich sehen Sie Kinder mit Asthma sehr oft heftig ausatmen: auf diese Weise setzt sich die Natur durch. Aber das Kind wird angehalten zu ,,atmen". Für das Kind bedeutet das Einatmen, und so schaffen Sie ihm einen künstlichen Konflikt. Das gleiche gilt auch für den Orgasmus, für die sexuelle Situation. Wenn Sie nicht voll ausatmen, können Sie auch keine erfüllte sexuelle Erfahrung haben.

Nun zu der anderen psychoanalytischen Vorstellung: Schuld als eine der Ursachen für Neurosen. Lassen Sie mich dabei eine Art Abkürzung machen. Ich weiß, wie gefährlich eine Verkürzung ist, wenn Sie mit der Materie nicht so ganz vertraut sind. Aber ich denke, daß ich hier diese ,,Abkürzung", oder nennen wir es einen Kniff, anwenden kann, ohne damit Unheil anzurichten.

Es wird vielleicht die Situation ein wenig erleichtern, besonders hinsichtlich der Schuld. Es ist ein sehr, sehr einfacher Kniff, der Ihnen helfen kann, wenn Sie sich schrecklich schuldig fühlen und alle möglichen

Dinge tun, um Ihre Schuld und Ihre Fehler wieder gutzumachen und zu begleichen. Es ist die Vorstellung, daß Schuld nichts anderes ist als ein auf sich selbst gerichteter Groll. Es gibt zwei Redeweisen, die Sie wiederentdecken müssen. Die eine ist: „Ich fühle mich verletzt". Wenn Sie das übersetzen und stattdessen sagen: „Ich habe Rachegefühle", kommen Sie dem Kern schon viel näher. Ich könnte bei Ihnen nachprüfen, wo Sie sich verletzt fühlen oder wo Ihre arme, arme Mutter sich verletzt fühlt, wenn Sie zu spät nach Hause kommen. Wenn Sie untersuchen, wo sie sich verletzt fühlt, werden Sie bemerken, daß sie überhaupt nicht verletzt ist, sondern sich gegen Sie schrecklich wütend fühlt. Dasselbe gilt für die Schuldgefühle. Den anderen Ausspruch: „Das hätte ich nicht tun sollen" kann man immer so übersetzen: „Das hättest *du* nicht tun sollen". Oder statt zu sagen: „Ich fühle mich so schuldig, daß ich dies und das nicht getan habe", sagen Sie besser: „Ich fühle mich verärgert, daß *du* dies und das nicht getan hast". Sie werden erstaunt sein, wie schnell Sie empfinden können, daß dieses richtiger ist, daß es klappt, daß diese „Schuldgefühle" und dieses „Sich-Verletzt-Fühlen" nur geheuchelt waren. Es waren keine ehrlichen Gefühle, sie waren nicht echt. (Lange Pause)

Wie steht es mit der Langeweile? (Eine weitere lange Pause)

Ich wünschte, es wäre schon Zeit zum Diskutieren und Sie würden mich etwas fragen; ich würde gern wissen, was Sie wollen, ob Sie mich verstanden haben, ob ich mich deutlicher gemacht habe, ob wir eine wirksame Kommunikation führen oder nicht. Ich wünschte, ich könnte diesen oder jenen Punkt weiter ausführen, aber anscheinend muß ich meinen Monolog wohl noch weiterführen. (Lachen) Nun, lassen Sie mich etwas fragen. (Er wendet sich an Fairchild, den Vorsitzenden).

Ach, ich darf jetzt noch nicht ... (Lachen).

Also, lassen Sie mich dann etwas sagen über meine Vorstellung von einem „Nicht-Geist-Organismus" (*no mind organism*). Ich glaube nicht daran, daß wir einen „Geist" haben. Das klingt sehr merkwürdig, ich weiß. Wissen Sie, ich meine, daß wir immer noch eine Denkweise wie die vorsokratischen Naturalisten haben: sie dachten, das Universum sei aus Erde, Wasser, Luft und Feuer gemacht. Und so meinen wir, wir seien gemacht aus einem Körper und einer Seele und einem Geist und einer Libido und einem Unbewußten, das zwischen dem Geist und dem Körper eingeschoben sei. Und insbesondere ist da immer der „Geist", der als eine Entität angesehen wird, als dem Körper entgegengesetzt, - der „Geist", in dem die Assoziationen um die Wette laufen und sich wie am Schnürchen gegenseitig widerlegen, und irgendwo sind sie mit dem Körper verbunden. Ich weiß nicht, wie? Bei

*Freud* finden sich einige vage Theorien über ein ,,psychologisches Äquivalent", aber sie sind nie genau geklärt worden. Und weiterhin gibt es die Theorie von einem ,,psycho-physischen Parallelismus", wonach alles, was in der physischen Welt geschieht, gleichzeitig auch auf der geistigen Ebene geschieht und umgekehrt. Nun, meine Vorstellung ist die, daß der Unterschied zwischen Erde und Wasser nicht in unterschiedlichen Entitäten liegt, sondern in einer unterschiedlichen Quantität. Zum Beispiel: Eis, Wasserdampf und $H_2O$ unterscheiden sich lediglich in der Quantität von Temperatur und Dichte. Dampf existiert tatsächlich, $H_2O$ ist symbolisch, eine Repräsentation von einer wirklichen Sache. Ich glaube, bei uns liegt der Fall in etwa ähnlich.

Da ist zunächst die Grundlage. Nennen wir es die Ebene des ,,*animalischen Selbst*". Hier sind wir wie kleine Kinder, lediglich organische Lebewesen mit ihren Bedürfnissen, ihren ursprünglichen Funktionen, die allerdings oft sehr differenziert sind, und ihren Gefühlen.

Die nächste Ebene ist schon eine beschränkte Ebene. Ich nenne sie die ,,*Als ob"-Ebene* oder die ,,*soziale Ebene*". In dem sozialen System wird der Verlust der Natur durch Spielregeln ersetzt. Gesellschaft kopiert die Natur immer sehr schlecht, und je schlechter die Kopie, die Imitation, das Abbild ist, desto eher wird eine ganze Nation zugrundegehen. Je näher aber die Regeln der Gesellschaft, die Gesetze, den Naturgesetzen kommen, die nicht ohne Strafe verletzt werden können, desto größeren Überlebenswert wird diese Gesellschaft haben. Stellen wir uns eine Gesellschaft vor, die sagt: ,,Also, wir wollen Tennis spielen; wenn du aber über diese weiße Linie, die ein Tabu ist, hinausgehst, verletzt du die Regeln. Wenn du die Regeln verletzt und hinter dieser weißen Linie spielst, wirst du mit dem Tode bestraft." Natürlich ist das absurd, und Sie bemerken sicher, daß ich dieses Beispiel absichtlich übertreibe. Aber vergegenwärtigen Sie sich dabei, daß alles, was Gesellschaft ist, oder tut, eine ,,Als ob"-Funktion ist. Es ist ein Spiel, aber unglücklicherweise ein Spiel, das viele Leute verdammt ernst nehmen. Und dieses Spiel wird in unterschiedlichen Gesellschaften mit verschiedenen Regeln gespielt, in primitiven wie auch in höherentwickelten Gesellschaften. Aber überall findet das Spiel statt, ebenso auch ein Training in diesem Spiel, ein Ritual, Dinge gemeinsam zu tun, so daß man sicher ist, daß sich jeder nach denselben Regeln verhält, - so daß wir also alle ,,Kricket spielen". Sie sehen, daß diese ,,Als ob"-Funktion bereits weniger intensiv ist als die reale Funktion. Wenn ich vorgebe, freundlich zu sein, und einen solchen Charakter, eine solche Erscheinungsweise annehme, dann investiere ich nicht mehr so viel von meiner Energie, als wenn ich wirklich freundlich sein will. Die ganze Vorstellung von der Charakterstruktur gehört zu diesem ,,als ob", zu dieser,,sozialen Ebene".

Die nächste Ebene ist die *„Phantasie-Ebene" (phantasy layer),* oft ,,Geist" genannt. Bitte beachten Sie, daß wir nicht etwas dem Körper Entgegengesetztes meinen, wenn wir in diesem Zusammenhang von ,,Geist" (*mind*) reden. Wir meinen damit vielmehr etwas wie den Organismus oder den Körper, jedoch mit einem sehr begrenzten Bereich. In der Tat war es *Freud,* der dessen Bedeutung als erster betonte. Unglücklicherweise hat er es später wieder vergessen. Er nannte den Denkprozeß ein ,,Probehandeln", eine ,,Versuchshandlung". Nun, genau das ist es, wozu Sie Ihre Phantasie oder Ihren Geist benutzen. Erschrecken Sie nicht bei dem Wort ,,Phantasie"; es bedeutet nicht, daß Sie irrational sein sollen. Es gibt eine rationale und eine irrationale Phantasie, genauso wie unsere Handlungen rational oder irrational sein können. Wenn Sie sich in einer fremden Stadt ein Stück Brot kaufen wollen, ist es sehr rational, sich zunächst vorzustellen: ,,ich könnte diesen Weg oder die andere Richtung gehen, wo ich solche Geschäfte gesehen habe". Mit anderen Worten: Sie kaufen zunächst in Ihrer Phantasie ein. In der Tat, bei all diesem ,,Sich Absichern", worüber ich schon im Zusammenhang mit der Angst gesprochen habe, werden Sie feststellen, daß dabei eine beachtliche Menge Phantasie-Arbeit beteiligt ist.

Vielleicht müssen Sie morgen zu Ihrem Chef, und so beginnen Sie zu proben: ,,Was werde ich ihm wohl sagen? - Was wird er mir wohl sagen?" und dergleichen. Die ganze Zeit versuchen Sie, sicher zu gehen, Sie phantasieren, Sie stellen sich vor, was geschehen wird. Und dann werden Sie erstaunt sein, weil genau das geschehen wird, das Sie zu proben vergessen haben.

Die nächste Ebene ist eine *Ebene der Isolation,* der Verfeinerung oder der ,,*Objektivierung*". Hier reißen Sie Laute oder Werkzeuge aus ihrem Kontext heraus und machen sie für einen neuen Organisationsrahmen verwendbar. Auch ein Affe z.B. benutzt Werkzeuge: er nimmt einen Stock und holt sich eine Banane herunter. Dann aber wirft er den Stock weg, und der Stock existiert nicht mehr; er verschwindet in den Hintergrund. Sobald wir aber diesen Stock isolieren und ihn zu einem Werkzeug machen, das ständig griffbereit ist, wenn wir es brauchen, dann wird der Stock ein Objekt, nicht nur ein ,,Mittel wozu", wie vorher. Ebenso bei Lauten: nehmen wir diese urtümlichen Laute, ,,aruah-gooah". Wenn ich dieses Wort ,,aruah-gooah" oft genug in Verbindung mit diesem oder jenem benutze, dann wird ,,aruah-gooah" schließlich zu einem Kommunikationsmittel; sage ich es zu jemand anderem, so wird er mir dieses ,,aruah-gooah" - was das auch immer sei - bringen. Natürlich kann ich in dieser Frage der Beziehung zwischen

Symbolen und Sprache nicht in weitere Details gehen. Ich schlage Ihnen vor, daß Sie dazu *Wittgenstein* lesen (Tractatus Logico-Philosophicus und die Philosophischen Abhandlungen).

Die nächste und letzte Ebene ist jene, wo wir diese Symbole und Werkzeuge zu Maschinen und zur *Sprache* kombinieren und organisieren. Das Wesen eines gesunden Menschen besteht darin, daß er eine Einheit bildet, eine Integration all dieser Ebenen. Er lebt nicht lediglich auf einer Ebene. Er benutzt nicht einfach „Wörter", sondern seine Wörter sind mit Gefühlen und Vorstellungen verbunden und vermitteln alle ihre Bedeutungen. Worte werden als Werkzeuge benutzt, ebenso wie Maschinen, wie Apparate und dergleichen. Mit anderen Worten: durch die Integration all dieser fünf Ebenen werden wir wirklich wir selbst, was bedeutet, daß wir das Andere, die Welt, entdecken können. Denn, und dies ist das Paradox, je mehr wir das Andere, die Welt haben, desto mehr können wir wir selbst sein. Je mehr wir aber das Andere verlieren, desto stärker werden wir selbstsüchtig und egozentrisch. Und wiederum, und das ist paradox genug, je stärker wir egozentrisch werden, desto weniger sind wir wirklich wir selbst, denn wir sind dann anfällig gegen beliebige Beeinflussungen von anderen.

## Fragen und Antworten

*Frage:* Sie fragen, „was will der Patient wissen, was will er?" Ich meine zu wissen, was manche Patienten wollen: sie wollen von ihrem Analytiker oder Therapeuten, daß er ihnen hilft, sich selbst zu finden. Ist das ein zu großes Verlangen?

*Perls:* Dies ist nun wieder etwas, worüber ich lange Zeit reden könnte. Sie wissen das Wesentliche. Aber formulieren wir es einmal anders: In der heutigen Psychiatrie grassieren viele Dichotomien, und wie Sie wissen, hat man immer Dichotomien parat: Körper und Geist, Infantilismus und Reife und dergleichen. Eine dieser Dichotomien ist die Vorstellung, daß es so etwas wie Infantilismus und Reife gebe. Wenn sich ein fünf Jahre altes Kind wie ein dreijähriges verhält, ist es dann infantil oder reif? Sie sehen, wie willkürlich diese Vorstellung ist. In Wirklichkeit reifen wir immer; unsere Entwicklung reicht (und das ist das Wesen des Wachsens) von einer völligen Unterstützung durch die Umwelt (*environmental support*) bis zu einer möglichst vollständigen Selbstunterstützung (*self-support*). Aber das Kind braucht noch eine Menge Unterstützung. Es muß getragen werden, es muß gefüttert werden, und wenn es älter wird, braucht es finanzielle Unterstützung, es benötigt emotionale Unterstützung, Ermutigung und dergleichen. Das Wesen der Neurose liegt nun darin, daß der Neurotiker, statt seinen eigenen Selfsupport zu entwickeln, all seine Energie zur Manipulation seiner Umwelt verwendet, um von ihr Unterstützung zu erhalten. Ein neurotischer Mensch kann sich zum Beispiel nicht wertschätzen. Also zerreißt er sich in Stücke, damit die Welt ihn wertschätzt. Er hat nicht genügend Selbstachtung, emotionalen Selfsupport. Deshalb ist das ,,Wollen" von sehr großer Bedeutung. Das ist so einfach. Wir finden heraus, was der Patient von seinem Therapeuten will, und dann bemerken wir, daß es genau das ist, was ihm fehlt und was er braucht. Hier haben wir genau die Einstellung, die in ihm unentwickelt, unabgeschlossen blieb. Und dann, statt nutzlosen Fährten in die Vergangenheit nachzuspüren, um zu sehen, von wo er diese unerledigte Situation übertragen könnte, und dergleichen, finden wir hier und jetzt heraus, was ihm fehlt. Wie können wir aber diese fehlende Selbstachtung, wie z.B. in diesem Fall, zur Weiterentwicklung bringen?

Wenn wir z.B. feststellen, daß er sich selbst geringschätzt und ständig an sich herumnörgelt, dann greifen wir dieses Nörgeln auf und richten es gegen uns. Hierbei entdecken wir, daß er eigentlich an uns herumnörgeln will, um von uns Achtung zu erhalten oder zu erpressen. So lernt er, seine Fähigkeit zu nörgeln zu würdigen, und entwickelt dadurch etwas Selbstvertrauen.

*Frage:* Könnte der Herr Doktor mir erklären, was die eigentliche Beziehung zwischen dem Wort ,,Gestalt", was soviel heißt wie ,,Form", und Therapie ist? Darüberhinaus gibt es noch eine weitere Bedeutung des Wortes ,,Gestalt", wie sie z.B. *Kant* in der Philosophie benutzte. Ich würde gerne den Unterschied zwischen der philosophischen und der psychologischen Bedeutung des Wortes wissen.

*Fairchild:* Ja, das würde ich auch gerne hören. (Lachen)

*Perls:* Moment...ich denke, es wird interessanter sein zu erklären, was die Erfahrung, was das Wesen einer Gestalt ist, statt eine Definition zu geben oder die historische Entwicklung darzustellen. Sehen Sie, wir könnten nicht leben, wenn wir all die Millionen Gestalten und Formen, denen wir Tag für Tag begegnen, registrieren würden, ohne sie irgendwie zu ordnen. Wir bringen eine Ordnung in sie hinein durch die angeborene Fähigkeit eines jeden Organismus, eines menschlichen ebenso wie eines tierischen Organismus, nämlich Gestalten zu bilden. Eine Gestalt ist ein zusammenhängendes ,,Eines" (*cohesive one*), das man nicht in verschiedene Teile zerlegen kann. Sie können beispielsweise ein Haus in seine Einzelteile, Backsteine, Fenster usw. zerlegen. Und wenn Sie den ganzen Schutt beisammenhaben, können Sie die Teile zählen; es ist aber kein Haus mehr. Und nun nehmen wir eine sehr bekannte Gestalt, eine Melodie. Eine Melodie kann transponiert werden, so daß sich jeder Teil, jede Note, von derjenigen unterscheidet, die vorher da war; aber die Melodie, die Gestalt, ist noch dieselbe. Das Wort „Gestalt" kommt von dem deutschen Wort „gestalten", formen, eine Form bilden, ein sinnvolles „Eines" (*comprehensive one*). Sehen Sie, unsere Zeit neigt sehr stark dazu zu analysieren, Dinge zu zerlegen. Und das in großem Umfang. Und das erinnert mich an eine sehr typische Sache, was das Wachsen und das Zerlegen anbelangt: Ein alter Anatomieprofessor sagte mir immer: „Seien Sie sehr vorsichtig, wenn Sie einen Leichnam sezieren. Sehen Sie, in einem lebendigen Organismus wächst das Gewebe nach und der Schnitt heilt, aber wenn Sie eine Leiche zerschneiden, wird es nie wieder zusammenwachsen." Das ist das Wesen der Gestalt: das umfassende Ganze, die Perspektive.

Und wenn Sie sich für die philosophische Situation interessieren, lassen Sie mich Folgendes dazu sagen: Der ganze Ansatz der Semantik, die Vorstellung von Bedeutungen, kann ohne den Gestaltansatz nicht wirklich verstanden werden, denn eine Bedeutung ist die Beziehung einer Vordergrundfigur zu ihrem Hintergrund. Das klingt sehr befremdend für Leute, denen der Begriff „Gestalt" noch ganz unbekannt ist. Lassen Sie mich ein Beispiel geben für das, was ich meine. In einer Schreibmaschine finden wir z.B. einen bestimmten Buchstaben („l"), der als „el" oder als „eins" gelesen werden kann, nicht wahr? Stellt man diesen Buchstaben „l", dieses Symbol in einen Kontext, z.B. in das Wort „Soldat", dann erhält dieser Buchstabe die Bedeutung „el". Schreibt man aber „34l35", dann erhält dieses selbe Symbol plötzlich die Bedeutung einer Zahl. Oder nehmen wir ein beliebiges Wort, etwa das Wort „König": wenn man es in dem Kontext eines Kartenspiels verwendet, dann hat es eine andere Bedeutung, als wenn man es vor dem Hintergrund z.B. des „Buckingham Palace" verwendet. Also, worum auch immer es sich handelt, - die Gestalt, d.h. die Beziehung eines Teils zu einem Kontext, zu einer größeren Einheit, ist das, was ihm die Bedeutung gibt. Wenn man nach unserer Bedeutung im Leben fragt, dann heißt das, daß wir uns in Beziehung zum Universum setzen. Wenn unser Hintergrund eine Religion ist, dann entspricht unsere Bedeutung, die wir in unserem Verhalten erlangen, unserer Religion.

*Frage:* Dr. Perls, ich wurde häufig von meinen wohlmeinenden Freunden, die erfahren, daß ich in Therapie bin, gefragt: „Nun schau, das Wachsen wird doch nicht so schwierig sein, wenn du nichts anderes zu tun hast als herauszufinden, was mit dir vor langer Zeit passiert ist?" Ich antworte ihnen, daß es eher wie eine emotionale Umschulung sei. Könnten Sie diese kleine Frage klären?

*Perls:* Nun, sehen Sie, wir müssen darauf achten, wie wir, oder ursprünglich unsere Umgebung, aber hauptsächlich wir, Verantwortung übernehmen oder aber wie wir unsere fortschreitende, unsere natürlichen Prozesse unterbrechen. Wir unterbrechen unsere Prozesse, wir unterbrechen uns selbst, indem wir uns verspannen, indem wir vermeiden, fortlaufen, unsere Aufmerksamkeit ablenken und dergleichen. Wenn wir nun diesen Typ der Unterbrechung verstehen und, statt uns selbst zu unterbrechen, den Mut finden, die Umgebung zu unterbrechen, dann haben wir die Wahl, ob wir höflich und neurotisch oder unhöflich und gesund sein wollen. Wir können lernen, mehr aus uns herauszugehen, indem wir realisieren, daß durch die Unterbrechung Kontakt entsteht und durch Nicht-Unterbrechung Isolation und Rückzug von der Welt. So also werden wir die unterbrochene Entwicklung erneut aufnehmen.

*Frage:* Dr. Perls, Sie sprechen von einem Bedürfnis, einen Weg, nennen wir es eine Art seelisches Gleichgewicht aufrechtzuerhalten, eine Homöostase, wenn man will, oder Vervollständigung, wie Sie sagen. Können Sie mir vielleicht jetzt sagen, was der Grund dafür ist oder die Motivation oder der Antrieb hinter diesem Bedürfnis nach einem Abschließen unserer Erfahrung? Und wenn Sie das abgeschlossen haben, können Sie mir irgendwelche empirischen Untersuchungen nennen, die Ihre Behauptung bestätigen, und zwar andere als nur klinische Einsichten von Gestaltleuten wie Sie selbst?

*Perls:* Diese Frage klingt sehr schwierig, aber eigentlich ist sie sehr einfach. Also, was geschieht, wenn Ihr Organismus zu wenig Wasser hat? Sie wissen, daß Sie zum Überleben eine bestimmte Menge Wasser in Ihrem Organismus brauchen. Wenn er zu wenig Wasser hat, können Sie nicht gut denken, Sie können nicht gut verdauen und dergleichen. Stellen Sie sich nur vor, wir leben in einer heißen Wüste zehn Tage ohne Wasser. Und so stoßen Sie auf eine Gestalt in der Umgebung, eine Andersheit, nämlich auf eine Oase, auf das, was Ihre Aufmerksamkeit auf sich ziehen wird. Sagen wir also, Sie haben in Ihrem System einen Liter Wasser ,,minus". Zu diesem Liter ,,minus" fügen Sie einen Liter ,,plus" aus der Oase hinzu, Sie fügen es Ihrem System ein, und dann haben Sie ein ,,plus minus" bzw. Null, und das ist das Gleichgewicht. Ich nenne das neuerdings ein Erreichen des ,,Null-Bedürfnis" (*zero-need*). Ich möchte nicht mit Fachausdrücken kommen, aber das Wesentliche ist, daß wir viele solche ,,Null-Gleichgewichte" haben, die zum optimalen Funktionieren erforderlich sind. Sei es nun das Säuren/Basen-Gleichgewicht, die Menge an Kalzium, an Hormonen usw., die der Körper nötig hat, immer gibt es ein Optimum des Funktionierens. Zum Beispiel liegt das Optimum der Körpertemperatur bei 36 Grad C. Wenn Sie eine Körpertemperatur von 26 Grad haben, können Sie nicht gut funktionieren. So ist hier die unabgeschlossene Situation ein Bedürfnis nach einer Wärmezufuhr von 10 Grad. Es besteht immer die Tendenz, diesen „Nullpunkt“ zu erreichen. Wenn Sie einen Überschuß haben, dann wollen Sie diesen Überschuß los werden. Wenn Sie ein „Minus“ haben, dann wollen Sie das Entsprechende in sich aufnehmen. Jeder Atemzug ist ein solches Vervollständigen einer unvollständigen Situation. Versuchen Sie nur, drei oder vier Minuten lang den Atem anzuhalten, dann können Sie realisieren, was eine unabgeschlossene Situation ist.

*Frage:* Dr. Perls, Sie erwähnten vorhin eine Vorstellung, die Sie „Nicht-Geist“ (*no-mind*) nannten. Mich würde es interessieren, wenn Sie das noch ausführen könnten im Hinblick auf die vielen Argumente bezüglich der Existenz eines Geistes, der Existenz einer Seele als einer Entität innerhalb des Körpers, aber vom Körper unterschieden, oder in irgendeiner Weise auf den Körper bezogen, aber immer noch als eine Entität; ist das eine Art mechanistischer Naturalismus? Und kann dieses „als ob“, von dem Sie reden, dieses „Spiel“ auch Religion, Philosophie, Kunst, Ästhetik erklären, und wie paßt das alles zur Gestalttherapie?

*Fairchild:* Können Sie das in etwa 10 Sekunden beantworten, Doktor? (Lachen)

*Perls:* Ja, aber ich will höflich sein. Ich unterschreibe keine mechanistische noch idealistische Weltanschauung (dtsch. im Original d. Übers.). Alle diese mechanistischen, idealistischen oder mentalistischen Weltanschauungen sind Verhinderungen einer totalen Ganzheit. Wenn Sie einen Bleistift nehmen, einen gelben Stift, dann können Sie nicht sagen, das Gelb sei der Stift oder das Holz sei der Stift, und Sie können auch nicht sagen, die Kohle sei der Stift. Alles zusammen, dieses Etwas, kann ein potentieller Stift sein oder ist es, aber wiederum *nur in der Situation* des Schreibens. Ich kann denselben Stift auch als eine Art Hebel benutzen.

Also, jedes Niederknien vor Wörtern als Wörtern, als Absolutheiten, die aus ihrem Kontext herausgerissen sind, hat keine Bedeutung. Deshalb habe ich vorhin betont, daß jede Vorstellung, die Sie haben, jedes Wort, das Sie benutzen, nur dann verstanden werden kann, wenn es zu einem Kontext in Beziehung steht, und zwar in einer klaren Beziehung. Sonst ist es Propaganda, was Sie machen, Sie reißen die Dinge aus ihrem Kontext. Sie prägen sich ein paar Wörter ein, die genau das Gegenteil sind von dem, was der Kritiker wirklich meinte, und Sie verbauen sich Ihren eigenen Weg.

*Frage:* Könnten Sie uns etwas mehr Information geben über den therapeutischen Wert des Atmens in der Gestalttherapie? Ist das dasselbe wie das Yogi-System des Atmens?

*Perls:* Meine Antwort ist nein. Aber das ist ein guter Augenblick, um auf etwas anderes zu sprechen zu kommen, nämlich wie wir mit Fragen umgehen. Die Leute stellen aus vielen Gründen Fragen. Meistens stellen sie Fragen, um andere in Verlegenheit zu bringen und um es zu vermeiden, selbst eine Aussage zu machen. In Wirklichkeit, und das ist eine wundervolle Sache, enthält jede Frage ihre eigene Antwort. Versuchen Sie, aus jeder Frage eine Aussage zu machen, wie z.B. aus der letzten Frage. Wenn der Frager eine Aussage gemacht hätte, dann hätte er vielleicht gesagt: „Ich interessiere mich für die Jungsche Psychotherapie. Ich bin auch interessiert zu wissen, welche Einstellung Sie im Vergleich dazu haben." Mit anderen Worten, wir wechseln von seiner Anfrage zu einem bestimmten Interesse, das er hat und das die Mühe lohnt, weiter entwickelt zu werden. Sehen Sie, ich glaube nicht, daß irgendeine beantwortete Frage Ihnen irgendetwas geben wird, und zwar aus dem einfachen Grunde, daß niemand die Wahrheit vertragen kann, wenn sie ihm gesagt wird. Wahrheit kann nur ertragen werden, wenn man sie selbst entdeckt, denn dann macht der Stolz der Entdeckung die Wahrheit schmackhaft.

*Fairchild:* Gut. Hier ist ein Herr, der trotzdem die Gelegenheit wahrnehmen möchte, Ihnen irgendwie eine Frage zu stellen.

*Frage:* Ich bin sehr dankbar, Dr. Perls, für Ihre Freundlichkeit und Ihre große Weisheit. Zu Beginn Ihres Vortrags sagten Sie, daß Leute, die etwas von Gestalt verstünden, auch das Zen verstehen könnten... Ich war nie fähig, das eine noch das andere zu verstehen, und ich hätte dazu gerne eine kleine Hilfe. Ich bin sehr schuldig, daß ich unter Ihre letzte Kritik falle, aber ich nehme die Schuld auf mich.

*Perls:* Würden Sie bitte das Wort „verärgert" verwenden anstelle von „schuldig" und dann Ihre Aussage wiederholen?

*Frager:* Ich bin nicht verärgert gegen Sie, sondern gegen mich selbst. Ich hoffe, Sie werden damit zufrieden sein.

*Perls:* Nein, ich bin damit nicht zufrieden; außer wenn Sie mir im einzelnen erzählen würden, wie Sie gegen sich verärgert sind. Ich kann mir kein Bild davon machen.

*Fairchild:* Doktor, das würde zu lange dauern; er erzählte mir gerade, was er alles an sich mißbilligt. Aber er möchte doch noch etwas wissen über Zen und über die Beziehung zur Gestalttherapie.

*Perls:* Gut, ich geben Ihnen eine Zen-Antwort: Wenn Sie an einem Baum hängen würden, mit Ihren Zähnen, über einem Abgrund, und Ihre Hände sind voll und die Füße gefesselt, und jemand würde Sie fragen: „wie möchten Sie gerettet werden?" Was würden Sie machen?

*Fairchild:* Ich glaube, wir haben diese Geschichte vor etwa zwei Wochen etwas anders gehört, Doktor; es waren zwei Leute, die dort zusammen hingen, und einer sagte zu dem andern: ,,wie wollen wir uns selbst retten?"

*Frage:* Ich habe zwei Fragen, Dr. Perls. Sie sprachen von Sympathie, Empathie und Apathie als den Weisen, wie man zu einem anderen in einer emotionalen Beziehung, in einer intellektuellen Kommunikation oder vollständig indifferent ihm gegenüber ist. Sie meinten auch an einer Stelle, daß Sie nichts zu sagen hätten. Und als das Publikum lachte, sagten Sie, Sie hätten das Gefühl, die Leute seien in Sympathie mit Ihnen, daß Sie dort eine Wärme von menschlichem Fühlen empfanden. Besteht nun irgendeine Verbindung dazu, wenn ein korpulenter Herr aufs Glatteis geführt wird und das Publikum lacht? Ist das Sympathie, Empathie oder Apathie?

*Perls:* Das ist Schadenfreude. Es gibt viele unterschiedliche Arten zu lachen ebenso wie zu weinen. Sehen Sie, Weinen ist nicht immer Kummer. Sie können weinen, weil Sie bewegt sind, Sie können weinen vor Freude, Sie können weinen wegen eines Verlustes und dergleichen. Dasselbe gilt für das Lachen. Ich stimme *Nietzsche* nicht zu, Lachen bedeute immer, mit gutem Gewissen boshaft zu sein. Es gibt alle Möglichkeiten von einem wohlwollenden leichten Lächeln bis hin zu dem teuflischen Lachen eines Bösewichts auf der Bühne. Das leise Lachen vorhin empfand ich als etwas Warmes. Ob es das war oder nicht, kann ich nicht beurteilen. Urteilen kann ich nur, und eben das will ich deutlich machen, durch ,,meine Empfindungen"; und das ist das einzige, wonach ich mich zu richten habe.

*Frage:* Sie sprachen von Schuld, und meine Frage bezieht sich auf dieses Verständnis von Schuld. Ich habe von Ihnen so viel verstanden, daß Schuld nicht das sei, was wir in unserer Alltagssprache dafür halten, sondern irgendein vewickelter psychologischer oder psychiatrischer Prozeß, durch den es eigentlich ein auf sich selbst gerichteter Groll sei. Wie steht es nun mit den gewöhnlichen, alltäglichen Sachen, die man in den Strafprozessen jeden Tag sehen kann? Zum Beispiel ein Mann geht fort und stiehlt, lebt wochenlang ausschweifend, kommt betrunken nachhause und ermordert seine Frau oder seine Kinder. Ist es nicht normal oder natürlich für ihn, eine Schuld zu empfinden? Wäre das ein auf sich selbst gerichteter Groll?

*Perls:* Ja. Sehen Sie, wenn Sie zum Beispiel *Dostojewski* lesen, werden Sie feststellen, daß, je mehr ein Mensch ein ,,Heiliger" ist, er sich desto mehr schuldig fühlt. Und je mehr jemand ein jugendlicher Delinquent ist, desto weniger fühlt er sich schuldig. Ich weiß nicht, ob Sie das wissen, daß Schuld sich nicht auf das Tun bezieht, sondern auf das Nicht-Tun, und das ist eigentlich mit dem Groll gemeint, daß ein anderer es tun kann, nicht aber Sie selbst.

*Fairchild:* Er ist nicht ganz zufrieden, er möchte noch einmal fragen.

*Frage:* Aber ich habe mit Geistlichen, mit Priestern darüber gesprochen, und sie sagten mir: wenn Leute wirkliches Unrecht getan, z.B. getötet hätten und zu ihnen gekommen seien, hätten sie in ihrer Beichte eine schreckliche Schuld gezeigt, wenn es eine wirkliche Schuld sei. Ich stimme Ihnen nicht ganz zu, Herr Doktor, wenn ich darf.

*Perls:* Nun, ich sage nicht, daß es so etwas wie eine wirkliche Schuld nicht gäbe. Ich habe mich auf unsere Schuldgefühle bezogen, auf die neurotische Schuld, die im wesentlichen auf Gedanken, Gefühlen, Träumen und dergleichen beruht. Ich sage nicht, daß eine wirkliche Schuld, wenn Sie sich irgendwo tausend Dollar geliehen haben, daß diese tausend Dollar nicht wirklich seien. Aber wenn Sie sich einbilden, Sie hätten sich von irgendjemandem tausend Dollar geliehen, und dann zu diesem Menschen hingehen und ihm sagen, „es tut mir so leid, ich kann dir die tausend Dollar nicht zurückzahlen, ich fühle mich deswegen so schuldig", so wird er nicht ganz verstehen, was Sie da machen. In Ihrem Beispiel wird es eine bestimmte Schuld geben, aber selbst dort gibt es einen fürchterlichen Groll, wenn auch in der Form der Projektion. Für den Psychiater gilt das in einem strengen Sinne; also, der Groll wird projiziert. Jemand fühlt, daß die Gesellschaft ihm seine Taten verübelt usw. In solchen Fällen ist es nicht so einfach wie in denen, von denen ich rede. Ich beziehe mich auf das alltägliche „ich fühle mich schuldig", „ich hätte das nicht tun sollen" und dergleichen. „Ich hätte das sagen sollen", anstatt der anderen Person zu sagen: „du hättest das sagen sollen".

# Gestalttherapie und die menschlichen Potentiale (1966)

Die Gestalttherapie ist eine der rebellischen, humanistischen, existentiellen Kräfte in der Psychologie, die gegen die Lawine von selbstverhindernden, selbst-zerstörerischen Kräften ankämpfen wollen, von denen viele Angehörige unserer Gesellschaft beherrscht werden. Sie ist existentiell in einem weiten Sinne. Alle Schulen des Existentialismus betonen die unmittelbare Erfahrung, aber die meisten von ihnen haben einen bestimmten theoretischen Rahmen: *Kierkegaard* hatte seine protestantische Theologie, *Buber* sein Judentum, *Sartre* seinen Kommunismus und *Binswanger* seine Psychoanalyse. Gestalttherapie ist im vollen Sinne ontologisch orientiert, insofern sie sowohl konzeptuelle Aktivitäten als auch die biologischen Formationen von *Gestalten* in Betracht zieht. Somit lebt sie aus sich selbst heraus und ist wahrhaft experientiell.

Unser therapeutisches Ziel ist, menschliches Potential durch den Prozeß der Integration zu erweitern. Wir tun dies, indem wir die unmittelbaren Interessen, Wünsche und Bedürfnisse des Individuums unterstützen.

Viele individuellen Bedürfnisse widerstreben denen der Gesellschaft. Konkurrenz, Bedürfnisse nach Kontrolle, Perfektionsdrang und Unreife sind für unsere gegenwärtige Zivilisation charakteristisch. Aus diesem Hintergrund heraus entstehen der Fluch und die Ursache (*curse and cause*) unseres neurotischen Sozialverhaltens. In einem solchen Kontext kann keine Psychotherapie erfolgreich sein, keine unbefriedigte Ehe kann verbessert werden. Aber noch wichtiger ist, daß das Individuum unfähig ist, seine eigenen inneren Konflikte zu bewältigen und eine Integration zustande zu bringen.

Die Konflikte erstrecken sich ebenso auch auf den äußeren Bereich. Dadurch daß die neurotischen Erwartungen der Gesellschaft vom Individuum verlangen, daß es sich mit einem Selbst-Bild identifiziert und sich ihm unterwirft, wird das Individuum weiterhin von seiner eigenen Natur entfremdet. Das Hauptproblem für das Individuum liegt darin, sich innerhalb der Gesellschaft selbst zu verwirklichen und dennoch von ihr akzeptiert zu werden.

Die Gesellschaft verlangt Konformität durch Erziehung; sie legt Wert auf die intellektuelle Entwicklung des Einzelnen und belohnt sie. In meinem Sprachgebrauch nenne ich den Intellekt einen „eingebauten Computer". Alle Kulturen und mit ihnen die Individuen, die sie gestalten, haben gewisse Grundvorstellungen und Idealbilder von sozialem Verhalten geschaffen, d.h. wie der Einzelne innerhalb seines Bezugsrahmens funktionieren „sollte". Um von der Gesellschaft akzeptiert zu werden, verhält sich der Einzelne mit bestimmten fesgelegten Reaktionen. Zu diesen Reaktionen gelangt er dadurch, daß er sich „errechnet", was seiner Meinung nach die angemessene Reaktion sei. Um den „Sollens"-Forderungen der Gesellschaft zu entsprechen, lernt er, seine eigenen Empfindungen, Wünsche und Emotionen zu mißachten. Und so sagt er sich auch von der Tatsache los, daß er ein Teil der Natur ist.

Paradoxerweise kann der Einzelne um so weniger seine Funktionen in der Gesellschaft wirksam ausüben, je mehr die Gesellschaft von ihm fordert, ihren Konzepten und Vorstellungen entsprechend zu leben. Dieser Grundkonflikt zwischen den Forderungen der Gesellschaft und der inneren Natur eines Menschen verursacht einen ungeheuren Aufwand an Energie. Es ist allgemein bekannt, daß der Mensch gewöhnlich nur 10 bis 25 Prozent seines Potentials ausnutzt. Allerdings kann es in Notzeiten geschehen, daß die konditionierten Reaktionen zusammenbrechen. Integration wird sich spontan ereignen. In solchen Situationen ist der Mensch fähig, Hindernisse unmittelbar zu bewältigen und zuweilen sogar heldenhafte Ergebnisse zu erreichen. Der Gestalttherapie geht es darum, ohne den Zwang von Notsituationen Integration entstehen zu lassen.

Je mehr der Charakter eines Menschen auf vorgeprägten Vorstellungen, festgelegten Verhaltensformen und dem „Computern" beruht, desto weniger ist er imstande, seine Sinne und seine Intuition zu gebrauchen. Wenn ein Mensch versucht, nach vorgefaßten Ideen von dem, wie die Welt aussehen „sollte", zu leben, dann klammert er seine eigenen Gefühle und Bedürfnisse aus. Das Ergebnis dieser Entfremdung von den eigenen Sinnen ist die Blockierung seines Potentials und die Verzerrung seiner Perspektive.

Der kritische Punkt in jeder kollektiven wie individuellen Entwicklung ist die Fähigkeit, unterscheiden zu können zwischen *Selbst*-Verwirklichung und der Verwirklichung einer vorgefaßten *Vorstellung*. Erwartungen sind die Produkte unserer Phantasie. Je größer die Diskrepanz zwischen dem, was einer mit seinem angeborenen Potential sein könnte, und den aufgesetzten Idealvorstellungen ist, desto größer ist die angestrengte Spannung sowie die Wahrscheinlichkeit eines Versagens. Um ein scherzhaft übertriebenes Beispiel zu nennen: ein Elephant will ein Rosenstrauch sein; ein Rosenstrauch will ein Elephant sein - solange beide sich nicht damit zufriedengeben, das zu sein, was sie sind, werden sie ein unglückliches, minderwertiges Leben führen. Wer sich selbst verwirklicht, erwartet das Mögliche; wer aber eine vorgefaßte Vorstellung zu verwirklichen strebt, versucht das Unmögliche.

Wenn ein Mensch den „Sollens"-Forderungen entsprechend lebt, dann spielt er eine Rolle, die nicht von seinen genuinen Bedürfnissen getragen wird. Er wird hohl und phobisch (*phony and phobic*). Er scheut sich davor, seine Begrenzungen zu sehen, und er spielt Rollen, die von seinem Potential nicht getragen werden. Indem er von außen eine Richtschnur für sein Verhalten sucht, „komputert" er und reagiert mit Verhaltensweisen, die nicht seinem eigenen Grunde entstammen. Er konstruiert sich ein imaginäres Ideal, wie er sein sollte, und nicht wie er wirklich ist.

Die Vollkommenheitsvorstellung ist so ein Ideal. Um ihm zu entsprechen, entwickelt der Mensch eine Täuschungsfassade, damit er anderen zeigen kann, was für ein hervorragender Kerl er sei. Aber die Vollkommenheitsforderungen vermindern die Fähigkeit eines Menschen, in der therapeutischen Situation, in der Ehe ebenso wie in anderen sozialen Situationen in sich selbst zu funktionieren.

Man kann bei Eheschwierigkeiten beobachten, daß einer oder beide Ehepartner nicht den Gatten lieben, sondern ein Vollkommenheitsbild. Zwangsläufig bleibt der Partner hinter solchen Erwartungen zurück. Die gegenseitige Frustration, daß keine Vollkommenheit erlangt wird, hat Spannungen und verstärkte Feindschaft zur Folge, welche wiederum in einen fortdauernden Status quo, in eine Ausweglosigkeit oder bestenfalls zu einer sinnlosen Ehescheidung führt. Dasselbe gilt auch für die therapeutische Situation: entweder bleibt der Status quo von vielen Jahren bestehen oder der Therapeut wird gewechselt, aber es findet *niemals* eine Heilung statt.

Wenn ein Neurotiker seine Vollkommenheitsforderungen gegen sich selbst richtet, zerreißt er sich selbst in Stücke, um seinen unrealistischen Idealen entsprechend leben zu können. Obwohl Vollkommenheit im allgemeinen als „Ideal" angesehen wird, ist sie in Wirklichkeit ein gemeiner Fluch, der einen selbst und andere straft und quält, weil man nicht dem unerreichbaren Ziel entsprechend lebt.

Mindestens zwei weitere Phänomene stören die Entwicklung des genuinen Potentials des Menschen: Das eine ist die Charakterbildung; der Mensch kann dann nur mit einer beschränkten und festgelegten Anzahl von Verhaltensweisen handeln. Das andere ist eine phobische

Haltung, die viel weiter verbreitet ist, als die Psychiatrie bisher anerkennen wollte.

*Freud* war der Meister der Halbwahrheiten. Seine Forschungen über Verdrängungen, Blockierungen und Hemmungen erhellen sein eigenes phobisches Verhalten, was Phobien betrifft. Sobald ein Antrieb gefährlich wird, wenden wir uns (nach *Freud*) heftig dagegen und legen einen *cordon sanitaire* darum. *Wilhelm Reich* machte dieses Verhalten noch deutlicher in seiner Panzer-Theorie. Aber eine Gefahr wird nicht immer in aggressiver Weise neutralisiert. Häufiger vermeiden wir sie und weichen ihr aus. Wenn wir somit die Mittel und Wege der Vermeidung vermeiden, dann lassen wir uns damit zur Hälfte die Werkzeuge für eine Heilung entgehen.

Der Organismus vermeidet tatsächlichen Schmerz. Der Neurotiker vermeidet eingebildete Verletzungen, wie z.B. unangenehme Gefühle. Ebenso vermeidet er es, angemessene Risiken auf sich zu nehmen. Beides stört jede Möglichkeit des Reifens. Demzufolge lenken wir in der Gestalttherapie die Aufmerksamkeit des Patienten auf sein Vermeiden von unangenehmen Gefühlen. Wir arbeiten die heimtückischen Machenschaften des phobischen Verhaltens durch, außerdem die Blockierungen, Hemmungen und andere Schutzhaltungen.

Um die eingebildeten Schmerzen und unangenehmen Gefühle durchzuarbeiten, ist ein sorgfältiges Gleichgewicht von Frustration und Stützung (*support*) erforderlich. Sobald der Patient das Wesen des „Hier und Jetzt" und des „Ich und Du" erfährt, fängt er an, sein phobisches Verhalten zu verstehen.

Zunächst wird der Patient irgendetwas unternehmen, um seine Aufmerksamkeit von seinen gegenwärtigen Erfahrungen abzulenken. Er wird in Erinnerungen und Erwartungen (in Vergangenheit und Zukunft) entfliehen, in eine Kette von Ideen (freien Assoziationen), in Intellektualisierungen oder ein Erörtern von richtig oder falsch. Schließlich begegnet er den Löchern in seiner Persönlichkeit mit einer bewußten Wahrnehmung des Nichts (Un-gegenständlichkeit, *no-thing-ness*), der Leere (*emtyness*), des Leerraums (*void*) und der Ausweglosigkeit.

Zuletzt wird der Patient den halluzinatorischen Charakter seines Leidens erkennen. Er entdeckt, daß er sich nicht quälen „muß". Er eignet sich eine größere Toleranz an für Frustrationen und für eingebildetes Leiden. An diesem Punkt beginnt er zu reifen.

Ich definiere Reifen als den Übergang von der Umweltabhängigkeit (*environmental support*) zur Selbständigkeit (*self-support*). In der Gestalttherapie wird Reife dadurch erlangt, daß der Mensch sein eigenes Potential zur Entwicklung bringt, indem er seine Umweltabhängigkeit verringert und seine Frustrationstoleranz vergrößert, und dadurch, daß er sein oberflächliches Herumspielen mit infantilen oder erwachsenen Rollen beiseite läßt.

Der Widerstand ist groß, weil der Patient sich daran gewöhnt hat, seine Umwelt so zu manipulieren, daß sie ihn stützt. Das macht er dadurch, daß er sich hilflos und dumm stellt; er beschwatzt, besticht und schmeichelt sich ein. Er *ist nicht* infantil, sondern er *spielt* eine infantile und abhängige Rolle, in der Erwartung, die Situation mit einem unterwürfigen Verhalten kontrollieren zu können. Er spielt ebenso die Rolle eines infantilen Erwachsenen. Es fällt ihm schwer, den Unterschied zwischen einem reifen Verhalten und einem ,,Erwachsen-Spielen" zu erkennen. Mit dem Reifungsprozeß wird der Patient zunehmend fähiger, seine eigenen Möglichkeiten spontan zu mobilisieren, um mit der Umwelt umgehen zu können. Er lernt, auf seinen eigenen Füßen zu stehen, und wird somit fähig, mit seinen Problemen und mit den Anforderungen des Lebens selbst fertig zu werden.

Das menschliche Potential wird sowohl durch unangemessene Forderungen der Gesellschaft als auch durch innere Konflikte reduziert. *Freuds* Parabel von den zwei Dienern, die sich zanken mit dem Ergebnis der Ineffektivität, ist nach meiner Meinung wieder nur eine Halbwahrheit. Es sind vielmehr die Herren, die sich zanken. In diesem Falle sind die entgegengesetzten Herren das, was *Freud* Über-Ich und Es genannt hat. Das Es ist in *Freuds* Konzept ein Konglomerat von Instinkten und verdrängten Erinnerungen. In Wirklichkeit beobachten wir in tatsächlich jedem Falle, daß sich dem Über-Ich eine personalisierte Größe entgegensetzt, die man ,,Unter-Ich" (*infraego*) nennen könnte. In meinem Sprachgebrauch nenne ich die entgegengesetzten Herren ,,Topdog" und ,,Underdog". Der Kampf zwischen den beiden findet sowohl im inneren als auch im äußeren Bereich statt.

Topdog kann als rechtschaffen, prahlerisch, strafend, autoritär und primitiv beschrieben werden. Topdog kommandiert ständig mit solchen Sätzen wie: ,,du solltest", ,,du könntest" und ,,warum tust du nicht das und das?" Seltsam genug identifizieren wir uns alle so stark mit unserem inneren Topdog, so daß wir seine Autorität nicht mehr in Frage stellen. Wir nehmen seine Rechtschaffenheit als selbstverständlich hin.

Underdog entwickelt eine große Fähigkeit, sich um die Befehle von Topdog zu drücken. Da er nur halbherzig die Absicht hat, sich an die Befehle zu halten, antwortet er: ,,ja aber...", ,,ich strenge mich ja so sehr an, aber nächstes Mal will ich es besser machen", und ,,morgen, morgen". Gewöhnlich bleibt Underdog bei diesem Konflikt im Vorteil.

Mit anderen Worten, Topdog und Underdog sind eigentlich zwei Clowns, die ihr sonderliches und unnötiges Spiel auf der Bühne des duldsamen und stummen Selbst ausführen. Integration oder Heilung kann nur dann zustandekommen, wenn das Bedürfnis nach gegenseitiger Kontrolle zwischen Topdog und Underdog aufhört. Nur dann werden die beiden Herren aufeinander hören. Sobald sie zur Besinnung, d.h. zu ihren Sinnen kommen (in diesem Falle, indem einer auf den anderen hört), öffnet sich die Tür zu einer Integration und Vereinigung. Die Möglichkeit, daß aus einer gespaltenen eine heile, ganze Person wird, wird zur Gewißheit. Die Ausweglosigkeit des Status quo oder der ewige Konflikt einer nicht enden wollenden Therapie kann überwunden werden.

Eine Gestalt-Methode der Integration ist die Traumarbeit. Wir betreiben keine psychoanalytischen Interpretationsspiele. Ich habe die Vermutung, daß der Traum weder eine Wunscherfüllung noch eine Vorhersage für die Zukunft ist. Für mich ist er eine existentielle Botschaft. Er sagt dem Patienten, was seine Situation im Leben ist, und besonders, wie er den Alptraum seiner Existenz verändern kann, indem er sich seiner bewußt wird und seinen geschichtlichen Ort im Leben einnimmt. In einer erfolgreichen Heilung erwacht der Neurotiker aus seinem verblendeten Traumzustand. Im Zen-Buddhismus wird dieser Moment das ,,große Erwachen" (*Satori*) genannt. Im Laufe einer Gestalttherapie erfährt der Patient einige geringere Erweckungen. Wenn er ,,zu seinen Sinnen kommt", sieht er die Welt häufig hell und klar.

In meiner gegenwärtigen Praxis lasse ich den Patienten alle Einzelelemente seines Traums ausagieren. Wir bilden uns als Therapeuten nicht ein, wir wüßten mehr als der Patient selbst. Wir betrachten jeden Teil des Traumes als eine Projektion. Jedes Element des Traums, sei es ein Mensch, ein Gegenstand oder eine Stimmung, ist ein Anteil des *abgespaltenen* Selbst des Patienten. So lassen wir Teile des Selbst anderen Teilen begegnen. Die wichtigste Begegnung ist natürlich die zwischen Topdog und Underdog.

Um die Methode zu illustrieren, wie sich Topdog und Underdog durch das Durcharbeiten eines Traums integrieren lassen, will ich den Fall eines Patienten erzählen, der jeden mit seinem exzentrischen psychotischen Verhalten beeindruckte. Während einer meiner Gruppensitzungen erzählte er einen Traum, in dem er einen jungen Mann sah, der in eine Bücherei ging, Bücher herumwarf, kreischte und schrie. Als die Buchhändlerin, eine ältliche Jungfer, ihn zurechtwies, reagierte er mit einem fortgesetzten unberechenbaren Verhalten. In ihrer Verzweiflung rief die Buchhändlerin die Polizei.

Ich lenkte meinen Patienten dahin, die Begegnung zwischen dem jungen Mann (Underdog) und der Buchhändlerin sowie der Polizei (Topdogs) auszuagieren und zu erfahren. Anfangs war die Konfrontation streitsam und eine nutzlose Verschwendung von Zeit und Energie. Nachdem die verschiedenen Teile des Patienten sich zwei Stunden lang feindselig gegenübergestanden hatten, waren sie in der Lage, mit dem Streiten aufzuhören und aufeinander zu hören. Wahres Hinhören ist Verstehen. Er erkannte schließlich, daß er mit seinem „Verrückt-Spielen" seinen Topdog überlisten konnte, weil ein unzurechnungsfähiger Mensch nicht bestraft wird. Infolge dieser erfolgreichen Integration hatte es der Patient nicht mehr nötig, ein verrücktes Verhalten an den Tag zu legen, um spontan sein zu können. Als Ergebnis ist er jetzt ein freierer und zugänglicherer Mensch.

Wenn Topdog den Underdog mit Erwartungen von Erfolg, guten Ergebnissen, Verbesserungen und Veränderungen versorgt, reagiert Underdog im allgemeinen mit einer vorgetäuschten Willfährigkeit oder mit Sabotage. Das Ergebnis ist Untauglichkeit und Boshaftigkeit. Wenn Underdog aber ernsthaft sich zu fügen versucht, dann hat er die Wahl zwischen einer Zwangsneurose oder einer Flucht in die Krankheit oder einem „Nervenzusammenbruch". *Der Weg zur Hölle ist mit guten Vorsätzen gepflastert.*

Auch im äußeren Leben kämpfen Topdogs und Underdogs darum, sich gegenseitig zu kontrollieren: Mann und Frau, Therapeut und Patient, Arbeitgeber und Arbeitnehmer spielen die Rollen, sich gegenseitig zu manipulieren.

Die grundlegende Lehre der Gestalttherapie ist die der Wesens-Differenzierung und der Integration. Die Differenzierung als solche führt zu Polaritäten. Als Dualitäten werden diese Polaritäten leicht in Streit kommen und sich gegenseitig paralysieren. Indem wir gegensätzliche Züge integrieren, machen wir den Menschen wieder ganz und heil. Zum Beispiel Schwäche und tyrannisches Verhalten integrieren sich als ruhige Festigkeit.

Solch ein Mensch wird eine solche Perspektive haben, daß er die ganze Situation (eine *Gestalt*) überblicken kann, ohne die Einzelelemente zu verlieren. Mit seiner verbesserten Orientierung befindet er sich in einer besseren Lage, um mit der Situation fertig werden zu können, indem er *seine eigenen Möglichkeiten mobilisiert.* Er reagiert nicht mehr mit fixierten Verhaltensweisen (Charakter) und mit vorgefaßten Vorstellungen. Er schreit nicht nach Hilfe von seiner Umwelt, denn er kann sich selbst helfen. Sein Leben wird nicht mehr durch Ängste vor drohenden Katastrophen motiviert. Er kann die Wirklichkeit nun einschätzen, indem er *mit Möglichkeiten experimentiert.* Er wird sein verrücktes Kontrollbedürfnis *aufgeben,* und er wird die Situation sein Handeln bestimmen lassen.

Die Fähigkeit zu verzichten, abzulassen von obsoleten Reaktionen, von entleerten Beziehungen und von Aufgaben, die die eigenen Möglichkeiten übersteigen, ist ein wesentlicher Aspekt von Lebensweisheit.

# Moral, Ich-Grenze und Aggression (1955)

Die Vorstellung einer absoluten Moral, die Überzeugung, daß Gut und Böse existieren und daß das, was gut und böse sei, einst für alle Menschen festgelegt worden sei, ist so alt wie die menschliche Kultur. In der Bibel versucht die Schlange den Adam mit dem Versprechen, er könne wissen, was gut und böse sei, wenn er den Apfel ißt. (Man beachte, daß er solche Erkenntnis durch Essen erlangt.) Selbst ein so aufgeklärter Mann wie Sigmund Freud läßt Spuren einer solchen Vorstellung erkennen, wenn er sagt: „Das Unbewußte ist nicht immer böse; manchmal ist es besser als die bewußte Person". Psychoanalytische Untersuchungen zeigen in der Tat, daß zumindest unser Gewissen sich so verhält, als ob es eine absolute Moral gäbe; das Gewissen bewertet unsere Taten als gut oder böse. Die Absolutheit der Moral hat einen ungeheuren Vorteil: sie gewährt dem Gläubigen ein Gefühl der Sicherheit. Er weiß, was er tun soll, er weiß, was richtig und was falsch ist. Das Gesetz verlangt von einem normalen Menschen, er müsse in der Lage sein, zwischen richtig und falsch zu unterscheiden. Vielleicht gefällt ihm das nicht, aber er kann Zweifel vermeiden und „sorglos" bleiben.

Die Vorstellung, daß die Moral relativ sei, ist allerdings auch nicht neu. Die Beweise dafür sind so überwältigend, daß wir kaum verstehen können, warum die Menschheit immer noch die Begriffe Sünde und Schuld erduldet, oft in Verzweiflung getrieben, zu Selbstmord, zur Heiligkeit, in den Wahnsinn oder zu freiwilliger Einsperrung. Aber wir hängen wahrhaftig zwischen den beiden Polen: der Unsicherheit von relativer Moral und der Verzweiflung einer absoluten Moral, zwischen der Skylla der Vernunft und der Charybdis der Offenbarung.

Gibt es hier einen Ausweg für uns? Können wir hinter der Relativität der Moral eine vereinende Absolutheit finden, einen Standpunkt, von dem aus Glaube, Überzeugung und Rationalität vereint werden können? Ich glaube ja; aber ich meine, nicht ohne eine neue Einstellung gegenüber der Aggression. Moral und Aggression - das möchte ich aufzeigen - sind wesenhaft miteinander verbunden.

Wir können absolute und relative Moral im Hinblick auf die ganze Persönlichkeit oder auf die Situation in Betracht ziehen. In der Geschichte von Dr. Jekyll und Mr. Hyde ist die ganze Persönlichkeit entweder gut oder böse. Das wird eben von zwei Leuten mit unterschiedlichen Namen repräsentiert. So sagen wir in der Alltagssprache: „er ist ein hervorragender Mensch", „du bist ein schlechter Kerl", „sie war doch sonst eine so nette Person", „du bist ein Lügner". In all diesen Fällen identifizieren wir die ganze Persönlichkeit. Aber stellen wir uns die verheerenden Folgen dieser Art von als-ob-Identifikation vor Augen: nennt man ein Kind ein paar Male einen Lügner, weil es eine lebhafte Phantasie hat, so wird es sich verpflichtet fühlen, dem Attribut „Lügner" entsprechend zu leben; es wird tatsächlich ein chronischer Lügner werden, wenn Mutter es so sagt, denn Mutter weiß es am besten.

Führen wir uns als Beispiel einer Situation die viktorianische Moral vor Augen und vergleichen wir damals und heute. Das beste Thema für einen Vergleich ist die Einstellung zur Sexualität. Die Verdammung der Sexualität war zu dieser Zeit so stark, daß „Unmoral" sexuelle Unmoral bedeutete. Vergleichen wir das viktorianische Ideal mit dem unsrigen: das viktorianische Ideal war, schön, keusch und sparsam zu sein; das gegenwärtige amerikanische Ideal ist, glanzvoll, sexy und leistungsfähig zu sein. Wegen der ökonomischen Unabhängigkeit und dem immer tiefer werdenden Konflikt zwischen Religion und Wissenschaft, zwischen der Einfachheit des Glaubens und der Fortschritts-Gier hat sich die soziale Situation gewandelt.

In psychiatrischer Hinsicht können wir sagen, daß der Kampf gegen die neurotisierende Sexualunterdrückung im Großen und Ganzen gewonnen ist, daß aber noch eine große Menge von Aufräumungsarbeiten zu tun bleibt. Während z.B. die Quantität der Sexualität überreichlich ist, läßt die Qualität des sexuellen Aktes als dem intimsten und intensivsten Ausdruck der Liebe viel zu wünschen übrig. Statt Befriedigung und Dankbarkeit finden wir Leere und Ekel, Gefühlskälte und Perversionen als Begleiterscheinungen von dem, was der ekstatische Höhepunkt menschlicher Erfahrung sein sollte. Die Gefahr der heutigen Einstellung liegt in Folgendem: während in viktorianischen Zeiten das Böse zumeist der Sexualität zugeschrieben wurde, so schreiben wir es jetzt zu leicht der Unterdrückung der Sexualität zu.

Dennoch können wir mit Sicherheit sagen, daß es im sexuellen Bereich weniger Elend gibt. Wir können jetzt vorwärtsdrängen zu dem nächsten Schreckgespenst der Menschheit, zu der Aggression, die jetzt als die „Wurzel allen Übels" angesehen wird. Die Aggression teilt diesen Platz mit dem Geld, aber ich bin der Meinung, daß der Fluch des

Geldes nicht gelöst werden kann, solange wir nicht zu einem besseren Verständnis der Aggression gelangen. Lassen Sie mich als Beispiel nur erwähnen, daß wir Habgier nicht verstehen können, ohne das Rätsel der Aggression zu lösen.

Im Individuum finden wir eine interessante Mischung von relativer und absoluter Moral. Wir verwenden den Ausdruck „zweierlei Maß"; das bedeutet, daß wir zwei Maßstäbe der moralischen Beurteilung haben, einen für uns selbst und einen für die anderen. „Quod licet Jovi, non licet bovi" - was Zeus erlaubt ist, ist Rindviechern verboten. In der Psychiatrie finden wir eine Krankheit, die diese doppelte Moral als ihr Hauptsymptom hat; ich meine Paranoia. Der Paranoiker ist immer ein Moralist, und er ist sehr stolz darauf. Er wird unfair behandelt, schikaniert und ihm wird Unrecht getan, aber er realisiert nicht einen Augenblick, daß er selbst es ist, der sich schikaniert und Unrecht tut. Aber wir haben alle solch zweierlei Maß, wenn auch manche von uns dieses mit guten Rationalisierungen meisterhaft vertuschen können.

Für einen Arzt und einen Psychologen läuft das Problem der Moral auf eine Frage hinaus: können wir, unzufrieden mit absoluter und relativer Moral, eine unzweideutige Antwort in der Moral des Organismus finden? Können wir auf der nonverbalen Ebene Erfahrungen finden, die gut oder schlecht genannt werden können? Wenn es solche Erfahrungen gibt, und sie begegnen als ein normaler Vorgang, dann können wir sie zur Grundlage einer brauchbaren Moral machen - ich möchte sogar so weit gehen zu sagen, daß eine objektive Auffassung ohne eine (subjektive) Bewertung eine Unmöglichkeit ist.

Meine Behauptung ist, daß es eine solche Moral des Organismus gibt. Gut und schlecht sind Reaktionen des Organismus. Aber die *Bezeichnung* „gut" oder „schlecht" wird dann unglücklicherweise auf den Reiz projiziert; sodann werden diese Bezeichnungen isoliert, aus dem Zusammenhang genommen und zu Verhaltensregeln, zu Moralsystemen organisiert, oft zu Gesetzen gemacht und mit religiösen Kosmologien verbunden. Dies wollen wir Schritt für Schritt aufgreifen.

Gut und schlecht sind Reaktionen des Organismus. Wir sagen: „du machst mich wahnsinnig", „du machst mich glücklich", weniger häufig; „du tust mir gut", „du tust mir schlecht". Bei einfachen Leuten begegnen uns solche Sätze extrem häufig. Ferner verwenden wir Ausdrücke wie „ich fühle mich gut", „ich fühle mich miserabel", ohne dabei an den Reiz zu denken. Dabei geschieht aber folgendes, daß ein begeisterter Schüler seinem Lehrer gut tut, daß ein gehorsames Kind seinen Eltern gut tut; ein siegreicher Boxer tut seinen Fans gut, so wie ein fähiger Liebhaber seiner Geliebten. Dasselbe bewirkt ein Buch oder ein Gemälde, wenn es unseren ästhetischen Bedürfnissen entspricht. Und umgekehrt: wenn Menschen oder Gegenstände unseren Bedürfnissen nicht entsprechen und uns keine Befriedigung verschaffen, dann haben wir ihnen gegenüber ein schlechtes Gefühl.

Der nächste Schritt ist, daß wir, statt unsere Erfahrungen als die unsrigen anzuerkenen, sie projizieren und die Verantwortung für unsere eigenen Reaktionen auf den Reiz abwerfen. (Das mag seinen Grund darin haben, daß wir Angst vor unserer Erregung haben; daß wir fühlen, wir würden in der Erregung versagen; daß wir uns vor der Verantwortung drücken wollen, usw.) Wir sagen, der Schüler, das Kind, der Boxer, der Liebhaber, das Buch, das Gemälde „*ist*" gut oder schlecht. In diesem Moment, wo wir den Reiz gut oder schlecht nennen, trennen wir gut und schlecht von unserer eigenen Erfahrung ab. Sie werden Abstraktionen, und die Reiz-Gegenstände werden entsprechend in Schubfächer eingeordnet. Das geschieht nicht ohne Folgen: sobald wir das Denken vom Fühlen abtrennen, das Urteilsvermögen von der Intuition, die Moral von der Selbst-Wahrnehmung (*self-awareness*), überlegtes, geplantes Handeln von der Spontaneität, das Verbale vom Nonverbalen, verlieren wir das Selbst, das Wesentliche der Existenz, und wir werden entweder kalte Roboter-Menschen oder verwirrte Neurotiker.

Die Natur hat uns nicht ausgestattet mit einem tiefen Gefühl für gut oder schlecht ohne einen tiefen Überlebenszweck. Dieser gefühlsmäßige Kompaß zeigt uns die Richtung an, selbst für die abstraktesten und subtilsten Ebenen der Existenz. Um es in einer summarischen Weise zu sagen: ein gutes Gefühl bedeutet für den Organismus Identifikation; werde eins mit mir! Ein schlechtes Gefühl bedeutet Entfremdung; geh du fort! In dem Gefühl für gut und schlecht erkennen wir die Unterscheidungsfunktion des Organismus; das ist ein Ergebnis dessen, was wir in der Gestalttherapie Ich-Grenze nennen.

Was ist die Natur dieser Ich-Grenze? Ich möchte zwei Aspekte anführen: 1. Die Ich-Grenze ist flexibel. Bei einem gesunden Menschen ist sie veränderlich, wie die Situationen sich ändern; aber in psychopathologischen Zuständen ist sie ziemlich starr. Solche Starrheit sieht so aus, als würde sie einem Sicherheit geben; aber das ist die Sicherheit eines Prinzipien-Menschen, der seine Gefühle und ihre Eindeutigkeit mißachtet seinen vorgefaßten Vorstellungen zuliebe. Eine der größten Gefahren von absoluter Moral liegt darin, daß sie starre Ich-Grenzen fördert. 2. Die Ich-Grenze kann man sich vorstellen als ein Zusammentreffen von einander entgegengesetzten Gefühlen, Annahmen und Zurückweisungen, Identifikationen und Entfremdungen, positiven und negativen Gefühlen.

Wir müssen es im Geiste ertragen, daß „Ich" nicht ein wirklich existierender Gegenstand oder ein Teil des Organismus ist. „Ich" ist ein Symbol eines Symbols. „Ich" bezeichnet einen Zustand oder ein Funktionieren. Was dem zugrundeliegt, wird besser mit Wörtern wie „Intuition" oder „Stimmung" wiedergegeben. Ebenso wie das nicht zu beschreibende Etwas, das wir die „Stimmung" einer Person nennen, ist das „Ich" erfahrbar, aber es hat keine Beständigkeit.

Wenn ich sage: „ich bin hier", dann bedeutet das: „hier ist ein Organismus vor dir, mit dessen Funktionen der Sprecher sich identifiziert". Wenn dieser Organismus z.B. sagen würde: „ich habe das nicht getan", dann ist dabei eine Entfremdung, ein „Nicht-Ich" miteinbezogen.

Vielleicht ist die grundlegende Funktion der Ich-Grenze das Unterscheidungsvermögen. Und wir können sagen, daß ein neurotischer Konflikt einfach der Konflikt zwischen zwei Typen des Unterscheidungsvermögens ist, einem „introjizierten" bzw. fremden (der Wahl eines anderen, die wir uns angeeignet haben) und dem Unterscheidungsvermögen des Organismus. *Karen Horney* z.B. sprach von dem idealisierten Bild und *Sullivan* von dem Selbst-System als dem introjizierten Unterscheidungsvermögen. *Bergler* fand, wie auch viele Psychoanalytiker vor ihm, die treibende Kraft des Konfliktes im Gewissen. *Freud* verwendete die Bezeichnung Über-Ich.

Nun wurde dabei seltsamerweise übersehen, daß der Konflikt zwischen diesen beiden Unterscheidungsvermögen Aggression beinhalten muß, denn Aggression ist das Wesen des Konflikts. Ohne Aggression würde ein Seelenfriede vorherrschen. Also, worum immer sich ein neurotischer Konflikt drehen mag – wir müssen vor allem anderen die Aggression in den Griff bekommen, die den Konflikt verursacht und bestärkt.

Kehren wir zu Dr. Jekyll und Mr. Hyde zurück: In dieser Geschichte wird der Konflikt anscheinend beendet, soweit es den Doktor betrifft. Er hat sich von allen unerwünschten Eigenschaften losgesagt und ist ein Ideal geworden. Sein Unterscheidungsvermögen hat alles angenommen, was in seiner Zeit als gut angesehen wurde, und hat alles Schlechte auf Mr. Hyde projiziert. Wir können z.B. sagen, daß er seine animalische Natur verleugnet, nicht angenommen hat. Seine Ich-Grenze verläuft zwischen den beiden Personen. Alles innerhalb der Grenze ist gut, alles außerhalb ist schlecht. Wir sollten unseren Helden eigentlich Mr. X nennen, denn wie man jetzt sieht, der Doktor und der Mr. sind zwei Teile einer aufgespaltenen Person, und die Spaltung, die Isolierschicht ist die Ich-Grenze. Der Idealist in dieser Person würde natürlich gerne selbst ein Mörder werden, nämlich die animalische Natur in ihm töten, aber das würde Selbstmord und das Ende der Geschichte bedeuten, denn man kann Natur nicht töten.

Allgemeiner gesagt, innerhalb jeder Ich-Grenze finden wir die verbindenden Kräfte der Integration, die wir gut nennen, und außerhalb die zerstörerischen Kräfte der Aggression, die wir schlecht nennen. Innerhalb ist das, was wir akzeptieren und was uns vertraut ist, außerhalb das, was wir als fremdartig abweisen. Die Gesetze der Ich-Grenze, Identifikation und Ablehnung, betreffen alle Abgrenzungsphänomene. Sie betreffen die zwischenmenschlichen Beziehungen, wie z.B. ,,du bist der Meinige", ,,ich kenne dich nicht mehr", ,,das könnte mein Sohn sein". Und sie betreffen die innermenschlichen Vorgänge wie bei Mr. X. Wir könnten ganze Bücher füllen mit Beispielen, wie wir Teile von uns selbst abspalten, verursacht durch Verdrängungen, Projektionen, Selbstkontrolle und andere Mittel, sich von dem organismischen Unterscheidungsvermögen zu entfremden. Identifikation und Ablehnung ereignen sich ebenso in sozialen Organisationen, in einer Nation, einem Club, einer rassischen Gruppe, einer Vereinigung. Die Gesetze sind besonders ausgeprägt, wo die ,,Andersheit" betont wird, wie in Nationalismen, Kulten, in Ausbeutungs- oder in Reformsystemen. Je enger die inneren Bindungen zwischen den Mitgliedern einer Gruppe sind, desto mehr Aggression und Feindschaft entwickelt sich außerhalb der Grenzen. Eben weil die Montagues und die Capulets so eng zusammenhängende Clans sind, befeinden sie sich gegenseitig so sehr. Der eigene Gott ist immer der gute, der fremde Gott wird verworfen. Die eigenen Soldaten sind tüchtige Helden; der Feind ist ein räuberischer Schurke.

Aggression und Zusammenhalt bedingen sich gegenseitig. Nach der Aggression von Pearl Harbor ist der innere Zusammenhalt, das Gefühl von Einheit innerhalb der Vereinigten Staaten beträchtlich gewachsen, und die Aggression, die bisher im Parteien- und im Klassenkampf investiert wurde, richtete sich an die Grenze als ein mächtiges Mittel der Verteidigung.

So sind wir auf eine ganz natürliche Weise zu dem Thema der Aggression gekommen. Wenn jemand mit seinem Urteilsvermögen alles, was außerhalb der Grenze ist, schlecht nennt, dann entsteht eine wirkliche Gefahr. Denn je näher sich Nachbarn in räumlicher oder in geistiger Hinsicht sind, desto größer ist die Gefahr der Identifikation zwischen ihnen, das bedeutet, die Gefahr, seine eigene Identität zu verlieren. Somit entsteht das Bedürfnis, diese Bedrohung zu zerstören. Und andererseits, wenn eine Einheit sich ausdehnen will, wie bei dem Wachstum einer individuellen Persönlichkeit oder einer Nation oder wie bei dem Bedürfnis einer Reformbewegung, Proselyten zu machen, dann braucht so eine Einheit Aggression, um die begegnenden Widerstände zu zerstören. So wollen wir nun einen Augenblick dieses Wort ,,zerstören" erörtern.

Wir stellen uns Zerstörung oft als *Vernichtung* vor, aber wir können eine Substanz, die für uns wichtig ist, nicht derart zerstören, daß sie zu *nichts* gemacht wird. Zerstören bedeutet de-strukturieren, der Struktur berauben, in Stücke zerbrechen. Aggression hat eine zweifache Absicht: erstens, einen bedrohlichen Feind bis zu dem Punkt zu de-strukturieren, wo er machtlos wird; und zweitens, bei einer expansiven Aggression eine Substanz, die für das Wachstum gebraucht wird, soweit zu de-strukturieren, daß sie assimiliert werden kann. Selbst als Hitler sich daran machte, die Tschechoslowakei zu zerstören, hat er sich gehütet, die Rüstungsfabriken zu zerstören, die er seinem Großdeutschland eingliedern wollte.

Somit gehört Aggression wesentlich zum Überleben und zum Wachsen. Sie ist keine Erfindung des Teufels, sondern ein Mittel der Natur. Wir können den Wunsch von Eltern wohl verstehen, daß Aggression lediglich eine Neurose von unartigen Kindern sei, oder den Wunsch von Psychiatern in Nervenheilanstalten, daß Aggression beseitigt werden könne wie eine physische Ausscheidung, um etwas Unangenehmes loszuwerden. Die Natur ist jedoch nicht so verschwenderisch, eine so kraftvolle Energie zu schaffen wie die Agression, bloß um sie ,,loszuwerden" oder sie ,,abzureagieren". In Fällen von pathologischer Aggression haben wir einfach Beispiele von nicht organisierter, nutzloser Aggression. Als ein Werkzeug der Natur ist Aggression wertvoll; als ein Werkzeug moralistischer Beurteilung wird sie ein Instrument zum Nicht-Überleben. Wenn zum Beispiel ein Fall von Nervenzusammenbruch durch eine zu große Selbstkontrolle verursacht ist, heißt das, daß die betreffende Person die Aggression gegen die eigenen spontanen Impulse richtet.

Um leben zu können, muß ein Organismus wachsen, physisch und psychisch. Um zu wachsen, müssen wir uns äußere Substanz einverleiben, und um diese assimilierbar zu machen, müssen wir sie de-strukturieren, zerstören. Denken wir doch nur an das elementare Werkzeug aggressiver Zerstörung, an die Zähne. Um die hoch differenzierten Eiweißstoffe des menschlichen Fleisches aufzubauen, müssen wir die Moleküle in unserem Essen zerstören. Das geschieht in drei Stufen: Beißen, Kauen, Verdauen. Zum Beißen haben wir die Schneidezähne, die in unserer Kultur teilweie durch das Messer ersetzt worden sind. Der erste Schritt ist das Zerschneiden von großen Stücken in kleine Bissen. Sodann zermalmen wir die Bissen zu einem Brei mit Hilfe unserer Backenzähne, oder technisch mit Mühlsteinen. (Ein Patient sagte mir, er könne im Kauen nichts Aggressives sehen, wohl aber im Beißen; aber wie würde er sich wohl fühlen, wenn er zwischen zwei Mühlsteinen liegen würde?) Schließlich findet in unseren Mägen ein chemisches Destrukturieren, Zerstören mittels Zersetzungssäuren statt. (Zum Beispiel bei Ressentiments, was unvollständige Aggressionen sind, stellen sich als Folge oft Magengeschwüre ein.)

Natürlich sind nicht nur die Zähne Werkzeuge der Aggression, sondern auch die Kinnmuskeln, die Hände, die Worte. Aggression geschieht im organischen Zusammen-arbeiten aller Teile der Persönlichkeit.

Wenn wir nun eine neurotische Person zur Integration führen wollen, müssen wir zunächst die Symptome zerstören, destrukturieren. Mit anderen Worten, wir versuchen nicht, Kopfschmerzen oder Zwangsvorstellungen loszuwerden, indem wir sie vernichten, indem wir sie wegschneiden. Das würde den Patienten zum Krüppel machen, wenn es möglich wäre; solche Versuche überlassen wir den Lobotomisten. Unser Ziel ist vielmehr, die Persönlichkeit zu reorganisieren, zu de-strukturieren und zu re-strukturieren. Wenn wir das tun, werden wir ausnahmslos eine beträchtliche Aggression finden, die entweder in Selbstkontrolle oder in Selbstbestrafung, sogar in Selbstzerstörung gebunden war. Wir finden Aggression, die projiziert wurde und die als eine chronische Angst vor einer nahe bevorstehenden Katastrophe in Erscheinung tritt. Wir finden destruktive Aggression in der Reizbarkeit, in Zurückgezogenheit, in Vorenthaltung. Kurz, wir finden eine Menge „Überschuß"-Aggression. Aber zu behaupten, daß diese Aggression als solche verantwortlich sei für pathologische Verzerrungen wie den Nazismus oder den Sadismus, wäre das gleiche, wie wenn man den Sexualtrieb für die Perversionen verantwortlich machen würde. Aggression ist genausowenig wie die Sexualität für die Neurosen verantwortlich, sondern eine verhängnisvolle Organisation der Aggression, die uns in unseren Institutionen und Familien begegnet, insbesondere in der Unfähigkeit, mit dem industriellen Fortschritt und mit dem Inferno des Stadtlebens fertig zu werden. Wir haben unser organisches Unterscheidungsvermögen mißachtet, und damit haben wir die Höhe der Befriedigung in unserem Leben verringert. Gefangen in Hast und Sorgen haben wir keine Zeit, Situationen abzuschließen. Vielleicht werden die allermeisten Menschen, statt dem nachzugehen, was für sie interessant ist, von der „Pflicht" getrieben, von der Notwendigkeit, ihren Lebensunterhalt zu verdienen in Beschäftigungen, die ihnen nicht entsprechen, die keine wahren Berufungen sind, von der Habgier nach Dingen statt einem Verlangen nach bedeutungsvollen Beziehungen, von Vergnügungssucht statt einem Bemühen um Glück.

Meiner Meinung nach ist das alles wesentlich verbunden mit der armseligen Organisation unserer Essensgewohnheiten; und in jeder Therapie widme ich dem eine beträchtliche Zeit, diese Gewohnheiten neu zu gestalten, zu re-strukturieren. Atemstörungen verursachen Symptome von Angst; Störungen einer angemessenen und befriedigenden Nahrungsaufnahme verursachen durch die ungenützten biologischen Aggressionen viele neurotische Schwierigkeiten.

Wir wollen nun unsere verschiedenen Gedankengänge zusammenfassen.

Das Wachstum des Organismus geschieht durch die Integration unserer Erfahrungen, d.h. indem von unserem Organismus die physischen, emotionalen und intellektuellen Substanzen, die die Umgebung anbietet und die auf ein Bedürfnis treffen, assimiliert werden.

Wenn keine Assimilation stattfindet, dann bleiben uns die Introjekte zurück, die Dinge, die wir ganz verschlungen haben, das fremde Material, das wir uns nicht zu eigen gemacht haben. Eine introjizierte Moral ist so etwas: sie ist das Ergebnis einer unvollständigen Aggression, ein unvollständiges Abbeißen, Zerkauen und Verdauen der Normen von Eltern, Lehrern und der Gesellschaft. Manches dieser Nahrung war vielleicht gar nicht geeignet für den Organismus, sich damit abzugeben; er hätte nie von sich aus abgebissen, sondern wurde dazu gezwungen. Dieser Teil muß ausgebrochen werden. Anderes mag zwar vielleicht bekömmlich genug gewesen sein, aber es wurde zur falschen Zeit oder in falschen Mengen gefüttert, und so wurde es nie verdaut. Dieser Teil muß wieder heraufgeholt, noch einmal zerkaut und verdaut werden.

Und weiter: da die Aggression unvollständig blieb, da das organische Destrukturieren der Nahrung unterbrochen wurde, tritt eine Abspaltung eines Teils der Aggression zu einer frei schwebenden Aggression ein; und das entsprechende Hungern kehrt als Gier wieder. Was aus Gier aufgenommen wird, ist dadurch gekennzeichnet, daß es nicht befriedigt; Gier fordert immer mehr, um einen bodenlosen Abgrund zu füllen - denn die Speise nährt nicht. Wenn man z.B. im Bereich des Selbstwertgefühls einen schwerwiegenden Mangel hat, wird keine noch so große Menge von Lob je genug sein, denn das Lob wird nicht assimiliert; es wird verworfen (verschlungen ohne Wohlgeschmack) oder es wird eine Quelle der Prahlerei (wieder erbrochen). Und die frei schwebende Aggression, die für die Assimilierung hätte benutzt werden sollen, findet ihren Ausweg in Tyrannei, Sadismus, Gereiztheit, und dergleichen.

Behindert durch seine Introjektion, verliert der Organismus sein eigentliches Unterscheidungsvermögen; der Magen und der Mund werden herb oder unempfindlich; es gibt keinen Appetit. Dann werden falsche Dinge gewählt, die Nahrung wird in der falschen Richtung gesucht, entsprechend fremden „Bedürfnissen". Die Folge davon muß ein immer weiteres Fixieren von Fehlhaltungen und ein unvollständiges Zerstören sein; denn wie können wir ohne Wohlgeschmack, Appetit und Bedürfnis erwarten, daß die Aggressionsfunktionen vollständig mobilisiert werden, sei es gegenüber dem Essen, der sexuellen Befriedigung, den Erkenntnissen oder den sozialen Beziehungen? Gesunde Aggression ist nichts anderes, als sich selbst für das Erreichen der Selbstverwirklichung (als Instrument) einzusetzen.

Demgegenüber wollen wir in der Therapie Schritt für Schritt die Akte des Unterscheidungsvermögens prüfen und wieder aufwerten, indem wir die Aggressionsgewohnheiten re-strukturieren. So mag sich z.B. bei einer Übung mit dem Kauen zunächst ein Würgen und Erbrechen einstellen, dann aber neue Geschmacksempfindungen und ein kräftiger Appetit. Und umgekehrt werden sich mit der Neubewertung der Dinge, die einem ekelhaft sind, und der Dinge, die man sich ausgesucht hat, zunächst vielleicht Schmerzen oder Krämpfe in den Kinnbacken oder in anderen Aggressionsmuskeln einstellen, sodann aber neue Kräfte, nach dem zu greifen und sich abzubeißen, was organisch notwendig ist.

Wenn Appetit und Aggression aus den Bedürfnissen des Organismus heraus erfolgen und wenn die Objekte vom Organismus bewertet und unterschieden werden, dann hat man die Sicherheit, die in einer starren Weise von den absoluten Moralnormen gegeben wurde. Gleichzeitig aber hat man auch die bei den Veränderungen der Weltverhältnisse notwendige und wunderbare Flexibilität und Relativität, denn es entsteht keine Angst, das Selbst zu verlieren: denn es ist das Selbst, das wählt.

In der Praxis ist natürlich der größte Widerstand bei der Re-organisation der Aggression die Furcht des Patienten, zu verletzen oder durch Vergeltung verletzt zu werden. Zumeist jedoch läßt sich zeigen, daß diese Furcht zu verletzen nichts anderes ist als eine Selbsttäuschung und Heuchelei; obwohl er nämlich seine Handlung verhindert oder seine Wünsche, direkt zu verletzen, verschleiert, wird er dennoch ständig indirekt verletzen. Das tut er, indem er jemandem die kalte Schulter zeigt, indem er zu spät kommt, enttäuscht, schlechter Laune ist, indem er taktlos ist und gegen irgendetwas verstößt, usw. ad infinitum. Nicht der Konflikt und die Aggression, die zu einer Lösung gebracht wird und oft zu einer kreativen und überraschenderweise befriedigenden Lösung, ist es, was das Elend verursacht, sondern das Vermeiden, den Kampf offen auszutragen und die Atmosphäre zu reinigen. Ich möchte einen extremen Fall erwähnen, einen meiner Patienten in Südafrika: Er hatte einen Knopf seines Jacketts verloren. Drei Wochen hatte er einen heftigen Groll gegen seine Frau, weil sie den Knopf nicht wieder annähte. Aber er hat mit ihr darüber nicht gesprochen, noch hat er die notwendigen fünf Minuten investiert, um den Knopf selbst anzunähen. Stattdessen machte er sich und seine Frau mit seiner schlechten Laune drei Wochen lang unglücklich.

Was schließen wir nun daraus im Hinblick auf Moral und Aggression?

Der Organismus kann eine unabgeschlossene Situation nicht dulden. Bei jeder abgeschlossenen Situation fühlen wir uns gut; bei jeder unabgeschlossenen Situation fühlen wir uns schlecht. Zum Abschließen einer Situation, um Wohlbefinden und Stabilität erreichen zu können, mobilisieren wir unsere Kräfte, das Problem in Angriff zu nehmen. Je mehr Hindernisse sich in den Weg stellen, desto größere Energien müssen wir ins Spiel bringen. Bei Hunger gibt es eine orale Aggression; bei Wünschen und Frustrationen anderer Art sind andere Aggressionsmuskeln beteiligt. Beim Sprechen ist unsere Stimme weich und freundlich, wenn wir uns gut fühlen oder eine erstrebte Lösung zustandebringen; wenn wir uns schlecht fühlen oder frustriert sind, dann wird unsere Stimme kratzig und wir fluchen. Wenn wir uns im Hinblick auf unsere Mitmenschen gut fühlen, dann sind wir dankbar und haben das Gefühl eines harmonischen Kontaktes; wenn wir uns schlecht fühlen, dann greifen wir sie irgendwie an und versuchen, unsere Umgebung zu verändern. Wenn wir uns selbst vom Aggressiv-Sein abhalten, dann empfinden wir stattdessen Groll oder Schuld.

So müssen wir sagen: nicht die Aggression selbst ist gut oder schlecht, sondern wenn wir uns schlecht fühlen, fühlen wir uns aggressiv.

# Ein Interview mit Friedrich S. Perls (1968)

*J.L. Walker*

Dies ist das Exzerpt eines Interviews, das ich mit F.S. Perls am Esalen Institute, Big Sur, California, am 16. März 1968 führte:

*Walker* (in der Folge *W.*): Sie behaupten, daß Selbst-Bewußtheit (*self-awareness*) das grundlegende Anliegen der Gestalttherapie ist.

*Perls* (in der Folge *P.*): Nein. *Bewußtheit* ist das grundlegende Anliegen; Bewußtheit unserer Grundbedürfnisse, nicht Selbst-Bewußtheit. Selbst-Bewußtheit führt zu Meditation und Hypochondrie. Es ist immer die Frage, womit die Person in Kontakt ist. Wenn man nur mit sich selbst in Kontakt ist, verliert man die Welt. Wenn man nur mit der Welt in Kontakt ist, verliert man sein Selbst, so daß die ,,ökologische Einheit" nicht zustande kommen kann.

*W.:* D.h. im Workshop versuchen Sie dem, der gerade mit Ihnen arbeitet, in jedem Moment alles bewußt zu machen, was in seiner Umgebung vor sich geht.

*P.:* Ich mache ihm nichts bewußt, sondern ich finde heraus, womit er in Kontakt ist, und vor allem das, was in seiner Bewußtheit fehlt, was er vermeidet, denn Vermeidung führt zu Löchern in der Persönlichkeit. Ich versuche herauszufinden, wo eine Person unvollständig ist.

*W.:* Welche Bedingungen schaffen Sie also im Workshop, um die Art Bewußtheit hervorzubringen, die die Gestalttherapie dem Menschen zu erreichen hilft?

*P.:* Ich kann nur eines sagen: indem ich echt bin, ich selbst bin. Wenn jemand nicht arbeiten will, bin ich nicht interessiert. Ich sage der Person z.B.: ,,Es interessiert mich nicht, von dir zum Narren gemacht zu werden. Verlaß den Stuhl; ich brauche dich nicht". Nachdem sie zurückgewiesen wurden, kommen die Leute sehr oft zurück (das passierte in zwei Fällen gerade vergangene Woche) und arbeiten sehr effektiv. Die grundlegende Verantwortlichkeit des Therapeuten ist es, real zu sein, er selbst zu sein. Wenn er das nicht kann, kann er anderen nicht helfen, real zu werden.

*W.:* Betrachten Sie die Gestalttherapie als einen sicheren Weg, den Prozeß der Psychotherapie zu verkürzen?

*P.:* Ich gehe sogar einen Schritt weiter. Natürlich könnte ich jetzt für mich Reklame machen. Ich sehe Gestalttherapie bis jetzt als die einzige vorhandene Therapie, die effektiv ist, was heißt, daß das ganze Gerede über Verkürzung der Therapie überflüssig ist, denn wenn eine Therapie nicht effektiv ist, wird sie wie die Psychoanalyse immer weitergehen. Nehmen Sie z.B. ein Bilderpuzzle; Sie können die Teile immer weiter zerschneiden, aber wenn Sie die Teile integrieren, wird vielleicht das ganze Bild vollendet.

*W.:* Es scheint mir, daß die Gestalttherapie im Gegensatz zu anderen Therapien bei allen Gruppen verwendbar ist, unabhängig von ihrem sozioökonomischen Status und ihrer verbalen Gewandtheit. Würden Sie sich dazu äußern?

*P.:* Nun, ich würde sagen, daß der Faktor des Wachstums jedem organischen Wesen innewohnt, so daß er in jedem tierischen oder menschlichen Wesen, oder was immer wächst, wirksam werden sollte, wenn man entfernt, was Wachstum und Integration verhindert. Wenn wir von einer Person annehmen, daß sie sich selbst behindert oder der Gesellschaft erlaubt, sie in ihrem Ganzheitlich-Werden zu behindern, gibt es für die Therapie keine Grenzen. Tatsächlich weitet sich die Gestalttherapie nach zwei Seiten aus. Einerseits beginnt sogar die offizielle Psychiatrie, sie zu akzeptieren, obwohl sie sich sehr dagegen sträubte. Andererseits geht die Gestalttherapie in das ganze Gebiet der Erziehung ein. Diesbezüglich empfehle ich Ihnen eine nähere Beschäftigung mit der Arbeit von *Janet Lederman.* Sie machte unter Verwendung von Gestalttherapie eine sehr schöne Arbeit mit *drop-outs,* stark gestörten Kindern, wobei sie ein äußerst asoziales Verhalten in soziales Verhalten zu verändern suchte und den Kindern half, sich selbst zu finden.

*W.:* Das bedeutet, die Techniken der Gestalttherapie sind nicht nur für die Arbeit im streng therapeutischen Setting, sondern auch für die Anwendung auf erzieherische und soziale Probleme geeignet.

*P.:* Ich habe etwas gegen das Wort Technik. Ich akzeptiere niemanden als kompetenten Gestalttherapeuten, solange er noch „Techniken" benützt. Wenn er seinen eigenen Stil nicht gefunden hat, wenn er sich selbst nicht ins Spiel bringen kann und den *Modus* (oder die Technik), die die Situation verlangt, nicht der Eingebung des Augenblicks folgend erfindet, ist er kein Gestalttherapeut. Er ist ein Handwerker, aber kein Künstler. Er ist schlimmstenfalls ein Abzugsbild von Fritz oder jemandem anderen, aber er ist nicht er selbst.

*W.:* Was sehen Sie als Grenzen der Gestalttherapie an?

*P.:* Es ist hauptsächlich das Zeitproblem. Eine Person kommt zu einem Workshop. Sie erreicht ein gewisses Maß an Reifung. Sie hat in der unterstützenden Umwelt, die der Workshop bildet, gelernt, bestimmte Risiken einzugehen. Dann geht sie wieder in die Welt hinaus, in eine fremde, manchmal feindliche Umwelt, und vieles von dem, was sie erreicht hat, wird nicht halten. Im allgemeinen würde ich sagen, daß sie drei Schritte vorwärts und einen oder zwei rückwärts macht. Was ich mir daher als eventuelle, nennen wir es „am ehesten perfekte" Therapie vorstelle, ist eine Gestaltgemeinschaft, wohin die Leute für drei oder vier Wochen gehen. Sie werden dort arbeiten, ausschließlich dort leben, bis sie einen Reife- und Realitätsgrad erreicht haben, der ihnen helfen wird, ihre alltägliche Umwelt zu ertragen und zu bewältigen, und der ihnen helfen wird anzufangen, die Umwelt an ihren reicheren und volleren Zugang anzupassen.

*W.:* So daß sie vielleicht nie mehr zu irgendeiner speziellen Therapieform zurückkommen müßten.

*P.:* Genau.....Sie sehen, das Wort „Therapie" ist wirklich nicht ganz richtig, weil das, womit wir uns beschäftigen, nicht so sehr Krankheit als vielmehr Störung ist. Krankheit ist *eine* Form der Unfähigkeit, mit der Welt fertig zu werden.

*W.:* Würden Sie mehr über „*skillful frustration*" sagen?

*P.:* Ja, ich sage manchmal zu Leuten: „Du willst nicht arbeiten, du willst einen Karpfen aus mir machen. Verlaß den Stuhl!" Ich lasse sie wissen, daß ich verfügbar bin, *mit ihnen zu arbeiten*, nicht ihnen *zu helfen.* Ich glaube, das ist der entscheidende Punkt, an dem wir jetzt in der Gestalttherapie stehen. Die Realisation der Blockierung (*impasse*), der „Blauen - Baby - Blockierung", in der eine Person steckt in dem Glauben, daß sie mit der Situation nicht allein fertig werden kann. Sie fühlt, daß sie Unterstützung der Umgebung braucht. Daher muß der Therapeut die Mittel, mit denen die Person gewöhnlich ihre Erfahrung vermeidet, frustrieren, um sie durch diese Blockierung hindurch zu führen, um ihr bewußt zu machen, daß sie entgegen ihrer Überzeugung, machtlos zu sein, etwas für sich selbst tun kann.

*W.:* Gibt es also irgendwelche Leute, bei denen Gestalttherapie in ihrem jetzigen Entwicklungsstadium nicht verwendet werden kann?

*P.:* Das kann ich Ihnen nicht sagen. Ich kann Ihnen soviel sagen: Ich glaube, daß ich persönlich mit jeder Neurose fertig werden kann. Ich bewältige erfolgreich einige Borderline-Fälle. Ich würde sagen, sogar mehr als Borderline-Fälle. Nun ist etwas im Gang, wodurch wir sehen, ob wir darüber hinausgehen können. Wir werden ein „Explosions"-Zentrum für Schizophrenie aufmachen, und ich soll das Training für die Mitarbeiter machen. Ich hoffe, daß ich nächstes Jahr meine Zeit der Forschung widmen kann, um zu sehen, ob wir das Problem der Schizophrenie lösen können. Ich weiß, daß die, die mit schizophrenen Patienten arbeiten, über viel besseren Erfolg berichten, wenn sie Gestalttherapie benützen. Aber die Sache ist die, daß wir jetzt in den Stadien der Entwicklung sind. Wir kommen an neurotische Störungen heran, wo die Person noch ein bestimmtes Maß an Realität hat. Wir wissen nichts über die tiefer gestörten Personen, die Schizophrenen.

*W.:* Wie vergleichen Sie Gestalttherapie mit Psychoanalyse? Haben Sie in Ihrer eigenen Arbeit die Psychoanalyse ganz aufgegeben?

*P.:* Nicht ganz. Ich beginne mehr und mehr, *Freud* zu verstehen, vielleicht mehr als er sich selbst verstand. Ich war ein Lehranalytiker in der freudianischen Schule. Ich habe in Psychoanalyse eine volle Ausbildung. *Freud* entdeckte viele Halbwahrheiten. Den ersten Schritt in eine neue Richtung zu tun, ist so schwer und bedeutet so viel, daß die Leute nicht verstehen konnten, daß *Freuds* Krankheit und tiefe Phobie die Lösung der Frage der Neurose stark behinderte. Als Hauptbeispiel führe ich gerne an, daß *Freud* selbst erklärte, daß er es nicht aushalten konnte, wenn ihn Leute anstarrten. Daher legte er sie auf eine Couch, um die Begegnung zu vermeiden. *Freuds* Symptom wurde das Kennzeichen der Psychoanalyse, daher vermeiden alle Psychoanalytiker die menschliche Begegnung und hängen denselben Tabus der Analyse an. Nicht nur das, sondern alles, was zwischen dem Analytiker und dem Patienten real passiert, wird durch die Vergangenheit und die Übertragung wegerklärt. Das Ergebnis ist, daß man analysieren und analysieren und analysieren kann; und *Freud* erkannte selbst am Ende seines Lebens, daß eine Analyse nie beendet werden kann. Daher betone ich immer wieder, daß die Gestalttherapie ein *integrativer* Ansatz ist, nicht ein *analytischer.* Ich habe es früher gesagt und ich sage es immer wieder; und das ist so schwer zu verstehen: daß wir uns in unserer Zeit, in unserer elektronischen Zeit mit Strukturen, mit der Orientierung, *wie* eine Sache funktioniert, beschäftigen und die Mentalität der Kausalität, das *Warum* beiseite lassen. Hier hat wieder *Freud* selbst gesehen, daß jedes Ereignis überdeterminiert ist, aber dann vergißt er das in anderen Augenblicken und sucht einen Grund. Es ist sehr interessant, daß ich keine sogenannten Gründe, Kindheitstraumata, gesehen habe, die nicht Erfindungen des Patienten waren. Vielleicht lesen sie dieses Buch von *Hannah Green, „I Never Promised You a Rose Garden".* Eine hervorragende Therapeutin, *Frieda Fromm-Reichmann* (die von derselben Frankfurter Schule wie ich kam) entdeckte, daß das „Trauma" nie wirklich passiert war. Es wurde gebraucht, um die Selbstachtung der Person zu sichern.

*W.:* Sie sehen sich selbst also als jemanden, der die von *Freud* begründeten Halbwahrheiten vervollständigt?

*P.:* Ja, das könnte man sagen. Um Ihnen ein typisches Beispiel zu geben: *Freud* entdeckte den Topdog, das Über-Ich, aber er erkannte nie, daß dem Topdog ein Underdog gegenübersteht, der genauso nach Kontrolle strebt, wie der Topdog. Tatsache ist, daß der Underdog gewöhnlich gewinnt, und zwar durch Sabotage (Verrückt-spielen, Zögern, Müdigkeit vortäuschen, etc.). Der Konflikt zwischen Topdog und Underdog wird verewigt, bis sie integriert werden und bis die Person sich um ihre eigenen Rechte sorgt, statt mit oder gegen den ,,Sollte"-Zwang (*shouldism*) zu arbeiten. Wenn Topdog und Underdog integriert sind, weiß die Person, was *sie* will.

*W.:* Worin liegen für Sie die Herausforderungen der Gestalttherapie für Theologie oder Religion im allgemeinen?

*P.:* Ja, das ist eine sehr schwere Frage. Fangen wir mit folgendem Gesichtspunkt an: Meine Phantasie über das Universum ist, daß es ein Bewußtheitsprozeß ist, der in der Theologie ausgedrückt wird, indem man Gott die Attribute der *Unendlichkeit, Ewigkeit* und *Allwissenheit* gibt. Mit anderen Worten: Ich glaube, daß das Universum *Ausdehnung, Dauer* und *Bewußtheit* hat. Nun, diese Idee des Universums oder der Sache, die Bewußtheit hat, wurde bereits von *Berkeley* und *Whitehead* erwähnt, und wir erkennen immer mehr, daß sogar Pflanzen (und vielleicht gehen wir zu Zellen über) Bewußtheit haben; sie sind sich bewußt, was vor sich geht und was sie brauchen. Es gibt bereits einige schöne Beispiele dafür. Z.B. kann man eine Pflanze nehmen und auf eine Stelle Dünger geben, und die Wurzeln der Pflanze werden in Richtung des Düngers wachsen; wenn man den Dünger woanders hingibt, verbiegt die Pflanze ihre Wurzeln aus einem Gefühl für ihre Bedürfnisse. Sie kennen den Begriff *Tropismus;* und Sie haben wahrscheinlich von den Ratten gehört, die mit dem Gehirn einer Ratte gefüttert wurden, welche gelernt hatte, das Rätsel eines Labyrinths zu lösen, und die dann das Labyrinth sehr leicht lösten, weil die Hirnmasse die Information oder Bewußtheit enthält, die gebraucht wird.

Alles, was wir über Religion sagen können: Wir wissen definitiv - oder lassen Sie es mich so sagen: Ich sehe den Aufstieg und Niedergang der USA, und es gibt kaum einen Platz, wo man diesen Niedergang nicht sieht. In dem Verfall der Kirche ist der Niedergang besonders stark sichtbar. Nun braucht der Mensch eine Orientierung, eine *Weltanschauung* hinsichtlich der Welt, und man weiß, wie sehr der Kommunismus die Leute mit einer Orientierung versorgt, die die religiöse Orientierung nicht hat. Die Philosophie ist im allgemeinen zu blutarm, um die emotionalen Seiten des menschlichen Wesens ausreichend zu versorgen. Politische Ideologien können ein ungeheures Maß an Begeisterung und Enthusiasmus hervorbringen. Was die Gestalttherapie tun wird, weiß ich nicht. Ich weiß, daß Gestalttherapie ein philosophisches System ist, das alle möglichen Ereignisse deckt und den Menschen (wie jede andere existentielle Philosophie) mitten ins Zentrum seines eigenen Seins stellt. In welchem Maß die Gestalttherapie mit den Projektionen der Menschen, mit dem Bedürfnis, verbindliche Anweisungen von Gott oder Autoritätsfiguren zu erhalten, fertig wird, weiß ich nicht.

*W.:* Ich habe jedenfalls das Gefühl, daß die Gestalttherapie den religiösen Institutionen klare Möglichkeiten anbietet, den Menschen zu helfen, sich ihrer Projektionen bewußt zu werden.

*P.:* Ja. Sehen Sie, es ist sehr interessant, daß das deutsche Wort für „*minister*" Seelsorger ist, der Heiler für die Seelen. Immer mehr beginnen die Seelsorger Wert darauf zu legen, mit Ihrer Klientel mehr in Berührung zu kommen und sich um sie zu sorgen, statt nur auf ein kollektives Predigen. Immer mehr Seelsorger beginnen auch, den personalen Gott zu leugnen, und, sagen wir, die jüdische Vorstellung von Gott als dem Unaussprechlichen, als der grundlegenden kreativen Energie des Universums anzunehmen.

# Gruppentherapie versus Einzeltherapie (1967)

*Marshall McLuhan* hat ein Buch geschrieben, in dem er die These entwickelt: Das Medium ist die Botschaft.

Welche Botschaft erhalten wir von dem Medium der Gruppentherapie? Die Gruppentherapie sagt uns: „Ich bin ökonomischer als die Einzeltherapie". Die Einzeltherapie entgegnet: „Ja, aber du bist weniger wirksam". ,,Aber", fragt die Gruppentherapie, ,,wer sagt denn, daß *du* wirksam seist?"

Sie werden bemerken, daß diese beiden Therapieformen auf meiner inneren Bühne sogleich einen Streit beginnen und in einen Konflikt geraten. Zeitweilig versuchte ich, diesen Konflikt in der Gestalttherapie so zu lösen, indem ich meine Patienten aufforderte, sowohl Einzel- als auch Gruppentherapie zu machen. Später jedoch habe ich die Einzelsitzungen gänzlich fallen lassen, außer in Notfällen. Letztendlich bin ich zu der Auffassung gelangt, daß alle Einzeltherapie überholt sei und durch Workshops in der Gestalttherapie ersetzt werden sollte. In meinen Workshops verbinde ich jetzt Einzel- und Gruppenarbeit miteinander. Jedoch ist diese Arbeit mit einer Gruppe nur dann wirksam, wenn die Begegnung des Therapeuten mit *einem einzelnen Patienten innerhalb der Gruppe* wirksam wird.

Um die Wirksamkeit der Gestalttherapie in Workshops zu verstehen, müssen wir uns zunächst einem anderen Konflikt zuwenden: dem Zwiespalt zwischen den *experientiellen* und den *behavioristischen* Verfahren. Dann können wir verstehen, wie die Gestalttherapie beide Zweige der Psychologie integriert.

Der Behaviorist wird gewöhnlich als ein Konditionierer angesehen. Wenn er bereit wäre, von der Tätigkeit des Konditionierens abzurükken - von dem Zwang, Verhalten zu ändern, und zwar im wesentlichen mit den äußerlichen Mitteln der Übung und Wiederholung -, dann könnte er ein Beobachter werden, ein Beschreiber von fortschreitenden Prozessen. Dann würde er lernen, daß Lernen ein Entdecken ist, daß es eine Sache von neuer Erfahrung ist. Andererseits hat er einen Vorteil vor der Mehrheit der klinischen Psychologen: er arbeitet im Hier und Jetzt. Er ist an der Wirklichkeit orientiert, wenn auch in einer ziemlich mechanischen Weise; und er ist mehr an Beobachtungen orientiert als der Kliniker, der sich zumeist von Abstraktionen und Reflektionen leiten läßt. Der Kliniker jedoch hat die völlige Ausrichtung auf das Phänomen der Bewußtheit, was wiederum dem Behavioristen fehlt. Ob er es nun Bewußtsein, Sensitivität oder wache Bewußtheit (*awareness*) nennt, spielt dabei überhaupt keine Rolle.

*Freud* nahm an, daß schon das Heraufholen von unbewußten *Erinnerungen* ins Bewußtsein für eine Heilung genügen würde. Die existentialistische Psychiatrie hat eine ähnliche, wenn auch etwas umfassendere Auffassung: *alle* die Persönlichkeitsanteile, die entfremdet wurden, wieder zu assimilieren und verfügbar zu machen.

Was den *experientiellen* Psychologen behindern kann, ist dies: obwohl er auf Erfahrung ausgerichtet ist, wendet er sich leicht von dem ,,Hier und Jetzt" des Behavioristen ab. Entweder beschäftigt er sich, wie *Freud*, mit Vergangenem und mit Ursachen, oder er beschäftigt sich, wie *Adler*, mit Intentionen. Das tatsächliche gegenwärtige Verhalten beider, sowohl des Therapeuten wie auch des Patienten, wird dabei gewöhnlich als ,,Übertragung" und ,,Gegenübertragung" wegerklärt.

Das Interesse für beobachtbares Verhalten hat sich in der Psychotherapie schon früh entwickelt. Der Hypnotiseur wollte den Patienten nicht nur von seinen Symptomen befreien, sondern auch unerwünschte Gewohnheiten zu erwünschten verändern. Die Freud-Schule sah die Verhaltensmuster in Parallele zu den drei bekannten erogenen Zonen: oral, anal und genital. *Reichs* Interesse für die Charakterformation war weitgehend auf das *motorische* Verhalten eines Menschen zentriert. Er versuchte, sich den Weg abzukürzen, und auf diese Weise hat er, wie die meisten Therapeuten, die Beobachtungen der Einzelelemente des *stimmlichen* und *verbalen* Verhaltens vernachlässigt.

Die gestaltpsychologische Schule hat vieles von unserem sensorischen Verhalten erforscht. Da unser Kontakt mit der Welt auf sinnlicher Bewußtheit (*sensory awareness*) beruht, besonders auf Sehen, Hören und Tasten, haben diese Mittel der äußeren Objekt-Wahrnehmung in der Gestalttherapie eine ebenso große Bedeutung wie das innere, propriozeptive System der Selbst-Wahrnehmung. Da alles Empfinden im Hier und Jetzt stattfindet, ist Gestalttherapie an der Gegenwart orientiert, wie der Behaviorismus.

Die Summe der Typen des offenen motorischen und verbalen Verhaltens - das, was leicht zu beobachten und zu verifizieren ist - nennen wir Charakter. Wir nennen den Ort, an dem dieses Verhalten seinen Ursprung hat, den Verstand (*mind*). Selbst unser verborgenes verbales Verhalten können wir als Denken oder Intellekt benennen. Aber in

Wirklichkeit ist es die Phantasie - oder, wie *Freud* es gesehen hat - die Probebühne, auf der wir uns vorbereiten für die gewünschten Rollen, die wir im Leben spielen.

Den Intellekt - die Gesamtheit der Intelligenz - könnten wir mit einem Computer vergleichen. Er ist jedoch nur ein blasser Ersatz für die lebendige Unmittelbarkeit der Sinneswahrnehmung und der Erfahrung. Indem der Psychoanalytiker und der sogenannte rationale Therapeut ihre Interpretations- und Erklärungsspiele betreiben, verstärken sie nur die irreführende Dominanz des Intellekts und behindern die emotionalen Reaktionen, die im Zentrum unserer Persönlichkeit liegen. In der emotionalen Wüste von neurotischen Patienten finden wir selten andere Gefühle als Langeweile, Selbstmitleid und Depression.

Kurz: dem klinischen Psychologen fehlt die volle Einbezogenheit in die gegenwärtige Situation, in das Hier und Jetzt, während der Behaviorist die Bedeutung der Bewußtheit leugnet. In der Gestalttherapie integrieren wir die beiden Seiten der Medaille, indem wir eine mikroskopische Psychiatrie betreiben und indem wir die Bewußtheit sowie das Vermeiden der Bewußtheit in jedem einzelnen Verhaltenselement des Patienten und des sogenannten Therapeuten untersuchen. Das ist eine echte Integration der beiden Psychologien - nicht lediglich eine eklektische oder ein Kompromiß. Aber es ist äußerst schwierig, diese Synthese in der Kombination von Gruppen- und Einzeltherapie zustande zu bringen.

Als einen Neurotiker kann man einen Menschen bezeichnen, der nicht fähig ist, eine volle Identität und die Verantwortung eines erwachsenen Verhaltens anzunehmen. Was er auch tut, er wird sich selbst in dem Zustand der Unreife halten, oder eben die Rolle des Erwachsenen spielen - das heißt, seine infantilen Vorstellungen von dem, was einen Erwachsenen wohl ausmacht. Der Neurotiker kann sich nicht als einen selbständigen Menschen verstehen, der sein Potential zu mobilisieren fähig wäre, um mit der Welt umgehen zu können. Er sucht eine Stütze in der Umwelt, indem er sich lenken und helfen läßt und Erklärungen und Antworten sucht. Er mobilisiert nicht seine eigenen Möglichkeiten, wohl aber seine Methoden, die Umwelt zu *manipulieren* - Hilflosigkeit, Schmeichelei, Dummheit und andere mehr oder weniger raffinierte Kontrollen -, um Unterstützung zu finden.

Ein Psychoanalytiker kann dem Neurotiker, der bei einem solchen Verhalten Zuflucht nimmt, so recht in die Hände spielen, indem er das Wesen menschlicher Beziehungen mißachtet und jede Beziehung zu einer infantilen macht, wie z.B. als Vater-Figur, Inzest, Überich-Dominanz. Der Patient wird nicht verantwortlich gemacht, sondern das Unbewußte, der Ödipuskomplex oder sonst irgendetwas erfährt gerade eine Katharsis von seiner Ursache und von der Verantwortlichkeit.

Das Grundverhalten eines meiner Studenten war Jammern. Sein Vater war ein professioneller Jammerer: ein Kantor. Der Student war sich dessen bewußt, daß er in mancher Hinsicht wie sein Vater war, und er bekämpfte dieses Verhalten; aber diese Einsicht brachte ihm keine Hilfe, denn damit wurde ihm nie klar, was der Wesenskern seines Jammerns war. Je lauter er jammerte, desto größer war seine Enttäuschung, daß nichts folgte. Er merkte nicht, daß er *und* sein Vater auf der falschen Fährte waren. Es konnte keine Antwort geben, denn niemand, kein Gott, kein Zauberer war da, um ihm zu helfen. Die Nachahmung des Vaters ist nicht das Problem. Das Problem ist das unvernünftige Verhalten von beiden, von Vater und Sohn.

Die Freudianer sind auf der falschen Fährte mit den Ursachen und ihren Interpretationen; die Psychologie ist es überhaupt, indem sie Verstand und Phantasie vermengt. Jeder Patient ist auf der falschen Fährte, wenn er erwartet, er könne Reife mit äußeren Hilfsmitteln erreichen – indem er sich psychoanalysieren, sein Verhalten neu konditionieren, sich hypnotisieren läßt, an Marathon-Sitzungen teilnimmt oder psychedelische Drogen nimmt. Reife kann nicht *für* ihn bewerkstelligt werden; er muß den schmerzvollen Weg des Wachsens selbst gehen. Ein Therapeut kann nichts anderes tun, als ihm die Gelegenheit dazu anzubieten - indem er als Katalysator und als eine Wand, auf die er seine Neurose projezieren kann, verfügbar ist.

Gestalttherapie beruht auf der grundlegenden Theorie, daß Reifen ein kontinuierlicher Wachstumsprozeß ist, in dem eine Umweltabhängigkeit (*environmental support*) in Selbständigkeit (*self-support*) verwandelt wird. Bei einer gesunden Entwicklung mobilisiert das Kind seine eigenen Möglichkeiten und lernt sie zu benutzen. Ein lebendiges Gleichgewicht von Stützung und Frustrierung macht es fähig, unabhängig und frei dafür zu werden, sich sein angeborenes Potential zunutze zu machen.

Demgegenüber entwickelt sich eine Neurose in einer Umwelt, die diesen Reifungsprozeß nicht angemessen fördert. Entwicklung wird stattdessen pervertiert zu einer Charakterbildung, zu bestimmten Verhaltensmustern, die den Zweck haben, die Umwelt durch Manipulation zu kontrollieren. Das Kind lernt, oft durch die Nachahmung eines Erwachsenen, sich die Unterstützung der Umwelt zu sichern, indem es sich hilflos und dumm stellt, tyrannisiert, schmeichelt, verführerisch zu sein versucht und dergleichen mehr. Somit wird ein hilfreicher und sehr stützender Therapeut oder ein Gruppenteilnehmer, der sich durch die Manipulationen des Patienten einfangen läßt, diesen Menschen nur noch weiter ruinieren, indem er ihn der Möglichkeit beraubt, s gene Stärke, sein Potential und seine Hilfsmittel zu entdecken. I zig wahre Instrument des Therapeuten ist hier eine gezielte Frustrierung (*skillful frustration*).

Im Kern jeder Neurose liegt das, was die Russen den ,,kranken Punkt" (*sick point*) nennen. In der Erkenntnis, daß man nichts zu seiner Heilung tun kann, gibt man sich damit zufrieden, ihn umzugestalten und die Energien um diesen kranken Punkt herum zu sublimieren. In der Gestalttherapie nennen wir diesen kranken Punkt die Sackgasse, die Blockierung (*impasse*); und ich habe bis jetzt noch keine andere Methode als die Gestalttherapie gesehen, die fähig wäre, eine solche zu bewältigen. Überdies habe ich Zweifel, ob es möglich sei, in Einzeltherapie die Sackgasse zu bewältigen, und ich weiß, daß die Integration von Einzel- und Gruppentherapie die Möglichkeit schafft, dies zu erreichen.

Wenn der Patient seiner existentiellen Sackgasse nahekommt (und damit sind nicht geringfügige Komplexe gemeint), gerät er in einen Wirbel. Er wird von Panik ergriffen, taub und stumm - nicht bereit, das Karussel von Wiederholungszwängen zu verlassen. Er fühlt wahrhaft die Verzweiflung, die *Kierkegaard* als die ,,Krankheit zum Tode" erkannte. Die existentielle Ausweglosigkeit ist eine Situation, in der keine Stütze aus der Umwelt in Erscheinung tritt und der Patient unfähig ist (bzw. glaubt es zu sein), aus eigenen Stücken mit dem Leben fertig zu werden. So wird er alles tun, um am Status quo festzuhalten – statt vielmehr zu wachsen und seine eigenen Kräfte anzuwenden. Er wird Ehepartner wechseln, nicht aber seine Erwartungen; er wird die Therapeuten wechseln, nicht aber seine Neurose; er wird den Inhalt seiner inneren Konflikte auswechseln, aber er wird nicht seine selbstquälerischen Spiele aufgeben; er wird die Raffinesse seiner Manipulationen und seines Kontrollwahns vergrößern, um sich der Unterstützung durch seine Umwelt sicher zu sein, ohne die er sich einbildet, nicht überleben zu können.

Jetzt geschieht etwas in der Gruppensituation, das in einem Einzelgespräch nicht möglich wäre: Der ganzen Gruppe ist *offensichtlich*, daß der Betreffende in seinem Elend das *Offensichtliche nicht sieht;* daß er den Ausweg aus seiner Sackgasse nicht sieht; daß er (zum Beispiel) nicht sieht, daß sein Elend größtenteils bloß eingebildet ist. Angesichts der kollektiven Überzeugung in der Gruppe kann er seine gewöhnliche phobische Art nicht anwenden, den Therapeuten nicht anzuerkennen, wenn er ihn nicht manipulieren kann. Jedenfalls scheint das Vertrauen zur Gruppe größer zu sein als das Vertrauen in den Therapeuten - trotz allem sogenannten Übertragungs-Vertrauen.

Hinter dieser Sackgasse lauert ein bedrohliches Ungeheuer, das den Patienten an das Kreuz seiner Neurose festgenagelt hält. Dieses Ungeheuer ist die Katastrophenerwartung, die ihm, so bildet er sich ein, das Schicksal diktiert und ihn davon abhält, vernünftige Risiken auf sich zu nehmen und die zunehmenden Mühen des Reifens auszuhalten.

An diesem Punkt hat das rationale Denken seinen Platz: in der Einschätzung, in welchem Maße die Katastrophenerwartungen nur eine Einbildung oder eine Übertreibung von wirklicher Gefahr sind. In der sicheren Notlage der therapeutischen Situation entdeckt der Neurotiker, daß die Welt nicht zusammenbricht, wenn er wütend, sexy, freudig oder traurig wird. Aber es soll auch die Stütze der Gruppe für seine Selbstachtung und ihre Anerkennung seiner Erfolge in Richtung auf Authentizität und größere Lebendigkeit nicht unterschätzt werden.

In meinen Gestalt-Worskhops kann jeder, der den Impuls dazu verspürt, mit mir arbeiten. Ich stehe zur Verfügung, dränge jedoch nie. Zeitweilig entwickelt sich ein Zwiegespräch zwischen mir und dem Patienten; aber der Rest der Gruppe ist voll beteiligt, wenn auch selten als aktive Teilnehmer. Meistens verhalten sie sich als Zuhörer, die durch das Gespräch angeregt werden, ein gutes Stück stillschweigender Eigentherapie zu betreiben.

Es gibt noch andere Vorteile, mit einer Gruppe zu arbeiten. So manche individuelle Entwicklung kann durch kollektive Experimente gefördert werden: Kauderwelsch miteinander reden, oder mit Kontakt-Rückzugsexperimenten arbeiten, oder die Bedeutung von Atmosphäre zu verstehen lernen, oder einem Teilnehmer sofort zeigen, wie er seine Umgebung kollektiv langweilt, hypnotisiert oder amüsiert. Bei Trauer oder in ähnlichen emotional geladenen Situationen ereignen sich oft Kettenreaktionen. Die Gruppe lernt sehr schnell, den Gegensatz zwischen Hilfsbeflissenheit, wie gut gemeint sie auch sei, und echter Stützung zu verstehen. Und gleichzeitig erleichtert sich die Gruppe ihre eigene Selbsterkenntnis dadurch, daß sie die Manipulationsspiele des Neurotikers, die Rollen, mit deren Hilfe er sich in einem infantilen Zustand hält, beobachtet.

Mit anderen Worten, im Gegensatz zu dem üblichen Typ von Gruppentreffen trage *ich* die Last der Sitzung, indem ich entweder mit Einzelnen therapeutisch arbeite oder Gruppenexperimente anleite. Ich greife oft ein, wenn die Gruppenteilnehmer sich mit Meinungs- oder Interpretationsspielen beschäftigen oder sich in ähnlicher Weise rein verbal begegnen ohne irgendeine Erfahrungssubstanz; aber ich halte mich raus, sobald sich irgendetwas Echtes ereignet.

Es ist immer eine tief bewegende Erfahrung für die Gruppe und für mich als den Therapeuten, zu sehen, wie sich zuvor nur roboterhaft bewegende Leichen zum Leben zurückzukehren beginnen, Substanz gewinnen, den Tanz von Hingabe und Selbsterfüllung beginnen. *Die Papiermenschen verwandeln sich zu wirklichen Menschen.*

# Ausagieren versus Durchagieren (1968)*

*Fritz:* Bevor du Fragen stellst, möchte ich etwas über das ,,Ausagieren" im allgemeinen sagen. Dieser Begriff ,,Ausagieren" (*acting out*) führt mich in die Zeit zurück, in der ich Psychoanalytiker war und in der das Ausagieren etwas Schlechtes war. *Freuds* rigide Forderung war: Du sollst nicht ausagieren, sondern dich stattdessen erinnern. Da er hauptsächlich mit der Vergangenheit beschäftigt war, sagte er, die Leute sollten sich erinnern statt auszuagieren. Aber seine Vorstellung dabei war meiner Meinung nach, daß sie sich bewußt werden und genügend Abstand von dieser Art zu leben haben sollten, um darüber arbeiten zu können. Sie sollten, in Freudschen Begriffen, sich ihres Tuns bewußter (*conscious*) werden. In gewisser Hinsicht war *Freuds* Vorstellung richtig. Er glaubte, daß die Leute gewisse neurotische Einstellungen ausleben und, indem sie diese ausleben und ausagieren, der Behandlung ausweichen. Wenn wir nun in der Gestalttherapie von ,,Ausagieren" reden, dann meinen wir nicht ,,ausleben", sondern ,,ein Akteur sein" (*be an actor*). Wir haben ein Skript in Form eines Traums oder einer Phantasie. Wir sehen, daß der Traum oder die Phantasie eine Geschichte, ein Drama ist, und wir agieren es in der Therapie wieder aus, um uns dessen bewußter zu werden, was wir sind und was uns verfügbar ist.

*Cooper:* Und das heißt, die Rolle in der therapeutischen Situation ausagieren.

*Fritz:* Genau. So liegt die Schwierigkeit zum Teil auf der semantischen Ebene. Der Gedanke des Ausagierens bei *Freud* sollte bedeuten: ,,Werde dir bewußt, daß du eine Rolle ausagierst". Aber stattdessen wurde von *Freud* ein Tabu eingeführt: ,,Du sollst nicht ausagieren, denn das ist etwas schlechtes". Nun bringt man in der Freudianischen Therapie das nicht in die Behandlung mit hinein, und so mag das Verbot einen Sinn geben.

*Cooper:* In der Gestalttherapie erstrebst du eine bewußte Wahrnehmung (*conscions awareness*) der ausagierten Rollen?

* Interview mit Cooper C. Clements

*Fritz:* Genau. Der Unterschied zwischen uns und *Freud* besteht darin, daß er das Erinnern in den Vordergrund stellte und wir die bewußte Wahrnehmung. Wir betonen den Unterschied zwischen einem *bewußten Agieren (deliberate acting)* und sich seiner jeweiligen Lebensweise nicht bewußt zu sein. Letzteres bedeutet, einen Teil seines Lebensskripts zu leben, und zwar zwanghaft, ohne zu wissen, daß es eine pathologische Lebensweise ist. Ich möchte betonen, daß in der Freudschen Terminologie „Ausagieren" ein unanständiges Wort ist. Und dann werden viele Dinge als „Ausagieren" bezeichnet, und es wird ein Tabu vor Dinge gesetzt, die genau so gut ein echter Ausdruck der Persönlichkeit sein könnten. *Freud* hatte die Vorstellung, daß alles vorherbestimmt sei und daß alles, was geschehe, nur eine Wiederholung sei von etwas, das vorher geschehen sei. Mit anderen Worten, diese Freudsche Analyse läßt keinen Raum für ein kreatives Leben, denn wenn alles schon vorher geschehen ist, dann ist es nur eine automatische Wiederholung. Andererseits aber könnte dies oft der Fall sein, so weit der Freudsche Typ des Ausagierens gemeint ist.

*Cooper:* Wir wollen also schauen, was ein authentisches Leben ist, und das geht über den Prozeß, eine Neurose zu überwinden, hinaus.

*Fritz:* Meine Meinung ist folgende: Jede unerledigte Situation, jede unvollständige Handlung wird an die Oberfläche kommen und wird oder will zu einem Abschluß gebracht werden. Nun ist vieles von dem, was *Freud* den „Wiederholungszwang" (zwanghaftes Wiederholen) nannte, die unerledigte Situation. *Freud* dachte, das sei vielleicht nur eine Gewohnheitsbildung, eine versteinerte Lebensweise. Und ich behaupte, es ist gerade das Gegenteil. Diese zwanghaften Wiederholungen, das Ausleben von irgendetwas in einer sehr ähnlichen Weise, sind unsere Versuche (in den meisten Fällen vergeblichen Versuche), die Situation zu lösen. Und das geschieht deshalb, weil sehr oft etwas bei diesem Ausagieren ausgelassen wird; da ist etwas, dessen man sich noch nicht bewußt (*aware*) ist.

*Cooper:* Und das würde den vermeidenden Teil ins Spiel bringen. Es gibt immer irgendein Vermeiden.

*Fritz:* Ja, ja.

*Cooper:* Das ist ein entscheidendes Element. Und du versuchst dann, da heranzukommen, besonders in der Arbeit mit Träumen und mit der Körpersprache?

*Fritz:* Ich versuche nicht, an es heranzukommen. Der Organismus kommt an es heran, sei es nun in der Form, daß er es ausagiert, es austräumt (vielleicht ausdichtet) - wie sich eben ein Mensch jeweils zum Ausdruck bringt. Um in altmodischen Worten zu reden: der Extravertierte wird es eher ausleben, und der Introvertierte wird ein dürftiges

Gedicht daraus machen. Aber in beiden Fällen weist es auf eine Entwicklungshemmung hin, indem einer es vermeidet, einen bestimmten Schritt zu tun, ein bestimmtes Risiko auf sich zu nehmen.

*Cooper:* Somit würdest du das auf die allgemeine Tatsache beziehen, daß ein Mensch sich selbst zu erfahren und auszudrücken versucht?

*Fritz:* Schau, stell dir eine Katze vor, die herumspielt und eine Gardine hinaufklettert und dabei ihre Krallen benutzt. Solange die Katze jung ist, kann sie es nicht vermeiden, die Krallen zu benutzen. Die Krallen zu benutzen, ist für die junge Katze eine unabgeschlossene Tätigkeit; und so „agiert" sie nichts aus, wenn sie dich in diesem Moment kratzt. Wenn nun aber eine ausgewachsene Katze immer die Krallen benutzen würde, den Krallen-Griff ausagieren würde, dann würde etwas in ihrer Entwicklung fehlen. Sobald sie laufen lernt, ohne die Krallen zu benutzen, hat die Differenzierung stattgefunden.

*Cooper:* Du achtest also auf die Entwicklung eines Individuums und auf seine Bedürfnisse nach Vervollständigung, statt dich auf ein Verbot oder Tabu zu konzentrieren.

*Fritz:* Ja. Nehmen wir nun ein Beispiel, wie ein Mensch lernt, etwas zu tun, sagen wir, Schreibmaschine schreiben. Wenn ich gelernt habe, gut zu schreiben, und die Gestalt durch Übung herausgebildet habe, dann bin ich frei, auf den Inhalt zu achten statt auf die Technik des Maschine-Schreibens. Aber wenn mein Schreiben noch mangelhaft ist, indem ich z.B. ein *m* statt eines *n* nehme, dann muß ich noch viel Mühe für die unabgeschlossene Situation aufwenden. Die ganze Angelegenheit des Ausagierens bei *Freud* ist etwas Ähnliches. Wir wiederholen eine bestimmte unabgeschlossene Situation. Zum Beispiel werden wir von demselben Freund immer wieder enttäuscht, oder wir werden von bestimmten Personen ständig ausgesaugt. Das alles hat seinen Grund darin, daß wir etwas in der Beziehung vermeiden, das zu seinem Abschließen führen würde, zu einem Verstehen dieses Menschen oder zu der Fähigkeit, ihn „gehen zu lassen", wenn er nicht der richtige ist. Gewiß, Psychoanalytiker denken wahrscheinlich ähnlich. Sie würden sagen, wir müssen diesen Komplex heilen, wir müssen ihn durcharbeiten. Aber der Komplex wird nicht in der Weise durchgearbeitet, daß er zu einer Schließung kommt, sondern der Fall wird nur auf ein sogenanntes Trauma zurückgeführt, auf ein Ereignis in der Kindheit. Das ist etwas ganz anderes als das Vervollständigen eines Menschen.

*Cooper:* ...und als das Aufnehmen, was hier und jetzt geschieht.

*Fritz:* ...und als das Arbeiten mit dem, was hier und jetzt ist und was dem Menschen fehlt.

*Cooper:* Mich würde interessieren, ob du das Ausagieren auf die vier Phasen der Therapie und der Neurose beziehen könntest, von denen du heute morgen in der Gruppe geredet hast. Du hast die Rollenspielphase als die erste genannt, dann die Implosionsphase, die in die Sackgasse führt, dann die Explosionsphase und schließlich ein authentisches Leben. Würde sich nach deiner Meinung das Ausagieren auf die dritte, die Explosionsphase beziehen?

*Fritz:* Ja, das ist sehr interessant. In der ersten Phase „agieren wir aus", indem wir Rollen spielen; aber dieses Spielen ist eindeutig nicht im Sinne von *Freuds* Überlegungen zu verstehen, wo es um eine unerledigte Situation geht, und zwar eine schlechte. Wir bringen den Patienten dazu, daß er in der therapeutischen Situation ausagiert, und so kann vielleicht eine Explosion zustandekommen. Das Ausagieren im Sinne *Freuds*, die unvollständige Situation ohne Bewußtheit, ist das *Blockieren* der Explosion.

*Cooper:* Ich denke an die vier Bereiche der Explosion, die du für diese dritte Phase angeführt hast: Explosion in sexuelle Liebe, in Wut, in Freude und in Trauer. Die Wut und die sexuelle Liebe sind diejenigen, die die meiste Aufmerksamkeit auf sich ziehen und bei denen die Therapeuten am meisten um die sozialen Konsequenzen besorgt sind.

*Fritz:* Ich würde sagen, *Freud* ist sehr damit einverstanden, die Trauer auszuleben, auszuagieren. Über die Trauerarbeit hat er Hervorragendes geschrieben. Ich kenne aber nicht viel von ihm, das er je über das Ausagieren von Freude geschrieben hätte. Er, *Wilhelm Reich, Adler* und viele andere haben eine Menge über Wut geschrieben, aber sie verfehlen völlig das Ziel und haben eine wirkliche semantische Verwirrung. Manchmal reden sie von Aggression, dann von Sadismus oder Grausamkeit, dann von Wut, dann von Feindseligkeit.

*Cooper:* Feindseligkeit scheint dieser Tage weit verbreitet zu sein.

*Fritz:* Ja, und sie machen nie klar, was dabei vor sich geht. Es sind völlig verschiedene Funktionsformen. Ein Kaufmann kann aggresiv sein, wenn er Initiative hat, ohne aber feindselig zu sein.

*Cooper:* Seinen Anspruch zu behaupten, könnte auch ganz angemessen sein.

*Fritz:* Ich möchte dir mein Lieblingsbeispiel nennen: Wenn ich mein Essen verschlinge, es vor lauter Gier hinunterwürge und nicht aggressiv gegenüber dem Essen bin (d.h. das Essen nicht zu zerstören versuche), dann würde ich wohl Magenbeschwerden bekommen und auch in gewissem Maße eine „Introjektions-Tendenz" entwickeln, statt Assimilation zu verstehen.

*Cooper:* In der Gestaltherapie ist die Aggression ein notwendiger Bestandteil des Prozesses der Assimilation.

*Fritz:* In der Gestalttherapie? In der Natur! Der Supermarkt ließ uns vergessen, daß wir töten, um zu überleben. Jedes Lebewesen tötet, um zu überleben. Nur der Mensch tötet aus Habgier und mehr, als er braucht. Er tötet aus Gewohnheit.

*Cooper:* Ich denke, wir haben nun über das Ausagieren hauptsächlich in dem Sinne gesprochen, daß wir in der Therapiesituation den Prozeß mit dem Patienten durcharbeiten. Das Tabu des Ausagierens tritt häufig dann hervor, wenn der Patient etwas außerhalb der Therapiesituation tut; er agiert etwas sexuell oder aggressiv aus in einer Weise, daß der Therapeut darum besorgt ist. Der Therapeut fühlt, daß der Patient mit diesem Verhalten zu seiner Entwicklung nichts beiträgt.

*Fritz:* Okay, ich will dir ein Beispiel von mir selbst erzählen: Als ich in Analyse war, hatte ich keine Beziehung zu dem Typ. Er sprach fast nie in der Therapie. Fünf Minuten vor dem Ende der Therapiestunde scharrte er auf dem Fußboden als Zeichen, daß die Stunde vorüber sei. Er glaubte an eine völlig passive Therapie. Und dann merkte ich, was ihm gefiel: Er nannte mich einen Omar Khayyam, wenn er meinen Abenteuern zuhörte. So war alles, was ich in der Zeit der Analyse bei ihm getan habe, eine Suche nach immer weiteren Abenteuern, nur um ihm etwas erzählen zu können. Ich agierte aus, und das Ausagieren geschah, um ihm zu gefallen. Er hat mit mir darüber nie gesprochen.

*Cooper:* Du hast also versucht, ihm immer etws erzählen zu können.

*Fritz:* Sicher, und das geschieht auch bei anderen Therapeuten. Die ganze Geschichte, die Sache mit dem Ausagieren, ist so dumm, - genauso dumm wie die Psychoanalyse selbst unter Gestalttherapeuten. Das Ausagieren, der Zwang! Ob Regen, ob Sonne - der betreffende geht jeden Tag an dieselbe Stelle für eine Stunde, ob er nun bedrückt oder glücklich ist, ob er gehen will oder nicht, er geht. Was ist das für ein starrer Zwang, ein starres Ausagieren! Und dann darf die Stunde keine Minute kürzer und keine Minute länger sein als fünfzig Minuten, ungeachtet der Tatsache, daß die meisten Leute nichts wirklich wichtiges sagen außer in den letzten zwei Minuten. Dann haben sie plötzlich etwas dringendes zu sagen, so als wollten sie den Therapeuten zwingen, die Stunde zu verlängern, und ihn in die Verlegenheit bringen, wie er Schluß machen und seinen Zehn-Minuten-Rest kriegen kann. Hast du so etwas nicht erlebt?

*Cooper:* Doch, und ich habe es selbst so gemacht.

*Fritz:* Das ist Mist und zwanghaft, diese 50 Minuten. Denk an den Vorteil unseres Workshops. Manchmal arbeiten wir 20 Minuten mit einer Person, manchmal anderthalb Stunden. Dieser ganze Kram von Einzeltherapie ist völlig überholt. Das ist ein lebendes Fossil aus der

Freudschen Periode, als sie meinten, die Psychoanalyse sei ein Mittel, Leute zu heilen.

*Cooper:* Du betrachtest also diesen allgemeinen Begriff ,,Ausagieren" als ein Tabu, das *Freud* in die Welt gesetzt hat.

*Fritz:* Nicht nur das. Ich gehe noch einen Schritt weiter. Denke an die tiefe Phobie von *Freud,* der ein sehr, sehr kranker Mann war; was hat er ausagiert? Er hat es ausagiert, nicht aus sich herauszugehen, *nicht* auszuagieren. Was hatte er für eine Mühe, über die Straße zu gehen, was für eine Mühe, mit einem anderen Menschen zu sprechen! Er war so befangen und so gehemmt. Allerdings meine ich, daß *Freud* in einem wahren, tiefen Sinne sagen wollte: sei vorsichtig mit dem Ausagieren als einem Mittel der Vermeidung; bringe deine wirklichen Probleme an diesen Ort der Therapie, das ist besser. Dessen ungeachtet habe ich aber den starken Verdacht, daß das Tabu des Ausagierens so viel wie eine Rationalisierung von *Freuds* Phobie ist.

*Cooper:* Wie würdest du das Tabu des Ausagierens auf unterschiedliche kulturelle Sitten und Situationen beziehen? Z.B. könnte in der einen oder anderen Situation eine größere sexuelle Freiheit und ein freierer Ausdruck von Aggression erlaubt sein.

*Fritz: Freud* meinte dieses nie mit Ausagieren. Er meinte mit Ausagieren, daß irgendein Typ pathologischen Verhaltens hervorkommt und im täglichen Leben ausgeübt wird, statt daß es auf der Couch besprochen wird. Das, worüber du redest, ist die Freiheit des Handelns, also eine volle Bewußtheit, was zulässig ist und was nicht. Das ist in einem gewissen Maße richtig, hat aber nichts zu tun mit der spezifischen Bedeutung, die *Freud* dem Ausagieren beilegte. Wenn du so weit gehen würdest, dann wäre die einzige Möglichkeit zu leben, gar nichts zu tun.

*Cooper:* Du willst also mehr auf den Prozeß achten, der sich in der Person vollzieht, und darauf, wie weit er sich dessen bewußt ist, was er tut.

*Fritz:* Ja, ebenso, wie weit er sich dessen bewußt ist, was er *nicht* tut.

*Cooper:* Was er vermeidet.

*Fritz:* Ja.

*Cooper:* Und das wäre die Grundlage für die Unterscheidung zwischen dem Rollen-Spielen in diesen früheren Phasen der Neurose und dem authentischen Leben?

*Fritz:* Ja, ja. Man kann auch sagen, daß jemand sich selbst nicht als einen Erwachsenen ansehen kann. Er muß noch Eltern haben, indem er an einer wirklichen Mutter hängt oder an einer toten Mutter, an einer psychoanalytischen Mutter, an irgendetwas, das ihn nicht frei laufen läßt.

*Cooper:* Das bezieht sich darauf, was du in deinem Buch „Das Ich, der Hunger und die Aggression" den „Schnullerkomplex" nennst, nicht wahr?

*Fritz:* Ja. Wenn man an der Vorstellung festhält, daß jemand ein Kind sei (und das ist das Freudsche Ausagieren), dann wiederholt man, was früher geschehen ist, man untersucht, was früher geschehen ist; und das heißt schon so viel, wie den Patienten in einem infantilen Zustand festzuhalten. Aber Ausagieren in einem guten Sinne bedeutet: gehen lassen; laß die Toten ihre Toten begraben, laß die Eltern Eltern sein. Der andere tut das und das, aber ich bin ein selbständig Handelnder, ich handle selbständig aus eigenen Stücken. Ich beziehe mich auf diesen Typ nicht deshalb, weil ich auf ihn fixiert bin; ich beziehe mich auf ihn, weil ich es will, und zwar in dem Maße, wie ich eine Beziehung zu ihm spüre.

*Cooper:* Eine Erfahrung hier und jetzt mit dieser Person.

*Fritz:* Ja, das ist es.

*Cooper:* Könntest du das Ausagieren in Beziehung bringen mit dem Gleichgewichtskonzept in der Gestalttherapie, dem Figur-Grund-Gleichgewicht der Person, mit der du arbeitest?

*Fritz:* Ja, in diesem Material des Ausagierens (der Wiederholung von irgendetwas) liegt immer eine der Polaritäten verborgen. Nehmen wir das grundlegende Ausagieren: Was agieren wir als unser gewöhnliches moralisches oder uns selbst verbesserndes System aus? Das Topdog-Underdog-System. Du kennst dieses Spiel. Wir kennen die unfähige Seite von Underdog in uns selbst, nicht aber den Charakter des Topdog-Anteils in uns. Unser eigenes rechtschaffenes Verhalten betrachten wir als selbstverständlich. Und somit kann das Gleichgewicht zwischen dem unterwürfigen und dem tyrannischen, zwischen dem aggressiven und dem eingeschüchterten Verhalten nicht zustande kommen. Kehren wir zu Freudschen Begriffen zurück: er würde sagen, es gibt kein starkes Ich, weil der Patient ganz Über-Ich ist. *Freud* übersieht dabei, daß es ein Unter-Ich (*infra-ego*) gibt, das dem Über-Ich die Waage hält. Was nennt man dann Ausagieren? Wenn ich mich selbst quäle, - sicher, dann agiere ich aus. Aber an welchem genauen Punkt stellt man dann fest, daß das Ausagieren schlecht sei? Bloß weil du nicht artig bist und diese Sachen deinem Therapeuten nicht erzählst?

Ich denke, es ist gut, daß wir das Ausagieren neu ins Auge fassen und uns klar machen, welche Konfusion damit verbunden war. Das ist immer so eine verfluchte Geschichte, wenn jemand einen falschen Begriff in die Welt setzt. Dieser falsche Begriff wird dann als eine Wirklichkeit hingenommen, wo eigentlich gar nichts ist. Und dann muß die ganze Welt anfangen, den Unsinn zu widerlegen und zu bekämpfen.

Schau, was mit *Wilhelm Reich* passierte, als er die Libido als etwas Wirkliches* annahm statt nur als eine Begriffslaune von *Freud.* Er ist total übergeschnappt. - Hast du dazu irgendwelche Fragen?

*Cooper:* Ich weiß von den Gruppen her, in denen ich mit dir zusammen war, daß du zu sagen pflegst, daß du für das Verhalten eines Individuums außerhalb der Gruppe keine Verantwortung übernimmst. Bezieht sich deine Einstellung zum Verhalten des Teilnehmers außerhalb der Gruppensituation darauf, daß es seine Sache ist?

*Fritz:* Genau. Ich bin nur für mich selbst verantwortlich. Wenn du für dich entscheidest, verrückt zu werden, dann ist das deine Sache**. Wenn ich ein verantwortungsvoller Therapeut bin, investiere ich meine fachlichen Fähigkeiten, um mit dir zu arbeiten.

*Cooper:* Wenn er das in die therapeutische Situation einbringen und bearbeiten will, dann stehst du zur Verfügung, mit ihm zu arbeiten?

*Fritz:* Ja. Ich stehe nicht unter dem Zwang, Erfolg zu haben oder der Allmächtige oder der beste Therapeut der Welt zu sein. Wer nicht bereit ist, seine Verantwortung auf sich selbst zu beschränken, ist von dem Bedürfnis besessen, omnipotent zu sein. Das ist eine verzerrte Auffassung des eigenen Selbst und der eigenen Potentiale.

*Cooper:* Er erwartet von sich selbst mehr, als er leisten kann.

*Fritz:* Sicher.

*Cooper:* Mich würde interessieren, ob wir das Ausagieren noch weiter zu den verschiedenen Phasen in Bezug setzen können: die Phasen des Rollen-Spielens, der Implosion, der Explosion und des authentischen Lebens. Zu der ersten Phase, der des Rollenspielens, besteht offensichtlich eine Beziehung; wir haben alle die Arten des Verhaltens im Blick, die als Ausagieren bezeichnet werden könnten.

*Fritz:* Sicher.

*Cooper:* Was ist mit der zweiten, der Implosionsphase? Was geschieht deiner Meinung nach hier?

*Fritz:* Was hier geschieht, ist kein Ausagieren. Hier herrscht die Angst, da zu sein, ein basales Zusammenkrampfen oder Erstarren. Das entspricht dem, was *Freud* als den Todestrieb empfand. Aber es ist kein Trieb zum Tode; wenn irgendetwas, dann ist es das Gegenteil, wie du siehst, wenn es bis zur Explosion durchgearbeitet wird: es ist sehr

---

* Indem er sie als biophysikalische Energie, als „Orgon" substantialisierte (Anmerk. d. Übers.).

** Diese Aussage bezieht sich nicht auf Arbeit mit schwergestörten Patienten, sondern auf Selbsterfahrungsgruppen mit „Normalen" bzw. Angehörigen psychosozialer Berufe (Anmerk. d. Übers.).

lebendig! Schau hier meine Hand: wenn ich ein genaues Gleichgewicht von Beugern und Streckern in der Muskulatur halte, dann kann ich eine extrem starre Klaue bekommen, die sich nicht bewegen kann; eine sehr starre Haltung. Doch hier besteht ein doppelter Energieaufwand; zwei Teile von mir versuchen, eine Kontrolle aufeinander auszuüben, in einem genauen Gleichgewicht. Das ist immer noch Leben, aber es ist kataton.

*Cooper:* Es findet keine Figur-Grund-Veränderung statt.

*Fritz:* Genau. Das ist die Sackgasse, man bleibt stecken, wobei man etwas weder ausagiert noch nicht ausagiert. Das geringste Ausagieren, ein geringes Zittern, ist hier schon der Beginn einer Auflösung der Implosionsphase.

*Cooper:* Wie steht es mit der dritten, der Explosionsphase? Du nanntest hier Explosionen in sexuelle Liebe, Wut, Freude und Trauer.

*Fritz:* Diese Explosionen kommen aus dem Zentrum der Persönlichkeit, der Seele, auch Gefühlszentrum genannt. Es führt die Fähigkeit herauf, wieder zu fühlen und zu leben.

*Cooper:* Es beginnt, indem es an diesem Punkt in starker Weise hervorbricht?

*Fritz:* Nicht unbedingt stark. In manchen Fällen gibt es an diesem Punkt extreme Explosionen, in anderen nur ein geringes Zittern. Explosionen können, wie die in deinem Automotor, kaum bemerkbar sein. Die Sache ist die, daß die Verkrampfungen wieder zu arbeiten anfangen. Die Implosionsphase ist so etwas wie ein Winterschlaf. Ein Tier, das den Winterschlaf macht, wird kalt und zieht sich zusammen. Es ist nicht tot, es bewahrt das Leben. Und dann beginnt es schließlich wieder zu vibrieren.

*Cooper:* Passiert es, daß Leute die Explosionsphase erreicht haben und dann wieder in die Implosionsphase zurückfallen, bevor sie ein authentisches Leben zu führen begonnen haben?

*Fritz:* Ja. - Manchmal erlebt man auch, daß nur ein gewisser Teilbereich durch die Explosion befreit wird, und darauf die Energie in der ganzen Persönlichkeit freigesetzt wird. Die Person wird lebendiger. Sie ist dann fähig, mit anderen auf der Ebene des Gefühls besser umzugehen. Die Emotion, die am leichtesten zu erreichen ist, ist gewöhnlich die Trauer, denn sie ist meistens sozial akzeptabel. Die Explosion in die Liebe ist oft schwierig. Am schwersten für den Neurotiker ist der Ausbruch in Freude.

*Cooper:* Könntest du etwas darüber sagen, wie du z.B. mit Wut oder mit sexueller Liebe in der Therapie arbeitest, was für Beschränkungen du dabei auferlegst?

*Fritz:* Ich beschränke keine Explosion in irgendeiner Weise, auch nicht Bumsen! Es kommt nie wirklich zum Bumsen, aber in meiner Art der Therapie gibt es keine Tabus. Man kann ja zumindest in der Phantasie bumsen oder seine Aggressionen an einem Kissen auslassen.

*Cooper:* Hier in dem Workshop haben einmal Leute nur mit ihren Füßen gekämpft. War das nicht eine Anweisung, um zu verhindern, daß sie sich etwas antun können?

*Fritz:* Nein, nein, die Sache mit den Beinen kam zustande, weil einige der Leute keine Beine hatten. Die Beine sind für die Selbständigkeit sehr wichtig. Ich schlug vor, daß sie sich weiter voneinander entfernen sollten, als sie ihre Beine zu benutzen begannen, so daß sie nicht unbeabsichtigt die Genitalien oder sonst etwas verletzen würden. So gibt es geringe Vorsichtsmaßnahmen! Aber es gab Extremsituationen, in denen ich wohl einige Male um ein Haar zu Tode gekommen wäre. Aber wenn du kein Risiko auf dich nehmen willst, dann werde nicht Therapeut.

*Cooper:* In der Gruppensituation hast du eine gewisse Unterstützung von der Gruppe, die dir hilft, Explosionen zu kontrollieren.

*Fritz:* Was meinst du mit ,,Explosionen kontrollieren"? Wir wollen Explosionen nicht kontrollieren!

*Cooper:* Okay, soll ich sagen, Verletzungen vorbeugen?

*Fritz:* Verletzungen sind keine wahren Explosionen. Wahre Explosionen, die ich gesehen habe, sind gewöhnlich solche in die Freude, wobei die Leute herumtanzen. Ausnahmen sind wirklich psychotische Fälle, eine psychotische Episode, wenn jemand wirklich töten will. Statt in die Schwäche zu explodieren und die Schwäche der Schwäche zu realisieren, versuchen sie, die Schwäche zu vermeiden, indem sie töten. Töten ist immer ein Zeichen von Schwäche.

*Cooper:* So läßt du es also nur darauf ankommen?

*Fritz:* Genau!*

---

* D. h. aber nicht, daß Fritz ohne Vorsicht arbeitete oder „Explosionen" provozierte; das Gegenteil ist der Fall, vgl. z. B. S. 208.

# Regeln und Spiele der Gestalttherapie* (1969)

Die Techniken der Gestalttherapie lassen sich weitgehend zwei Gruppen von Richtlinien zuordnen, die wir ,,Regeln" (*rules*) und ,,Spiele" (*games*) nennen wollen. Die Regeln sind zahlenmäßig gering und werden gewöhnlich zu Beginn eingeführt und formal beschrieben. Die Spiele hingegen sind zahlreich, und es läßt sich keine endgültige Liste aufstellen, weil ein erfinderischer Therapeut sich durchaus von Zeit zu Zeit neue einfallen lassen kann.

Wenn wir Geist und Wesen der Gestalttherapie gerecht werden wollen, müssen wir den Unterschied zwischen Regeln und Geboten deutlich erkennen. Die Philosophie der Regeln soll uns effektive Mittel dafür liefern, das Denken mit dem Fühlen in Einklang zu bringen. Sie sind dazu gedacht, uns beim Aufdecken von Widerständen zu helfen, eine größere Bewußtheit zu fördern, kurz, den Reifungsprozeß zu unterstützen. Sie sind ausdrücklich *nicht* als eine dogmatische Liste von *Tu dies!* und *Tu das nicht!* zu verstehen. Sie werden vielmehr im Sinne von Experimenten angeboten, die der Patient durchführen kann. Sie haben oft eine beträchtliche Schockwirkung und zeigen so dem Patienten die zahlreichen und subtilen Wege, auf denen er sich daran hindert, sich und seine Umwelt voll zu erleben.

Wer die Intention der Regeln wirklich erfaßt hat, wird sie in ihrer inneren Bedeutung und nicht in ihrem wörtlichen Sinn verstehen. Der ,,brave Junge" zum Beispiel, der völlig unfähig ist, die befreiende Absicht der Regeln zu verstehen, wird sie oft ganz exakt bis zur Absurdität befolgen, und füllt sie so mit seiner eigenen Blutarmut anstatt mit der Vitalität, die sie fördern wollen.

Getreu ihrem Erbe aus der Gestaltpsychologie liegt das Wesentliche der Gestalttherapie in der Perspektive, aus der sie die menschlichen Lebensprozesse sieht. In diesem Licht gesehen will jede Gruppe von Techniken, so wie unsere hier benutzten Regeln und Spiele, nur als geeignetes Mittel verstanden werden, als nützliches Werkzeug im Dienst unserer Zwecke, aber ohne sakrosankte Qualitäten.

---

* Zusammen mit Abraham Levitsky

## Die Regeln

*Das Prinzip des Jetzt.* Die Vorstellung vom Jetzt, von dem unmittelbar gegebenen Augenblick, vom Inhalt und der Struktur des gegenwärtigen Erlebens ist eines der wirkungsvollsten, bedeutsamsten und am schwersten faßbaren Prinzipien der Gestalttherapie. Aus meiner eigenen Erfahrung kann ich sagen (A.L.), daß mich die Implikationen der anscheinend einfachen Vorstellung vom „im Jetzt sein" oftmals gefesselt, verärgert, verwirrt und erheitert haben. Und was für ein faszinierendes Erlebnis ist es, anderen dabei zu helfen, sich der vielfältigen Wege bewußt zu werden, auf denen wir wirkliche unmittelbare Bewußtheit bei uns verhindern.

Um das bewußte Erleben des *Jetzt* zu fördern, bestärken wir Mitteilungen im Präsens. „Was ist jetzt in deinem Bewußtsein?" „Was passiert jetzt?" - „Was fühlst du im Augenblick?" Der Satz „Was ist mit dir *jetzt?*" ist ein wirkungsvoller Satz vom Therapeuten an den Patienten.

Es wäre nicht richtig zu sagen, daß kein Interesse an historischem Material und an der Vergangenheit besteht. Mit diesem Material befassen wir uns aktiv dann, wenn wir spüren, daß es wichtige Themen der gegenwärtigen Persönlichkeitsstruktur betrifft. Die wirkungsvollste Art, Material aus der Vergangenheit in die Persönlichkeit zu integrieren, besteht jedoch darin, es so umfassend wie möglich in die Gegenwart zu holen. Auf diese Art vermeiden wir das seichte, intellektualistische „Darüber-Reden" und bemühen uns nachdrücklich darum, allem Material die Wirkung der Unmittelbarkeit zu geben. Wenn sich der Patient auf Ereignisse von gestern, letzter Woche oder aus dem letzten Jahr bezieht, führen wir ihn schnell dahin, in seiner Phantasie „dort zu sein" und das Drama in der Sprache der Gegenwart darzustellen.

Wir weisen den Patienten oft aktiv darauf hin, wie leicht er das Jetzt verläßt. Wir zeigen sein Bedürfnis auf, abwesende Personen in den Dialog hineinzubringen, das nostalgische Verlangen, Erinnerungen mitzuteilen, die Tendenz, sich ausgiebig mit Zukunftsängsten und Phantasien über die Zukunft zu beschäftigen. Für die meisten von uns ist die Übung, bei der unmittelbaren Bewußtheit zu bleiben, ein anstrengendes Unternehmen, das wir nur für kurze Zeiträume durchhalten können. Es ist eine Übung, an die wir nicht gewöhnt sind und bei der wir die Tendenz haben, dem entgegenzuarbeiten.

*Ich und du.* Mit diesem Prinzip bemühen wir uns darum, uns so konkret wie möglich klarzumachen, daß zu einer echten Kommunikation beide gehören - Sender und Empfänger. Der Patient verhält sich oft so, als wären seine Worte an die leere Wand oder an die Luft gerichtet. Wenn er gefragt wird: „Wem sagst du das?", wird er dazu gebracht, sich seiner Abneigung zu stellen, seine Botschaft direkt und unmißverständlich an den Empfänger, an den *anderen* zu senden.

So wird der Patient oft aufgefordert, den anderen beim Namen zu nennen, wenn nötig, zu Beginn eines jeden Satzes. Er wird aufgefordert, sich den Unterschied zwischen „zu jemandem sprechen" und „auf jemanden einreden" bewußt zu machen. Er wird dazu angeleitet festzustellen, ob seine Stimme und seine Worte den anderen wirklich erreichen. Berührt er den anderen wirklich mit seinen Worten? Wie weit ist er bereit, den anderen mit seinen Worten zu erreichen? Fängt er an wahrzunehmen, daß sich dieses phobische Vermeiden, zu anderen eine Beziehung herzustellen, mit anderen echten Kontakt zu haben, auch in seiner Stimme und in seinem verbalen Verhalten zeigt? Wenn er oberflächliche oder unzureichende Kontakte hat, kann er anfangen, seine großen Zweifel daran zu erkennen, ob andere für ihn in dieser Welt wirklich existieren, ob er wirklich *mit* Menschen zusammen ist oder sich allein und verlassen fühlt?

*„Es"-Sprache und „Ich"-Sprache.* Bei dieser Regel geht es um die Semantik von Verantwortlichkeit und Involvierung. Es ist allgemein üblich, daß wir uns auf unseren Körper und auf unsere Handlungen und Verhaltensweisen in der distanzierten dritten Person, in der „Es"-Sprache beziehen:

Was fühlst du an deinem Auge?
*Es blinzelt.*
Was tut deine Hand?
*Sie zittert.*
Was spürst du in deinem Rachen?
*Er ist zugeschnürt.*
Was hörst du in deiner Stimme?
*Sie schluchzt.*

Durch das einfache - und anscheinend mechanische - Hilfsmittel, die Es-Sprache in Ich-Sprache zu verwandeln, lernen wir, uns stärker mit dem fraglichen Verhalten zu identifizieren und Verantwortung dafür zu übernehmen.

An die Stelle von „Sie zittert" tritt „*Ich* zittere"; an die Stelle von „Er ist zugeschnürt" *Ich* bin zugeschnürt". Und wenn wir einen Schritt weitergehen, so wird „Ich bin zugeschnürt" ersetzt durch „Ich schnüre mich zu". Hier können wir unmittelbar die verschiedenen Grade von Verantwortlichkeit und Betroffenheit sehen, die erlebt werden.

Das Ändern von *Es* in *Ich* ist ein Beispiel für den Mikrokosmos vieler der Spieltechniken in der Gestalttherapie. Wenn der Patient beteiligt ist, ist es sehr viel wahrscheinlicher, daß er sich als aktiv Handelnden sieht, der Dinge tut, und weniger als passives Wesen, dem die Dinge irgendwie ‚zustoßen".

Es gibt eine Anzahl anderer semantischer Spiele. Wenn der Patient sagt: „Ich kann das nicht tun.", fragt ihn der Therapeut: „Kannst du sagen, ich *will* das nicht tun?" Wenn der Patient einverstanden ist und diese Formulierung verwendet, fährt der Therapeut fort mit „Und was empfindest du jetzt?".

T.: Was hörst du in deiner Stimme?
P.: Meine Stimme klingt, als würde sie weinen.
T.: Kannst du die Verantwortung dafür übernehmen, indem du sagst „Ich weine"?

Ein anderer erster Schritt in der Semantik der Verantwortlichkeit besteht darin, den Patienten Verben für Substantive einsetzen und ihn häufig den Imperativ als die direkteste Art der Kommunikation verwenden zu lassen.

*Die Anwendung des Bewußtheitskontinuums.* Die Anwendung des sogenannten Bewußtheitskontinuums - des „Wie" der Erfahrung - ist für die Gestalttherapie unbedingt grundlegend. Wir erreichen damit oft Wirkungen, die sowohl eindrucksvoll wie überraschend sind. Der häufige Rückgriff und das Vertrauen auf das Bewußtheitskontinuum ist eine der wichtigsten Neuerungen unter den therapeutischen Techniken, die von der Gestalttherapie geschaffen wurden. Die Methode ist recht einfach:

T.: Was nimmst du jetzt wahr?
P.: Jetzt bin ich mir bewußt, daß ich zu dir rede. Ich sehe die anderen im Zimmer. Ich bin mir bewußt, daß John sich windet. Ich kann die Spannung in meinen Schultern spüren. Ich merke, daß ich Angst bekomme, während ich das sage.
T.: Wie erlebst du Die Angst?
P.: Ich höre, wie meine Stimme zittert. Mein Mund fühlt sich trocken an. Ich rede sehr zögernd.
T.: Merkst du, was deine Augen machen?
P.: Also, ich merke jetzt, daß meine Augen wegsehen.
T.: Kannst du die Verantwortung dafür übernehmen?
P.: ...daß ich von dir wegsehe.
T.: Kannst du jetzt deine Augen sein? Schreib den Dialog für sie.
P.: Ich bin Marias Augen. Ich finde es schwer, meinen Blick irgendwo festzuhalten. Ich springe hierhin und dahin ...

Die Anwendungsmöglichkeiten des Bewußtheitskontinuums sind unerschöpflich. In erster Linie ist es jedoch ein effektiver Weg, um den Menschen zu dem festen Fundament seiner Erfahrungen zu führen und von dem Viele-Worte-machen, von den Erklärungen und Interpretationen wegzubringen. Die Bewußtheit von unseren Körpergefühlen und von Empfindungen und Wahrnehmungen stellt unser sicherstes Wissen dar - vielleicht unser einziges sicheres Wissen. Sich auf die von unserer Bewußtheit gelieferte Information zu verlassen, ist die beste Methode, *Perls'* Maxime des „Laß deinen Verstand los und komm zu deinen Sinnen" zu erfüllen.

Die Anwendung des Bewußtheitskontinuums ist für den Gestalttherapeuten das beste Mittel, den Patienten von der Betonung des *Warum* seines Verhaltens (psychoanalytische Interpretation) wegzuführen und zu dem *Was* und *Wie* des Verhaltens (experientielle Psychotherapie) hinzuführen.

P.: Ich habe Angst.

T.: Wie erlebst du die Angst?

P.: Ich kann dich nicht deutlich sehen. Meine Hände werden feucht ...

Indem wir dem Patienten helfen, sich auf seine Sinne zu verlassen (zu seinen Sinnen zurückzukehren), helfen wir ihm auch, zwischen der Wirklichkeit *da draußen* und den schreckenerregenden Kobolden zu unterscheiden, die er in seiner eigenen Phantasie erzeugt.

P.: Ich bin sicher, daß die Leute mich für das verachten, was ich eben gesagt habe.

T.: Geh im Raum herum und sieh uns genau an. Sag mir, was du *siehst*, was deine Augen dir sagen - nicht, was deine Phantasie sagt.

P.: (nach einigen Augenblicken des Erforschens und Entdeckens) Also, die Leute blicken wirklich nicht so abweisend. Einige von euch blicken sogar warm und freundlich.

T.: Was erlebst du jetzt?

P.: Ich bin jetzt entspannter.

*Nicht klatschen.* Wie viele andere Gestalttechniken zielt die Regel, daß nicht geklatscht werden soll, darauf ab, Gefühle zu fördern und das Vermeiden von Gefühlen zu verhindern. Klatschen ist definiert als das Reden über eine Person, wenn diese anwesend ist und ebensogut direkt angesprochen werden könnte. Laßt uns beispielsweise einmal annehmen, daß sich der Therapeut mit Bill und Ann befaßt:

P.: (zum Therapeuten) Das Problem mit Ann ist, daß sie immer auf mir rumhackt.

T.: Jetzt klatschst du; sag das direkt zu Ann.

P.: (wendet sich zu Ann) Du hackst immer auf mir rum.

Wir klatschen oft über Leute, wenn wir nicht in der Lage sind, uns direkt mit den Gefühlen zu befassen, die sie in uns auslösen. Die Regel, nicht zu klatschen, ist eine weitere Gestalttechnik, die die direkte Konfrontation mit den Gefühlen erleichtert.

*Fragenstellen.* Die Gestalttherapie verwendet viel Aufmerksamkeit auf das Bedürfnis des Patienten, Fragen zu stellen. Es ist offensichtlich, daß uns der Fragesteller sagt: „Gib mir, sag mir ..." Wer genau hinhört, wird oft feststellen, daß der Fragesteller nicht wirklich Informationen braucht oder daß die Frage nicht wirklich notwendig ist oder daß sie die Faulheit und Passivität des Patienten enthüllt. Der Therapeut kann dann etwa sagen: „Mach aus der Frage eine Aussage." Die Häufigkeit, in der der Patient dazu tatsächlich in der Lage ist, bestätigt die Handlungsweise des Therapeuten.

Echte Fragen müssen von scheinheiligen Fragen unterschieden werden. Die letzteren zielen darauf ab, den anderen so zu manipulieren oder ihn dazu zu verführen, daß er die Dinge in einer bestimmten Weise sieht oder tut. Fragen in der Form „Wie machst du das?" und „Bist du dir bewußt, daß ..." bringen wirkliche Hilfe.

## Die Spiele

Die nächsten Seiten enthalten eine kurze Beschreibung einer Anzahl von „Spielen", die in der Gestalttherapie angewandt werden. Der Therapeut schlägt sie dann vor, wenn der Augenblick dazu - aus der Sicht der Bedürfnisse der Gruppe oder des Einzelnen - geeignet zu sein scheint. Einige Spiele, wie das „Ich habe ein Geheimnis"-Spiel oder das „Ich übernehme Verantwortung"-Spiel eignen sich besonders zum Einstimmen der Gruppe am Anfang einer Sitzung.

Es ist natürlich kein Zufall, daß einige der wichtigsten Techniken der Gestalttherapie in die Form von Spielen gekleidet sind. Dies ist offensichtlich eine grundlegende Form der Metakommunikation bei *Perls*, die einen der vielen Aspekte seiner Philosophie der Persönlichkeit herausstellt. Die Sprache der Spiele (die selbst ein Spiel ist) kann als Kommentar zu der Natur allen oder des meisten sozialen Verhaltens betrachtet werden. Die Botschaft ist *nicht*, mit den Spielen aufzuhören, da jede Form sozialer Organisation als die eine oder andere Art von Spiel verstanden werden kann. Die Botschaft ist vielmehr, daß wir uns der Spiele, die wir spielen, bewußt sein und frei sein sollen, die unbefriedigenden Spiele durch befriedigende zu ersetzen. Wenden wir diesen Standpunkt auf Zweierbeziehungen (Liebe, Ehe, Freundschaft) an, würden wir nicht einen Partner aussuchen, der „keine Spiele spielt", sondern vielmehr einen, dessen Spiele gut zu unseren eigenen passen.

*Dialogspiele.* In seinem Bemühen um mehr Integration geht der Gestalttherapeut allen Spaltungen oder Teilungen nach, die sich in der

Persönlichkeit zeigen. Natürlich ist jede „Spaltung", die gefunden wird, eine Funktion des Bezugsrahmens, in dem sich der Therapeut bewegt, und der Beobachtungsfähigkeit des Therapeuten. Eine der wichtigsten postulierten Teilungen ist die zwischen dem sogenannten Topdog und dem Underdog. Topdog entspricht ungefähr dem psychoanalytischen Überich. Topdog hält Moralpredigten, ist auf „Du sollst" spezialisiert und ist gewöhnlich rechthaberisch und mißbilligend. Underdog neigt zum passiven Widerstand, bringt Entschuldigungen vor und findet Gründe zum Aufschieben.

Wenn sich diese Spaltung zeigt, wird der Patient aufgefordert, diese beiden Teile seiner selbst einen unmittelbaren Dialog miteinander führen zu lassen. Das gleiche Dialogspiel kann natürlich für jede wichtige Spaltung innerhalb der Persönlichkeit durchgeführt werden (aggressiv und passiv, der „gute Junge" und der „Schweinehund", maskulin und feminin). Bisweilen kann das Dialogspiel sogar mit verschiedenen Körperteilen durchgeführt werden, wie mit der rechten und der linken Hand oder der oberen und der unteren Körperhälfte. Der Dialog kann sich auch zwischen dem Patienten und einer für ihn wichtigen Person entwickeln. Der Patient spricht diese Person einfach an, als wäre sie anwesend, phantasiert die Antwort, entgegnet auf die Antwort usw..

*Die Runde machen.* Der Therapeut merkt vielleicht, daß der Patient mit einem bestimmten Thema, das er angesprochen, oder Gefühl, das er geäußert hat, jedem einzelnen Mitglied der Gruppe gegenübertreten sollte. Der Patient hat vielleicht gesagt: „Ich kann keinen Menschen in diesem Raum leiden." Der Therapeut sagt dann etwa: „Gut, mach die Runde. Sag das zu jedem von uns, und füg dem noch eine andere Bemerkung über deine Gefühle für jeden einzelnen hier hinzu."

Das Spiel „Die Runde machen" ist natürlich unendlich variierbar und muß keineswegs auf die verbale Interaktion beschränkt bleiben. Es kann Berühren, Umarmen, Beobachten, Erschrecken usw. einbeziehen.

*Unerledigte Geschäfte.* Ein unerledigtes Geschäft ist die gestalttherapeutische Entsprechung zu der unvollendeten kognitiven oder Wahrnehmungsaufgabe in der Gestaltpsychologie. Wann immer ein unerledigtes Geschäft (steckengebliebene Gefühle) erkannt wird, wird der Patient aufgefordert, es zum Abschluß zu bringen. Offensichtlich haben wir alle endlos lange Listen unerledigter Geschäfte im Bereich der zwischenmenschlichen Beziehungen mit - zum Beispiel - Eltern, Geschwistern, Freunden. Nach der Auffassung von *Perls* ist das Grollen und Übelnehmen die häufigste und wichtigste Art unerledigter Geschäfte.

*„Ich übernehme die Verantwortung."* Bei diesem Spiel stützen wir uns auf einige der Elemente des Bewußtheitskontinuums, betrachten dabei aber alle Wahrnehmungen als Handlungen. Wir fordern den Patienten auf, bei jeder Feststellung den Satz anzuschließen: „... und ich übernehme die Verantwortung dafür." Zum Beispiel: „Mir ist bewußt, daß ich mein Bein bewege, ... und ich übernehme die Verantwortung dafür." „Meine Stimme ist sehr leise, ... und ich übernehme die Verantwortung dafür." „Jetzt weiß ich nicht mehr, was ich sagen soll, ... und ich übernehme die Verantwortung dafür, daß ich es nicht weiß."

Was auf den ersten Blick eine mechanische, ja sogar alberne Prozedur zu sein scheint, wird bald als ein sehr bedeutsames Verfahren erkannt.

*„Ich habe ein Geheimnis."* Dieses Spiel erlaubt das Untersuchen von Schuld- und Schamgefühlen. Jeder Teilnehmer denkt an ein wohlgehütetes persönliches Geheimnis. Er wird angewiesen, *nicht* das Geheimnis selbst mitzuteilen, sondern zu phantasieren (projizieren), wie er glaubt, daß andere darauf reagieren würden. Ein weiterer Schritt kann dann für jeden darin bestehen, damit zu prahlen, was für ein schreckliches Geheimnis er hütet. Die unbewußte Bindung an das Geheimnis als eine kostbare Errungenschaft fängt jetzt an, deutlich zu werden.

*Die Projektion spielen.* Viele scheinbare Wahrnehmungen sind Projektionen. So kann beispielsweise der Patient, der äußert: „Ich kann dir nicht trauen.", dazu aufgefordert werden, die Rolle eines Menschen zu spielen, der nicht vertrauenswürdig ist, damit er seinen eigenen inneren Konflikt in diesem Bereich entdecken kann. Ein anderer Patient beklagt sich vielleicht beim Therapeuten: „Du interessierst dich nicht wirklich für mich. Du machst das hier nur für deinen Lebensunterhalt." Er wird angewiesen, diese Haltungen darzustellen, und kann im Anschluß daran befragt werden, ob dies vielleicht ein Zug ist, den er selbst haben könnte.

*Umkehrungen.* Ein Weg, auf dem der Gestalttherapeut bestimmte Symptome oder Schwierigkeiten angeht, besteht darin, daß er dem Patienten dabei hilft zu erkennen, daß offen gezeigtes Verhalten gewöhnlich die Umkehrung von zugrunde liegenden oder latenten Impulsen darstellt. Wir benutzen daher die Umkehrtechnik. So behauptet der Patient beispielsweise, daß er unter Hemmungen oder an übermäßiger Schüchternheit leidet. Er wird aufgefordert, einen Exhibitionisten zu spielen. Indem er sich auf ein Gebiet wagt, das angstbeladen ist, kommt er in Kontakt mit einem Teil seiner selbst, der lange unterdrückt worden ist. Oder der Patient möchte vielleicht an dem Problem arbeiten, daß er überempfindlich auf Kritik reagiert. Er wird dazu aufgefordert, die Rolle desjenigen zu spielen, der sehr genau allem zuhört, was zu ihm gesagt wird - insbesondere an Kritik -, ohne das Bedürfnis, sich zu rechtfertigen oder einen Gegenangriff zu machen. Oder der Patient ist vielleicht wenig durchsetzungsfähig und nach außen hin lieb und sanft; er wird dazu aufgefordert, die Rolle eines unkooperativen und boshaften Menschen zu spielen.

*Der Rhythmus von Kontakt und Rückzug.* Entsprechend ihrem Interesse an der Gesamtheit der Lebensprozesse, an den Phänomenen von Figur und Grund, legt die Gestalttherapie besonderes Gewicht auf die polare Natur der Lebensvorgänge. So wird die Liebesfähigkeit durch die Unfähigkeit, Ärger zu ertragen, geschwächt. Erholung ist notwendig, um die Energien wiederherzustellen. Eine Hand ist weder offen noch geschlossen, sondern ist zu beiden Funktionen in der Lage.

Die natürliche Tendenz, sich aus dem Kontakt zurückzuziehen, die der Patient hin und wieder erlebt, wird nicht wie ein Widerstand behandelt, der überwunden werden muß, sondern als rhythmische Reaktion, die berücksichtigt werden muß. Daher wird der Patient, wenn er sich zurückziehen möchte, aufgefordert, seine Augen zu schließen und sich in Gedanken an irgendeinen Ort oder in eine beliebige Situation zurückzuziehen, an dem bzw. in der er sich sicher fühlt. Er beschreibt die Szene und die Gefühle, die er in ihr hat. Dann wird er aufgefordert, seine Augen zu öffnen und „zur Gruppe zurückzukommen". Anschließend wird die frühere Arbeit wieder aufgenommen, gewöhnlich mit neuem Material, was vom Patienten geliefert wird, der durch seinen Rückzug einige seiner Energien wiedergewonnen hat.

Der Gestaltansatz zielt also dahin, das Bedürfnis nach Rückzug in jeder Situation zu akzeptieren, in der die Aufmerksamkeit oder das Interesse nachläßt, wobei wir uns jedoch bewußt bleiben, wohin unsere Aufmerksamkeit geht.

*„Probehandeln".* Nach *Perls* besteht ein großer Teil unseres Denkens aus innerem Probehandeln und Vorbereiten auf das Spielen unserer gewohnten sozialen Rollen. Das Erleben von Lampenfieber steht für nichts anderes als für unsere Angst, daß wir unsere Rolle nicht so gut spielen werden. Daher spielt die Gruppe das Spiel, das innere Probehandeln einander mitzuteilen, um sich so über den Zweck der Vorbereitung mehr bewußt zu werden, die dazu dient, unsere sozialen Rollen zu stützen und aufrechtzuerhalten.

*„Übertreibung".* Dieses Spiel ist mit dem Prinzip des Bewußtheitskontinuums eng verbunden und liefert uns einen anderen Weg zum Verständnis der Körpersprache. Es ist häufig der Fall, daß die unbewußten Bewegungen oder unbeabsichtigten Gesten des Patienten eine bedeutsame Mitteilung zu sein scheinen. Nun sind die Gesten jedoch vielleicht mißlungen, unentwickelt oder unvollständig - vielleicht ein

Schwenken des Arms oder ein Klopfen mit dem Fuß. Der Patient wird aufgefordert, die Bewegung wiederholt auszuführen und dabei zu übertreiben, was gewöhnlich die innere Bedeutung klarer macht. Bisweilen wird der Patient aufgefordert, die Bewegung zu einem Tanz zu entwickeln, um so mehr von seinem Selbst zu einem integrierten Ausdruck zu bringen.

Eine ähnliche Technik wird für rein verbales Verhalten benutzt und könnte etwa als das „Wiederholungs"-Spiel bezeichnet werden. Ein Patient macht vielleicht eine wichtige Feststellung, ist dann aber schnell darüber hinweggegangen oder hat auf irgendeine Weise erkennen lassen, daß er ihre Bedeutung nicht ganz aufgenommen hat. Er wird aufgefordert, seine Worte zu wiederholen, wenn es nötig ist, sie sehr oft zu wiederholen, und dies unter Umständen mit immer lauterer Stimme. Bald hört er sich selbst wirklich und bildet nicht mehr nur Worte.

*„Darf ich dir einen Satz in den Mund legen?"* Der Therapeut, der einem Patienten zuhört oder ihn beobachtet, kommt vielleicht zu dem Schluß, daß dabei eine bestimmte Einstellung oder Botschaft durchscheint. Er sagt dann: „Darf ich dir einen Satz in den Mund legen? Sag ihn und sieh nach, ob er auf dich zutrifft. Sag ihn zu mehreren Leuten hier." Er schlägt dann seinen Satz vor, und der Patient prüft seine Reaktion auf den Satz. Typischerweise interpretiert der Therapeut nicht einfach für den Patienten. Auch wenn hier offensichtlich ein starkes interpretatives Element enthalten ist, muß der Patient die Erfahrung durch aktive Teilnahme selbst machen. Wenn der vorgeschlagene Satz wirklich ein Schlüsselsatz ist, wird von dem Patienten eine spontane Entwicklung des Gedankens kommen.

*Eheberatungsspiele.* Wir wollen hier nur einige aus der großen Zahl möglicher Varianten dieser Spiele anführen.

Die Partner sehen einander an und sprechen Sätze, die alle anfangen mit „Ich nehme dir übel, daß ...", wobei sie sich gegenseitig abwechseln. Das Thema des Übelnehmens kann dann von dem Thema der Anerkennung abgelöst werden: „Was ich an dir mag, ist ..." Und dem Thema der Boshaftigkeit: „Ich ärgere dich dadurch, daß ..." Oder dem Thema der Nachgiebigkeit: „Ich gebe dir nach, indem ich ..."

Schließlich ist da das Thema des Entdeckens. Die Partner wechseln sich damit ab, einander in Sätzen zu beschreiben, die anfangen mit „Ich sehe ...". Oft hat dieser Prozeß des Entdeckens zur Folge, daß beide einander zum erstenmal wirklich sehen. Wenn das schwierigste Problem in der Ehe, wie es *Perls* darlegt, darin besteht, daß der Partner in eine Vorstellung und nicht in einen Menschen verliebt ist, so müssen wir lernen, zwischen unserem Phantasiebild und dem Menschen aus Fleisch und Blut zu unterscheiden.

Schließlich sollten wir einen bestimmten Ansatz erwähnen, der weder unter die Rubrik der Regeln fällt noch den Spielen zuzurechnen ist, der sich jedoch an dieser Stelle gut einfügen läßt. Er ist ein wichtiger ,,Eröffnungszug" in der Gestalttherapie und symbolisiert viel von der zugrundeliegenden Philosophie *Perls'*. Wir könnten es etwa das Prinzip des ,,Kannst du bei diesem Gefühl bleiben?" nennen. Diese Technik wird in Schlüsselmomenten angewandt, wenn der Patient ein unangenehmes Gefühl oder eine unangenehme Stimmung oder Gemütsverfassung erwähnt, die er dringend vertreiben möchte. Es könnte etwa sein, daß er an einen Punkt gelangt ist, wo er sich leer oder verwirrt oder frustriert oder entmutigt fühlt. Der Therapeut sagt: ,,Kannst du bei diesem Gefühl bleiben?"

Dies ist beinahe immer ein dramatischer Augenblick und ein frustrierender für den Patienten. Er hat diese Erfahrung mit einigem Unwillen erwähnt und dem offensichtlich ungeduldigen Wunsch weiterzukommen, dieses Gefühl weit hinter sich zu lassen. Der Therapeut bittet ihn jedoch absichtlich, bei dem psychischen Schmerz zu bleiben, den er in dem Augenblick empfindet. Der Patient wird aufgefordert, das *Was* und *Wie* seiner Gefühle herauszuarbeiten. ,,Welches sind deine Empfindungen?" ,,Welches sind deine Wahrnehmungen, Phantasien, Erwartungen?" In diesen Augenblicken ist es oft sehr zweckmäßig und notwendig, dem Patienten bei der Unterscheidung zwischen dem, was er phantasiert, und dem, was er wahrnimmt, zu helfen.

Die Technik des Dabeibleibens illustriert sehr gut *Perls'* nachdrückliche Betonung der Rolle des phobischen Vermeidens bei allem neurotischen Verhalten. Nach seiner Sicht hat der Neurotiker einen intensiven Kontakt mit einer Vielzahl unerfreulicher, dysphorischer Erfahrungen habituell vermieden. Als Folge davon hat sich das Vermeiden tief eingefahren, eine phobische Angst ist zur Gewohnheit geworden und größere Erfahrungsbereiche sind nie angemessen bewältigt worden.

Es mag in diesem Zusammenhang von Interesse sein, an den Titel von *Perls'* erstem Buch *Ego, Hunger and Aggression*[1]) zu erinnern. Der Titel war mit Bedacht so gewählt worden, daß er die Botschaft enthält, daß wir gegenüber psychologischen und emotionalen Erfahrungen die gleichen aktiv zupackenden Einstellungen einnehmen müssen, die wir beim gesunden Essen haben. Beim gesunden Eßvorgang beißen wir die Nahrung ab; dann kauen und zermahlen wir sie gründlich und machen sie flüssig. Dann wird sie geschluckt, verdaut, durch Stoffwechselpro-

---

[1]) deutsch: Das Ich, der Hunger und die Aggression, Klett-Cotta, Stuttgart 1978.

zesse verwandelt und assimiliert. Auf diese Weise haben wir die Nahrung wirklich zu einem Teil unserer selbst gemacht.

Der Gestalttherapeut unterstützt den Patienten darin - am direktesten durch die Technik des Dabeibleibens -, in den emotionalen Bereichen des Lebens die „Nahrung" gleichermaßen zu „zerkauen" und entsprechend sorgfältig zu assimilieren, die bislang unangenehm zu schmecken, schwer zu schlucken und unmöglich zu verdauen war. Auf diese Weise gelangt der Patient zu größerem Selbstvertrauen, zu weit mehr Autonomie und einer erheblich größeren Fähigkeit, mit den unvermeidlichen Frustrationen des Lebens tatkräftig umzugehen.

# Traumtheorie und Demonstration (1968)

Perls: Darf ich annehmen, daß ihr alle das indische Wort *Maya* kennt?
*Gruppe*: Nein.
*P.*: Nein? Kann es irgendein Schüler der esoterischen Wissenschaft erklären?
*Teilnehmer*: Meine Antwort ist, daß es in der Welt stattfindet und daß es ziemlich illusionär ist, wenn auch nicht völlig.
*P.*: Ja, wissenschaftlich würden wir sagen: Es gibt Tatsachen, die man beobachten kann; deshalb wird durch Maya die Welt der Illusion (*illusion*) und Täuschung (*delusion*) bestimmt, diese Welt, die in der Philosophie von *Vaihinger* das „Als-Ob" genannt wird, etwas, das anstelle von etwas Realem steht. Nun, der Bereich des Maya ist unermeßlich: alles außer der Realität; und die Realität ist so klein verglichen mit Maya. Und was wichtiger ist, die sogenannte Realität, nämlich was man in sich aufnehmen, hören und sehen kann, ist noch weiter eingeschränkt durch die Gestalt-Bildung. Mit anderen Worten, wir suchen aus der Realität nur aus, was uns interessiert, was aus unvollendeten Situationen besteht, was eine besondere Faszination für uns besitzt. Nun, neben diesem bißchen Realität, neben diesem bißchen animalischer oder organismischer Existenz steht diese unermeßliche Welt des Maya. Alles Denken gehört dazu, weil Denken nichts anderes ist als ein Sprechen in der Phantasie, ein Spielen, ein verbales Anpassen, Kombinationsspiele. Es gibt jedoch eine Ausnahme: Ich meine, ich könnte Kunst, wahre Kunst, als Integration von Maya und Realität definieren; es ist eine Täuschung, die gleichzeitig real ist. Auf der anderen Seite kann eine Täuschung so stark sein, daß sie Realitätscharakter annimmt. Wir glauben dann wirklich, daß dieses Bild wahr ist wie eine Fata Morgana, oder wie in Träumen. Wenn einer noch so absurd träumt, so scheint der Traum doch wirklich zu sein. Träume, bei denen man nur irgendeinen Zweifel hat über das, was passiert, sind sehr, sehr unheimlich. Der ganze Bereich des Selbstbildes, der Selbstvorstellung, von Idealen, ist Maya, ist Illusion. Am konzentriertesten von all dem, von Maya und Kunst, sind meiner Meinung nach die Träume, weil sie spontan sind. Du kannst Träume heraufbeschwören, Tagträu-

me, aber dann sind sie schon verfälscht, sie sind schon eine überlegte Selbstmanipulation.

Nun, ich glaube durch meine Arbeit und Forschung, daß der Traum mehr ist als ein visuelles Phänomen, wie *Freud* meinte, mehr als eine unvollendete Situation. Der Traum ist meiner Meinung nach eine existentielle Botschaft. Und wenn er wirklich eine existentielle Botschaft ist, wenn ich da richtig liege, dann ist er nicht nur eine Geschichte, nicht nur Phantasie, sondern er ist immer ein Zeugnis von etwas in uns selbst, etwas, das als absurd erscheint, etwas, das dem, was ich von mir denke und fühle, weitgehend fremd ist. Grundsätzlich können wir die Träume in zwei Klassen einteilen: Die einen sind direkte (offene) Träume; die anderen sind Alpträume. Die Alpträume sind Träume, in denen wir uns selbst frustrieren. Natürlich scheint es, als ob wir frustriert *würden*. Aber wenn wir für einen Moment in Betracht ziehen, daß man selbst der Schöpfer des Traumes ist, dann sieht man, daß man sich mit einem Trick, um es einmal so zu nennen, davon abhält, das zu tun, was man will. Das ist so in jedem Alptraum.

So, bevor wir uns ein bißchen tiefer mit Träumen befassen, will ich Ihnen die Technik zeigen, die ich gefunden habe (oder das Vorgehen, denn es ist mehr als eine Technik), die ich sehr nützlich fand, um mit Träumen umzugehen. Und der erste Gesichtspunkt ist, und das ist sehr schwer im Zeitalter der Psychoanalyse, der erste Gesichtspunkt ist: Interpretiere niemals einen Traum! Sobald man mit dem Interpretieren anfängt, ist man verloren, man macht ein intellektuelles Spiel daraus. Mit dem Interpretieren kann man seine Zeit bestenfalls mit einem Rationalisieren (*mindfucking*) verschwenden, um einige intellektuelle Einsichten zu bekommen und all das andere Zeug, das die Arbeit behindert.

Ich würde vorschlagen, wenn ihr Traumarbeit unter euch machen wollt, geht am Anfang sehr genau und systematisch nach folgenden Schritten vor: Zuerst erzählen wir einen Traum. Dieses Traumerzählen ist eine Geschichte von etwas Vergangenem, nämlich letzter Nacht, oder vor 6 oder 10 Jahren; es macht nichts, ob der Traum von der letzten Nacht oder Jahre her ist. Wenn dir ein Traum im Sinne bleibt, so bedeutet das, daß er nicht verarbeitet, verstanden ist, dir zu eigen gemacht ist. So bekommen wir also eine Geschichte. Der nächste Schritt ist, den Traum wieder zum Leben zu erwecken. Vielleicht können wir jemanden dazu als Beispiel nehmen. Wer will an einem Traum arbeiten?

OK, erzähl uns einen Traum. Wann hattest du diesen Traum?

*Steven*: Wann ich ihn hatte? Im Februar 1967.

*P.*: Und kannst du uns den Traum erzählen?

*St.*: Der Traum begann, und ich gehe auf ein weißes Haus zu. Es ist sehr groß, und es ist fast durchsichtig, Marmor, es ist vorne ein Restaurant, heißt Harry's, und dort essen Leute. Mir ist danach, in das Gebäude zu gehen. Ich habe große Angst, und ich habe einen Mantel an und einen 25 Kaliber Revolver in der Tasche, und ich spüre, daß er sehr klein ist, was mich beunruhigt. Ich gehe in das Gebäude und scheine in einem hohen Stockwerk zu sein. Es ging kein Fahrstuhl oder Treppen hinauf. Es war ein hohes Stockwerk und nichtssagende Hallen mit weißem Marmor, sehr hell erleuchtet. Meine Angst wächst. Ich weiß, daß ich getötet werde. Ich denke daran. Ich gehe in ein Zimmer, ich höre eine Stimme aus dem nächsten Zimmer und schaue hinein, und meine Mutter liegt auf einem Bett, ein chaiselongue-ähnliches Ding, und mein Vater unterhält sich mit ihr. Mein Vater verläßt den Raum. Ich gehe hinein, setze mich aufs Bett, fange an, mit meiner Mutter zu reden. Ich weiß nicht, was ich sagte.

*P.*: OK, das genügt. Man braucht niemals mit dem ganzen Traum zu arbeiten. Ihr werdet später sehen, daß jedes kleine bißchen getaner Arbeit von Nutzen sein wird. Das erste, was man beachten muß, ist immer: Wo findet der Traum statt? In welcher Umgebung? Es sagt eine ganze Menge aus, ob der Traum in einem Haus ist, in einem Mietshaus, in einem Motel, in der Natur, so daß dies schon etwas Grundsätzliches über die Existenz der Person aussagt. Als zweites muß man darauf achten, ob Menschen in dem Traum auftreten. Wenn dort keine Menschen sind, sei sehr vorsichtig! Jemand, der keine Personen in seinem Traum hat, ist gewöhnlich eine sehr, sehr zurückgezogene und autistische Person. Und drittens muß man auf Töten, auf irgendein angedeutetes Töten, einen Revolver oder so, achten! Noch einmal: Sei vorsichtig!

*St.*: Was soll das bedeuten? Denn am Ende des Traumes habe ich meine Mutter und meinen Vater getötet.

*P.*: Seid vorsichtig! Ihr habt es mit einem potentiellen Mörder zu tun! Nun, in der Therapie ist Töten nicht schlecht, weil wir wissen, daß Töten immer ein Zeichen von Schwäche ist. Oder um das zu verallgemeinern, jegliche Gewalt ist ein Zeichen von Schwäche. Das heißt, daß du nicht mit dem Leben fertig wirst außer mit äußerstem Einsatz von Gewalt, Töten und so weiter. Wenn du dich schwach fühlst, wirst du voll mit Ärger und Töten und Gewalt und so weiter. Also, merkt euch diese drei Dinge.

*Teilnehmerin*: Eines, was du sagtest, habe ich nicht ganz verstanden. Wenn du sagst: 'Wenn keine Leute in dem Traum vorkommen, sei vorsichtig!' Wie ist man vorsichtig? Was meinst du damit?

*P.*: Ah, man kann bestimmte Dinge verstärken, gewisse Schlüsselsätze, wie in diesem Fall „Ich töte dich"; man kann sie wiederholen, bis sie gefühlt werden. Nun, wenn es so ist, wenn du in Berührung mit dem Töten kommst, ohne dazu bereit zu sein, könntest du damit ein wirkliches Töten oder zumindest Selbstmord auslösen. Oder wenn keine Personen in dem Traum vorkommen, heißt das, daß du es höchstwahrscheinlich mit einem zurückgezogenen Schizophrenen zu tun hast, vielleicht nicht völlig, aber es gibt sicher einen schizophrenen Teil; es ist jemand, der ohne jegliche Berührung, ohne jeglichen Kontakt lebt. Mit „vorsichtig" meine ich nicht diese wilden aufgedrehten Sachen, in jedem Fall einen Emotionsausbruch zu bewirken, egal, was dabei herauskommt. Schritt für Schritt, das ist Wachstum; das ist zwar ein langsamer Prozeß, aber er kann sich vollziehen. Ihr werdet sehen, daß wir den ganzen Wachstumsprozeß des Traumes gebrauchen werden. Wie würdet ihr, nach alledem, mit einem Traum umgehen? Warum suchen wir gerade einen Traum aus?
*Teilnehmerin*: Ein Traum ist eine Botschaft von einem Teil einer Person, die man normalerweise nicht hört und auf die man nicht bewußt achtet.
*P.*: Mit einem Wort, du glaubst mir. Ich sage viel für dich.
*Tn.*: Ja.
*P.*: Hast du irgendeinen Beweis dafür? Oder sagst du das nur, um mir zu gefallen?
*Tn.*: Ich stimme dir zu aufgrund meiner eigenen Erfahrung mit meinen eigenen Träumen.
*P.*: OK. Dies ist übrigens eine weitere Haltung, bei der man sehr vorsichtig sein muß, nämlich, jeden Schritt, den du tust, in zweifacher Hinsicht abzuklären: Erstens, will dir die andere Person gefallen? Damit würdest du eine ganze Menge Schwindel erzeugen. Sie werden alles tun, um dir zu gefallen, ihre eigenen Antworten und ihr Verhalten verfälschen; also prüfe immer nach: Tust du dies, um mir zu gefallen, oder meinst du es wirklich? Und eine weitere sehr wertvolle Methode ist: Prüfe nach, ob jemand kooperativ ist oder ekelhaft neunmalklug. Sei wachsam in diesen zwei Bereichen.

OK. Gehen wir zum zweiten Schritt. Der zweite Schritt besteht einfach darin, die Person zu bitten, denselben Traum oder einen Teil davon in der Gegenwart zu erzählen, als ob sie ihn jetzt träumt, und beachte, ob es ein bloßes verbales Nacherzählen des Traumes ist, oder ob sie dabei etwas erfährt. So, willst du...? Ja, den gleichen Teil noch einmal.
*St.*: Ich gehe auf ein Haus zu, es ist sehr groß und sehr hell. Ich kann eine Waffe in meiner Tasche spüren. Sie ist sehr klein, aber sie fühlt sich

sehr hart und sehr kalt an. Das ist alles was ich habe. Und ich will nicht in das Haus gehen, aber ich muß in das Haus gehen.
*P.*: OK. Was ich jetzt vorschlagen will, kann man mit Anfängern natürlich nicht machen, aber wenn einer einmal Vertrauen gewonnen hat in die existentielle Bedeutung des Traumes, kannst du diese verstärken; du kannst den, wir wollen jetzt mal sagen, Patienten oder Klienten bitten, vor jedem Satz den Satz ,,Dies ist meine Existenz" zu sagen. Bilde kurze Sätze, sag jedesmal ,,Dies ist meine Existenz".
*St.*: Dies ist meine Existenz. Ich gehe auf ein Haus zu. Dies ist meine Existenz, und das Haus ist sehr groß. Dies ist meine Existenz, sehr groß, sehr hell. Dies ist meine Existenz, die Waffe ist sehr klein, sehr kalt, sehr hart, und das ist alles, was ich habe. Dies ist meine Existenz. Ich will es nicht tun, aber ich muß. Dies ist meine Existenz. Ich bin allein im Bett und will niemanden sehen. Dies ist meine Existenz.
*P*: Ihr seht, es ist sehr schwer, ein einzelnes Stück wie einen Traum aus dem Zusammenhang zu reißen.Wenn ich jetzt Steven beobachte, höre ich, daß seine Stimme fast nicht existiert. In der Therapie würde ich natürlich dies als die wichtigste auftauchende Gestalt heraussuchen. Ich würde ihn bitten, seine Stimme zu spielen oder zu beschreiben.
*St.*: Ich bin meine Stimme. Ich zittere ängstlich. Sie ist sehr weich, so weich, daß du mich nicht einmal hören kannst. Ich will nicht herauskommen, so komme ich nur sehr weich heraus, so komme ich fast überhaupt nicht heraus. Es ist sehr schwer herauszukommen, also muß ich pressen, also...
*P.*: Ihr seht nun, ich bin sicher, jeder von euch bemerkte den Widerspruch. Also ein Traum mit Töten und so weiter und diese schüchterne, sanfte Stimme - das eine *oder* das andere könnte richtig sein. Aber die beiden widersprechen sich. - Jetzt haben wir den ersten Schritt: die Geschichte erzählen, den zweiten Schritt, die Geschichte im Präsens erzählen und 2a) jeden Satz mit ,,Dies ist meine Existenz" einleiten. Der dritte Schritt ist nun, eine Bühne einzurichten und zu versuchen, diesen Traum zu leben, ihn wieder zum Leben zu erwecken, wie er war, ihn auszuagieren. Wir hatten zuerst eine Geschichte, einen Roman, jetzt haben wir ein Drama. Jetzt bringen wir ihn auf die Bühne und schreiben ein Drama. Du kannst zur gleichen Zeit reden: ,,Ich gehe ..."
*St.:* Ich gehe auf ein Haus zu. Ich ziehe sehr fest an dem Revolver in meiner Tasche. Ich möchte fähig sein, ihn herauszuholen, während ich dem Haus näherkomme. Es wird schwerer zu gehen, weil ich nicht zu dem Haus gehen will. Ich bin in das Haus gegangen. Und diese Leute, niemand kann mich sehen. Und wenn mich jemand sieht,... Und es kommt jemand. Ich muß irgendwohin springen. Ich sehe ein Zimmer, ein kleines Zimmer mit offner Tür, mein Vater ist drin, er spricht, er

spricht mit meiner Mutter. Was sagst du zu ihr? (laut) Ich kann nicht hineingehen, wenn er drin ist. Was willst du, Pa? (laut) Schhhh? Du mußt still sein, er kann dich nicht hören - jetzt mußt du still sein.

Willst du, daß ich ganz durch den Traum gehe? Denn ich will nicht hineingehen, wenn ich nicht wieder herauskomme.

*P.:* Ich war sehr zufrieden mit der Art, wie du in den Traum hineinkamst. Die nächsten Schritte sind nun, daß er alle die verschiedenen Rollen, alle kleinen Stücke und Teile spielt. Meiner Meinung nach gehört jeder kleine Einzelteil im Traum zu unserem entfremdeten Selbst. Und die wichtigsten Teile sind solche, die nicht *explizit*, sonder *implizit* im Traum enthalten sind. - Nun, als du in den Traum hineingingst, in das Haus, sagtest du, daß dich jemand beobachtete. Stimmt's?

*St.:* Niemand durfte mich sehen. Wenn mich jemand gesehen hätte, hätten sie mich getötet.

*P.:* OK, niemand darf mich sehen. Also gibt es da einen möglichen -

*St.:* - er sucht mich -

*P.:* - Spion. Es gibt da jemanden, der unausgesprochen da ist. Diese unausgesprochenen Dinge, dieser Hinweis auf die Projektionen, das sind die wichtigsten Leute. Ihr seht, nach meiner Vorstellung ist der Traum praktisch ein Fragment unserer verleugneten Persönlichkeit; all die kleinen Bestandteile unseres Potentials sind verstreut, und der Weg, sie zurückzuholen, ist eine vollständige Identifikation, indem wir uns selbst völlig in dieses Projekt projizieren. Pathologisch ist nur die Vergangenheitsprojektion, die völlige Projektion. Die völlige Identifikation bedeutet: Wieder in Besitz nehmen, wieder assimilieren.

## *Jerry's Arbeit vor der Traumarbeit*

*P.:* So, wer möchte arbeiten?

*J.:* Es ist ein Bruchstück eines Traumes.

*P.:* Was erfährst du, Jerry?

*J.:* Ich spüre Angst, meine Stimme ist belegt, es kommt überhaupt nichts heraus, Herzjagen, Atemlosigkeit.

*P.:* Mit anderen Worten: Du bist ganz klar von psychosomatischen Symtomen besetzt, so daß wir kein volles Beteiligtsein erwarten können. Natürlich geht da etwas in Jerry vor. Also steige nur in deine Symtome und bleib bei ihnen.

*J.:* Mir ist eine gewisse Krankheit bewußt, und ich fühle eine Blindheit in meinem Kopf, es ist eine Angst. Es ist nicht unangenehm, ich fühle mich schon besser, ich fühle mich besser.

*P.:* Es ist folgendes passiert: Psychiatrie macht aus der Angst eine Riesenangelegenheit, die meistgefürchtete Sache. In Wirklichkeit ist Angst ein ganz einfaches Phänomen. Angst bedeutet einfach den Verlust der Brücke vom Hier zum Dann. In dem Augenblick, in dem du die sichere Basis des Jetzt verläßt und in die Zukunft springst, ohne dich abgesichert zu haben mit Versicherungspolicen, Plänen und Sich-Vergewissern, dann stagniert die Erregung, und die Erfahrung ist Angst. Sobald du wieder in Berührung kommst und ins Jetzt zurückkehrst, verschwindet die Angst. So, wie fühlst du dich jetzt?
*J.:* Ich fühle mich gut.
*P.:* Kannst du das den Zuhörern sagen?
*J.:* Ich fühle mich gut. Ich fühle mich gerade jetzt sehr gut.
*P.:* In Ordnung. Bist du bereit für den Traum?
*J.:* Ja. - Ich bin auf meinem Besitz.
*P.:* Ich verstehe dich nicht. Du sagst ,,Ich bin auf meinem Besitz". Was heißt das?
*J.:* Das Land bei mir zuhause, wo mein Wassertank ist.
*P.:* Was machst du mit deinen Händen auf deinem Besitz.
*J.:* Ich denke, ich halte ihn, ich berühre ihn.
*P.:* Aha. Was spürst du jetzt?
*J.:* Angst.
*P.:* Ja, laß uns zur Angst zurückkehren.
*J.:* Ich dachte, ich würde dich sabotieren. Ich möchte dich jetzt nicht sabotieren.
*P.:* Das ist ein gutes Programm. Gute Absicht. So, versuche in die Angst hineinzukommen und jetzt mit ihr in Kontakt zu kommen.
*J.:* Ich bin in Kontakt damit. Ziemlich gut. Ich fühle mich nicht schlecht.
*P.:* Greif dies mal auf. Mich interessiert, was es bedeutet.
*J.:* Ich kaue etwas weg.
*P.:* Dann mach weiter damit. Ihr seht, wir finden etwas Ähnliches in Psychosen; der Psychotiker hat eine Sprache, die wir oft nicht verstehen, eine eigene Sprache. Bei einer nicht psychotischen Person verstehen wir meist die Bewegungen und was in ihr vorgeht; wir verstehen es aber noch besser, wenn wir den Patienten entschlüsseln lassen, ausdrücken lassen, was er meint.
*J.:* Ich kaue die Angst weg.
*P.:* Also sprich zu der Angst.
*J.:* Angst, geh hier raus. Ich brauche dich nicht. Ich will dich nicht, ich brauche dich nicht, und du wirst abends draußen bleiben.
*P.:* So, was antwortet die Angst? Übernimm die Rolle der Angst.
*J.:* Du kannst mich nie völlig loswerden. Ich werde kommen und ge-

hen. Ich werde dich schlagen, wenn du - je mehr du mich loswerden willst, desto mehr werde ich dich schlagen.
*P.:* Sag das den Zuhörern.
*J.:* Je mehr ihr mich loswerden wollt, desto mehr werde ich euch schlagen. - Ich weiß nicht, was du jetzt tust. Ich will zurück (Lachen).
*P.:* Du siehst mich sehr gespannt an, Jerry.
*J.:* Ja.
*P.:* Was sagen deine Augen?
*J.:* Ich vertraue dir.
*P.:* Ich vertraue dir.
*J.:* Ich glaube, du bist ein ziemlich gerissener Kerl.
*P.:* Die Frage ist: Wie kannst du einem gerissenen Kerl vertrauen?
*J.:* Als ich zum erstenmal hier war, sah ich, wie gerissen du bist. Ich mag das so. Aber es ängstigt mich.
*P.:* Bleib bei deinem Traum.
*J.:* Ich habe Angst. Ich habe Angst, etwas aufzubauen. Ich kann damit nicht umgehen.
*P.:* Kannst du etwas für mich tun? Willst du?
*J.:* Ja.
*P.:* Rede weiter! Mach diese Bewegung: Hin zu dir - ganz egal, was du sagst, einfach, um zu sehen, was du tun würdest, um die Bewegungen zu verändern. Du sagtest, du kaust weg, kau hin.
*J.:* Gut, Jerry, du wirst dich wieder selbst betrügen. Du wirst ein Falschspieler sein, Perls wird böse werden. Deine Gefühle sind zuvor in dir drin, aber du hast Angst vor dem, was dabei herauskommen wird, und du möchtest gerade allein gelassen werden und da sitzen bleiben.
*P.:* OK. Schließ deine Augen. Stell dir vor, du gehst zu deinem Platz zurück.
*J.:* Uuaah!
*P.:* Was erlebst du, Jerry?
*J.:* Angst. Ich atme weiter schwer, damit die Angst nicht zurückkommt.
*P.:* Ich mußte dich nicht dazu bringen. Nun möchte ich gern, daß du dir etwas vorstellst: Wenn du absichtlich daran gingest, mich zu sabotieren, mich auszutricksen, was würdest du tun?
*J.:* Ich fühle Panik aufkommen, nichts als Panik, und fühle richtig schreckliche Ablehnung, den zu akzeptieren, der mich bedrängt, so und so zu sein. Ich will es, und so will ich es nicht, und komme von einem zum anderen.
*P.:* So, wer ist denn hier gerissen?
*J.:* Nun, ich vielleicht, aber ich fühle mich ein bißchen von dir verra-

ten, weil ich an einem Traum arbeiten wollte und es nicht tat. Ich spüre, daß du weißt, was mit mir los ist, und ich möchte gern spüren, daß ich wieder frei bin, ...

*P.:* So, der große Fritz verrät Jerry. Setz dich dahin. Jerry, ich werde dich verraten, aber es ist gut für dich.

*J.:* Fritz, ich fühle mich jetzt gut so, und ich werde dich verraten, indem ich mich so gut fühle. Ich werde nicht arbeiten.

*P.:* Da gibt es wirklich etwas, an dem du weiterarbeiten mußt, und ich würde dir dabei helfen, wenn du mich ließest.

*J.:* OK, Fritz, fangen wir an.

Was? Willst du nun Hilfe oder nicht?

Ich weiß nicht, Fritz. Ich fühle mich jetzt sehr gut. Ich habe Angst davor, mehr durch meine Unstimmigkeit zu gehen. Ich habe Angst vor etwas, und ich weiß nicht, was es ist.

*P.:* Sei wieder Fritz.

*J.:* Du machst es ganz gut, Jerry. Mach nur weiter so, und dann sehen wir, was passiert.

Ich fühle beim Arbeiten die Erde stillstehen. Es ist wirklich ein schweres Stück Arbeit. Aber ich mache es jetzt ganz gut.

Jetzt spielst du wieder. Du willst arbeiten. Du willst nicht arbeiten. Du grinst. Du wirst hier ganz verrückt. Du fängst wieder an zu spielen.

Ah, jetzt werde ich ängstlich.

*P.:* Also, fangen wir an: wenn ich grinse, grinse ich, was ich kann.

*J.:* Das ist alles, was ich mit dem Fritz, den ich mir vorgestellt habe, tun kann, ich weiß nicht, ob ich mit dem wirklichen Fritz mehr tun kann. Ich kann es nur versuchen.

Du! Hör auf damit! Hör auf damit!

Ich fange an, böse auf dich zu werden, Jerry, weil du dein Herz ausschüttest und dich gleich wieder zurückziehst. Nun bin ich nicht böse. Du hörst dich nicht an wie Fritz.

*P.:* Ich mag diesen Fritz lieber, viel lieber als mich.

*J.:* Er ist ganz schön zäh, nicht? Es ist so schwer, unehrlich zu dir zu sein, es ist sehr schwer. In Ordnung, jetzt fange ich wieder an, ängstlich zu werden. Jetzt bemühe ich mich, ein guter Junge zu sein.

*P.:* Noch ein halbes Jahr bis Neujahr. Ich höre noch einen guten Vorsatz fürs nächste Jahr: Ich bemühe mich, ein guter Junge zu sein. Ich hätte es lieber, wenn du dich bemühen würdest, ein schlechter Kerl zu sein.

*J.:* Ich bin es. Ich bemühe mich nicht. Ich bin es. Ich fühle mich gut, daß ich jetzt merke, wenn ich sabotiere; dieses Bewußtsein, das ist ein Schritt.

*P.:* Ein großer Schritt. Ich finde es gut, was du bei dir zu sehen beginnst. Aber zwischen Erkenntnis und Gehenlassen liegt noch einiges. Jerry, ich habe dich gerade verlassen und ging zu den Randgebieten, die gut aussehen.

*J.:* Ja. Ich bin hier unehrlich, und egal, wie ich es mir vornehme, ich kann nicht sehen, was Sache ist.

*P.:* Darf ich das interpretieren? Ich meine, das Sich-Vornehmen ist die Unehrlichkeit. Die falschen Versprechungen, die du dir und anderen machst. Ich sehe plötzlich ein Kind, dem mit Strafe gedroht wurde und das gelobt: „Ich verspreche, ich verspreche", nur aus Angst vor Strafe, das aber niemals die Absicht hat, das Versprechen zu halten oder dazu in der Lage zu sein.

*J.:* Ein Programm nach dem andern rast durch meinen Kopf, das Programm, nicht zu reden.

*P.:* OK, spiel den Programmierer, mach eine lange Programmliste.

*J.:* Ich habe eine lange Programmliste, die mich vom Erleben abhält. Ein Programm ist, mich selbst zu erschrecken, ein Programm ist zu phantasieren, ein Programm ist, mich selbst zu belügen, ein Programm ist, mir und anderen etwas vorzumachen, ein Programm ist, widersprüchlich zu sein, ein Programm ist zu rülpsen.
Ich war niemals ohne Programmierung.
Das war ehrlich.

*P.:* Ich möchte Programm und Geschehen gegenüberstellen. Dies eben war ein Geschehen

*J.:* Ich spüre eine Spannung hier hinten im Nacken. Und das ist auch ein Programm, mit meinem physischen Selbst zu sein. Und ich sehe kein wirkliches Programm. Ich bin darauf programmiert, nach einem Wo zu suchen. Das ist eine Falle. Programme sind Fallen.

*P.:* Du wirst mir doch keine Falle stellen mit deinen Problemen.

*J.:* Ich weiß es. Ich schließe meine Augen und warte darauf, angeturnt zu werden. Es ist ein ernstes Gefühl, vor dem ich große Angst habe, vor dem ich heute Nachmittag große Angst hatte.

*P.:* Angeturnt zu sein?

*J.:* Ja.

*P.:* So, ruf Fritz wieder rein. Erzähl das deinem Fritz.

*J.:* Fritz, ich habe wieder diese Angst, angeturnt zu werden. Ich bin immer angeturnt. Es ist riesig, es ist wahr. Nun, Fritz, versuche ich, das Anturnen zu programmieren, weißt du, du läßt dich gehen und erlebst es.

*P.:* Ich würde noch etwas anderes vorschlagen. Fritz turnt sich an, und du versuchst, ihn herunterzuziehen oder zu unterdrücken, stoß ihn nieder.

*J.:* Ah, Fritz, du bist sehr mächtig. Ja, genau, Himmel, genau davor habe ich Angst, Fritz, vor diesem Gefühl, das ich jetzt habe.
*P.:* Welches ist das?
*J.:* Eine Art Schütteln, und es ist ein richtiger Schrecken, ich mag es nicht. Nun, woran ich weiterarbeiten möchte, ist, ich möchte am Traum weiterarbeiten.
*P.:* OK, du hast bis jetzt eine Menge guter Arbeit geleistet. Du kannst jetzt den Traum haben. Du kannst jetzt am Traum arbeiten. Davor hatte ich Angst. Vor diesem Satz, den ich die ganze Zeit erwartet hatte.

# Traumseminare (1966)*

## I

Freud nannte den Traum einmal „den Königsweg zum Unbewußten". Ich glaube, daß er tatsächlich der Königsweg zur *Integration* ist. Ich weiß nicht, was das Unbewußte ist, aber wir wissen, daß der Traum mit Bestimmtheit unsere spontanste Schöpfung ist. Er kommt nicht durch unsere Absicht, unser Tun oder unsere Vorsätzlichkeit zustande. Wenn ihr verstehen wollt, was ihr mit dem Traum macht, so gibt es keinen besseren Weg als den, den ich euch zeigen werde.

Wenn ihr mit euren eigenen Träumen arbeiten wollt, so macht das zusammen mit einem anderen, weil ihr, wie ich versuchen will aufzuzeigen, phobisch werdet, wenn ihr in die Nähe des wunden Punktes kommt. Ihr werdet versuchen zu vermeiden, wegzulaufen, werdet ganz plötzlich müde oder habt irgend etwas sehr Wichtiges zu tun. Wenn ihr einen Partner habt, mit dem ihr arbeiten könnt, kann er diese phobische Haltung erkennen. Gewöhnlich betrügt der Neurotiker nur sich selbst - er denkt nur, daß er andere betrügt.

Ich möchte jetzt ein bißchen systematische Arbeit machen. Traumarbeit kann Spaß machen. Tatsächlich ist sie aber eine sehr ernstzunehmende Arbeit. Ihr werdet feststellen, daß diejenigen, die auf die Weise mit Träumen arbeiten, wie ich es vorschlage - nämlich *ohne zu interpretieren, ohne daß sich euer Computer, der Denkapparat, einmischt* -, einen großen Nutzen daraus ziehen.

Bevor ich mich weiter mit der Theorie befasse, möchte ich, daß jemand hier zu mir hochkommt. Zwei haben sich dazu angeboten - die eine war Mary Anne, die schon früher mit mir gearbeitet hat und bereit ist, herauszukommen und an einem Traum zu arbeiten.

Nun also der Traum: Um systematisch vorzugehen, arbeiten wir in mehreren Stufen. Wir wollen den Traum wieder lebendig werden lassen. Die Patientin erzählt zunächst ihren Traum wie eine Geschichte, wie etwas, das ihr zugestoßen ist.

---

* Aufzeichnungen aus Workshops am Esalen Institut 1966.

## Der Traum von Mary Anne

*M.A.:* In meinem Traum - im ersten Teil des Traums - saß ich von der Strandseite abgewandt und schaute und beobachtete. Ein paar ziemlich dicke nackte Frauen waren da, und ich konnte von ihnen nur den Rücken sehen.

Im nächsten Teil des Traums, an den ich mich erinnern kann, saß ich auf einer Klippe und sah auf das Meer. Es war eine sehr steile Klippe - von da oben. Und eine Kuh kam aus dem Wasser mit Hörnern, mit einem kleinen Kalb neben sich. Und ein weißgekleideter Mann war da. Er hat mich an meinen Vater erinnert. Und er schrie laut - ich weiß nicht mehr, was er gesagt hat. Aber egal, was er geschrien hat - ein Mann war hier, und ein Mann war da drüben, auch in Weiß gekleidet, mit Megaphonen. Und sie taten irgendetwas. Und deshalb gingen all diese Kühe, die gerade dabei waren, mit ihren Kälbern aus dem Wasser zu kommen, wieder zurück. Und da waren eine Menge ... dann kamen ein paar andere Leute. Sie waren wie ... und sie - warum läßt er sie nicht kommen? Es ist Zeit für sie zu kommen, und ich fühlte, daß es an der Zeit für sie war. Warum bringt er sie nicht dazu zu kommen? Und er sagte irgendwas über den Strand. Er wollte sie nicht kommen lassen. Es war nicht der richtige Zeitpunkt. Also entschloß ich mich, ins Wasser zu gehen und zu schwimmen. Und deshalb fragte ich ihn, ob es die Kühe stören würde, wenn ich ins Wasser gehen würde. Und er sagte nein.

Also zog ich mein Kleid aus und schwamm ins Wasser raus. Und als ich schwamm, packte irgendwas meine Hand - ein Maul. Und dann schnappte etwas meine andere Hand. Es biß sie aber nicht, sondern hielt sie nur fest. Und ich weiß nicht mehr, wie ich aus dem Wasser zurückgekommen bin. Ich glaube, daß ich meine linke Hand freibekam - aus dem Wasser zurückkam. Und an meiner rechten Hand war ein kleiner Pekinese, irgendwie ein lädiertes Exemplar. Er war ein Kuhhirtenhund. Und er ließ los. Er hatte meine Hand nicht verletzt. Das war das Ende des Traums.

*Perls:* In diesem Traum ist so viel Material - kannst du ein kleines Stück aus dem Traum aufgreifen und es noch einmal in der *Gegenwart* sagen: als würdest du es *jetzt* träumen?

*M.A.:* Ich mag den Teil gern, wo die Kühe aus dem Wasser kommen. Ich sehe die Kühe. Zuerst sehe ich die Kuh, wie sie mit ihrem Kalb aus dem Wasser kommt. Und dann sehe ich den Mann, wie er die anderen Männer dazu bringt, die Kühe zurückzuschicken. Ich sehe all diese Kühe im Wasser mit ihren Nasen nach oben, die wie Wasserbüffel schnaufen, wenn sie nach oben kommen, um Luft zu holen. Dann tauchen sie unter.

*Perls:* Siehst du sie jetzt wirklich? Oder sagst du das nur so?

*M.A.:* Ich erinnere mich.

*Perls:* Aber du siehst sie nicht.

*M.A.:* Nein.

*Perls:* Könntest du das gleiche noch einmal erzählen und versuchen, es zu sehen?

*M. A.:* Ich sehe, wie die Kuh mit ihrem Kalb aus dem Wasser kommt. Und ich sehe den Mann, wie er dem anderen Mann etwas zuruft. Und die Kuh geht in das Wasser *zurück*, und alle Kühe *bleiben*. Ich sehe, wie sie herumprusten und schnaufen.

*Perls:* Hast du es diesmal gesehen? Kannst du jetzt die Szene aufbauen? Du bist jetzt der Theaterdirektor. Wo ist das Meer? Wo sind die Kühe? Du fängst an, ein Psychodrama zu inszenieren.

*M.A.:* Das Meer ist da hinten. All diese Leute sind die Kühe. Und sie sind alle unter Wasser und schnaufen. Und zwischen dem Meer und der Klippe ist ein kleines Stück Strand. Ich bin oben auf der Klippe. Und ich bin sehr verärgert darüber, daß dieser Mann die Kühe nicht rauskommen läßt.

*Perls:* Laß uns jetzt anfangen, das auszuagieren. Sag dem Mann das. Sprich zu dem Mann. Drück deinen Ärger aus.

*M.A.:* Ich will, daß diese Kühe herauskommen! Du hast kein Recht, diesen anderen Männern zu sagen, daß sie mit ihren Megaphonen den Kühen zubrüllen sollen, damit sie drinbleiben. Und ich kann sowieso nicht verstehen, wie du Kühe dazu bringen kannst, im Wasser zu bleiben, indem du sie anschreist.

*Perls:* Was antwortet er?

*M.A.:* Er antwortet: „Aber *ich* bin derjenige, der sich mit Kühen auskennt. Ich weiß, wann sie rauskommen und wann sie nicht rauskommen sollten. Und ich kann diese Männer mit den Megaphonen kontrollieren und ich kann ein paar magische Geräusche machen, auf die die Kühe reagieren - die sie im Wasser zurückhalten. Und ich weiß am besten Bescheid".

*Perls:* Spiel diese Rolle jetzt noch einmal und sag das zu den Zuhörern.

*M.A.:* Ich weiß über diese Kühe am besten Bescheid. Ich habe eine Art innere Vision, und ich weiß, daß sie im Augenblick nicht aus dem Wasser kommen sollten. Sie gehören hier jetzt nicht her. Ich will sie hier nicht haben. Ich befehle diesen anderen ... Ich muß mich nicht einmal bemühen, das selbst zu tun. Ich befehle diesen anderen Männern, sie zurückzuhalten - und sie bleiben da.

*M.A.:* Bleibt wo ihr seid, Kühe ... Oh - ich will nicht, daß sie dableiben. Ich will, daß sie kommen.
*Perls:* Du mußt um die Macht kämpfen.
*M.A.:* Ja.
*Perls:* Gut, mach weiter. Setz dich mit ihnen auseinander. Wir werden sehen, wer gewinnt.
*M.A.:* Du hast diese geheime Botschaft und du kennst dich aus. Und ich fühle einerseits, daß du weißt, was du tust, aber andererseits fühle ich, daß ich *will*, daß diese Kühe rauskommen - jetzt. Und all die anderen Leute hier wollen, daß sie jetzt rauskommen. Also sagst du ihnen, daß sie rauskommen sollen. Ich klinge nicht sehr überzeugend.
*Perls:* Wer sagt das?
*M.A.:* Ich. Du siehst, ich glaube wirklich, daß er vielleicht weiß, was er tut.
*Perls:* Kannst du das zu mir sagen?
*M.A.:* Weißt du, was du tust? Zeitweise weißt du das.
*Perls:* Nun, ich sehe noch keinerlei Integration zwischen dir und diesem Mann. Du liegst dir noch mit ihm in den Haaren.
*M.A.:* Ich bin der Mann (schlägt). Und diese Kühe tun, was ich sage! Und ich gebe keinen -
*Perls:* Wen schlägst du da?
*M.A.:* (schlägt) Dich!
*Perls:* Du schlägst mich?
*M.A.:* Ich weiß es nicht.
*Perls:* Schlägt er Mary Anne?
*M.A.:* Ja, er schlägt mich.
*Perls:* Wie empfindest du es, wenn er dich schlägt?
*M.A.: ... Oh, Gott!*
*Perls:* Du empfindest 'oh Gott'?
*M.A.:* Mm - hm.
*Perls:* Wenn er dich schlägt, wirst du plötzlich religiös. Hat das irgendeine Bedeutung für dich?
*M.A.:* Gott?
*Perls:* Ja. Wenn du geschlagen wirst, entdeckst du Gott?
*M.A.:* Nein.
*Perls:* Aber er ist Gott, auf irgendeine Weise?
*M.A.:* Ich weiß nicht. Ja, ich merke ... Ich nehme es an, er ist Gott. Er ist ein allmächtiger Schläger!
*Perls:* So, Gott ist ein Schläger?
*M.A.:* Ja (schlägt)! Und er hat verdammt viel Spaß!
*Perls:* Gut so. Du bist Gott und schlägst gehörig zu.

*M.A.:* (schlägt) Ich hasse Leute, die nicht wollen, daß Kühe rauskommen!Setzt euch hin, Kühe! Setzt euch, liebe Kühe. Ich umschließe alles.
*Perls:* Gut. Ich denke, daß du etwas Kraft gewonnen hast. Ich möchte jetzt, daß du die Kühe spielst. Ich nehme an, daß du da drüben hingehen mußt.
*M.A.:* Zu all den anderen Kühen? Ich bin die Kuh, die als erste aus dem Wasser kommt, sich an den Strand heranschleicht. Ich bin die Kuh - mit Hörnern. Und ich habe ein kleines Kalb bekommen. Ich glaube, das kleine Kalb hat auch Hörner. Wir gehen bis zum Fuß der Felswand hoch. Wir sind sehr glücklich darüber, daß wir herauskommen. Es ist phantastisch, nicht mehr im Wasser zu sein. Und jetzt ist da das Horn, das uns anbrüllt. Und, mein Gott, warum sollten wir ein Horn überhaupt beachten! Wir -
*Perls:* Du bist die Kuh. Sprich zu ihm. Du bist eine glückliche Kuh.
*M.A.:* Ja, und ich komme aus dem Wasser. ,,Und, hör zu. Du bist da so verdammt weit oben (erhebt ihre Stimme). Du sagst *mir,* daß ich in's Wasser zurückgehen soll? Ich werde genau hier bleiben!" Und dann gehe ich hinauf und gebe ihm einen Tritt.
*Perls:* Tausch jetzt die Rollen. Werde wieder Gott.
*M.A.:* Hör zu, du Kuh. Es interessiert mich einen Scheißdreck, wenn du mich trittst. Ich bin schon früher getreten worden. Und ich habe hier dieses große Horn. Und ich weiß verdammt gut, daß du zurückgehen wirst, wenn ich hineinblase.
*Perls:* Wie antwortet die Kuh?
*M.A.:* Die Kuh ist ein bißchen bedrückt. Die Kuh sagt: ,,Ich wage es nicht - ich wage es nicht, dich auf meine Hörner zu nehmen, wie ich das tun möchte.
*Perls:* Oh. Sag das noch einmal.
*M.A.:* Ich wage es nicht, dich auf die Hörner zu nehmen, wie ich das tun möchte.
*Perls:* Sag es noch einmal.
*M.A.:* Ich wage es nicht, dich *auf die Hörner zu nehmen,* wie ich das *tun* möchte! (Schweigen) Aber ich *möchte* das!
*Perls:* Jetzt möchte die Machtseite wieder zum Vorschein kommen.
*M.A.:* Ja. Die Kuh steht da. Die Kuh versteht nicht, was dieses Horn damit zu tun hat, weißt du, wenn dieser Mann da oben ist und mit Mistgabeln zustößt, das wäre in Ordnung. Aber dieses Horn -
*Perls:* Welche Rolle spielst du jetzt? *Sei* die Kuh.
*M.A.:* Ich begreife nicht, warum dieses Horn mich tatsächlich lähmt. *Dein* Horn lähmt mich - ich bin durch das Horn *gelähmt*!
*Perls:* Er hat ein Horn?

*M.A.:* Er hat ... also, der Mann da drüben spricht zu diesem Mann, der das Horn hat.
*Perls:* Aber die Kühe haben auch Hörner.
*M.A.:* Ja. *Ich* habe *auch* Hörner! Ich könnte direkt in dein Horn fahren und deinen Mund aufspießen. Aber ich bleibe hier auf dem Strand und gehe auf keinen Fall zurück. Und du kannst da mit deinem Horn bleiben und blasen - und ich bin *immer noch* gelähmt, aber ich *will nicht* zurückgehen!
*Perls:* Sag das noch einmal.
*M.A.:* Ich *will nicht zurückgehen!*
*Perls:* Lauter.
*M.A.:* Ich *will nicht zurückgehen!*
*Perls:* Was sagt er jetzt?
*M. A.:* Er sagt ...,,Mein Gott" ... er sagt ,,wenn ... Dieses Horn ist gar nicht so wirkungsvoll". Er sagt ,,Zum Teufel damit". Er wirft es weg.
*Perls:* So gewinnt Underdog wieder. Was fühlst du jetzt?
*M.A.:* Oh, ich weiß nicht. Ich fühle mich irgendwie ... einfach erschöpft. Ich frage mich, ob diese Kuh wirklich - ob sie wirklich die Kraft hat, dort zu bleiben, oder ob sie sich das nur vormacht oder ob - ob sie einfach nur trotzig sein will. Dieses Horn ist einfach *nichts*. All der Trotz und das Zurückschicken ist zu nichts gut, weißt du, einfach zu nichts. Und dazu all die Zeit ... und die vergeudete Energie. Sie könnte mit ihrem Kalb da rausgehen und Gras fressen und Wasser saufen. Und sie sitzt einfach da auf dem Sand. Es ist besser, da zu sein als im Wasser.
*Perls:* Laß uns das herausfinden. Geh zum Wasser zurück und spiel das Wasser. Welche Art Wasser ist das? Das Meer?
*M.A.:* Ja, es ist das Meer! Es ist ruhig -
*Perls:* Spiel das Meer, *ich* bin ...
*M.A.:* Ich bin das Meer. Und irgendwie umschließe ich all diese Kühe. Und ich habe sie aufgezogen, und ich liebe sie, und jetzt wollen sie fortgehen.
*Perls:* Sprich zu ihnen.
*M.A.:* Ihr Kühe, ich versuche hier, euch lebendig zu machen und in diesem Meer, das ich bin, leben zu lassen, und ich hülle euch ein, und ihr habt eure Kälber, und ich sehe nicht ein, warum ihr nicht glücklich seid. Also, warum bleibt ihr nicht einfach hier? Es ist angenehm hier. Ihr könnt hochkommen, um Luft zu holen, ihr habt jemanden da oben am Strand, der euch sagt, was ihr tun sollt - es ist sicher. Bleibt einfach hier, Kühe, hier bei mir. Laßt mich euch einhüllen. Wir werden es schön miteinander haben.
*Perls:* Was wollen die Kühe?

*M.A.:* Oh, die Kühe sagen: ,,Um Himmels willen, nein! In diesem Meer sind wir ruhelos und unglücklich. Wir wollen *mehr* Luft als nur einen Schnaufer, und - als nur einen Schnaufer ab und zu. Wir wollen Gras und klares Wasser. Wir wollen leben. Deshalb verlassen wir dich jetzt."
*Perls:* Gut, welche Teile des Traums kannst du wirklich als Teile von *dir* erkennen?
*M.A.:* Ich bin die Kuh, und ich bin der Mann, der sie zurückhält, und ich bin der Zuschauer, und ich bin der kleine Hund, der meine Hand packt - bei dem Meer bin ich mir nicht ganz klar. Je länger ich über dieses Meer nachdenke, um so tückischer wird es - und um so mehr klingt es nach ,,bleib bei mir und es wird dir immer gut gehen - ein bißchen LSD und Ruhe und Frieden, und du wirst glücklich sein".
*Perls:* Du hast dich nicht getäuscht, das Meer steht für Sicherheit?
*M.A.:* Ich glaube da, ja.
*Perls:* Beschützt werden?
*M.A.:* Ja. Und es weiß, wo du bist. Ich kann mich nicht darin wiedererkennen -
*Perls:* Du kannst dich nicht darin wiedererkennen? Sag das zu dem Meer.
*M.A.:* Es tut mir leid, Meer. Ich versteh dich einfach nicht. Ich fühle nicht, daß ich du bin. Ich fühle, daß du mich *verschlingst* - ich möchte mich von dir freimachen, von diesem wogenden Meer, von allem, was du mir antust - dem Salzwasser, das mir in die Nase kommt. Und doch ist dieses Meer – irgendwie liebevoll und freundlich und schlüpfrig und - ich weiß nicht, ob *ich* das bin, liebevoll, schlüpfrig. Vielleicht könnte ich das Meer sein.
*Perls:* Ja?
*M.A.:* Ich bin das Meer. Ich bin liebevoll und gleite über euch Kühe hin, und überall gibt es ein bißchen Seegras, das ihr fressen könnt. Und ein paar Seeottern, um euch ein bißchen zu unterhalten. Und - ich *bin* das Meer, weil das Meer - ich bin alles, wenn ich das Meer bin. Ich hülle ein, aber ich weiß, daß ich das nicht wirklich mache, weil ich weiß, daß da oben das Land ist und daß da der Mann mit dem Horn ist, - ich glaube, das wirkliche Problem liegt bei dem Mann und dem Meer.
*Perls:* Dem Meer, das für was steht, und dem Mann, der für was steht?
*M.A.:* Ich weiß es nicht. Der Mann, den – irgendwie stelle ich ihn mir wie meinen Vater vor - eine kontrollierende, abweisende Macht, zu der ich hin möchte und doch auch wieder nicht hin möchte. Und das Meer, ich glaube, ich ... es ist furchtbar schwer für mich, ein Gefühl für dieses Meer zu bekommen. Ich weiß nicht, was dieses Meer ist, was *du* bist, Meer. Ich weiß nicht, was du bist. Aber in gewissem Grade

drohst du mich zu ersticken, und ich glaube, daß es für mich viel schwerer ist, mit diesem Meer zurechtzukommen als mit diesem Mann. Dann denke ich, also, das Meer ist meine Mutter, aber andererseits - vielleicht stimmt das doch. Vielleicht ist dieses Meer - sehr schlüpfrig und -.

*Perls:* Du weißt, daß ich nicht gerne interpretiere, aber für mich ist das so deutlich, daß ich denke, ich werde hier eingreifen. Für mich scheint es so, daß das Meer deinen weiblichen Teil darstellt, und der andere ist der männliche Teil. Es ist der weibliche, der *umsorgende, liebevolle* Teil, und der andere ist der kämpfende, herrschende, kontrollierende Teil von dir. Ich glaube also, daß du recht hast, wenn du sagst, daß dies die beiden Gegenspieler sind. Könntest du diese beiden Teile von dir einander begegnen lassen?

*M.A.:* Nun, das ist tausendmal leichter. Der männliche Teil: als Mann kommandiere ich Leute herum - halte Dinge zurück, und ich stehe mit beiden Beinen fest auf dem Boden, und ... Es ist die Frau - das ist sehr schwer.

*Perls:* Ich möchte, daß du den Mann einfach in das Meer gehen läßt und siehst, was passiert.

*M.A.:* Ich, der Mann, gehe in das Meer?

*Perls:* Ja, du als der Mann.

*M.A.:* Also, ich als der Mann, ich möchte mit diesem Meer überhaupt nichts zu tun haben. Aber wenn du mir sagst, daß ich reingehen soll -

*Perls:* Ja. Ich möchte gern wissen, wie dieser Mann das Meer beherrschen würde. Offensichtlich kann er Kühe beherrschen.

*M.A.:* Ich ziehe meine Kleider aus und gehe in das Meer. Und ich würde nur ein winzigkleiner Fleck sein, der in diesem Meer herumschwimmt mit all diesen Kühen und all dem Seegras. Ich würde ein Nichts werden, deshalb müßte ich sofort wieder herauskommen.

*Perls:* Was würde passieren, wenn das Meer zu dem Mann käme?

*M.A.:* Dann würde das Meer seine Identität verlieren, weil es zum Land heraufkommen müßte, und es wäre dann nicht länger ein Meer – es wäre ein kleiner Bach. Und ich als das Meer - ich will kein kleiner Bach sein. Ich will ein Meer sein. Und ich als das Meer *ärgere* mich über diesen Mann. Er ist *anders* als ich. Er *steht aufrecht*, und *ich* breite mich aus. Und ich mag nichts, das anders ist als ich.

*Perls:* Sag das noch einmal.

*M.A.:* Ich mag nichts, das anders ist als ich. Ich möchte alles sein.

*Perls:* Also sei alles! Sei das Meer und sei der Mann. Das ist der Kern. Anstatt den Konflikt zu haben - entweder/oder - das Männliche oder das Weibliche - sei beides. Es ist schon seit langem bekannt, daß der Konflikt zwischen dem männlichen und weiblichen Zyklus in einem

Menschen zur Neurose führt. Integration führt zur Genialität. Alle genialen Menschen haben *sowohl* männliche *als auch* weibliche Seiten. Der wirklich reife Mensch ist beidhändig. Er benutzt nicht nur beide Hände, er verhält sich zur Welt hin sowohl emotional als auch aggressiv.

Gut, ich glaube, daß du jetzt selbst daran weiterarbeiten kannst. Danke.

Ihr seht, wir haben gezeigt, daß all die verschiedenen Teile, daß *jeder* Teil des Traums ihr selbst seid, daß er eine Projektion von euch ist. Wenn da unvereinbare Seiten sind, Seiten, die einander ausschließen, und ihr sie im Kampf gegeneinander verausgabt, kommt ihr wieder zu dem ewigen *Konflikt-Spielchen*. Ihr werdet bei all diesen Begegnungen feststellen, daß die beiden Teile gewöhnlich zuerst feindlich miteinander sind. Wenn wir aber lange genug arbeiten, kommt ihr zu einem Verstehen und ... zu einer Anerkennung der Unterschiede.

Wir konnten noch nicht bis zu dem Punkt kommen, an dem Mary Anne den Unterschied wertschätzen konnte. Ein Meer ist *kein* männlicher Mann, und ein männlicher Mann ist kein Meer. Aber beide haben innere Möglichkeiten, die - für sich genommen - nützlich und wertvoll sein können.

Wenn also jede Verarmung der Persönlichkeit durch Selbstentfremdung zustandekommt - indem wir Teile von uns selbst verleugnen, entweder durch Verdrängung oder durch Projektion, so ist das Heilmittel natürlich die *Reidentifikation*. Die Identifikation erreichen wir, indem wir die Teile des Traums *spielen*. Wir *werden* der Teil, bis wir anfangen, ihn als ein Stück von uns selbst zu erkennen - und dann wird er uns wieder zu eigen. Dann fangen wir an zu wachsen und mehr Möglichkeiten und Reife zu gewinnen.

Der psychoanalytische Zugang zu einem Traum besteht darin, ihn durch Interpretationen und festgelegte pseudosymbolische Erklärungen zu einem intellektuellen Spielchen zu machen: dies ist sexuell, das Horn ist ein Phallussymbol, die Kuh ist das Muttersymbol. Durch Interpretationen kommen wir aber nicht sehr weit.

Gut, wer möchte jetzt mit einem Traum arbeiten?

## Der Traum von Carol

*C.:* Ich träumte, daß ich sah, wie ein See austrocknete. In der Mitte des Sees ist eine kleine Insel und ein Kreis von, hm, Tümmlern. Sie sind wie Tümmler, mit der Ausnahme, daß sie aufrecht stehen können, sie sind also wie Tümmler, die wie Menschen sind. Sie haben sich in einem Kreis angeordnet - wie bei einer religiösen Zeremonie - und es ist sehr traurig. Ich fühle mich sehr bedrückt, weil ... sie können atmen, sie tanzen irgendwie in einem Kreis, aber das Wasser, ihr Lebenselement, trocknet aus. Deshalb ist es wie ein Sterben, wie zuzusehen, wie eine Menschenrasse oder eine bestimmte Art stirbt. Und es sind hauptsächlich Weibchen, aber ein paar von ihnen haben ein kleines männliches Glied, also sind ein paar Männchen dabei. Aber sie werden nicht mehr lange genug leben, um sich fortzupflanzen - und ihr Lebenselement trocknet aus. Einer sitzt hier in meiner Nähe. Ich spreche mit ihm, und er hat Stacheln auf seinem kleinen Bauch - irgendwie - wie ein Stachelschwein. Sie sehen gar nicht so aus, als wären sie ein Teil von ihm. Und ich denke, daß es mit dem Wasser, das austrocknet, ein Gutes hat. Ich denke - also, wenigstens wird auf dem Grund, wenn das ganze Wasser austrocknet, vielleicht eine Art Schatz sein, weil auf dem Grund des Sees Dinge sein müßten, die heruntergefallen sind, wie Münzen oder etwas Ähnliches. Ich sehe genau hin, und alles, was ich finden kann, ist ein altes Nummernschild. Das ist der Traum.

*Perls:* Würdest du bitte dieses Nummernschild spielen?

*C.:* Ich bin ein altes Nummernschild, man hat mich auf den Grund eines Sees geworfen. Ich habe keinen Nutzen, weil ich wertlos bin. Ich bin nicht verrostet, ich bin veraltet. Deshalb kann man mich nicht benutzen. Ich wurde einfach auf den Müll geworfen. Das habe ich mit dem Nummernschild gemacht, ich habe es auf den Müll geworfen.

*Perls:* Nun, was für ein Gefühl hast du bei diesem Traum?

*C.:* Ich mag ihn nicht. Ich bin nicht gern ein altes Nummernschild, nutzlos.

*Perls:* Könntest du darüber sprechen, bis du dahin kommst, das Nummernschild zu sein?

*C.:* Nutzlos - veraltet. Der Nutzen des Nummernschildes liegt darin zu erlauben, einem Wagen die Erlaubnis zum Fahren zu geben, und ich kann niemandem die Erlaubnis geben, irgend etwas zu tun, weil ich veraltet bin. In Kalifornien kleben sie nur etwas auf, man kauft einen Aufkleber und klebt ihn auf den Wagen, auf das alte Nummernschild. Vielleicht könnte also jemand mich an seinem Wagen anbringen und einen neuen Aufkleber auf mich setzen. Ich weiß nicht -

*Perls:* Gut. Spiel jetzt den See.

*C.:* Ich bin ein See. Ich bin dabei auszutrocknen und zu verschwinden, in die Erde einzusickern, zu *sterben*. Aber wenn ich in der Erde versickere und ein Teil der Erde werde, dann bewässere ich das umliegende Gebiet, so daß - sogar der See - sogar in meinem Bett - Blumen wachsen können. Neue, wie sie durch mich wachsen können - (fängt an zu weinen)

*Perls:* Hast du die existenzielle Botschaft verstanden?

*C.:* Ja, ich kann – ich kann etwas erschaffen. Ich kann Schönheit erschaffen - ich brauch nicht länger nur nachzuahmen. Ich bin wie der Tümmler - ich bin ... Aber ich - ich möchte am liebsten sagen „Nahrung". Ich als Wasser werde - ich *bewässere* die Erde und gebe Leben - lasse Sachen wachsen. Das Wasser - sie brauchen beides, die Erde und das Wasser - und Luft und Sonne. Aber als das Wasser und der See kann ich eine Rolle spielen.
*Perls:* Du siehst den Gegensatz - auf der Oberfläche findest du ein *Ding*, etwas künstlich Erzeugtes, das Nummernschild, dein künstliches Selbst. Aber wenn du tiefer gehst, stellst du fest, daß der augenscheinliche *Tod* des Sees tatsächlich Fruchtbarkeit ist.
*C.:* Ich mag dieses Schild nicht wirklich, oder diese Erlaubnis, oder ein Nummernschild, um zu -
*Perls:* Die Natur braucht kein Nummernschild, um zu wachsen. Du mußt nicht nutzlos sein, um zu wachsen. Du mußt nicht nutzlos sein, wenn du in organischer Weise kreativ bist, und du hast gerade entdeckt, daß du es bist. Ich danke dir.

## Der Traum von Jean

*J.:* Es ist lange her. Ich weiß nicht mehr, wie es anfing. Ich glaube, irgendwie fing es in der – der New Yorker U-Bahn an - und mit einer Art Bezahlen, eine Marke einwerfen und durch das Drehkreuz gehen und ein Stückchen die Gänge nach unten gehen und dann irgendwie um eine Ecke biegen. Und ich merkte, daß es hier irgendwo - anstatt U-Bahn zu sein, schien es, als - da war so eine Art abschüssige Bahnen, die von hier in die Erde hinein führten.

Auf irgendeine Art und Weise war gerade an der Stelle, als ich diese abschüssige Bahn entdeckte, meine Mutter bei mir. Oder, ja, vielleicht war sie schon da, als ich losging, ich weiß es nicht mehr. Auf jeden Fall war da diese Bahn. Sie war irgendwie - schlammig, irgendwie - schlüpfrig. Und ich dachte: „Oh, wir können da runtergehen!" Von der Seite oder irgendwoher hob ich einen alten Karton auf. Er war flachgedrückt, oder vielleicht habe ich ihn flachgedrückt. Jedenfalls sagte ich: „Setzen wir uns da drauf." Und ich setzte mich an den Rand und machte eine Art Rodelschlitten daraus. Und ich sagte: „Mama, du setzt dich hinter mich", und wir fingen an runterzufahren. Und irgendwie ging es im Kreis herum – und da schienen andere Leute zu sein, die in einer Reihe warteten. Aber dann verschwanden sie irgendwie.

Jedenfalls fuhren wir einfach hinab und im Kreis herum. Und es war – es ging immerzu abwärts und tiefer und tiefer, und ich erkannte irgendwie, daß ich hinunter in das Innere der Erde fuhr. Und ab und zu drehte ich mich um und sagte: ,,Macht das Spaß?" Vielleicht fürchtete ich mich ein bißchen, aber es schien Spaß zu machen. Und doch fragte ich mich, was ich am Ende von alldem entdecken würde.

Dann wurde es schließlich wieder flach. Und wir standen auf, und ich war einfach verblüfft. Weil ich hier stand und dachte: ,,Oh, mein Gott - dies ist also das Innere der Erde."Und doch war es nicht dunkel, es schien, als käme von irgendwoher Sonnenlicht, und dieses wunderschöne - oh - ich bin nie in Florida gewesen, aber es sah wie in Florida aus - sumpfiges, flaches Land, mit Lagunen und so etwas. Und ich erinnere mich nicht, irgend etwas Bestimmtes *gesagt* zu haben außer - vielleicht so etwas wie: ,,Wer hätte das jemals erwartet."

*Perls:* Nun, wenn der Träumer eine Geschichte in dieser Form erzählt, nehmt ihr sie einfach als ein einzelnes Ereignis oder eine unabgeschlossene Situation oder Wunscherfüllung. Wenn er sie aber in der Gegenwart erzählt, als *Spiegelung* seiner Existenz, bekommt sie sofort einen anderen Aspekt. Das ist nicht einfach nur ein zufälliges Ereignis.

Bei Träumen denken wir an *nächtliche* Träume. Was wir uns jedoch nicht klar genug machen, ist, daß wir unser Leben Träumen widmen – Träumen von Ruhm, Nützlichkeit, Gutes-Tun oder wovon wir auch immer träumen. Für viele Menschen wird der Traum durch Selbstfrustierung zu einem Alptraum. Die Aufgabe *aller* tiefen Religionen, vor allem des Zen-Buddhismus, oder von guter Therapie ist das große Erwachen, das *Zu-Sinnen-kommen*, Aufwachen aus unserem Traum, vor allem aus unserem Albtraum.

Wir fangen an zu sehen, zu fühlen, unsere Bedürfnisse zu erleben, Befriedigung zu finden anstatt Rollen zu spielen und diese Menge an Requisiten dafür zu brauchen - Häuser, Autos, Dutzende von Kostümen. Wir laden uns Unmengen von überflüssigem Ballast auf und machen uns dabei nicht klar, daß uns sowieso aller Besitz nur auf Zeit gegeben ist. Wir können ihn nicht mitnehmen.

Diese Vorstellung des Aufwachens und Wirklichwerdens - mit dem existieren, was wir haben, dem wirklichen vollen Potential - dem reichen Leben, tiefen Erfahrungen, Freude, Ärger, *wirklich* sein, keine wandelnden Leichen ... das ist die Bedeutung der *echten* Therapie, des wirklichen Reifens, des wirklichen Aufwachens anstelle dieser ständigen Selbsttäuschung und dem Phantasieren unmöglicher Ziele, anstatt uns selber leid zu tun, weil wir den Part nicht spielen können, den wir spielen möchten, und so weiter.

Also kommen wir zu unserer Lady zurück.

*Perls:* So, Jean, könntest du den Traum noch einmal erzählen? Durchleb ihn, als wäre er deine Existenz, und schau, ob du mehr von deinem Leben verstehen kannst.

*J.:* Also, ich weiß, es scheint nicht wirklich klar zu sein, bis ich mich selber finde - der Ort ist irgendwie zu einer Art - höchster Punkt der Rutschbahn geworden. Ich weiß nicht mehr, ob ich zuerst Angst hatte oder etwa nicht. Oh, ich sollte das jetzt nicht sagen, glaube ich. Ich nehme an, ich bin -
*Perls:* Hast du Angst hinunterzurutschen?
*J.:* Ich glaube, ich fürchte mich ein bißchen hinunterzurutschen. Aber dann wieder scheint es, als ob -
*Perls:* Aber du mußt hinunterrutschen.
*J.:* Ich glaube, ich habe Angst herauszufinden, was da unten ist.
*Perls:* Weist das auf einen falschen Ehrgeiz, daß du zu weit oben bist?
*J.:* Das stimmt.
*Perls:* Die Existentialisten sagen: ,,Rutsch hinab - es macht Spaß". Natürlich sagt unsere Mentalität wiederum: ,,Hoch oben ist es besser als unten". Wir wollen immer irgendwohin, *wo es höher ist*.
*J.:* Jedenfalls habe ich anscheinend ein bißchen Angst vor dem Hinabrutschen.
*Perls:* Sprich zu der Rutschbahn.
*J.:* Warum bist du schlammig? Du bist schlüpfrig und glitschig, und ich könnte auf dir hinfallen und ausrutschen.
*Perls:* Spiel jetzt die Rutschbahn. ,,Ich bin schlüpfrig und schlammig..."
*J.:* Ich bin schlüpfrig und schlammig, um so besser kann man auf mir rutschen und um so schneller nach unten kommen. (lacht)
*Perls:* Aha, nun, was ist so lustig?
*J.:* (unter Lachen) Ich bin schlüpfrig!
*Perls:* Kannst du dich selbst als schlüpfrig annehmen?
*J.:* Ich glaube schon. Ja, ich kann anscheinend nie - weißt du, immer wenn ich gerade denke, daß ich soweit bin zu, weißt du, zu sagen: ,,Aha! Hab ich dich jetzt!" entschlüpft es mir - Rationalisierung. Ich bin schlüpfrig und glitschig. Hm.

Jedenfalls werde ich jetzt da runterrutschen, weil es so aussieht, als würde es Spaß machen. Und ich will herausfinden, wohin das führt und was am Ende sein wird. Und vielleicht scheint es so ... nur jetzt ... daß ich ... mich umdrehe und mich umschaue, ob ich etwas sehe, das ich verwenden könnte, um meine Hose zu schützen oder vielleicht, um eine bessere Rutschpartie zu machen - da entdecke ich diesen Karton.
*Perls:* Kannst du diesen Karton spielen? Was für eine Funktion hast du?
*J.:* Ich bin bloß dazu da, Sachen leichter zu machen. Ich liege da einfach irgendwie herum und bin übriggeblieben - aber, aha, man kann mich gebrauchen, ich kann nützlich sein. Und ich bin nicht bloß übrig-

geblieben und liege herum - und wir können es uns leichter machen hinabzukommen.

*Perls:* Ist es für dich wichtig, nützlich zu sein?

*J.:* Ja. Ich möchte irgend jemandem Nutzen bringen. Reicht das, um der Karton zu sein? Vielleicht möchte ich einfach, daß man sich auf mich draufsetzt. (Lachen) Ist das nun auch ein Teil aus dem Spiel ,,Wer möchte wen bemitleiden?" Ich möchte bemitleidet werden - oder ich möchte, daß man sich auf mich draufsetzt - und zusammendrückt.

*Perls:* Sag das noch einmal.

*J.:* Ich will, daß man sich auf mich draufsetzt und mich zusammendrückt.

*Perls:* Sag das zur Gruppe.

*J.:* Puh - das ist schwer! (wendet sich langsam zur Gruppe hin) Ich will, daß man sich auf mich draufsetzt und mich zusammendrückt! Hmm. (schreit) *Ich will, daß man sich auf mich draufsetzt und mich zusammendrückt*! (schlägt)

*Perls:* Wen schlägst du?

*J.:* Mich.

*Perls:* Außer dir?

*J.:* Ich schlage meine Mutter, die sich umdreht - die hinter mir ist - und ich schaue mich um und sehe sie.

*Perls:* Gut. Schlag sie jetzt.

*J.:* Mutter, ich drücke dich - autsch - nieder! Und *ich* werde *dich* auf eine Fahrt mitnehmen, anstatt daß du mir sagst, wohin ich gehen soll, und mich überall mitnimmst, wo du hin willst. (schreit) *Ich nehme dich auf eine Fahrt mit mir mit!*

*Perls:* Ist dir irgend etwas in deinem Verhalten gegenüber deiner Mutter aufgefallen?

*J.:* Jetzt gerade?

*Perls:* Ich hatte den Eindruck, es war zu viel, um überzeugend zu sein. Es war mit Wut gesagt - nicht mit Festigkeit.

*J.:* Ich glaube, ich fürchte mich immer noch ein wenig vor ihr.

*Perls:* Das ist es. Sag ihr das.

*J.:* Mama, ich fürchte mich *immer noch* vor dir, aber ich werde dich auf jeden Fall zu einer Fahrt mitnehmen.

*Perls:* Okay. Setzen wir Mama auf den Schlitten.

*J.:* Dahin. Diesmal mußt du hinten sitzen. Bist du fertig? Okay?

*Perls:* Du übernimmst die Führung?

*J.:* Ja. Ich - ich bestimme.

*Perls:* Du bist auf dem Fahrersitz.

*J.:* Ich fahre nicht nur - ich mache das durch Ausbalancieren, weißt du.

*Perls:* Fährst du Bob?

*J.:* Ich bin nie Bob gefahren, aber ich bin Ski gefahren. Okay. Auf geht's. Ich weiß noch nicht, wo es hingeht. Wir fahren einfach los.
*Perls:* Nun, du hast gesagt, daß das eine Reise ins Innere der Erde ist.
*J.:* Ja, aber ich bin mir darüber jetzt nicht ganz sicher. Ich glaube - ich weiß nicht - es wird mir nicht richtig klar, bis ich merke, wie weit wir fahren.
*Perls:* Also, fang an.
*J.:* Wir fahren jetzt abwärts. Und wir gleiten nach unten, und dann kommen wir zu einer Kurve, und wir drehen und drehen und drehen. Ich sehe mal nach, ob sie noch da ist. Sie ist noch da.
*Perls:* Mach immer eine Begegnung daraus. Das ist das Allerwichtigste. Verwandle alles in eine Begegnung, anstatt *darüber* zu schwätzen.
*J.:* Bist du noch da?
*Perls:* Was antwortet sie?
*J.:* ,,Ja, ich bin noch da, aber es macht mir irgendwie Angst". sagt sie. Mach dir keine Sorgen! Ich hab mich um alles gekümmert! Es macht uns Spaß. Ich weiß nicht, wohin es geht, aber wir werden das Herausfinden. ,,Ich fürchte mich", sagt sie. Ich glaube, ich ... *Hab keine Angst*! Es geht nur immer tiefer und tiefer und tiefer. Ich frage mich, was hier unten sein wird – ob es einfach schwarz sein wird. Ich weiß nicht, was sie sagt.
*Perls:* Was tut deine linke Hand?
*J.:* Jetzt gerade?
*Perls:* Ja.
*J.:* Sie hält meinen Kopf. Ich bin -
*Perls:* Als ob?
*J.:* Um nichts zu sehen?
*Perls:* Du willst nicht sehen, wohin du fährst - du willst die Gefahr nicht sehen.
*J.:* Ich fürchte mich ein bißchen davor, was da unten sein wird. Es könnte schrecklich sein oder einfach Schwärze oder vielleicht sogar einfach Vergessenheit.
*Perls:* Ich möchte, daß du jetzt in diese *Schwärze* hineingehst. Wir sind in diesem Seminar noch nicht dahin gekommen, über das *Nichts* zu sprechen – das Wesenlose, die sterile Leere. Aber ich würde mit dir jetzt gern einen kleinen Ausflug machen. Wie fühlt es sich an, in diesem Nichts zu sein?
*J.:* Das einzige Nichts ist, daß ich jetzt nach unten fahre. Ich habe immer noch ein Gefühl, daß ich nach unten fahre, und so ist es irgendwie aufregend und lustig, weil ich - einfach, weil ich mich bewege, und ich bin sehr lebendig. Ich habe nicht wirklich Angst. Es ist mehr, irgendwie furchtbar aufregend und - die Erwartung, was ich am Ende ent-

decken werde – am Ende von alldem. Es ist nicht wirklich schwarz. Du siehst, zu dem Zeitpunkt ist es irgendwie, als würde ich abwärts fahren - irgendwie ist da Licht. Ich weiß nicht woher, nur ein bißchen.
*Perls:* Ja. Ich möchte jetzt den Weg etwas abkürzen. Bist du dir im klaren darüber, was du in diesem Traum vermeidest?
*J.:* Bin ich mir im klaren darüber, was ich vermeide?
*Perls:* Beine zu haben.
*J.:* Beine zu haben?
*Perls:* Ja.
*J.:* Beine, die mich tragen?
*Perls:* Ja. Du verläßt dich auf die Unterstützung durch den Karton – und du verläßt dich darauf, daß die Schwerkraft dich weiterbringt.
*J.:* Vielleicht – passiv durch die Zeit – durch das Leben.
*Perls:* Was hast du dagegen, Beine zu haben?
*J.:* Einfach - Das erste, was mir in den Sinn kommt, ist, daß – mich jemand umstoßen könnte. Dann habe ich gemerkt, daß meine Mutter mich umstoßen würde. Sie will nicht, daß ich Beine habe.
*Perls:* Hab jetzt eine weitere Begegnung mit ihr darüber, daß sie nicht möchte, daß du auf deinen eigenen Beinen stehst, auf deinen eigenen Füßen.
*J.:* Warum willst du nicht, daß ich auf meinen eigenen Beinen stehe? Sie sagt: „Weil du hilflos bist, du brauchst mich". Ich brauche dich nicht. Ich kann ganz allein durchs Leben gehen. (Schweigen) Ich kann! Sie muß gesagt haben: „Du kannst es nicht."
*Perls:* Da kannst du dieselbe Wut bemerken und denselben Mangel an Standhaftigkeit - Mangel an Selbständigkeit. Siehst du, das Untergestell ist für die Unterstützung da und das Obergestell für den Kontakt. Aber ohne feste Unterstützung ist auch der Kontakt unsicher.
*J.:* Ich sollte nicht wütend sein.
*Perls:* Ich habe nicht gesagt, daß du nicht wütend sein sollst, aber die Wut ist noch -
*J.:* Sie ist zu unsicher.
*Perls:* Zu unsicher, ja.
*J.:* Ich habe Angst davor, auf meinen eigenen zwei Beinen zu stehen und auf sie wütend zu sein.
*Perls:* Und ihr wirklich ins Gesicht zu sehen. Steh auf deinen Beinen und tritt jetzt deiner Mutter gegenüber und schau, ob du mit ihr reden kannst.
*J.:* Ich habe immer noch Angst davor, sie anzusehen.
*Perls:* Sag ihr das.
*J.:* Ich habe Angst davor, dich anzusehen, Mutter.
*Perls:* Was würdest du sehen?

*J.:* Was ich sehe? Ich sehe, daß ich sie *hasse*. Ich *hasse dich*, weil du mich jedesmal zurückgehalten hast, wenn ich nur über den Seitengang in dem verdammten Kaufhaus gehen wollte. (Mit hoher verfremdeter Stimme) ,,Komm hierher zurück! Geh nicht auf die andere Seite!" Ich kann nicht mal den verdammten Gang überqueren. Ich kann nicht nach Flushing, wenn ich den Bus nehmen will! Ich kann nicht nach New York, nicht, bevor ich aufs College gehe. Hol dich der Teufel! (schreit)

*Perls:* Wie alt bist du, wenn du diese Rolle spielst?

*J.:* Also, ich bin - im Kaufhaus. Ich bin erst - irgendwo zwischen sechs und zehn oder zwölf oder was weiß ich.

*Perls:* Wie alt bist du wirklich?

*J.:* Wirklich? Einunddreißig.

*Perls:* Einunddreißig.

*J.:* Und sie lebt sogar nicht mehr.

*Perls:* Kannst du als Einunddreißigjährige mit deiner Mutter reden? Kannst du dein Alter sein?

*J.:* Mutter, ich bin einunddreißig Jahre alt. Ich bin *durchaus* imstande, auf meinen eigenen Beinen zu stehen.

*Perls:* Merkst du den Unterschied? Viel weniger Lärm und viel mehr Substanz.

*J.:* Ich kann auf meinen eigenen Beinen stehen. Ich kann alles tun, was ich tun will. Und ich kann *wissen*, was ich tun will. Ich *brauche dich nicht*. Du wärst ja tatsächlich nicht einmal hier, wenn ich dich *brauchen würde*. Warum hängst du also hier herum?

*Perls:* Kannst du ihr Lebewohl sagen? Kannst du sie begraben?

*J.:* Ja, ich kann das jetzt, weil ich am Grund der Senke bin, und wenn ich zum Grund komme, stehe ich auf. Ich stehe auf und gehe an diesem wunderschönen Ort umher.

*Perls:* Kannst du zu deiner Mutter sagen: ,,Lebewohl, Mutter, ruhe in Frieden".

*J.:* Ich glaube, daß ich das in dem Traum getan habe. Lebewohl, Mutter ... Lebwohl. (weint)

*Perls:* Sprich, Jean. Du bist auf dem richtigen Weg, wenn du mit deiner Mutter sprichst.

*J.:* Lebwohl, Mama. Du konntest nichts für das, was du getan hast. Du hast es nicht besser gewußt. Es war nicht deine Schuld, daß du zuerst drei Jungen hattest und dann mich bekamst. Du wolltest noch einen Jungen, und du wolltest mich nicht – und du hattest so ein schlechtes Gefühl, nachdem du entdeckt hattest, daß ich ein Mädchen war. Du hast einfach versucht, es an mir wiedergutzumachen - das ist alles. Du mußtest mich nicht überhäufen. Ich verzeihe dir, Mama. Ruhe dich

einfach aus, Mama ... Ich kann jetzt gehen. Ich bin sicher, ich kann gehen -
*Perls:* Du hältst immer noch den Atem an, Jean.
*J.:* (Schweigen) ,,Bist du wirklich sicher, Jean?" Mama, laß mich gehen -
*Perls:* Was würde sie sagen?
*J.:* ,,Ich *kann* dich nicht gehen lassen".
*Perls:* Sag *du* das jetzt zu deiner Mutter.
*J.:* Ich kann dich nicht gehen lassen?
*Perls:* Halte sie - du hast die Kontrolle über sie.
*J.:* Mama, ich kann dich nicht gehen lassen. Ich brauche dich. Nein. Ich brauche dich *nicht*.
*Perls:* Aber sie fehlt dir immer noch, nicht wahr?
*J.:* Ein bißchen. Es ist jemand da. Ja, was wäre, wenn niemand da wäre? Wenn alles leer wäre? Und dunkel? Es ist alles leer und dunkel - es ist wunderschön. Ich werde dich gehen lassen. Ich werde dich gehen lassen, Mama. (weich) Bitte geh -
*Perls:* Ich bin sehr froh um diese letzte Erfahrung, weil wir so viel davon lernen können. Ihr seht, das war kein Spielchen, kein Weinen, um Sympathien zu bekommen, kein Weinen, um die Situation zu beherrschen. Hier hat sich die Fähigkeit gezeigt, in *Trauer* ausbrechen zu können. Und diese ,,Trauerarbeit", wie Freud sie nannte, ist notwendig, um *erwachsen zu werden* - um der Vorstellung von dem Kind Lebewohl sagen zu können.

Das ist etwas sehr Wesentliches. Sehr wenige Menschen können sich selbst wirklich als Erwachsene sehen. Sie müssen immer die Vorstellung von einem Vater oder einer Mutter um sich herum haben.

Dies ist einer der wenigen Punkte, in denen *Freud* vollkommen unrecht hatte. *Freud* dachte, daß ein Mensch nicht reif wird, weil er Kindheitsprobleme mit sich herumträgt - das ist völlig falsch. Der Grund ist, daß er die Verantwortung des erwachsenen Menschen nicht tragen will. Erwachsen werden heißt, allein zu sein, und allein zu sein ist die Vorbedingung für Reife und Kontakt. Einsamkeit ist noch das *Verlangen nach* Untersützung.

Jean hat gerade einen großen Schritt in Richtung auf das Erwachsenwerden gemacht.

# Gestalttherapeutische Interviewtechnik*
# (1968)

Ich soll eine Patientin interviewen, und ich möchte Ihnen eine winzige Skizze von dem entwerfen, wofür Gestalttherapie steht. Gestalttherapie heißt Arbeiten an einer Gleichung: Bewußtheit + Gegenwart = Wirklichkeit. Im Gegensatz zur Tiefenpsychologie versuchen wir, alles Offensichtliche von der Oberfläche einer Situation zu erfassen, in der wir uns wiederfinden, und die auftauchende Gestalt streng auf der Basis des ,,Ich und Du" und des ,,Hier und Jetzt" zu entwickeln.

Der moderne Mensch hat soviel von seinem Potential sich entfremdet und aufgegeben, daß seine Fähigkeit, mit seiner Existenz fertig zu werden, stark eingeschränkt ist. Mein Ziel ist folgendes: Der Patient soll sein verlorenes Potential wiedererlangen. Er soll die widerstreitenden Polaritäten integrieren, den Unterschied verstehen zwischen Spielereien, besonders einem verbalen Spielen auf der einen Seite und unverfälschtem, authentischem und vertrauensvollem Verhalten auf der andern. Der Bürgerkrieg der inneren Konflikte schwächt die Leistungsfähigkeit und Ausgeglichenheit des Patienten, aber jedes bißchen Integration wird sie stärken. In der sicheren Krise der therapeutischen Situation, ich wiederhole, in der sicheren Krise der therapeutischen Situation beginnt der Patient nun, Risiken einzugehen und seine Energien umzuwandeln. Anstatt seine Umgebung zu manipulieren, um Unterstützung zu erhalten, geht es darum, mehr und mehr Selbstsupport zu gewinnen, d.h. Vertrauen auf seine eigenen Hilfsmittel. Dieser Prozeß wird Reifen genannt. Wenn der Patient einmal gelernt hat, gefühlsmäßig, intellektuell und wirtschaftlich auf seinen eigenen Füßen zu stehen, wird sein Bedürfnis nach Therapie verschwinden. Er wird aus dem Albtraum seiner Existenz aufwachen.

Die Grundtechnik ist, dem Patienten nicht Dinge zu erklären, ihm aber Möglichkeiten bereitzustellen, sich selbst zu verstehen und zu ent-

---

*) Transkript aus ,,Three approaches to psychotherapy", ein Film, in dem *eine* Patientin von *C. Rogers, A. Ellis* und *F. Perls* interviewt wird. Mit freundlicher Genehmigung von ,,Psychological Film, Inc.", 110 N. Wheeler Str., Orange, CA. 92669, wo der Film auch bezogen werden kann.

decken. In dieser Absicht beeinflusse und frustriere ich den Patienten in einer Weise, daß er sich selbst gegenübersteht. In diesem Prozeß identifiziert er sich mit seinem verlorenen Potential, zum Beispiel, indem er seine Projektionen assimiliert, indem er die fremden Teile aus sich herausagiert.

Grundsätzlich betrachte ich jede Interpretation als einen therapeutischen Fehler, da dies vorraussetzen würde, daß der Therapeut den Patienten besser verstünde als der Patient sich selbst, und ihm die Chance nähme, sich selbst zu entdecken, und ihn davon abhielte, seine eigenen Werte und seinen Stil zu finden. Auf der anderen Seite ignoriere ich größtenteils den Inhalt dessen, was der Patient sagt, und konzentriere mich hauptsächlich auf die nonverbale Ebene, weil nur sie es ist, die der Selbsttäuschung weniger unterworfen ist als dieser verbale Pseudoselbstausdruck. Auf der nonverbalen Ebene wird die relevante Gestalt immer hervortreten und kann im Hier und Jetzt behandelt werden.

*Gloria:* Hallo, Dr. Perls.
*Perls:* Hallo Gloria. Bitte nehmen Sie Platz.
*G.:* Danke.
*P.:* Wir werden ein Interview von einer halben Stunde miteinander machen.
*G.:* Gleich vorweg, ich habe Angst.
*P.:* Sie sagen, daß Sie Angst haben, aber Sie lächeln. Ich verstehe nicht, wie jemand Angst haben und gleichzeitig lächeln kann.
*G.:* Und ich bin auch mißtrauisch gegen Sie. Ich glaube, Sie verstehen sehr gut ... und bluffen als Vorwand.
*P.:* Haben Sie Lampenfieber?
*G.:* Ich weiß nicht. Am meisten nehme ich *Sie* wahr. Ich fürchte mich davor, daß -- ich fürchte mich davor, daß Sie mich so direkt angreifen werden, so daß Sie mich in die Ecke drängen werden, und ich fürchte mich davor. Ich möchte, daß Sie mehr auf meiner Seite stehen.
*P.:* Sie sagen, ich würde Sie in die Ecke drängen, und dabei legen Sie ihre Hand auf Ihre Brust. Ist das Ihre Ecke?
*G.:* Hmm, es ist wie -- ja, es ist, wie wenn ich Angst habe, verstehen Sie?
*P.:* Wo würden Sie gern hingehen? Können Sie mir die Ecke beschreiben, in die Sie gern hingehen würden?
*G.:* Ja. Es ist hinten in eine Ecke, wo ich völlig geschützt bin.
*P,:* Dann wären Sie sicher - vor mir.
*G.:* Na ja, ich weiß, ich wäre es nicht wirklich.
*P.:* Stellen Sie sich vor, Sie wären in dieser Ecke, und Sie wären absolut sicher. Was würden Sie nun in dieser Ecke tun?

*G.:* Ich würde bloß dort sitzen.
*P.:* Bloß sitzen?
*G.:* Ja.
*P.:* Wie lange würden Sie da sitzen?
*G.:* Ich weiß nicht. Aber es ist so ulkig, daß Sie das sagen. Es erinnert mich daran, als ich ein kleines Mädchen war. Jedesmal wenn ich Angst hatte, ging es mir besser, wenn ich in einer Ecke saß.
*P.:* Sind Sie ein kleines Mädchen?
*G.:* Hm, nein, aber es ist das gleiche Gefühl.
*P.:* Sind Sie ein kleines Mädchen?
*G.:* Das Gefühl erinnert mich daran.
*P.:* Sind Sie ein kleines Mädchen?
*G.:* Nein, nein, nein.
*P.:* Nein, schließlich. Wie alt sind Sie?
*G.:* 30.
*P.:* Dann sind Sie kein kleines Mädchen.
*G.:* Nein.
*P.:* Ok. Also sind Sie ein 30 Jahre altes Mädchen, das Angst hat vor einem Typen wie mir.
*G.:* Nun, ich weiß es noch nicht einmal - , ich weiß nur, daß ich vor Ihnen Angst haben werde. Ich werde richtig defensiv bei Ihnen.
*P.:* Was kann ich Ihnen denn tun?
*G.:* Sie können mir überhaupt nichts tun, aber ich kann mir sicher dumm vorkommen, und ich kann mir blöd vorkommen, weil ich nicht die richtigen Antworten weiß.
*P.:* Was würde es Ihnen ausmachen, dumm und blöd zu sein?
*G.:* Ich hasse es, wenn ich dumm bin.
*P.:* Was würde es Ihnen ausmachen, dumm und blöd zu sein? Betrachten Sie es mal so: Was würde es mir ausmachen, wenn Sie dumm und blöd spielen würden?
*G.:* Es macht Sie um so gewitzter und stellt Sie um so höher über mich, und dann muß ich wirklich zu Ihnen aufsehen, weil Sie so gewitzt sind.
*P.:* Ohh -- Sie heben mich aber ganz schön aufs Podest.
*G.:* Nein. Ich glaube, das können Sie gut allein.
*P.:* Oh, ich denke andersherum: Wenn Sie dumm und blöde spielen, zwingen Sie mich, deutlicher zu sein.
*G.:* Das hat man mir schon gesagt, aber ich nehme es nicht ab. Ich mag nicht ...
*P.:* Was machen Sie mit Ihren Füßen?
*G.:* Zappeln. (Lachen)
*P.:* Sie machen jetzt Spaß.

*G.:* Nein. Ich habe Angst, Sie bemerken alles, was ich tue. Du meine Güte!
*P.:* Möchten Sie nicht, daß ich ...
*G.:* Ich möchte, daß Sie mir helfen, entspannter zu werden. Ja. Ich will nicht so defensiv Ihnen gegenüber sein. Ich mag es nicht, mich so defensiv zu fühlen. Sie handeln wie - Sie behandeln mich, als ob ich stärker sei als ich bin, und ich möchte, daß Sie mich mehr beschützen und netter zu mir sind.
*P.:* Bemerken Sie Ihr Lächeln? Sie glauben kein Wort von dem, was Sie sagen.
*G.:* Stimmt, und ich weiß, daß Sie mir das ankreiden werden.
*P.:* Sicher, Sie bluffen, Sie schwindeln.
*G.:* Ach tatsächlich? Meinen Sie das ernst?
*P.:* Sie sagen, daß Sie kreativ seien, Sie lachen und kichern und winden sich. Das ist Schwindel. Sie geben eine Vorstellung für mich.
*G.:* Oh, das nehme ich Ihnen übel, sehr sogar.
*P.:* Können Sie das ausdrücken?
*G.:* Ja, Sir! Ich bin ziemlich sicher kein Schwindler. Ich will das zugeben - es ist schwer für mich, meine Verlegenheit zu zeigen, und ich hasse es, verlegen zu sein, aber, Mensch, ich nehme es Ihnen übel, wenn Sie mich einen Schwindler nennen. Nur weil ich lächle, wenn ich verlegen bin oder in die Ecke gedrängt bin, dann heißt das noch lange nicht, daß ich ein Schwindler bin.
*P.:* Wunderbar. Danke. Sie haben sich in der letzten Minute nicht gewunden.
*G.:* Also, ich bin wütend auf Sie.
*P.:* Das stimmt. Sie hatten es nicht nötig, ihren Ärger hinter Ihrem Lächeln zu verstecken. In diesem Moment, in dieser Minute, waren Sie nicht falsch.
*G.:* Nun, in dieser Minute war ich trotzdem wütend, aber nicht verlegen.
*P.:* Mit anderen Worten, wenn Sie wütend sind, sind Sie nicht falsch.
*G.:* Das nehme ich Ihnen immer noch übel. Ich bin nicht falsch, wenn ich nervös bin.
*P.:* Noch einmal!
*G.:* Ich will nicht wütend auf Sie werden. Ich, ich ... wissen Sie, was ich gerne tun würde?
*P.:* Ich, ich, ich.
*G.:* Ich möchte, daß Sie auf meiner Ebene sind, damit ich auf Ihnen ebenso herumhacken kann wie Sie auf mir.
*P.:* OK. Hacken Sie!

*G.:* Nun, ich muß darauf warten, daß Sie etwas sagen, worauf ich hacken kann. Aber ...

*P.:* Was heißt das? Können Sie diese Bewegung weiter ausführen?

*G.:* Es ist - ich finde keine Worte. Ich möchte ...

*P.:* Führen Sie es aus, als ob Sie tanzen würden.

*G.:* Ich möchte wieder ganz von vorn mit Ihnen anfangen.

*P.:* OK. Fangen wir wieder ganz von vorn an.

*G.:* Ich kenne eine Ecke, in die ich Sie gern stellen würde. Ich würde Sie gern etwas fragen, weil ich das Gefühl habe, daß Sie mich nicht mögen, augenblicklich, und ich möchte wissen, ob es so ist.

*P.:* Können Sie jetzt Fritz Perls spielen, der Gloria nicht mag? Was würde er sagen?

*G.:* Er würde sagen, daß sie ein Schwindler ist, zum einen.

*P.:* Sagen Sie, ,,Sie sind ein Schwindler".

*G.:* Sie sind ein Schwindler und Sie sind ein schnippisches kleines Mädchen, und Sie sind eine Angeberin.

*P.:* Was würde Gloria darauf antworten?

*G.:* Ich weiß, was ich darauf antworten würde. Ich würde sagen: ,,Ich denke, das sind Sie auch."

*P.:* Nun sagen Sie mir das. Sagen Sie mir, was für ein Schwindler ich bin.

*G.:* Nun, ich ...

*P.:* Sagen Sie: ,,Fritz, Sie sind ein Schwindler".

*G.:* ,,Schwindler" ist nicht ganz das richtige Wort, sondern es ist eher wie ein ,,Angeber".

*P.:* Ein ,,Angeber".

*G.:* Es scheint, Sie wissen alle Antworten.

*P.:* Jaa.

*G.:* Und ich möchte, daß Sie menschlicher sind, aber das scheint mir nicht sehr menschlich zu sein.

*P.:* Die Antworten zu kennen, ist nicht wirklich menschlich?

*G.:* Ja. Und auch gerade, herauszufinden, wie ich mit meinen Füßen trete und warum ich das tue. Warum tun Sie das?

*P.:* Oh, dear. Ich habe Augen im Kopf. Ich kann sehen, daß Sie mit Ihren Füßen treten. Was ist da so Großes dran? Ich brauche keinen wissenschaftlichen Computer, um zu sehen, daß Sie mit Ihren Füßen treten. Was ist da so Großes dran? Man braucht kein Weiser zu sein, um zu sehen, daß Sie mit Ihren Füßen treten.

*G.:* Ich weiß, aber es scheint, als ob Sie versuchen, irgendeinen Grund dafür zu finden.

*P.:* Das tue ich nicht. Das ist Ihre Vorstellung.

*G.:* OK. Ich weiß, was ich mir von Ihnen wünsche. Kann ich Ihnen sagen, was ich mir von Ihnen wünsche?
*P.:* Ja.
*G.:* Ich wünsche mir, saß Sie es bemerken, daß ich mit meinen Füßen trete und daß ich kichere, wenn ich wirklich nervös bin, und daß Sie das akzeptieren, statt mich in die Defensive zu schicken und es mich erklären lassen. Ich möchte es nicht erklären müssen, warum ich diese Dinge tue.
*P.:* Bat ich Sie zu erklären?
*G.:* Sie sagten, ,,Warum bin ich" oder ,,Was tue ich?"
*P.:* Nein.
*G.:* Doch, ,,Was tue ich?" sagten Sie.
*P.:* Das stimmt. Mit Ihren Füßen treten. Ich bat Sie nicht, es zu erklären. Das ist Ihre Phantasie. Das ist nicht Fritz, das ist der Fritz in Ihrer Vorstellung. Da ist ein großer Unterschied.
*G.:* (seufzt)
*P.:* Jetzt machen Sie das nochmal.
*G.:* (seufzt)
*P.:* Nochmal.
*G.:* (seufzt)
*P.:* Wie fühlen Sie sich jetzt?
*G.:* Ich weiß nicht.
*P.:* Die Dumme spielen.
*G.:* Ich spiele nicht die Dumme. Ich weiß nicht die richtige Antwort.
*P.:* Sie haben gesagt: ,,Ich weiß nicht". Das ist die Dumme spielen. Sie haben da etwas mit Ihrem Haar gemacht. Ist da zufällig etwas, das Sie an meinem Haar auszusetzen haben?
*G.:* Nein.
*P.:* Nein. OK.
*G.:* Aber Ihr Haar und Ihr Aussehen entsprechen dem Gefühl, das ich vorher hatte. Ich hatte ein Gefühl, daß ich Angst vor Ihnen haben würde, und Sie sind der Typ, der so wirkt, als ob er soviel Respekt verlangen würde.
*P.:* Spielen Sie bitte Fritz. Ich fordere so viel Respekt. Spielen Sie, was Sie gerade gesagt haben.
*G.:* ,,Nun, Sie wissen, wie gescheit ich bin. Ich weiß mehr über Psychologie als Sie, Gloria, also ist natürlich alles, was ich sage, richtig."
*P.:* Können Sie das gleiche nochmal als Gloria sagen? Ich fordere Respekt, weil ...
*G.:* Ich weiß nicht. Nein, ich weiß nicht. Ich identifiziere es mit meinem Vater, aber nicht mit mir. Ich spüre nicht, daß ich Respekt fordere.
*P.:* Sie fordern keinen Respekt?

*G.:* Nein.
*P.:* Sind Sie jetzt sicher?
*G.:* Tatsächlich hätte ich gern mehr. Ich hätte es gern, wenn Sie mich mehr respektieren würden.
*P.:* Sehen Sie, also fordern Sie Respekt.
*G.:* In Ordnung. Jaa. Ja, tatsächlich, wenn ich Respekt von Ihnen fordern könnte, würde ich es tun.
*P.:* Dann tun Sie es. Wer hält Sie davon ab außer Sie selbst?
*G.:* Weil ich spüre, daß wenn ich aus der Ecke herauskomme, Sie mich ertrinken lassen werden. Sie werden mir nicht ein bißchen helfen, und ich weiß, daß ich Ihren Anforderungen nicht entsprechen kann.
*P.:* Was sollte ich tun, wenn Sie in der Ecke sind?
*G.:* Mich ermutigen, herauszukommen.
*P.:* Oh. Sie haben nicht genug Mut, selbst herauszukommen. Sie brauchen jemanden, der die kleine Jungfer im Elend aus ihrer Ecke holt?
*G.:* Ja.
*P.:* Also, jedesmal wenn Sie Aufmerksamkeit brauchen, verkriechen Sie sich in eine Ecke und warten, bis der Retter kommt.
*G.:* Das ist genau, was ich mir wünsche.
*P.:* Das ist es, was ich Schwindel nenne.
*G.:* Warum ist es Schwindel? Ich gestehe Ihnen, was ich bin. Wieso ist das Schwindel?
*P.:* Das ist Schwindel, weil es ein Trick ist. Es ist ein Trick, sich in eine Ecke zu verkriechen und dort zu warten, bis jemand kommt und Sie rettet.
*G.:* Das gebe ich zu. Ich weiß, was ich tue. Ich bin nicht falsch. Ich tue nicht so, als ob ich so tapfer sei. Mich ärgert das. Ich merke, daß Sie solange sagen werden, ich sei falsch, bis ich offen herauskomme und selbständig bin. Quatsch! Ich sitze so wirklich in dieser Ecke, wie ich hier durch mich selber draußen bin.
*P.:* Aber Sie sitzen nicht in dieser Ecke.
*G.:* Ja, jetzt nicht. Und außerdem ist das wie ein Urteil, wenn Sie mich Schwindler nennen. Das hasse ich sowieso.
*P.:* Jetzt kommen wir ja irgendwohin. Ich nenne jeden einen Schwindler, der schauspielert. Und wenn Sie jemanden mögen, und Sie möchten sich mit ihm treffen, zu ihm hingehen und ihm sagen „Ich möchte dich treffen", das würde ich nicht falsch nennen. Aber wenn Sie sich schüchtern in ihre Ecke zurückziehen und auf Rettung warten, dann nenne ich das falsch.
*G.:* Ich denke immer noch, daß Sie mich verurteilen. Wissen Sie, was ich für ein Gefühl habe? So etwas haben Sie noch nie in ihrem Leben gefühlt. Sie fühlen sich so sicher, daß Sie niemanden zu fühlen brau-

chen, der so etwas tut; Sie gehen nur hin und verurteilen ihn als Schwindler. Darüber ärgere ich mich.

*P.:* Gut. Jetzt spielen Sie mal Fritz, wie er verurteilt.

*G.:* Sie sind es. Sie sitzen da oben auf Ihrem goldenen Stuhl ...

*P.:* Ich bin Fritz. Ich verurteile. Verurteilen Sie mich jetzt!

*G.:* Ich fühle mich Ihnen überhaupt nicht nah, Dr. Perls. Ich fühle, daß es Schwindel ist. Ich fühle, daß Sie ein großes Spiel veranstalten.

*P.:* Richtig. Sicher spielen wir. Aber trotz der Spiele denke ich, daß ich Sie hin und wieder berührt habe. Ich denke, daß ich Sie verletzt habe, als ich Sie Schwindler nannte.

*G.:* Ja natürlich taten Sie das.

*P.:* Und ich denke, daß ich damit ins Schwarze getroffen habe. Deswegen fühlen Sie sich verletzt.

*G.:* Ich weiß nicht. Alles was ich weiß, ist, wenn jemand -- wenn ich mich so fühle, wie ich mich jetzt bei Ihnen fühle, ist es, als ob Sie keine Gefühle hätten.

*P.:* Schön. Nun übertreiben Sie das einmal! Was Sie gerade gesagt haben, sprechen Sie so zu mir.

*G.:* Ich kann nicht, ich kann nicht. Ich möchte lachen. Ich hätte es gerne, daß Sie jünger wären als ich, so daß ich Sie wirklich ausschimpfen könnte.

*P.:* Wie alt müßte ich sein?

*G.:* So alt wie ich, 30.

*P.:* Gut. Ich bin jetzt 30. Stellen Sie sich vor, ich bin 30. Jetzt schimpfen Sie mich aus.

*G.:* OK. Seien Sie nicht so felsenfest von sich überzeugt. Denken Sie nicht, daß Sie so verdammt gescheit seien. Tun Sie nicht so stolz, denn Sie waren noch nie in der Ecke. Ich denke, Sie können genau so ein großer angebender Schwindler sein, wie Sie verdammt gescheit sind, und alle Antworten kennen, ebenso wie ich, die in der Ecke sitzt. Oh, und mir gefällt das Gefühl, daß Sie jünger sind.

*P.:* Ja.

*G.:* Ich möchte Sie in Verlegenheit bringen.

*P.:* Bringen Sie mich in Verlegenheit. Sagen Sie mir was --

*G.:* Sie würden nicht verlegen. Sie scheinen unberührt.

*P.:* Sagen Sie mir was, bringen Sie mich in Verlegenheit! Sagen Sie mir, wie alt, wie häßlich ich bin.

*G.:* Sie sehen nicht alt und häßlich aus. Sie sehen vornehm aus, und das gibt Ihnen -- das ist alles um so mehr auf ihrer Seite, wenn Sie auch noch vornehm aussehen. Also, das ist auch noch auf ihrer Seite.

*P.:* Nun, Gloria, können Sie etwas spüren? Wir hatten einen ganz guten Kampf?

*G.:* Nein. Nein. Ich glaube nicht, daß Sie mit mir kämpfen.
*P.:* Aber ich habe Sie verletzt. Sie kamen schon ein bißchen heraus.
*G.:* Ja, ich bin wütend auf Sie.
*P.:* Wunderbar.
*G.:* Aber Sie erscheinen so distanziert. Es scheint Sie überhaupt nicht zu kümmern, daß ich wütend auf Sie bin. Als ob Sie mich überhaupt nicht kennen würden, Dr. Perls, nicht ein bißchen.
*P.:* Das ist ganz richtig. Unser Kontakt ist viel zu oberflächlich, um sich intensiv kümmern zu können. Ich kümmere mich jetzt um Sie, soweit Sie meine Klientin sind, ich kümmere mich um Sie, soweit ich es mag - wie ein Künstler, der etwas Verborgenes von Ihnen zum Vorschein bringt. Soweit geht mein Kümmern.
*G.:* Nun, ich würde gern - ich würde gern spüren, daß es da etwas gibt - es ist frustrierend. Wenn ich Sie jetzt verlassen müßte und Sie nie wieder sehen sollte, würde mich das Gefühl frustrieren, daß da nicht mehr Kontakt war. Ich fühle mich völlig außer Kontakt mit Ihnen. Wie wenn ich zu einem Baby rede, das mich nicht versteht, oder so etwas. Ich fühle überhaupt nicht, daß wir miteinander in Kontakt stehen, und das frustriert mich. Das stört mich mehr, als wenn ich auf Sie wütend wäre. Mir wäre lieber, wir wären wütend und würden kämpfen, als keinen Kontakt zu haben. Ja. Es erinnert mich daran, als mein Mann und ich oft miteinander kämpften. Er sitzt da und hört mir zu, aber er merkt nicht einmal, wie sehr ich ihn hasse und wie wütend ich auf ihn bin. Ich würde lieber - ja, ich würde Sie lieber angreifen, so daß Sie mich wirklich hassen oder so. Und es kommt mir so vor, als ob Sie sich absichtlich einem Kontakt mit mir entziehen.
*P.:* Wie sollte ich? Geben Sie mir eine Vorstellung davon! Wie könnte ich meine Sorge um Sie zeigen?
*G.:* Ich kann es nicht mit Worten sagen. Ich kenne das Gefühl ... ich kann es nicht sagen. Ich weiß nicht. Es ist nur ein Gefühl wie -- es ist, wie wenn ich möchte, daß Sie mich mehr als Mensch respektieren, daß ich Gefühle habe.
*P.:* Jetzt kommen wir wieder zum Anfang zurück. Sie möchten Respekt.
*G.:* Ja, genau, genau.
*P.:* Ich verstehe.
*G.:* Es ist eine andere Art von Respekt, als ich beim erstenmal meinte.
*P.:* Das macht nichts. Aber Sie möchten, Sie brauchen Respekt.
*G.:* Ja.
*P.:* Ich respektiere Sie so sehr als Mensch, daß ich den falschen Teil von Ihnen nicht akzeptiere, und ich vertraue mich dem unverfälschten Teil an. Gerade in den letzten Minuten waren Sie wunderbar natürlich.

Sie haben nicht mehr gespielt. Ich sah, daß Sie wirklich verletzt waren.
*G.:* Nun, ich glaube nicht, daß ich ein Recht habe, wenn ich jemanden nicht mag oder nicht mit dem übereinstimme, was jemand tut, wenn ich ihn respektieren sollte, wenn er über mir ist, wenn er mir überlegen ist; ich glaube nicht, daß ich ein Recht habe, Ihnen wirklich, wirklich zu sagen, wie wütend ich bin.
*P.:* Bloße Worte. Sie sind es nicht - Sie ziehen sich in Ihre sichere Ecke zurück.
*G.:* So fühlt es sich an. So fühlt sich die sichere Ecke für mich an.
*P.:* Jetzt gehen Sie zurück in Ihre sichere Ecke! Denn wir müssen sehr bald auseinandergehen, Sie bleiben in Ihrer sicheren Ecke, und Sie kamen für einen Augenblick heraus. Sie haben mich bloß getroffen, konnten ein bißchen wütend auf mich werden. Jetzt gehen Sie in Ihre Sicherheit zurück!
*G.:* Es kommt mir vor, als ob Sie mir sagen wollen, daß die einzige Art, in der Sie mich als Mensch akzeptieren können, ist, wenn ich aggressiv und mächtig und stark bin. Ich hätte es gern - Sie könnten mich auch akzeptieren - ich wäre zu Tode erschrocken, vor Ihnen zu weinen. Es kommt mir vor, als ob Sie mich auslachen würden oder mich Schwindler nennen würden. Ich glaube, daß Sie meine schwache Seite nicht akzeptieren. Nur wenn ich zurückschreie oder Sie anbrülle.
*P.:* Sie dürfen in meiner Anwesenheit nicht weinen.
*G.:* Ich würde Ihnen diese Befriedigung nicht geben.
*P.:* Sagen Sie das nochmal!
*G.:* Nein.
*P.:* Sagen Sie das nochmal!
*G.:* Ich würde versuchen, nicht zu - ich würde versuchen, nicht vor Ihnen zu weinen oder Ihnen meine schwachen Stellen zu zeigen, aus Angst, Sie könnten sich wieder auf mich stürzen.
*P.:* Merken Sie, daß Ihre Augen feucht sind?
*G.:* Ich spüre, daß ich meine Tränen hinunterwürge. Ja, ich spüre das.
*P.:* Könnten Sie mich würgen?
*G.:* Ich könnte so tun als ob, aber nicht wirklich.
*P.:* Warum nicht wirklich?
*G.:* Ja, weil ich Sie nicht so sehr hasse.
*P.:* Nun, Sie wollen mich würgen - wollen Sie mich lieber würgen, damit Sie nicht weinen müssen?
*G.:* Ich würde - wenn ich Sie würgen wollte, würde ich es tun, um Sie zum Weinen zu bringen. Ich würde Sie gern schwach sehen. Ich würde Sie gern verletzt und verletzbar sehen.
*P.:* Was würde Ihnen das bringen?
*G.:* Es würde mir das Gefühl geben, so zu sein, wie ich bin; ich hätte

ein größeres Recht, verletzt zu sein, und Sie würden sich nicht so schnell auf mich stürzen.
*P.:* Würden Sie sich auf mich stürzen, wenn ich weine?
*G.:* Nein.
*P.:* Aber ich würde mich auf Sie stürzen, wenn Sie weinen. Sind Sie sich dessen sicher?
*G.:* Nein. Ich bin mir nicht sicher.
*P.:* Huuhh. Was möchten Sie denn gern, daß ich täte, wenn Sie weinen würden? Sie lächeln - Sie lächeln. Irgendetwas ...
*G.:* Ja, weil ich zwei Gefühle habe. Ich wollte sagen, „Ich möchte, daß Sie mich gern haben und umarmen", aber dann dachte ich, „nein, ich möchte es nicht".
*P.:* Was für einen Einwand haben Sie?.
*G.:* Ich hätte Angst, Ihnen zu nahe zu sein.
*P.:* Jetzt kommen wir doch irgendwohin. Zuerst wollten Sie mir nahe sein, und jetzt haben Sie Angst, mir nahe zu sein.
*G.:* Das habe ich gesagt, aber ...
*P.:* Das stimmt. Jetzt haben wir die zwei Pole der Existenz.
*G.:* Aber es gibt zwei unterschiedliche Gefühle. Nahe, ich meine gefühlsmäßig, nicht körperlich.
*P.:* Aber Sie haben jetzt die zwei Pole der Existenz. Entweder weit weg in der Ecke, oder so nahe sein, daß Sie mit der anderen Person verschmelzen. Und anscheinend gibt es Schwierigkeiten zwischen beiden Extremen.
*G.:* Ich tue es. Sie wissen, was ich denke, wenn ich wirklich verletzt und empört bin über jemanden; ich möchte, daß mich jemand liebt – wie es meine Freundin ein wenig tut, und sie kommt und umarmt mich. Ich will das nicht.
*P.:* Genau! Darüber rede ich. Sie können keinen Kontakt aufrechterhalten. OK. Das sind bloße Worte. Wovor haben Sie Angst, wenn Sie Ihrer Freundin zu nahe kommen, wenn Sie Ihre Freundin Sie umarmen lassen?
*G.:* Das einzige, dessen ich mir bewußt bin, ist, wenn ich schwitze, daß sie spüren würde, wie naß ich bin und daß sie meinen Körper festhalten würde und - ich weiß nicht.
*P.:* Sind Sie sich Ihres Gesichtsausdruckes bewußt, der eine Art Ekel zeigt?
*G.:* Ja, ja, bin ich.
*P.:* Verstärken Sie das!
*G.:* Uuhh. Das ist gefühlsduselig. Das ist bloß gefühlsduselig. Ich kann nur fühlen, daß es so ist, und ich mag es nicht.
*P.:* Können Sie mir das sagen? Fritz, Sie sind gefühlsduselig?

*G.:* Nein.
*P.:* Nein? Wo liegt die Schwierigkeit?
*G.:* Weil es mir vorkommt, daß wenn Sie mir wirklich glaubten, würde es Ihre Gefühle verletzen.
*P.:* Ohh.. Sie dürfen meine Gefühle nicht verletzen.
*G.:* Ja -
*P.:* Ich dachte, ich sei so gleichgültig, wie Sie vorhin sagten, daß mich nichts berühren könnte.
*G.:* Ja, ich weiß.
*P.:* Jetzt entdecken Sie plötzlich einen Weg, mich zu berühren.
*G.:* Wissen Sie, was ich glaube? Ich glaube, daß Sie so ein Typ Mensch sind wie ich, daß Sie so tun, als ob nichts ihre Gefühle verletzen könnte, aber das könnte es doch. Sie handeln stark, aber Sie sind auch innerlich weich und verletzlich. Ich glaube, daß ihre Gefühle verletzt werden könnten, sicher. Aber ich glaube nicht, daß Sie es leicht zeigen würden.
*P.:* Was würde ich tun? Wie würde ich meine Gefühle verbergen?
*G.:* Indem Sie das auf mich zurückwenden; indem Sie sagen: ,,Was haben Sie nun davon, Gloria?" Sie würden alles auf mich zurücklenken, anstatt zu zeigen, wie verletzt Sie sind.
*P.:* Können Sie das Fritz sagen: ,,Was hätten Sie davon, Fritz?" Sagen Sie mir das!
*G.:* Was hätten Sie davon?
*P.:* Was Sie gerade gesagt haben, gerade diesen Satz.
*G.:* Sicher weiß ich, was Sie davon hätten, wenn ich sagte, ,,Was hätten Sie davon, Fritz?" Sie würden sagen: ,,Nichts, es berührt mich nicht. Sie haben es getan." Sie würden mich immer noch nicht wissen lassen, daß Sie verletzt sind, aber ich weiß, was wäre, wenn Sie mir Ihre wahren Gefühle zeigten. Da Sie Ihre Verletzung nicht zeigen wollten, haben Sie sie verborgen. Das gleiche wie mit meiner Ecke.
*P.:* Wenn ich nun wirklich verletzt wäre, wenn ich weinte, was würden Sie mit mir machen?
*G.:* Sie wären mir nicht mehr so überlegen. Sie wären verwundbarer, und ich könnte Sie besänftigen und dafür sorgen, daß es Ihnen besser geht.
*P.:* Sie würden mich umarmen.
*G.:* Ja.
*P.:* Dann könnte ich ein Baby sein.
*G.:* Ja. Ja, das würde mir gefallen. Sie wären mehr auf meinem Niveau. Ich müßte mir bei Ihnen nicht so dumm vorkommen.
*P.:* Und andersherum, Sie müßten mein Baby sein. Sie würden weinen, Sie würden das Baby spielen wollen und getröstet und geherzt werden, armes Ding, armes ...

*G.:* Das würde mir auch gefallen.
*P.:* Ich sage Ihnen etwas, Gloria, ich denke, wir kamen zu einem guten Abschluß. Wir kamen zu einem kleinen bißchen Verständigung. Ich denke, daß wir diese Szene oder Situation abschließen können.

*Auswertung*

Die Demonstration war meiner Meinung nach ganz erfolgreich und stimmte mit meiner theoretischen Auffassung überein. Das Vermeiden einer unverfälschten Begegnung vollzog sich auf drei Arten. Zunächst übernahm die Patientin die Kontrolle, indem sie eine lächelnde, unehrliche, künstliche Maske aufsetzte, die zwischen dem Vorwand, verängstigt zu sein und zugleich mich durchschaut zu haben, schwankte. So hatte sie die Situation völlig unter Kontrolle, oder glaubte es wenigstens. Zweitens zog sie sich zurück, indem sie sich einbildete, sich in einer Ecke zu verstecken. Drittens blockierte sie eine wirklich lohnende Begegnung durch Weinen, das dann die wirkliche emotionale Bedeutung des Treffens gewesen wäre.

Die Patientin war in der Lage, sich aufmerksam damit zu identifizieren, daß sie anfänglich ihr Bedürfnis nach Respekt verleugnete. Außer ihrem Bedürfnis nach Respekt zeigte sich das Bedürfnis nach Unterstützung aus der Umgebung. Es wurde verbalisiert in dem Wunsch, umsorgt zu werden, aus der Ecke gerettet zu werden und so weiter. Ich brach die Sitzung ab, als die ersten Tränen erschienen. Sie begann die Rolle des einsamen Kindes zu spielen und wollte anscheinend umarmt und getröstet werden. Aber hier begann auch die Assimilation ihrer Projektion wirksam zu werden, und sie fing an, mich wie ein Baby zu erleben.

Abgesehen davon ihr beizustehen, einige Projektionen zu assimilieren, bestand der wichtigste therapeutische Faktor darin, ihr den Widerspruch in ihrem verbalen und nonverbalen Verhalten zu zeigen. Zum Beispiel sagte sie, daß sie verängstigt sei, und lächelte gleichzeitig. Eine verängstigte Person lächelt nicht. Ich wandte mich ihrer Verlegenheit zu. Diese Verlegenheit war durch ihre forsche Art und ihren Zorn geschützt. Um zu ihrer existentiellen Verlegenheit zu gelangen, müßten wir ihre Falschheit durchgehen und auslöschen (das ist die Mühelosigkeit, mit der wir oberflächlich jede Rolle annehmen können, die in einer bestimmten Situation gefordert wird). Diese Pseudoanpassung ist ihre Art, sich mit dem Leben auseinander zu setzen. Das ist ungefähr das, was sich mir aus dieser Sitzung ergab.

# Lösung (1959)*

In unseren Vorlesungen und Demonstrationen habe ich die Gestalttherapie vorgestellt als eine Sammlung von lauter einzelnen Elementen, die Ihnen brauchbar erscheinen mögen. Ich nehme an, daß Sie jetzt eine Menge wissen, und so kann ich über die Kategorien, Gliederungen und Einzelelemente hinausgehen, um den zentralen Punkt zu untersuchen: die Lösung in einer abgeschlossenen Gestalt. Meine Ambition war, eine einheitliche Feldtheorie in der Psychologie zu schaffen. In dieser Vorlesung möchte ich Sie aus dem Spiel der Gegensätze zu der Einheit der Lösung führen, so daß Sie das Ziel erfassen können, auf das die Gestaltarbeit hinausläuft. Dies nämlich ist die andere Seite der Medaille: Einheit statt Aufteilung; eine Lösung, ein Nachhause-Kommen statt eines Umherstreifens. Wie bei allen Dingen sind wir selbst das Haupthindernis für eine Lösung, und besonders unsere Phantasien über uns und die Welt. In vieler Hinsicht kann uns eine Lösung als so angenehm, leicht und einfach erscheinen, daß wir ihr mißtrauen und ihren Frieden durch unser Fragen ruinieren.

Man sagt, wir *haben* eine Seele, wir *haben* ein Es, ein Ich usw. Indem wir unsere lebendige Erfahrung auf äußere Kategorien projizieren, stellen wir uns vor, daß wir etwas erfaßt hätten und es kontrollieren könnten. Ich schlage den Gedanken einer universalen Bewußtheit *(awareness)* vor als eine brauchbare Hypothese, die dieser Tendenz, uns selbst als Dinge zu behandeln, zuwiderläuft. Wir *sind* Bewußtheit, statt daß wir Bewußtheit *haben.* Aus unserer wachen, bewußten Erfahrung heraus können wir auf alles andere, das existiert, schauen und können annehmen, daß es unterschiedliche Grade von Bewußtheit in allen Dingen gibt. Die Blume, die sich der Sonne zuwendet, ist Bewußtheit für das Sonnenlicht. Der Stein, der herunterfällt, erfährt einen Unterschied zwischen dem Fallen, dem Aufstoßen und dem ruhigen Daliegen. Alle Dinge, die *dieses* sind statt *jenes,* funktionieren in

---

* Dieser Aufsatz wurde als Vortrag im Mendocino State Hospital, Talmage, California im Jahre 1959 gehalten als Abschluß eine Reihe von Vorträgen und Demonstrationen.

verschiedenen Graden auf *diese* Weise statt auf *jene*, sind verschiedene Grade von Bewußtheit.

Wache Bewußtheit *(awareness)*, Bewußtsein *(cousciousness)* oder Erregung sind ähnliche Erfahrungen. Die wache Bewußtheit des Menschen erscheint als umfassender und daher auch zweideutiger als die anderer Dinge. Der Stein kann nichts als fallen, wenn er keine Unterstützung hat: Wir können ohne Unterstützung projizieren, unterdrücken, unempfindlich machen usw. Mit der Hypothese einer universalen Bewußtheit öffnen wir uns dazu, uns selbst in einer lebendigen Weise zu betrachten statt in einer distanzierenden Haltung („*aboutism*"), eine Seele, ein Ich, ein Über-Ich usw. zu *haben*. Mit dieser Hypothese einer universalen Bewußtheit öffnen wir uns auch der Betrachtungsweise, uns selbst als allem Übrigen, das existiert, im innersten Wesen gleichgestellt zu sehen. Indem wir vom Ist-Sein *(isness)*, von der Bewußtheit hier und jetzt ausgehen, sehen wir uns so, wie wir sind, lebendig, hier, verschieden und ähnlich wie andere Dinge und wie das übrige Existierende. Das versetzt uns in die Lage, Kontakt aufzunehmen, Grenzen zu überschreiten, sich über Differenzen hinwegzusetzen, eine Lösung zu finden.

Ob unsere Bewußtheit größer und intensiver ist als die der Tiere, der Bakterien, Zellen, Pflanzen oder der Sterne, weiß ich nicht. Wir müssen der Eitelkeit mißtrauen zu sagen, wir seien die am meisten Bewußten *(couscious)*. Es scheint allerdings klar zu sein, daß unsere Bewußtheit die zweideutigste ist. Sie scheint sich leichter zu spalten, aufzuteilen und zu verbergen als Steine und Pflanzen. Worüber wir am meisten gesprochen haben, ist diese augenscheinliche Tendenz einer Aufteilung in Vordergrund (was wir genau wahrnehmen) und Hintergrund (was weniger differenziert ist). Der Vordergrund steht in einer dynamischen Beziehung zum Hintergrund. Ganz einfach, *was nicht hier sein kann, ist dort.* Hintergrund ist alles andere: die Außenwelt, projizierte Meinungen, andere Ausprägungen des Selbst wie z.B. Träume, unsere Potentiale, jeder und alles sonst. Was nicht hier sein kann, ist irgendwo, also ist es dort; oder zumindest, es *erscheint dort.* Wenn ich den Raum nicht verlassen kann, es aber gerne tun würde, dann verlasse ich ihn in der Phantasie. Auf diese Weise kann ich hier und dort gleichzeitig sein. Ich kann freundlich und unfreundlich, freudig und bedrückt usw. gleichzeitig sein. Es ist teilweise die falsche Annahme, daß „ich dies bin und nicht das", die eine Spaltung schafft, welche wir vergrößern müssen, damit der fehlende Teil auch bewußt werden kann.

Eigentlich ist unsere Vorstellung falsch, das Unbewußte bestehe aus dem, was beiseite geräumt und nicht benutzt sei. Was wir von uns selbst gar nicht kennen, wird auf irgendeine Weise ausgelebt und kann von Freunden gesehen werden. Das ist so, als gäbe es eine Erhaltung unserer psychischen Energie, die der Erhaltung der Materie/Energie in *Einsteins* Relativitätstheorie entspräche. Nichts stirbt oder verschwindet jemals gänzlich in dem Bereich der Bewußtheit. Was hier nicht als Bewußtsein *(cousciousness)* gelebt wird, das lebt dort als Muskelspannung, als unerklärliches Gefühl, als Wahrnehmung von anderen, usw. Nichts verschwindet, aber vieles ist versetzt oder fehlplaziert. Langeweile z.B. ist ein trostloser Zustand, enthält aber ebenso auch den Antrieb, etwas zu tun. Ein Mensch, der vor Durst vergeht, hat überall Wasser, bloß nicht auf seiner Zunge. In der Gestalttherapie sind wir in der paradoxen Situation, daß wir es immer mit einer zweigeteilten Existenz zu tun haben: die Bewußtheit hier und jetzt und worauf sich diese Bewußtheit bezieht. Vordergrund impliziert Hintergrund. Der Hintergrund gestaltet den Vordergrund.

Was hier nicht zum Vorschein kommen kann, erscheint dort als etwas anderes. Mein unterdrückter Groll kehrt als dein offensichtlicher Fehler zurück. Die Therapie beteht zum größten Teil darin, diese Spaltungen herauszufinden und beide Seiten zu aktivieren. Jedes Aktivieren von beiden Seiten hat die Tendenz, sie wieder zusammenzubringen. Fragen entstehen im Hinblick auf eine vermutete Antwort. Wenn eine Frage intensiviert wird, kollabiert sie in ihre eigene Antwort hinein.

Das ist teilweise ein Verlangen nach Unterschieden, dieses Fragen, das aufspaltet. Was nimmst du jetzt wahr? Dieses eher als jenes. Kannst du dieses *und* jenes empfinden? Wohl schon, aber nicht mit der selben Intensität. Das Verlangen nach Intensität, das Fragen, das Erwarten von diesem statt von jenem schafft eine Vordergrund-Hintergrund-Verschiebung von Teilen von uns.

In der Liebe und besonders im Orgasmus ist es so, als ob wir quer durch die Selbst-Grenzen hindurch einen Kontakt erfahren würden, der zu der Konfluenz des Orgasmus führt, zu der Vereinigung von Unterschieden. Ein Verstehen, das mehr ist als ein distanziertes Kenntnisnehmen (*aboutism*) bzw. als *Bullshit,* ist auch eine Assimilation von Unterschieden. Aber wir wollen für einen Augenblick aus diesen Unterschieden ausbrechen, auf denen fast alle unsere Konzepte, unsere Psychopathologien und unsere Denkweisen insistieren, und teilnehmen an der universalen Bewußtheit *(arwareness),* an dem Nullpunkt der kreativen Indifferenz, der Lösung des ruhenden Zentrums.

Im Taoismus gibt es das Symbol von Yin und Yang, das das Wechselspiel der Gegensätze darstellt. Die helle Hälfte des Kreises wird zunehmend dunkler, und die dunkle Hälfte wird heller. Diese beiden interagieren miteinander, um das Rund der Existenz hervorzubringen.

Wie mag es sein, beide Seiten auf einmal zu erfahren? Es ist zweideutig. Bin ich ein starker heterosexueller Mensch oder ein femininer Homosexueller? Eine volle Bewußtheit kann beides erfahren und hat es nicht nötig, den Unterschied aufzulösen. Liebe ich sie oder bin ich ihr böse? Ich kann beides erfahren, und das bringt Leben und Vielfalt in unsere Beziehung. *Emerson* sagte, Folgerichtigkeit sei der Kobold von kleinen Geistern. Folgerichtigkeit verlangt, daß wir nur das eine *oder* das andere erfahren. Aber die meiste Zeit erfahren wir beide Seiten, die Gegensätze. Und das bereichert die Spannweite unserer Möglichkeiten.

In der Tat: je mehr man versucht, einseitig zu sein, desto mehr wird die andere Seite auch erfahren. Wenn ich in allen Situationen stark und dominant sein muß, dann werde ich ständig auf eine mögliche Schwäche achthaben und sie erfahren. Wenn ich ein ganz großer Heiliger sein muß, dann kommt mir überall das Böse zu Bewußtsein. Wenn ich gut bin, erscheinst du als böse. Wir hassen oder lieben nicht die Welt, sondern nur uns selbst. Jeder ist das Ganze der Bewußtheit. Eine Lösung ist näher, wenn man Gut *und* Böse, Überlegenheit *und* Unterlegenheit, Topdog *und* Underdog erfährt. Je mehr wir Topdog alle Macht zuschieben würden, desto mächtiger würde Underdog. Es geht darum, einen Topdog zu entwickeln, der einen ebenso mächtigen Underdog schafft. Im Falle einer Lösung sind Topdog und Underdog beides gegenwärtige Aspekte desselben Dog. Man kann an dem Yin oder an dem Yang als Gegensätzen in diesem chinesischen Symbol Gefallen finden oder aber es als ein vereintes Gleichgewicht erfahren, welches wir einfach Bewußtheit (*awareness*) nennen. Wie das Zusammenspiel von Yin und Yang ist unser Bewußtsein reich, verschieden, sich ändernd, aufregend, nicht besonders voraussagbar, überraschend.

Obwohl wir uns mit der Lösung von Konflikten beschäftigen, um das befriedigende und irgendwie zweideutige Zentrum zwischen den Gegensätzen zu finden, würde ich ebenso gerne unseren Konflikt durch den Konflikt lösen. Stellen wir uns einen Augenblick vor, wir könnten die Bedürfnisse von jedem voll befriedigen - eine Welt der Zufriedenheit. Würde alles Handeln aufhören? Vielleicht würden sich die Leute hinlegen und schlafen einen oder zwei Tage lang, aber das Handeln würde wieder beginnen. Hier würde ein Mann beginnen, eine erforderliche Werkstatt zu bauen, dort würde eine Frau sich ein Kleid nähen und dergleichen. Aus diesem neuerlichen Handeln würden wieder Konflikte, Frustrationen und Schwierigkeiten entstehen. Obwohl wir für eine Zeit eine Lösung brauchen, so wie der Schlaf ein Drittel unseres Lebens ausmacht, würden wir uns doch ohne Handeln und Konflikte langweilen. Obwohl wir ständig zu versuchen scheinen, das Feuer der Konflikte auszulöschen, wollen wir es doch nicht wirklich ganz auslöschen. Vielleicht wollen wir es nur zügeln, wie das Feuer im Kamin. Wenn wir nicht durstig wären, würden wir es versäumen zu trinken. Aber genug trinken ist etwas ganz anderes als ertrinken. Ein Konflikt, eine unabgeschlossene Situation, ist in sich selbst ein Ruf nach einer Lösung. Der Konflikt, den wir erstreben und respektieren, ist dieses Entstehen einer neuen Verbindung von Umständen im Jetzt. Es ist kein unerklärliches Wiederholungsspiel, das das widerspiegelt, was wir befürchten und wiederholt erfahren. Therapie führt das Individuum über das tote Wiederholen hinaus in einen neuen schöpferischen Konflikt, der zu Wachstum, Veränderung, Anregung, zum Abenteuer des Lebens ermuntert.

Bewußtheit wird unaufhörlich zum Vorschein kommen. Jenseits der Bewußtheit gibt es nichts. An allen Punkten von Unbehagen strebt es danach, sich selbst behaglich zu machen. Diese eine Bewußtheit scheint die Spaltung in Selbst/Andere zu verursachen, so daß sie in der Mühsal von Suchen und Finden ihre Teile ins Gedächtnis zurückrufen und sich selbst intensiv finden kann. Unbezweifelt und in Frieden gelassen, findet sie sich selbst als eines. Die scheinbaren Grenzen von ich/du, mein/dein werden fließend, verschwinden und tauchen unbekümmert wieder auf. Es ist nicht falsch, zu fragen und zu zerteilen, aber es ist eben vollkommener, zu sehen, daß die Frage aus ihrer eigenen Antwort entsteht und daß die Funktion von Grenze und Unterscheidung ist, die Lösung in einer Verbindung anzuregen. Die Gestalt öffnet sich, um ein Schließen hervorzurufen, und die Energie zum Schließen liegt schon im Öffnen.

Das einheitliche Feld ist Befriedigung, das Eins-Sein dessen, was ist, Ist-heit („*isness*"). Man braucht nur zu fragen, ob das so ist, und man schafft schon die Spaltung, das Suchen, das augenscheinliche Bedürfnis, welches wieder zu einer Einheit, zu Befriedigung, zu einer geschlossenen Gestalt führen könnte. Vertiefe die Spaltung, und sie gelangt durch sich hindurch zu sich selbst.

Ein Symbol dafür ist die buddhistische Mudra, in der der Daumen und ein anderer Finger einen Kreis bilden. Daumen und Finger erscheinen als zwei, die einen Kreis darstellen, das Rund der Existenz. Dennoch sind diese beiden *eine* Hand, *ein* Leben. Die anderen drei Finger repräsentieren die Vielfalt der Existenz, die ebenso *eine* Hand und *ein* Leben sind. In den meisten Gestaltarbeiten finden und üben wir die Spaltung, so daß die Teile einer Einheit zusammen kommen können. Doch abseits von unserem eigenen Fragen und Verlangen können wir uns an der Einheit der Bewußtheit freuen, in welcher die Zerteilung innerhalb des Selbst entschwindet, ebenso wie die Spaltungen zwischen dem Selbst und den anderen, zwischen dem Selbst und dem Rest der

Welt. *Eine* Bewußtheit. Es ist bewußte Lebendigkeit, welche die Konflikte an allen Punkten erfährt, wo Teile des Selbst verschoben worden sind und nach Wachstum gerufen wird.

Irgendwie fühle ich mich heute heiterer als gewöhnlich. Dies ist eine geeignete Gelegenheit, eine Vortragsreihe abzuschließen. Ihr wart eine sehr aufnahmebereite Gruppe, und ich habe es ganz gut gemacht.

## An Stelle eines Nachwortes

*Lore Perls*

# Begriffe und Fehlbegriffe der Gestalttherapie

In Goethes Faust sagt Mehphistopheles zu dem lernbegierigen Schüler: ,,Denn eben wo Begriffe fehlen, da stellt ein Wort zur rechten Zeit sich ein."

Der Teufel hat seine Hand im Spiel bei jedem menschlichen Bestreben, nicht nur in der Theologie und Philosophie. Ich sehe ihn bei der Arbeit in Politik und Erziehung, in Wissenschaft und Kunst und ganz besonders in unserem eigenen Gebiet, der Lehre und Ausübung der Psychotherapie, geschäftig in der Anwendung nicht nur in Worten sondern fertigen Formeln, Techniken und Kunststückchen, — ein ganzer Sack voll von Tricks für jeden Bedürftigen, Unwissenden, Gläubigen und Zahlbereiten.

Der Teufel ist Meister des Kurzschlusses, angebend, verführerisch und verlogen, viel-versprechend, schmeichelnd und unablässig herrschsüchtig. Seine Werkzeuge sind: Vereinfachung, Sinnverdrehung und Manipulation.

Lassen Sie uns nun vom Mythos zu Tatsachen übergehen. Auf einer Sitzung des New Yorker Instituts für Gestalt Therapie stellte ich die Frage: ,,Was ist Gestalt Therapie?" Unser Vizepräsident *Richard Kitzler,* der gerne den Teufelsadvokaten spielt, murmelte: ,,Der heiße Sitz und der leere Stuhl". Natürlich war das, wie bei Mephisto, eine *ironische* Randbemerkung. Doch der naive und ungeduldige Student nimmt es für bare Münze; er hält immer den Teil für das Ganze.

Den Stil, den *Fritz Perls* während seiner letzten Lebensjahre in Workshops für berufstätige Therapeuten entwickelt hat, ist sehr weit bekannt geworden durch Filme und Tonbänder und durch ,,Gestalt Therapy Verbatim"[1], die wörtliche Transkription dieser Tonbänder. Die Dramatisierung von Träumen und Phantasien ist eine sehr geeignete und schöne *Demonstrationsmethode,* besonders in Workshops mit berufstätigen Psychotherapeuten, die ihre eigene Erfahrung in der Arbeit mit Menschen gesammelt haben. Aber dies ist nur *eine* von den

---

[1]) Real People Press, Lafayette 1969; dt. *Frederick S. Perls,* Gestalt-Therapie in Aktion, Ernst Klett Verlag, Stuttgart 1976.

unendlich vielen Möglichkeiten in der Gestalt Therapie. Sie ist nicht nützlich in der Arbeit mit stark gestörten Patienten und völlig unbrauchbar mit dem Schizophrenen oder Paranoiker. *Fritz Perls* wußte dies sehr genau und überging einfach Workshop-Teilnehmer, bei denen er schizoide oder paranoide Störung vermutete.

Unglücklicherweise ist diese Demonstrationsmethode weit verbreitet worden, und zwar als das eigentliche Wesen der Gestalttherapie. Sie wird von einer stetig wachsenden Anzahl von Therapeuten auf jeden Fall, mit dem sie in ihrer Praxis zu tun haben, angewendet. Auf diese Weise wird die Gestalttherapie reduziert zu einer nur *technischen* Modalität , die wegen ihrer offensichtlichen Begrenzungen dann mit anderen technischen Modalitäten, die zufällig in der psychotherapeutischen Vorratskammer erhältlich sind, kombiniert wird. So haben wir Sensitivity Training *und* Gestalt, Körperwahrnehmung *und* Gestalt, Bioenergetik *und* Gestalt, Kunst- und Tanztherapie *und* Gestalt, Transaktionale Analyse *und* Gestalt und alles Mögliche *und* Gestalt ad infinitum.

Alle diese Kombinationen zeigen, daß die Grundbegriffe der Gestalttherapie entweder mißverstanden werden oder überhaupt nicht bekannt sind. Gestalttherapie ist weder eine spezielle Technik noch eine Ansammlung von bestimmten Techniken. Sie ist also keine Encounter- oder Konfrontationsmethode mit strukturierten Folgen von Anweisungen, Vorschriften und Forderungen. Sie ist auch keine dramatische Ausdrucksmethode, die vor allem auf die *Entladung* von Spannung abgezielt ist. Spannung ist Energie, und Energie ist ein zu kostbarer Stoff, um ihn einfach loszuwerden. Energie muß verfügbar werden für die nötigen oder wünschenswerten Verhaltensänderungen. Es ist die Aufgabe der Therapie, ausreichende Stützung für die Umorganisation und Umkanalisierung der Energie zu entwickeln.

Die *Grundbegiffe* der Gestalttherapie sind eher philosophisch und ästhetisch als technisch. Gestalttherapie ist eine existenziell- phänomenologische Methode und als solche erfahrungsgegründet und experiementell. Die Betonung des Hier und Jetzt heißt nicht, daß — wie so oft angenommen wird — Vergangenheit und Zukunft für die Gestalttherapie keine Bedeutung haben. Im Gegenteil, die Vergangenheit ist immer gegenwärtig in der Ganzheit unserer Lebenserfahrung, in unseren Erinnerungen, im Bedauern und Ressentiment, und vor allem in unseren Gewohnheiten und unvollendeten Handlungen, den fixierten Gestalten. Die Zukunft ist gegenwärtig in unseren Vorbereitungen und Anfängen, in Erwartung und Hoffnung oder Furcht und Verzweiflung.

Warum nennen wir unsere Methode „Gestalttherapie"? „Gestalt" ist ein Ganzheitsbegriff; eine Gestalt ist eine strukturelle Einheit, d. h. sie ist verschieden von und mehr als die Summe ihrer Teile. Sie ist die Figur im Vordergrund, die sich vom Hintergrund abhebt, sie „existiert". Der Begriff „Gestalt" kam in den psychologischen Wortschatz durch das Werk *Wolfgang Köhlers*, der Prinzipien aus der Feldtheorie auf Wahrnehmungsprobleme anwendete. Die Gestalt*psychologie* wurde weiterhin entwickelt durch *Max Wertheimer*, *Gelb* und *Goldstein*, *Koffka* und *Lewin* und ihre Kollegen und Studenten. Für die Entwicklung der Gestalt*therapie* ist das Werk von *Wertheimer*, *Goldstein* und *Lewin* von besonderer Bedeutung. Wer die Gestalttherapie theoretisch verstehen will, sollte sich vertraut machen mit den Arbeiten *Wertheimers* über das produktive Denken, *Lewins* über die unvollendete Gestalt und die wesentliche Bedeutung des Interesses für Gestaltformierung und *Kurt Goldsteins* über den Organismus als unteilbare Ganzheit.

*Goldsteins* organismische Theorie verbindet sich in der Gestalttherapie mit *Wilhelm Reichs* Theorie der organismischen Selbstregulierung zum Postulat der Wahrnehmungskontinuität, der sich frei entwickelnden Gestaltbildung, in welcher der Gegenstand des größten Interesses und der größten Bedeutung für das Fortleben und die Entfaltung des individuellen oder sozialen Organismus Figur wird, in den Vordergrund tritt, wo er voll erfahren und verantwortlich verarbeitet werden kann.

Doch *Reichs* wesentlichster Beitrag zur Entwicklung der Gestalttherapie ist seine Erkenntnis der Identität von Muskelspannung (Verkrampfung) und Charakterbildung. Der Charakterpanzer, dessen Epitom der Zwangscharakter ist, ist eine fixierte Gestalt, die zum Block wird in der fortlaufenden Gestaltenentwicklung. Die praktische Ausnutzung der Körperwahrnehmung wurde ein wesentlicher Aspekt der Gestalttherapie jedoch nicht durch *Reich*, sondern durch meine lebenslange Erfahrung, in Eurythmie und modernem Tanz, mein frühes Studium des Werkes von *Ludwig Klages* „Ausdrucksbewegung und Gestaltungskraft", und meine Bekanntschaft mit Alexander- und Feldenkraismethoden lange vor der Entwicklung von Bioenergetik und anderen Körpertherapien. Beachtung der Atmung, Haltung, Koordination, Stimme, Sensitivität und Beweglichkeit wurde Teil meines therapeutischen Stils schon in den 30er Jahren, als wir uns noch Psychoanalytiker nannten.

Der allmähliche Übergang von der psychoanalytischen zur Gestaltorientierung ist dokumentiert in *Fritz Perls'* „Ego, Hunger and Aggression", veröffentlicht erstmals 1942[2]) Ich trug dazu zwei Kapitel bei, die

---

2) Deutsch: *Frederick S. Perls*, Das Ich, der Hunger und die Aggression. Die Anfänge der Gestalt-Therapie, Klett-Verlag, Stuttgart 1978.

vornehmlich Gestalt-orientiert sind: „The Dummy Complex", die Ersatzbefriedigungen, die fixierten Gestalten, die der freien Entwicklung im Wege stehen, und „The Meaning of Insomnia", die Bedeutung der Schlaflosigkeit, der unvollendeten Gestalt, der ungelösten Situation, die uns nicht schlafen läßt. In „Ego, Hunger and Aggression" begannen wir den Übergang von der historisch-archäologischen Betrachtungsweise *Freuds* zur existentiell-experiementellen, von der „isoliert stückhaften Betrachtungsweise" (*Ternus*) der Assoziationspsychologie zur Ganzheitsbetrachtung, vom rein Sprachlichen zum Organismischen, von der Interpretierung von Erinnerungen und Träumen zur direkten Wahrnehmung des Hier und Jetzt, von der Übertragung zum wirklichen Kontakt, von dem Begriff des Ichs als einer Substanz, die Grenzen *hat,* zu dem Begriff des Ichs als das *Grenzphänomen* selbst, die eigentliche *Kontaktfunktion* der Identifizierung und Verfremdung. Diese damals noch vorläufigen, verwirrten und verwirrenden Begriffe entwickelten sich in den nächsten zehn Jahren zu einer besser organisierten, zusammenhängenden Theorie, die 1950 als „Gestalt-Therapy: Excitement and Growth in the Human Personality"[3] von *Fritz Perls, Paul Goodman* und *Ralph Hefferline* veröffentlicht wurde (Julian Press; Delta Books). Dies ist das grundlegende Werk, das ich für ein volles Verständnis der Gestalttherapie für unentbehrlich halte.

Ich möchte nun riskieren, zu wiederholen, was viele von Ihnen schon gehört oder gelesen haben, was aber im allgemeinen noch immer nicht recht verstanden wird. Ich will mich auf ein paar Begriffe beschränken, die miteinander verbunden sind und — für mich — das Wesen der Theorie *und* Praxis der Gestalttherapie ausmachen: Die Begriffe der *Grenze,* des *Kontaktes* und der *Stütze.*

Kontakt ist die Wahrnehmung und Verarbeitung des *Anderen,* des Verschiedenen, des Neuen, des Fremden. Er ist *kein Zustand,* in dem man sich befindet oder nicht befindet (das würde mehr den Zuständen der Konfluenz oder Isolierung entsprechen), sondern eine *Tätigkeit.* Ich *mache* Kontakt, ich nehme Kontakt auf an der Grenze zwischen mir und dem Anderen. Die Grenze ist gleichzeitig der Ort der Berührung und der Trennung. Sie ist die Zone der Erregung, des Interesses, der Besorgtheit, der Neugier, oder der Furcht und Feindseligkeit, — der Ort, wo vormals nicht wahrgenommenes oder undeutliches Erleben in den Vordergrund tritt als prägnante Gestalt. Die frei-fließende Gestaltbildung ist identisch mit dem Wachstumsprozeß, der schöpferischen Entwicklung von Person und Beziehung. Wenn dieses Kontinuum von außen unterbrochen wird oder von innen blockiert ist durch

---

[3]) Deutsch: 1979 im Klett-Verlag, Stuttgart.

die fixierten Gestalten der starren Charakterbildung oder der Zwangsgedanken und -handlungen, dann kann keine neue starke Gestalt in den Vordergrund treten. Das Grenzerlebnis wird verwischt oder sogar ausgelöscht durch die fixierten und unvollkommenen Gestalten. Erregung verwandelt sich in Angst und Schrecken oder Indifferenz und Langeweile. Die Unterscheidungs- und Urteilsfähigkeiten werden entfremdet und projiziert; Verhaltensweisen, Ideen und Prinzipien anderer Leute werden angeeignet und introjiziert; Energie, die für direkte und schöpferische Aktivität verfügbar sein sollte, wird in unproduktiven Ersatzhandlungen verschwendet (Deflektion) oder retroflektiert in Selbstkontrolle, Selbstvorwürfe, Selbstbedauern und Selbstzerstörung. (Für eine ausführliche Phänomenologie der Introjektion, Projektion, Deflektion und Retroflektion empfehle ich *Erving* und *Miriam Polsters* Buch „Gestalt Therapy Integrated“, Viking Press.[4])

Wie verarbeiten wir als Gestalttherapeuten dieses Pandämonium neurotischer und psychotischer Pathologie, mit dem wir es jeden Tag zu tun haben? Unser Ziel ist die Wahrnehmungskontinuität, die freifließend sich entwickelnde Gestaltbildung, die nur vor sich gehen kann, wenn Erregung und Interesse erhalten bleiben. Kontakt ist belangvoll und schöpferisch nur, soweit Stützung für ihn vorhanden ist. Unter „Stützung“ (*Support)* verstehe ich nur zum geringsten Anteil die Fürsorge und Ermutigung, die durch meine Gegenwart und mein Interesse gewährleistet ist, sondern die Stützen, auf die der Patient (oder auch der Therapeut!) sich in sich selbst verlassen kann oder die ihm fehlen. Stütze beginnt mit der primären Physiologie wie Atmung, Blutkreislauf und Verdauung, schreitet fort mit der Entwicklung der Hirnrinde, dem Einschließen der Zähne, mit Sensitivität und Beweglichkeit, aufrechter Haltung, Sprache und Sprachgebrauch, Gewohnheiten und Sitten und sogar und ganz besonders den Hemmungen und Blocks, die ursprünglich als Stützfunktion gebildet wurden.

Jede Erfahrung, alles Gelernte, das *voll assimiliert und integriert* ist, wird zum organismischen Hintergrund, welcher der jeweiligen Gestaltbildung im Vordergrund Bedeutung und der Erregung des Grenzerlebnisses Stütze verleiht. Was nicht voll assimiliert ist, geht entweder wieder verloren oder bleibt als Introjekt ein Hindernis in der Entwicklungskontinuität.

Die integrierte Persönlichkeit hat „Stil“, eine einheitliche Art des Ausdrucks und der Mitteilung. Sie ist nicht notwendigerweise, was man „angepaßt“ nennen könnte oder „sozial nützlich und wünschens-

---

[4]) Deutsch: *Erving und Miriam Polster,* Gestalttherapie. Theorie und Praxis der integrativen Gestalttherapie, Kindler Verlag, München 1975.

wert", nicht einmal „gesund". Man mag sie „exzentrisch" oder „verantwortungslos" nennen, „verschroben", „verrückt" oder „kriminell"; sie ist villeicht ein Anarchist, ein Künstler, ein Homosexueller, ein Landstreicher. Doch die Person mit Stil kommt nicht zur Psychotherapie, wenigstens nicht freiwillig. Die Menschen, die Psychotherapie brauchen und wollen, sind steckengeblieben in ihrer Angst, ihrer Unzufriedenheit, ihren schiefgegangenen persönlichen Beziehungen, ihrem Unglücksgefühl. Ihnen fehlt die Selbststützung für den Kontakt, der in ihrer Lebenssituation nötig oder wünschenswert wäre.

Der Mangel an *wesentlicher* Stützung wird als *Angst* erlebt. Allgemein wird Angst einer Einengung der Atmung gleichgesetzt; aber die Reduktion oder gar Suspendierung der Atmung und damit auch die Reduktion der Erregung und des Interesses ist manchmal schon eine Reaktionsbildung auf eine möglicherweise gefährliche Situation (Totstellreflex) oder auf die Forderung der Selbstkontrolle. Es gibt eine ganze Reihe von Fehlkoordinationen der Stütz- und Kontaktfunktionen, angefangen mit der gelegentlichen Unsicherheit, Ungeschick und Verlegenheit bis zur chronischen Angst und Panik. Wir haben hier nicht genug Raum, uns mit der gesamten Phänomenologie dieser Fehlkoordinationen zu befassen. Ich möchte nur einen Punkt betonen: Ungeschick und Verlegenheit sind möglicherweise produktive Zustände, zeitweiser Gleichgewichtsmangel, den wir am Wachstumsrande erfahren, wenn wir mit einem Fuß auf bekanntem, mit dem anderen Fuß auf unbekanntem Grunde stehen: das Grenzerlebnis par excellence. Haben wir genügend Beweglichkeit und gestatten wir uns das Schwanken, dann können wir die Erregung aushalten, die Ungeschicklichkeit ignorieren und sogar vergessen, wir bekommen neuen Grund unter die Füße und damit mehr Stützung. Wir sehen dieses graziöse Ungeschick bei jedem Kleinkind, bevor es sozialisiert wird und angehalten, sich zu „benehmen" („Sitz still, Rühr' das nicht an! Nimm Dich zusammen! Reg' Dich nicht auf! Immer mit der Ruhe!"). Ich weiß aus eigener Erfahrung, wie schwer es ist, sich von diesen Introjekten zu befreien, mit denen man die längste Zeit seines Lebens belastet war. Dieser Tage erlebe ich mich fast ständig als ein wenig aus dem Gleichgewicht, ein bißchen ungeschickt. Gerade hier und jezt bin ich etwas verlegen, weiß nicht genau, mit wem ich eigentlich spreche, und so rede ich *zu* Ihnen anstatt *mit* Ihnen. Aber ich weiß auch, daß ich es überstehen werde. Ich habe gelernt, *mit Unsicherheit ohne Angst* zu leben.

Wie wir die Entwicklung von elastischeren Stützfunktionen bei unseren *Patienten* fördern, hängt dabon ab, worauf wir uns als Stütze in uns selbst verlassen können und was wir als Stütze in unseren Klienten vorfinden. Ein guter Therapeut verläßt sich nicht auf Kunstgriffe, sondern auf sich selbst; er benützt seine Kenntnisse, Geschicklichkeit und totale Lebenserfahrung, die in seiner eigenen Person integriert sind, und seine Wahrnehmung der jeweiligen Situation. Daher spreche ich lieber von Stilarten der Therapie als von Techniken. Fast jede technische Modalität ist innerhalb des Rahmens der Gestalttherapie anwendbar, solange sie daseins- und erfahrungsgemäß ist. Nur wenn dem Patienten die Wahrnehmung seines eigenen Verhaltens zugänglich ist oder in der therapeutischen Situation vermittelt werden kann, kann man mit Erweiterungen und Alternativen experimentieren. Deswegen fangen wir an der Oberfläche an, mit dem, was der Wahrnehmung des Therapeuten sowohl als auch des Klienten unmittelbar zur Verfügung steht, und von dort gehen wir weiter in kleinen Schritten, die unmittelbar erfahrbar und deshalb leichter assimilierbar sind. Dies ist ein oftmals langwieriger Prozeß, der mißverstanden wird von Leuten, die auf Sensation und magische Ergebnisse aus sind. Aber Wundertaten sind nicht nur Resultat der Intuition, sie verwirklichen sich zur rechten Zeit (der Erlöser erscheint ἐν καιρῷ), d. h. dann, wenn die fixierten Gestalten (Projektion, Introjektion usw.) aufgelöst und assimiliert sind und der bereicherte Grund Stützung bietet für neue Erlebnisse und Einsichten. Mir sind die „Wundertäter" verdächtig; ich habe genug von den „plötzlichen Durchbrüchen", die so oft eine negative therapeutische Reaktion erzeugen, einen Rückfall oder einen psychotischen Schub. Diese Kunststückchen beweisen einen Mangel an Respekt für die existentielle Notlage des Patienten, ein Ignorieren seines akuten Zustandes und ein schnelles Manövrieren dahin, wo er nach unserem Gutdünken sein sollte. Es trägt nicht bei zur Entfaltung seiner Wahrnehmung, noch fördert es die Weiterentwicklung des Therapeuten.

**Anmerkungen zum Artikel „Gestalttherapie und Kybernetik", S. 119 ff.**

1. Die Erregbarkeit des Protoplasmas erfolgt zunächst als (1.) unspezifische Erregung, die vom Organismus in der *Quantität* produziert wird, die von der augenblicklichen Situation gefordert wird. Die Erregung wird darauf (2.) in Stimmungen und Emotionen umgewandelt. Diese nunmehr qualitative Veränderung wird als sexuelle Erregung, Trauer, Zorn, Furcht, Ekel usw. erlebt. Im Prozeß der Transformation verliert die bloße unspezifische Grunderregung ihre allgemeine Unbestimmtheit und erscheint als eine totale Involvierung, die in eine spezifische Richtung geht. Die Emotionen werden dann (3.) in spezifische nützliche Aktivitäten transformiert. Sie werden nicht entladen, wie die Vertreter der Katharsistheorie annehmen. Die Natur ist nicht vergeuderisch. Zorn nimmt den feurigen Charakter des Kämpfens an, Trauer den sanften Trost des Weinens, Sexualität die Ekstase des Orgasmus, Furcht die motorische Aktivität des Fortlaufens usw. Beispiele: die Unterbrechung von (1.) ruft Angst hervor, von (2.) Projektionen und von (3.) psychosomatische Symptome.

2. Die Mehrzahl der Konzepte über den menschlichen Organismus ist über den primitiven Ansatz der präsokratischen Naturalisten nicht hinausgekommen. Diese nahmen an, daß das Universum aus vier Substanzen gebildet war: Erde, Wasser, Luft und Feuer. Erst viel später kam die Vorstellung auf, daß diese Substanzen unterschiedliche Form durch bloße Verschiedenheit in Dichte und Temperatur annehmen können wie Eis, Wasser, Dampf, in ihrer symbolischen Bezeichnung $H_2O$. Auch heute gibt es noch genügend Psychiater, die den menschlichen Organismus für ein Brötchen halten, zusammengesetzt aus einer Hälfte Körper und einer Hälfte Seele, und dazwischen liegt das Unbewußte als Brotaufstrich. Dynamisch (!) wird das Ganze durch eine Substanz zusammengehalten, die Libido genannt wird. Die Naturwissenschaften hingegen haben schon seit langem den Begriff der „Seele" als einer separaten Ganzheit ad acta gelegt. Nur der poetische Gebrauch des Wortes ist geblieben. Wir sollten dasselbe mit Begriffen wie Vernunft (*mind*) und Bewußtsein (*consciousness*) tun, die für Phantasie, Überlegung, Aufmerksamkeit, wache Wahrnehmung (*awareness*) usw. stehen. Ein einheitliches Konzept, vergleichbar dem, das sich in den obenerwähnten physikalischen Zustandsformen des Wassers findet, würde mindestens fünf Ebenen der Intensität haben:

(1.) Die völlig involvierte Person (das Selbst)

(2.) Die „als ob"-Aktivitäten, wie z. B. Spielen, das freie Annehmen von Charakterzügen usw.

(3.) Die Ebene der Phantasie, die wie jede wirkliche Ebene rational oder irrational sein kann. Freuds *Probehandlung,* Wiederholung, Vorwegnehmen, Erinnern, Denken, all das ist Phantasiesprache, die sich an einen selbst, eine bekannte oder unbekannte Person richtet. Diese Phantasiesprache wie auch das Planen, Tag- oder Nachtträume und alle möglichen Aktivitäten benötigen immer noch weniger Energie als die zweite Ebene der „Als-ob-Handlungen".

Mensch und Tier haben die aufgezeigten drei Ebenen gemeinsam. Z. B.: Welpen spielen, „als ob" sie einander beißen. Der konditionierte Hund reagiert, „als ob" die Glocke Futter bieten würde. *Köhler* hat gezeigt, daß Schimpansen eine vorgestellte Lösung ausführen können. *Massermann* konnte bei einem Affen das „Ausagieren" einer Phantasie nachweisen (3.).

(4.) Die Ebene der Isolierung. — Der entscheidende Bruch zur Welt des Tieres vollzieht sich mit dem Herstellen von „Objekten", indem man Teile aus einem Kontext herausnimmt. Z. B. bleiben Werkzeuge für den permanenten Gebrauch bestimmt. Sie wurden nicht nur für eine Situation geschaffen, um dann weggeworfen zu werden. Oder:

Laute werden in Symbole (Worte) übersetzt und erfordern nicht länger die Präsenz oder auch nur die Vorstellung des gemeinten Objektes.

(5.) Die Ebene des Konzepts. Hier werden Werkzeuge Maschinen und Symbole Sprache. Die Unterbrechung der Kohärenz und der inneren Verbundenheit (*interrelation*) zwischen diesen fünf Ebenen (durch Aufteilung, Dissoziation, Fehlkoordination, Dichotomien) führt zu Neurosen und vielen Formen von Psychosen. Gesundheit ist mit der optimalen Koordination all dieser Ebenen gleichzusetzen.

## Personenregister

## Sachregister

## Quellennachweise

1) Ein Interview mit Dr. Friedrich Perls, von James Simkin: Veröffentlichung mit Genehmigung der AAP Tape Library, Orlando, Florida; deutsche Rechte bei FPI Publikationen, Düsseldorf.
Übersetzung: Heinz-W. Mertineit.

2) Die Integration der Persönlichkeit. Theroretische Erwägungen und therapeutische Möglichkeiten: Erschienen unter dem Titel: ,,Theory and Technique of Personality Integration" in: *American Journal of Psychotherapy,* Vol. 2, No. 4, Oct. 1948, S. 565-586; Nachdruck in: Gestalt is, Hrsg. von *J.O. Stevens,* Moab 1975; Veröffentlichung mit Genehmigung des American Journal of Psychotherapy.
Übersetzung: Christoph Schmidt.

3) Ein neuer Schlüssel zur Psychatrie: Erschienen unter dem Titel ,,Psychiatry in a New Key" in: *Gestalt Journal 1,* 1978; Veröffentlichung mit Genehmigung von Science and Behavior Books.
Teile dieser Abhandlung enthalten textliche Anklänge an: *Fritz Perls,* Grundlagen der Gestalt-Therapie, Verlag J. Pfeiffer, München 1976; mit Genehmigung des Verlages J. Pfeiffer.
Übersetzung: Thea Brandt.

4) Vier Vorträge: Erschienen unter dem Titel ,,Four Lectures" in: *J. Fagan* und *I. L. Shepherd* (Hrsg.), Gestalt Therapy Now, Science and Behavior Books, Palo Alto 1970. Veröffentlichung mit Genehmigung von Science and Behavior Books.
Übersetzung: Thea Brandt.

5) Gestalttherapie und Kybernetik. Erstmals erschienen in: *Integrative Therapie* 1/1975, S. 24; Rechte bei FPI Publikationen, Düsseldorf.
Übersetzung: Hilarion Petzold.

6) Das Selbst in der Gestalttherapie: Vortrag unter dem Titel ,,Finding Self Through Gestalt Therapy" im Rahmen einer Vortragsreihe des Cooper Union Forum, 1957.
Übersetzung: Christoph Schmidt

7) Gestalttherapie und die menschlichen Potentiale: Erschienen unter dem Titel ,,Gestalt Therapy and Human Potentialities" in: *Herbert A. Otto* (Hrsg.), Explorations in Human Potentialities, Springfield, Ill. 1966; Veröffentlichung mit Genehmigung von H.A. Otto.
Übersetzung: Christoph Schmidt.

8) Moral, Ich-Grenze und Aggression: Erschienen unter dem Titel ,,Morality, Ego Boundary and Aggression" in: *Complex,* 9/1955, S. 42-52; Nachdruck in: *J. O. Stevens* (Hrsg.), Gestalt Is, Real People Press, Moab 1975; Veröffentlichung mit Genehmigung von Real People Press.
Übersetzung: Christoph Schmidt.

9) Interview mit F. S. Perls, von J. L. Walker: Erschienen in: *J. L. Walker,* Body and Soul, Abingdon Press, Nashville 1971; Veröffentlichung mit Genehmigung von Abingdon Press.
Übersetzung: Liselotte Nausner und Karl Heinz Ladenhauf.

10) Gruppentherapie versus Einzeltherapie: Erschienen unter dem Titel ,,Group vs. Individual Therapy" in: A Review of General Semantics, Vol. 34, No. 3, 1967, S. 306-312; Nachdruck in : *J. O. Stevens,* Gestalt Is, Moab 1975; Veröffentlichung mit Genehmigung der International Society for General Semantics.
Übersetzung: Christoph Schmidt.

11) Ausagieren versus Durchagieren: Erschienen unter dem Titel ,,Acting Out vs. Acting Through" in: *Voices*, Vol. 4, No. 4, Winter 1968, S. 66 - 73; Nachdruck in: *J. O. Stevens* (Hrsg.), Gestalt Is, Moab 1975; Veröffentlichung mit Genehmigung von Voices, Glenview, Ill.
Übersetzung: Christoph Schmidt.

12) Regeln und Spiele der Gestalttherapie: Erschienen unter dem Titel ,,Rules and Games of Gestalt Therapy" in: *J. Fagan* und *I. L. Shepherd* (Hrsg.), Gestalt Therapy Now, Palo Alto 1970; Veröffentlichung mit Genehmigung von A. Levitsky, Berkeley.
Übersetzung: Thea Brandt.

13) Traumtheorie und Demonstration: Tonband-Aufnahme unter dem Titel: ,,Dream Theory and Demonstration", Big Sur Recordings No. 2140, Sausalito; Veröffentlichung mit Genehmigung von Big Sur Recordings.
Übersetzung: Ute Witassek.

14) Traumseminare: Erschienen unter dem Titel ,,Dream Seminars" in: *J. Fagan* und *I. L. Shepherd*, Gestalt Therapy Now, Palo Alto 1970; Veröffentlichung mit Genehmigung von Science and Behavior Books.
Übersetzung: Thea Brandt.

15) Gestalttherapeutische Interviewtechnik: Transkript aus ,,Three Approaches to Psychotherapy", Psychological Film, Inc., 110 N. Wheeler St., Orange, Ca. 92669; Veröffentlichung mit Genehmigung von Psychological Film, Inc.
Übersetzung: Ute Witassek.

16) Lösung: Erschienen unter dem Titel ,,Resolution" in: *J. O. Stevens* (Hrsg.), Gestalt Is, Real People Press, Moab 1975; Veröffentlichung mit Genehmigung von Real People Press, Moab.
Übersetzung: Christoph Schmidt.

17) Begriffe und Fehlbegriffe der Gestalttherapie, *Lore Perls*, Erstveröffentlichung in: *Integrative Therapie* 3/4, 1978, S. 208—214; Rechte bei FPI-Publikationen, Düsseldorf

## Literatur


*Besems, Th.*, Integrative Therapie als Ansatz zu einer „kritischen" Gestalttherapie, *Integrative Therapie* 3/4 (1977) 187—194.

*Buber, M.*, Das dialogische Prinzip, Lambert Schneider, Heidelberg 1965.

*Goldstein K.*, Der Aufbau des Organismus, Martius Nijhoff, Haag 1934.

*Heinl, H., Petzold, H.*, Gestalttherapeutische Fokaldiagnose und Fokalintervention, *Integrative Therapie* 1 (1980).

*Husserl, E.*, Die Krisis der europäischen Wissenschaften und die transzendentale Phänomenologie, Martius Nijhoff, Haag 1954.

*Korzybski, A.*, Science and Sanity, The International Non-Aristotelian Library Publ. Company, Lekeville, Conn., 4. Aufl. 1953.

*Krüll, M.*, Freud und sein Vater, Walter, Olten 1979.

*Marcel, G.*, Leibliche Begegnung, in: *A. Kraus*, Leib, Geist, Geschichte, Hüthig, Heidelberg, 1978, 47—73.

*Merleau-Ponty, M.*, Phänomenologie der Wahrnehmung, De Gruyter, Berlin 1966; Orig. Gallimard, Paris 1945.

*Merleau-Ponty, M.*, Die Struktur des Verhaltens, De Gruyter, Berlin 1976; Orig. Presses Universitaires de France, Paris 1942.

*Perls, F. S.*, Ego, Hunger and Aggression, Johannisburg 1942; Allen & Unwin, London 1947; Randon House, New York 1969; dt.: Das Ich, der Hunger und die Aggression, Klett, Stuttgart 1978.

*Perls, F. S.*, Gestalt Therapy Verbatim, Real People Press, Lafayette 1969 a; dt.: Gestalt-Therapie in Aktion, Klett, Stuttgart 1974.

*Perls, F. S.*, In and Out the Garbage Pail, Real People Press, Lafayette 1969 b; dt.: Gestalt-Wahrnehmung. Verworfenes und Wiedergefundenes aus meiner Mülltonne, Verlag f. Humanist. Psychol. W. Flach, Frankfurt 1981.

*Perls, F. S.*, Cowichan Lecture on Gestalt Therapy and Integration, Tape Rec., Cowichan 1969 c.

*Perls, F. S.*, The Gestalt Approach — Eye Witness to Therapy, Science and Behavior Books, Palo Alto 1973; dt.: Grundlagen der Gestalttherapie, Pfeiffer, München 1976.

*Perls, F. S., Hefferline, R., Goodman, P.*, Gestalt Therapy, Julian Press, New York 1951; dt.: Gestalt-Therapie, 2 Bde., Klett, Stuttgart 1979.

*Petzold, H.*, Gestalttherapie und Psychodrama, Nicol, Kassel 1973.

*Petzold, H.*, Psychotherapie und Körperdynamik, Junfermann, Paderborn 1974; 4. Aufl. 1981.

*Reich, W.*, Charakteranalyse, Fischer, Frankfurt 1975.

*Roszak, Th.*, Gegenkultur, Düsseldorf 1972.

*Stevens, B.*, Don't push the river, Real People Press, Moab 1970.

*Walter, H. J.*, Gestalttheorie und Psychotherapie, Steinkopff, Darmstadt 1977.

*Zinker, J.*, Gestalttherapie als kreativer Prozeß, Junfermann, Paderborn 1981.

## Informationen

### Filme von Fritz Perls

Grief and pseudo-grief (33 Min.), Mediasync.
The birth of a compose (24 Min.), Mediasync.
Demon (14 Min.), Mediasync.
The impasse (22 Min.), Mediasync.
Relentless greed and obesitiy (16 Min.), Mediasync.
The death of Martha (40 Min.), Mediasync.
The case of Marty Kay (15 Min.), Mediasync.
The treatment of stuttering (12 Min.), Mediasync.
A session with college students (50 Min.), Mediasync.
Erhältlich bei Mediasync Corporation, P. O. Box 486, Del Mar, Ca. 92014.

Three approaches to psychotherapy, Dr. Frederick Perls (32 Min.).
A session with college students (60 Min.).
Erhältlich bei Psychological Films, 205 West Twentieth Street, Santa Ana, Ca. 92706.

### Ausbildungsmöglichkeiten in Gestalttherapie und berufsständische Organisationen:

**Deutsche Gesellschaft für Gestalttherapie und Kreativitätsförderung,** e. V. 4000 Düsseldorf, Brehmstraße 9

**Fritz Perls Institut für Integrative Therapie,** Gestalttherapie und Kreativitätsförderung, 6500 Mainz, Leibnizstr. 52 (Zentralinstitut, Regionalinstitute bestehen in Hamburg, Hannover, Düsseldorf, Frankfurt, München, Adressen beim Zentralinstitut erhältlich).

**Fritz Perls Klinikum** Hardtwaldkliniken, 3584 Zwesten bei Kassel.

**Sektion Gestalttherapie** im „Österreichischen Arbeitskreis für Gruppenpsychotherapie und Gruppendynamik" und FPI-Regionalgruppe Österreich, c/o Dr. Stix, Kinderspital, 5020 Salzburg, Müllner Hauptstr. 48.

**Gestalt-Verein Schweiz,** FPI Regionalgruppe, 3000 Bern 9, Postfach 223.

### Zeitschriften:

Integrative Therapie, Junfermann-Verlag, 4790 Paderborn, Im Dörener Feld 11.

Gestalt-Bulletin, 4000 Düsseldorf, Brehmstraße 9.

Gestalt Journal, P. O. Box 395, New York, N. Y. 10024, U. S. A.

Reihen aus unserem Verlag

## Bibliotheca Psychodramatica

- Band 1: Basquin, J. et al., Das Psychodrama als Methode in der Psychoanalyse
- Band 2: Anzieu, D., Analytisches Psychodrama mit Kindern
- Band 3: Moreno, J. L., Soziometrie als experimentelle Wissenschaft
- Band 4: Moreno, J. L., Psychodrama I
- Band 5: Kopp, S., Rollenschicksal und Freiheit
- Band 6: Petzold, H., Mathias, U., Entwicklungs- u. Rollentheorie Morenos
- Band 7: Spolin, V., Improvisationstechniken für Pädagogik, Therapie und Theater

*

## Vergleichende Psychotherapie

- Band 1: Petzold, H., Bubolz, E., Psychotherapie mit alten Menschen
- Band 2: Petzold, H., Die Rolle des Therapeuten und die therapeutische Beziehung
- Band 3: Petzold, H., Widerstand — Ein strittiges Konzept in der Psychotherapie
- Band 4: Schneider, K., Schulen der Familientherapie
- Band 5: H. Petzold (Hrsg.), Methodenintegration in der Psychotherapie
- Band 6: I. Spiegel-Rösing, H. Petzold (Hrsg.), Die Begleitung Sterbender
- Band 7: H. Petzold, R. Frühmann (Hrsg.), Modelle der Gruppe in Psychotherapie und psycho-sozialer Arbeit, Bd. I und II
- Band 8: H. Petzold, G. Ramin (Hrsg.), Schulen der Kinderpsychotherapie

Reihe
Innovative Psychotherapie und Humanwissenschaften
Herausgegeben von
HILARION PETZOLD

Band 1: H. Petzold, Psychotherapie und Körperdynamik
Band 2: H. Petzold, Angewandtes Psychodrama
Band 3: H. Petzold, Die neuen Körpertherapien
Band 4: D. Rahm, Gestaltberatung
Band 5: M. Argyle, Körpersprache und Kommunikation
Band 6: G. Mandler, Denken und Fühlen
Band 7: C. Brooks, Erleben durch die Sinne
Band 8: F. S. Perls, Gestalt, Wachstum, Integration
Band 9: A. Mente/H.-D. Spittler, Erlebnisorientierte Gruppenpsychotherapie (Bd. I)
Band 10: A. Mente/H.-D. Spittler, Erlebnisorientierte Gruppenpsychotherapie (Bd. II)
Band 11: R. Bandler, J. Grinder, Die Struktur der Magie I
Band 12: J. Grinder, R. Bandler, Die Struktur der Magie II
Band 13: C. Steiner, Wie man Lebenspläne verändert
Band 14: J. Zinker, Gestalttherapie als kreativer Prozeß
Band 15: R. Assagioli, Die Schulung des Willens
Band 16: H. Petzold, Psychotherapie, Meditation, Gestalt
Band 17: J. Hall, Arbeit mit Träumen in Klinik und Praxis
Band 18: R. Bandler, J. Grinder, Neue Wege der Kurzzeit-Therapie – Neurolinguistische Programme
Band 19: D. Anzieu, Psychoanalyse und Sprache
Band 20: L. J. Bischof, Persönlichkeitstheorien – Darstellungen und Interpretationen (Bd. I)
Band 21: L. J. Bischof, Persönlichkeitstheorien – Darstellungen und Interpretationen (Bd. II)
Band 22: L. Cameron-Bandler, Wieder zusammenfinden, NLP – Neue Wege der Paartherapie
Band 23: H. Petzold/H. Heinl, Psychotherapie und Arbeitswelt
Band 24: J. L. Singer/K. S. Pope, Imaginative Verfahren in der Psychotherapie
Band 25: H. Petzold, Leiblichkeit
Band 26: R. Dilts u. a., Strukturen subjektiver Erfahrung, ihre Erforschung und Veränderung durch NLP
Band 27: R. Frühmann, Frauen und Therapie
Band 28: R. Bandler/J. Grinder, Reframing – Ein ökologischer Ansatz in der Psychotherapie (NLP)
Band 29: D. Gordon, Therapeutische Metaphern
Band 30: C. M. Steiner, Macht ohne Ausbeutung
Band 31: D. A. Bakal, Psychologie und Medizin
Band 32: H. Petzold, Psychotherapie und Friedensarbeit
Band 33: G. A. Kelly, Die Psychologie der persönlichen Konstrukte
Band 34: G. Fatzer, Ganzheitliches Lernen – Humanistische Pädagogik und Organisationsentwicklung

Band 35: R. Bandler, Veränderung des subjektiven Erlebens – Fortgeschrittene Methoden des NLP

Band 36: A. Mindell, Der Leib und die Träume – Prozeßorientierte Psychologie in der Praxis

Band 37: V. Satir, M. Baldwin, Familientherapie in Aktion – Die Konzepte von Virginia Satir in Theorie und Praxis

Band 38: P. Ekman, Gesichtsausdruck und Gefühl

Band 39: M. Gazzaniga, Das erkennende Gehirn – Entdeckungen in den Netzwerken des Geistes

Band 40: W. F. Nerin, Familienrekonstruktion in Aktion – Virginia Satirs Methode in der Praxis

Band 41: A. Mindell, Die Schatten der Stadt – Prozeßorientierte Therapie in Aktion

Band 42: E. Friedmann, Laban · Alexander · Feldenkrais – Pioniere bewußter Wahrnehmung durch Bewegungserfahrung

Band 43: W. Kempler, Erlebnisaktivierende Familientherapie – Psychotherapeutische, wachstumsorientierende, systemische Interventionen

Band 44: S. Bank/M. Kahn, Geschwister-Bindung

Band 45: E. Berne, Transaktionsanalyse der Intuition (erscheint Frühjahr 1990)

Band 46: M. Bosch/W. Ullrich (Hrsg.), Die entwicklungs-orientierte Familientherapie nach Virginia Satir

Band 47: E. Zundel / B. Fittkau (Hrsg.), Spirituelle Wege und Transpersonale Psychotherapie

Band 48: H. Schmitz, Leib und Gefühl – Materialien zu einer philosophischen Therapeutik